JN095157

弁護士白書
2023年版

日本弁護士連合会　編著

序

　弁護士白書 2023 年版を上梓します。

　今年度は、「「スクールロイヤー等の実態と今後の展望」について」と題した特集を掲載しています。

　日弁連が 2018 年 1 月 18 日に「「スクールロイヤー」の整備を求める意見書」を公表してから、6 年以上が経過しました。その際、文部科学省は「いじめ防止等対策のためのスクールロイヤー活用」に関する調査研究事業を実施していました。2020 年度からは、各都道府県及び指定都市に対して普通交付税措置が講じられました。その後も、文部科学省は、「教育行政に係る法務相談体制構築に向けた手引き」を公表するなど、その整備のための施策を進めてきました。

　他方、学校に関わる弁護士の在り方が多種多様であるがゆえに、実態としてどの程度の弁護士が学校に関わっているのか数値的な把握が困難でした。しかし、日弁連は 2021 年 9 月～10 月にかけて全弁護士を対象とした調査を行い、学校に関わっている弁護士の正確な実態を把握できました。また、文部科学省が令和 3 年度間及び令和 4 年度間を対象に自治体向けに実施してきた「教育行政に係る法務相談体制の整備等に関する調査」を合わせて検討することで、より多角的に学校と弁護士の連携の実態を把握することができました。これらの資料は、スクールロイヤー等に関する議論の発展に大きく貢献するものと考えています。

　司法の一翼を担い、法曹の大部分を占める弁護士とその所属する弁護士会に関する基礎情報は、日弁連そして弁護士会が継続して蓄積していかなくてはなりません。今後も、基礎的なデータや、蓄積した各分野における資料・情報を分析し、統計的に有効活用しながら、様々な課題に対して客観的な根拠に基づき充実した活動を行ってまいります。

　末尾になりますが、これまで途切れることなく白書の発刊を続けることができたことについて、長年にわたり資料を提供して下さってきた関係機関の皆様、各種調査に御協力をいただいております会員の皆様、そして白書を手に取って御活用下さる読者の皆様に心より感謝を申し上げます。

日本弁護士連合会

会 長　小 林 元 治

特集 「スクールロイヤー等の実態と今後の展望」について

第1編 弁護士等の実勢

資 料 目 次

■第 2 編　弁護士の活動状況

■第 4 編　総合法律支援・司法関連予算

特集

「スクールロイヤー等の実態と今後の展望」について

第1章 初めに

1 特集にあたって

文部科学省（以下「文科省」という。）では、2020年頃まで、弁護士と学校の関わりについて、保護者の不当・過剰な要求への対応・教員の負担軽減、いじめの予防・対応、虐待防止等様々な文脈で議論がされた。そして、2020年度には都道府県及び指定都市教育委員会における弁護士等への法務相談経費について、普通交付税措置が講じられることとなった。また、当連合会では、2018年1月18日付で「「スクールロイヤー」の整備を求める意見書」を公表したほか、文部科学省が2020年12月に発表した「教育行政に係る法務相談体制構築に向けた手引き」を踏まえ、2020年12月28日付けで各弁護士会宛てに「学校・教育委員会に対する弁護士の関わりの在り方について（情報提供）」（以下「本件情報提供文書」という。）を発出した（これらの内容については年表の記載をご参照されたい。）。

しかし、実態として本件情報提供文書に記載された業務についてどの程度の数の弁護士が関わっているかについて明らかではなかった。そこで、2021年9月より、当連合会では全会員向けにアンケートを実施した。また、文科省も各教育委員会向けに法務相談体制の整備に関する調査を実施しており、ウェブサイトでは「教育行政に係る法務相談体制の整備等に関する調査結果」（令和3年度間及び令和4年度間のもの）を公表している。

前述の当連合会及び文科省の調査以前には、弁護士による学校への関わり方が多様であることや、ある制度がスクールロイヤーの概念に対応する制度であるか否かの判断が困難であること、また、学校に関わっている弁護士全体を把握するためには全弁護士向けにアンケートを取る必要があり、多大な時間及び労力がかかることも影響して、学校と弁護士の関わりを全国的に調査したデータは殆どなかった。また、当連合会による弁護士側の調査結果のみならず、文科省による教育委員会側の調査結果も参照することで、より多角的に現在の学校と弁護士の関わりを把握することが可能となった。

したがって、これらの調査により得られた知見について提供し、今後の学校と弁護士の関わりの在り方に関する議論の発展に貢献するため、本特集を組むこととした。

なお、本特集においては、スクールロイヤーという呼称であるか否かに関わらず、学校に何等かの形で関与している弁護士を「スクールロイヤー等」と呼ぶものとするが、当連合会が実施したアンケートでは、正確に実態を把握するため「スクールロイヤー等」という言葉は使用せず、弁護士の具体的なかかわり方に焦点を当てて調査をしている点にご留意いただきたい。

2 今までの主な出来事等

当連合会等及び文科省の主な政策等について以下に年表形式でまとめた。

なお、以下の年表では、各単位会での活動については掲載していないが、2002年には大阪府教育委員会において、学校からの支援要請に応じて弁護士と社会福祉士をケース会議に派遣する「子どもサポートグループ」が設置されたり（日本弁護士連合会「自由と正義2018年1月号」P53「スクールロイヤー制度化の経緯とその意義・目的」参照）、また、2012年には岡山弁護士会民暴委員会にて教育対象暴力に関する無料相談を実施し、その後、岡山市教育委員会や岡山県教育委員会から不当要求対応の専門弁護士の派遣の要請を受けるなど、各単位会においても様々な活動がある点にご留意いただきたい。

資料 特1-1	当連合会等及び文科省の主な政策等

	当連合会等	文科省
2013年10月11日		**「いじめの防止等のための基本的な方針」策定** 弁護士の「学校におけるいじめの防止等の対策のための組織」や重大事態（いじめ防止対策推進法28条1項）に基づく調査への参加等が記載される。
2014年8月	**近畿弁護士会連合会民暴委員会夏期研修「教育対象暴力の実情と対策」の研究発表**	

	当連合会等	文科省
2015年10月30日	近畿弁護士会連合会 民事介入暴力及び弁護士業務妨害対策委員会『事例解説 教育対象暴力〜教育現場でのクレーム対応〜』の発刊行	
2015年12月21日		**中央教育審議会答申「チームとしての学校の在り方と今後の改善方策について（答申）」** 「日本弁護士連合会の民事介入暴力対策委員会では、平成22年から行政対象暴力の一形態として教育対象暴力の検討が行われている。国、教育委員会はこのような関係機関・団体とも連携して、不当な要望等への対応について、学校現場に対する情報提供等を進めていくべきである。」と、「不当な要望等」への対応のための弁護士との連携が具体的な改善方策として提案された。
2016年1月25日		**『次世代の学級・地域』創成プラン〜学校と地域の一体改革による地域創生〜（文部科学大臣決定）** 「学校のマネジメント機能の強化」の方策として「学校が保護者や地域からの要望等に的確に対応できるよう、弁護士等の専門家が教職員を支援する仕組みの構築を促進する。」とされる。
2016年8月24日	2016年度当連合会子どもの権利委員会夏季合宿 第3企画にて**「スクールロイヤー導入に関する事例紹介」**を実施。	
2017年度〜 2019年度		**「いじめ防止等対策のためのスクールロイヤー活用」に関する調査研究事業を実施。** 法律の専門家である弁護士が、その専門的知識・経験に基づき、学校において法的側面からのいじめ予防教育を行うとともに、いじめなどの諸課題の効率的な解決にも資する学校における相談体制の整備に関する調査研究を実施した。
2017年12月26日		**「学校における働き方改革に関する緊急対策」（文部科学大臣決定）**（以下「2017決定」という。） 「家庭との対応の関係で保護者等からの過剰な苦情や不当な要求等への対応が求められる場合や、児童生徒を取り巻く問題に関して法的側面からのアドバイスが必要な場合について、学校が組織として対応できるよう、教育委員会において支援体制を構築するほか、法的相談を受けるスクールロイヤー等の専門家の配置を進める。」とされる。
2018年1月18日	**「「スクールロイヤー」の整備を求める意見書」を公表。** 同意見書では、「スクールロイヤー」を「各都道府県・市町村の教育委員会、国立・私立学校の設置者において、学校で発生する様々な問題について、子どもの最善の利益を念頭に置きつつ、教育や福祉等の視点を取り入れながら、法的観点から継続的に学校に助言を行う弁護士」と定義した。そして「学校側の代理人となって対外的な活動を行うものではな」く、「度を過ぎた違法な要求があるために学校側の代理人が保護者等と直接交渉する必要がある場合には、別の弁護士が教育委員会ないし学校法人から委任を受けて行うべき」としている。	
2018年1月	**『自由と正義』2018年1月号の特集で「スクールロイヤー制度化の経緯とその意義・目的」**を掲載。	
2018年2月9日		**「学校における働き方改革に関する緊急対策の策定並びに学校における業務改善及び勤務時間管理等に係る取組の徹底について（通知）」（29文科初第1437号平成30年2月9日）**において2017決定を改めて周知。
2018年8月29日	2018年度当連合会子どもの権利委員会夏季合宿 第4企画にて**「子どものためのスクールロイヤーをいかに広めるか」**を実施。	
2019年1月25日		**「新しい時代の教育に向けた持続可能な学校指導・運営体制の構築のための学校における働き方改革に関する総合的な方策について（答申）」（中央教育審議会）。** 教員の長時間労働の問題が顕在化してきている中で、「保護者等からの過剰な苦情や不当な要求等への対応が求められる場合や、児童生徒を取り巻く問題に関して法的側面からの助言が必要な場合」に「学校が組織として対応できるよう」「法的相談を受けるスクールロイヤー等の専門家の配置を進めるべき」と、スクールロイヤー等の活用が提言された。

特集

第1編

第2編

第3編

第4編

	当連合会等	文科省
2019年3月19日		**「児童虐待防止対策の抜本的強化について」（児童虐待防止対策に関する関係閣僚会議決定）** 同年1月に発生した千葉県野田市における小学4年生の児童が虐待を受けて死亡した事件では、野田市教育委員会が保護者に対して、当該児童が虐待を受けている事実が記載されたアンケートを渡したことが、虐待死を起こした要因であるとして、大きく問題とされた。そして、そのような虐待事案に関する再発防止策としてもスクールロイヤーの配置が提言された。
2019年9月27日	**関東弁護士会連合会シンポジウム** 第一分科会にて「学校と弁護士の連携〜弁護士による学校へのサポート〜」をテーマに講演を実施	
2019年12月6日	当連合会会員向けにイーラーニング「**学校における法律相談　スクールロイヤー養成講座**」を公表	
2020年1月24日	・各単位会へ「教育行政に係る法務相談体制に関する文部科学省の取組みについて（情報提供）」の発出 ・文科省に対し**スクールロイヤー配置アドバイザー**を派遣	「教育行政に係る法務相談体制の充実について」（文部科学省事務連絡）を発表。
2020年1月24日		**「令和2年度の地方財政の見通し・予算編成上の留意事項等について」（総務省自治財政局財政課事務連絡）** 都道府県及び政令指定都市の教育委員会に対して、弁護士等への法務相談経費に係る普通交付税措置がなされることとなった。
2020年度〜		普通交付税措置の実施
2020年8月25日	**2020年度当連合会子どもの権利委員会夏季合宿企画「スクールロイヤーの現状と課題」の実施**	
2020年12月	「**学校・教育委員会に対する弁護士の関わりの在り方**」（情報提供）を各単位会に発出。 学校等との関わりは、意見書が「スクールロイヤー」と定義した活動も含め様々な形態があること等を周知。	**「教育行政に係る法務相談体制構築に向けた手引き（第1版）」**を公表。 学校・教育委員会と弁護士の関わり方を助言・アドバイザー業務、代理・保護者との面談への同席等、研修、出張授業と類型化し、その制度化にあたっての留意点、具体的事例等をまとめた。
2021年5月	『**自由と正義**』の特集で「**スクールロイヤーの制度と実務**」掲載	
2022年3月18日	**第1回スクールロイヤー等経験交流集会を実施**	
2022年9月〜10月	「**弁護士の学校等への関わりの在り方に関するアンケート**」の実施	
2022年2月		**「教育行政に係る法務相談体制構築に向けた手引き（第2版）」**を公表。 「学校の特徴や教育の特性等を踏まえて学校・教育委員会と弁護士とで共通理解を図っておくべき事項」等の追加。
2022年10月		**「教育行政に係る法務相談体制の整備等に関する調査（令和3年度間）」**を公表。
2023年2月		学校・教育委員会と弁護士とで相互理解を深めるワークショップ型研修用の資料を公表。
2023年3月10日	**第2回スクールロイヤー等経験交流集会を実施**	
2023年11月		**「教育行政に係る法務相談体制の整備等に関する調査（令和4年度間）」**を公表。

第2章 当連合会のアンケート

1 調査概要

今回実施したアンケート調査（以下「本調査」という）の概要は以下のとおりである。

タイトル：「弁護士の学校等への関わりの在り方に関するアンケート」
調査実施期間：2021年9月8日〜2021年10月29日
調査対象者：全会員（約43,000人）
調査対象期間：2019年9月から2021年8月まで2年間
回答者：509人（回答率：1.18%）

「調査対象期間」は、アンケートの回答者が実際に学校に関わる業務（助言・代理、出張授業、研修、組織としての活動、その他）を行った期間である。現在学校業務を行っている弁護士の実態を把握するために期間を制限したが、コロナ禍で活動が減少した可能性も考慮し、対象期間を2年とした。

なお、アンケートの回答は任意であるため実際には学校に関わっているもののアンケートに回答していない弁護士の存在も考えられ、また、教育委員会等に勤務するにあたって弁護士資格を抹消している有資格者はアンケートの対象外となっている点にご留意いただきたい。

2 助言・代理

（1）助言の有無

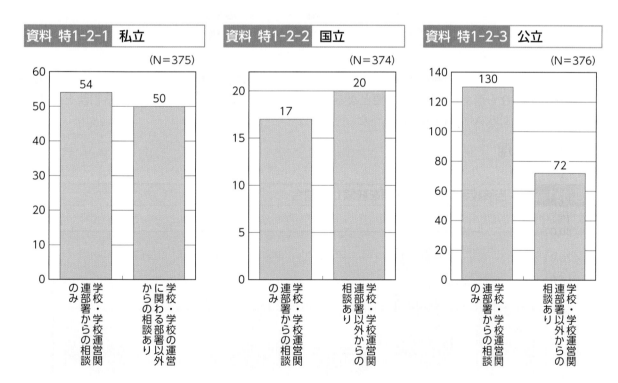

以下の選択肢の中で、公立学校の「学校又は学校の運営に関わる部署からのみ相談を受けている」と回答した弁護士が最も多かった（130人）。

●私立学校
・「学校又は学校の運営に関わる部署からのみ相談を受けている」（以下「私立・有①」）

- 「学校又は学校の運営に関わる部署からのみならず、それ以外の部署の相談を受けている」（以下「私立・有②」）

●国立学校
- 「学校又は学校の運営に関わる部署からのみ相談を受けている」（以下「国立・有①」）
- 「学校又は学校の運営に関わる部署からのみならず、それ以外の部署の相談（学校法人の運営、教員以外の労務問題、学校とは関わりがない契約のレビュー又はトラブルへの対応等）を受けている」（以下「国立・有②」）

●公立学校
- 「学校又は学校の運営に関わる部署からのみ相談を受けている」（以下「公立・有①」）
- 「学校又は学校の運営に関わる部署からのみならず、それ以外の部署の相談を受けている」（以下「公立・有②」）

公立学校の場合、「学校又は学校の運営に関わる部署からのみ相談を受けている」弁護士が、それ以外の部署からも相談を受けている弁護士よりも多く、他方、私立学校・国立学校の場合、学校又は教育委員会からのみ相談を受けている弁護士と、それ以外の部署からも相談を受けている弁護士は同程度である。

（2）私学助言×公立助言×国立助言

また、どの校種の学校又は学校の設置者に対して助言をしているかについてクロス集計をした結果が以下である。

資料　特1-2-4	助言している校種の数		
1つ	183	74.4%
2つ	48	19.5%
3つ	15	6.1%

183人・74.4%が単一の校種に対する助言のみ経験していることから、その知見を共有するに当たっては、各校種の特性も踏まえた検討も必要となると考えられる。なお、公立学校のみから相談を受けている者が最も多く、133人・54.1%でああった。

（3）助言×代理

資料　特1-2-5	当該校種において代理を経験した割合

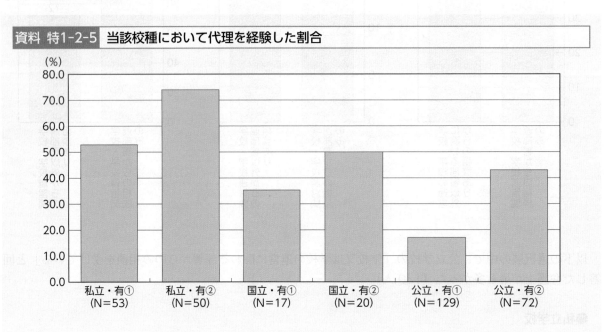

各校種の学校からの相談を受けたことがあるか否か、また、代理人としての活動の経験の有無のクロス集計の結果が資料 特 1-2-5 のとおりである。

私立学校の場合には、学校又は学校運営関連部署からのみ相談を受けている弁護士であっても、53 人中 28 人（52.8%）が代理人としての活動を経験している。私立学校で学校又は学校運営関連部署以外からの相談も受けている場合には、50 人中 37 人（74%）が代理人として活動をしている。

他方、公立学校の場合は、学校又は学校運営関連部署からのみ相談を受けている場合は 129 人中 22 人（17.1%）、学校又は学校運営関連部署以外からも相談を受けている場合は 72 人中 31 人（43.1%）でありいずれも、代理人としての活動を経験している割合は私立学校よりも低い。

私立学校の助言をしている弁護士の方が、当該校種における代理人としての活動の経験をしている割合が高いことがうかがえる。ただし、そのような状況となっている背景要因については、今後検討が必要である。

（4）代理の可否×子ども学校業務

資料 特1-2-6 代理の可否と子ども・学校業務の経験の有無	私立可能 (N=38)	私立不可能 (N=9)	私立両方 (N=6)	国立可能 (N=9)	国立不可能 (N=6)	国立両方 (N=1)	公立可能 (N=37)	公立不可能 (N=81)	公立両方 (N=8)
交渉代理・訴訟代理（対学校等）	36.8%	66.7%	50.0%	33.3%	83.3%	0.0%	43.2%	39.5%	37.5%
交渉代理・訴訟代理（対児童生徒・保護者）	39.5%	44.4%	33.3%	55.6%	83.3%	0.0%	29.7%	28.4%	25.0%
児童相談所関連	15.8%	33.3%	0.0%	11.1%	50.0%	0.0%	21.6%	24.7%	25.0%
自治体子どもオンブズマン	0.0%	0.0%	0.0%	0.0%	0.0%	0.0%	0.0%	2.5%	0.0%
子どもの手続代理人	0.0%	22.2%	0.0%	0.0%	16.7%	0.0%	0.0%	6.2%	0.0%
未成年後見	23.7%	44.4%	0.0%	0.0%	33.3%	0.0%	13.5%	40.7%	50.0%
少年付添人等	36.8%	77.8%	50.0%	33.3%	66.7%	0.0%	43.2%	61.7%	87.5%
犯罪・性暴力被害者支援	18.4%	11.1%	16.7%	11.1%	16.7%	0.0%	24.3%	21.0%	37.5%
保護者から虐待を受けた子どもへの支援	15.8%	44.4%	16.7%	22.2%	66.7%	0.0%	8.1%	21.0%	0.0%
無料電話相談・LINE 相談対応	23.7%	44.4%	0.0%	11.1%	50.0%	0.0%	13.5%	30.9%	62.5%
子ども支援の非営利法人の構成員・役員又はサポート	5.3%	22.2%	16.7%	11.1%	33.3%	0.0%	8.1%	11.1%	12.5%
教職員からの法律相談又は交渉・訴訟代理（対学校等）	18.4%	44.4%	0.0%	11.1%	66.7%	0.0%	21.6%	13.6%	12.5%
上記以外の教職員に関わる業務	10.5%	22.2%	50.0%	11.1%	16.7%	0.0%	13.5%	12.3%	25.0%
いずれも経験していない	18.4%	11.1%	16.7%	22.2%	0.0%	100.0%	16.2%	9.9%	0.0%

学校又は学校の設置者に対して助言する場合の代理の可否（「両方」というのは両方の形態のクライアントがいるとの回答である）に関する質問と、子ども・学校分野に関する業務の経験の有無についての質問のクロス集計をしたのが資料 特1-2-6である。

　資料 特1-2-6から、更に、項目ごとに、代理が不可能であると回答した弁護士の割合と、代理が可能であると回答した弁護士の割合の差を求めたのが、以下の資料 特1-2-7である（赤字部分がマイナスとなっている部分である）。

資料 特1-2-7　子ども・学校分野の業務に関する経験の差

	私立不可能 － 私立可能	国立不可能 － 国立可能	公立不可能 － 公立可能
交渉代理・訴訟代理（対学校等）	29.8%	50.0%	−3.7%
交渉代理・訴訟代理（対児童生徒・保護者）	5.0%	27.8%	−1.3%
児童相談所関連	17.5%	38.9%	3.1%
自治体子どもオンブズマン	0.0%	0.0%	2.5%
子どもの手続代理人	22.2%	16.7%	6.2%
未成年後見	20.8%	33.3%	27.2%
少年付添人等	40.9%	33.3%	18.5%
犯罪・性暴力被害者支援	−7.3%	5.6%	−3.3%
保護者から虐待を受けた子どもへの支援	28.7%	44.4%	12.9%
無料電話相談・LINE相談対応	20.8%	38.9%	17.4%
子ども支援の非営利法人の構成員・役員又はサポート	17.0%	22.2%	3.0%
教職員からの法律相談又は交渉・訴訟代理（対学校等）	26.0%	55.6%	−8.0%
上記以外の教職員に関わる業務	11.7%	5.6%	−1.2%
いずれも経験していない	−7.3%	−22.2%	−6.3%

　これを見ると、私立学校においては、13項目中12項目、国立学校においては13項目全て、公立学校においては13項目中8項目で「代理が不可能である」と回答した弁護士の子ども・学校業務を経験している割合が高いことが認められる。

　他方、「いずれも経験していない」との回答の割合は、代理が可能であると回答した弁護士の方が、若干高い。

（5）助言の立場

資料 特1-2-8 | 助言の立場（割合）

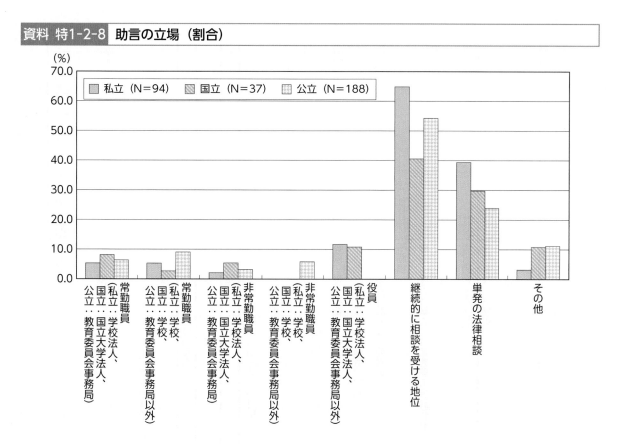

　私立学校・国立学校・公立学校のいずれにおいても、最も多いのが「継続的に相談を受ける立場」であり、次に「単発の法律相談」であった。

　また、私立学校及び国立学校における役職員としての関わり方も数は少ないながらも一定数存在していることが分かる。

（6）助言の分野

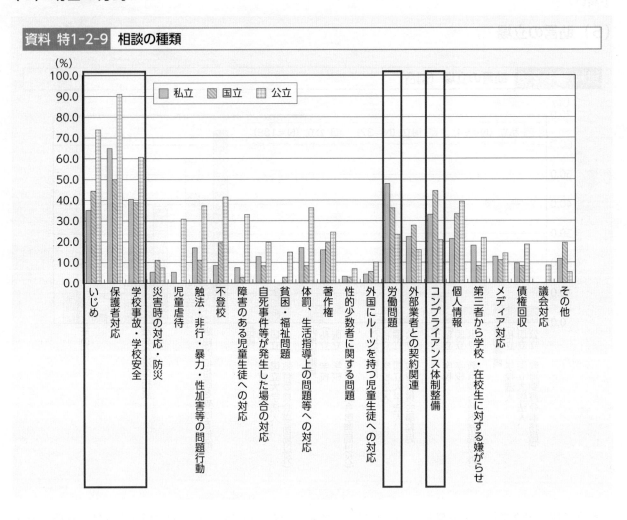

資料 特1-2-9 相談の種類

公立学校においては「いじめ」「保護者対応」「学校事故」「不登校」等の相談を受けている割合が高い。また、児童・生徒に直接関わる問題に関する項目では公立学校の方が相談を受ける割合が高い傾向にある。

他方、私立学校で国立学校・公立学校と比較して相談を受けている割合が高い分野は「労働問題」である（47.9%）。

また、国立学校で私立学校・公立学校と比較して相談を受けている割合が高い分野は「コンプライアンス体制整備」である（44.4%）。

これらの結果から、公立学校、私立学校、国立学校それぞれにおいて相談が多い類型があることが確認できた。

（7）助言・代理した設置者の数

資料 特1-2-10　相談を受け又は代理した学校設置者数

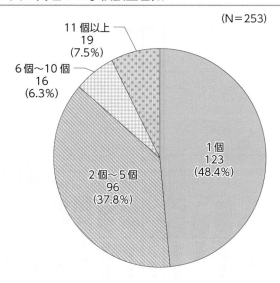

（N＝253）

- 11個以上
  19
  （7.5%）
- 6個～10個
  16
  （6.3%）
- 2個～5個
  96
  （37.8%）
- 1個
  123
  （48.4%）

　相談を受け又は代理した学校設置者数のうち、最も多いのは1個（48.4%）であった。他方、11個以上の学校の設置者から相談を受け又は代理したのは19人（7.5%）であった。なお、いずれの割合も学校又はその設置者に対する助言又は代理人としての活動を経験した弁護士253人を分母として計算した割合である。学校の設置者に助言し又は代理の経験をしたことがある弁護士の約86%は、対象期間である2年間で5個以下であり、6個以上の設置者から相談を受けている弁護士の割合が5個以下の設置者から相談を受けている弁護士の割合と比較して大きく下がっていることが確認された。

（8）学んでおきたい分野

資料 特1-2-11　学んでおきたい知識分野

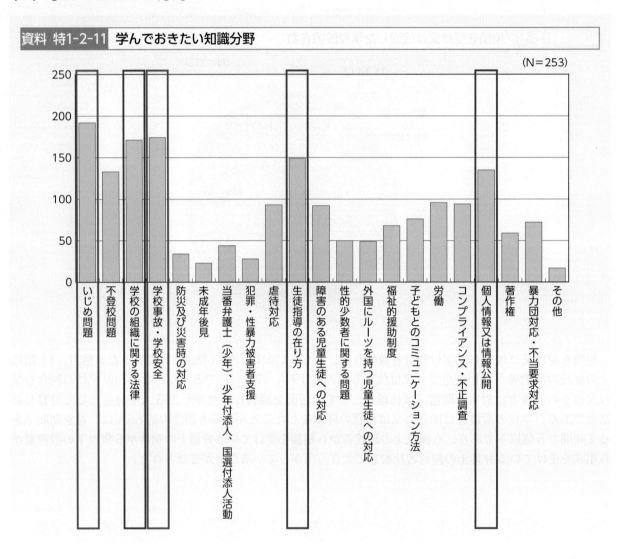

(N＝253)

　学校又はその設置者に対する助言又は代理人としての活動を経験した弁護士253人の中で多くの弁護士が選択した分野は以下のとおりである。

・「いじめ問題」（192人・75.9％）
・「学校事故・学校安全」（174人・68.8％）
・「学校の組織に関する法律」（171人・67.6％）
・「生徒指導の在り方」（149人・58.9％）
・「個人情報又は情報公開」（135人・53.4％）

　今回の調査結果の中では、「生徒指導の在り方」を選択した弁護士が多いのが特徴的である。具体的なアドバイスをするに当たって、法律知識に加え、生徒指導の在り方を学ぶ必要性を感じている弁護士が多いと思われる。また、当連合会では、いじめ及び学校事故（青囲み部分）についてeラーニングの研修を公開したが、今後他のニーズの高い分野における研修を実施することも考えられる。

（9）知見の獲得方法

資料 特1-2-12 知見の獲得方法

（N＝248）

学校又はその設置者に対する助言又は代理人としての活動を経験した弁護士253人の中で多くの弁護士が選択した知識の獲得方法は以下のとおりである。

・書籍（237人・95.6％）
・ウェブ（186人・75.0％）
・他の弁護士への相談（82人・33.1％）
・日弁連の研修（76人・30.6％）
・日弁連以外の研修（55人・22.2％）

なお、「その他」の中で教員に聞くという回答も多かった（16人）。この点は、特に12頁で挙げられていたような生徒指導の在り方については、書籍・ウェブでは得にくい知識もあるからではないかと考えられる。

3 出張授業

（1）出張授業の有無

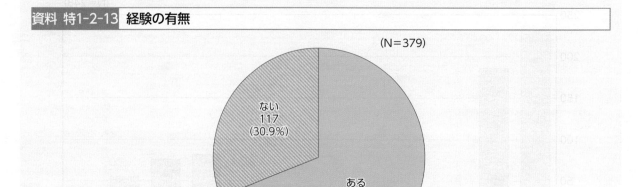

資料 特1-2-13　経験の有無

(N=379)

ない
117
(30.9%)

ある
262
(69.1%)

　出張授業の経験者は262人だった。「法律相談」（253人）、「研修」（206人）、「組織のメンバーとしての活動」（145人）、「その他」（52人）と比較して最も経験者が多かった。

（2）出張授業の経験と、相談を受けた設置者の数

資料 特1-2-14　出張授業の経験と法律相談又は代理の経験

		出張授業		合計
		ある	ない	
法律相談又は代理	ある（※）	159	95	254
	ない	103	22	125
合計		262	117	379

※ある＝相談を受けた設置者の数について「1個」「2個〜5個」「6個〜10個」「11個以上」を選択した人数の合計

　資料 特1-2-14は、出張授業の経験者と、相談を受けた設置者の数のクロス集計の結果である。出張授業経験者262人中103人（39.3％）が対象期間に私立学校・国立学校・公立学校のいずれからも法律相談を受けておらず、また、1個以上の学校の設置者から相談を受け又は代理したことがある254人のうち、37.4％（95人）が出張授業を経験していない。したがって、出張授業と、法律相談又は代理のどちらかの経験をしているとしても、他方の経験をしていない弁護士も少なくないことが分かる。

（3）出張授業の内容

資料 特1-2-15　出張授業の内容

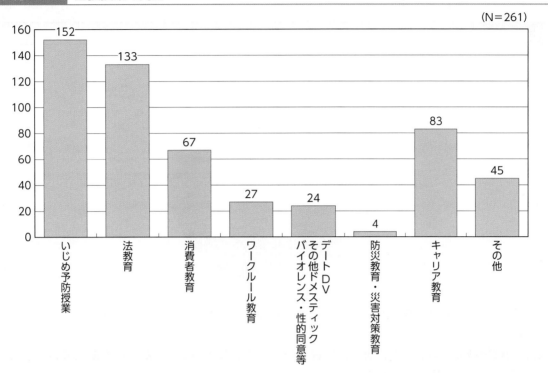

(N＝261)

出張授業の内容で最も多い授業の内容は「いじめ予防授業」（152人）であった。また、出張授業を経験していると回答した弁護士が261人に対し、延べ回答数が535であることからすると、出張授業の経験者は平均2.0個の内容の授業を実施していることが分かる。

なお、グラフには記載していないが、「いじめ予防授業」の経験者の34％（52人）は、いじめ予防授業以外を経験していない。学校からの要望が多く、他の分野での出張授業の経験がない弁護士もいじめ予防授業を担当していると推測される。他方、「消費者教育」「ワークルール教育」「デート　DVその他ドメスティックバイオレンス・性的同意等」「キャリア教育」の内容の授業の経験者のうち、その内容以外の授業を経験していない人はいずれも10％程度であり、いずれの内容を担当している弁護士も、特定の分野ばかりでなく幅広く出張授業を行っていることがうかがえる。

なお、「その他」としては以下の内容の回答があった。

・模擬裁判（8人）
・主権者教育（5人）
・暴力団排除教育（4人）
・選挙（4人）
・子どもの権利学習
・薬物乱用防止教室
・在留資格・国籍
・貧困問題など社会課題
・児童虐待
・ネット上での肖像権侵害等に関する問題
・SNS教育
・両性の平等教育
・憲法教育　等

4 研修

（1）研修の有無

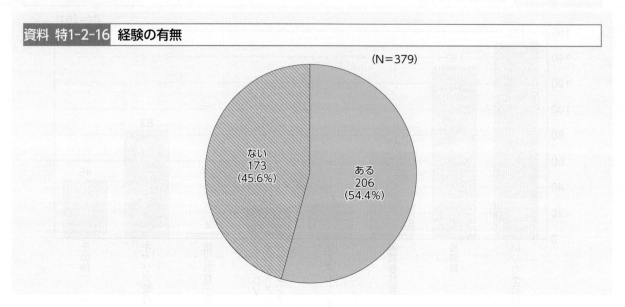

（N＝379）

ない
173
（45.6%）

ある
206
（54.4%）

研修の経験者は 206 人（54.4%）であった。これは、法律相談又は代理の経験者（253 人）よりもやや少ない。

なお、表は掲載していないが、研修経験者 206 人中 51 人（24.8%）が、対象期間に私立学校・国立学校・公立学校のいずれからも法律相談を受けていなかった。

（2）研修の内容

資料 特1-2-17 研修の内容

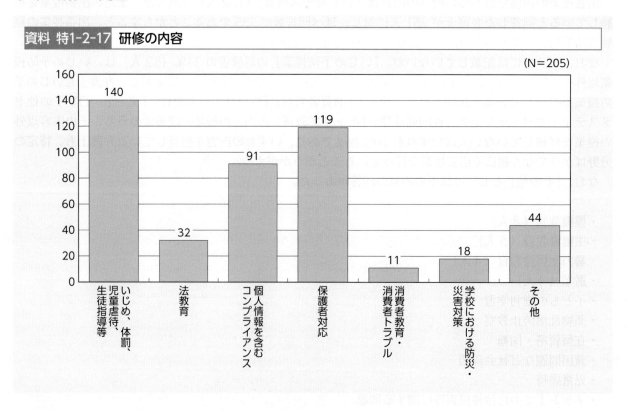

（N＝205）

研修の内容ごとの経験者の人数をグラフにしたのが資料 特 1-2-17 である。

最も多いのは、「いじめ、体罰、児童虐待、生徒指導等」（140 人）であり、次に「保護者対応」（119 人）、「個人情報を含むコンプライアンス」（91 人）であった。

第3章　文科省のアンケート

1 調査概要

　文科省は、令和3年6月に、全都道府県・指定都市67自治体、市町村教育委員会1,717自治体（特別区、共同設置の教育委員会を含み、広域連合・一部事務組合を含まない。）に対し、「教育行政に係る法務相談体制の整備等に関する調査」（以下「令和3年度調査」という。）を実施した。

　調査対象は「令和3年度間または令和4年3月31日」における以下の事項についてである。ここでは、同調査の結果（一部は令和2年度間に関する調査）を抜粋し記載する。

　なお、2023年11月に「教育行政に係る法務相談体制の整備等に関する調査（令和4年度間）」（以下「令和4年度調査」という。）も公表されている。編集の都合上、全て引用することはできないが、必要に応じて言及する形にしている点につき、ご了承いただきたい。

2 専ら教育行政に関与する弁護士に相談できる体制について（令和3年度）

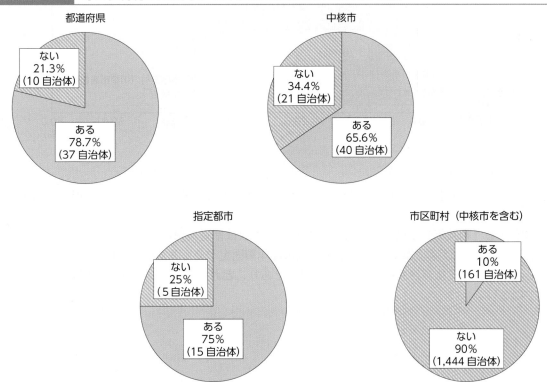

資料 特1-3-1　専ら教育行政に関与する弁護士に相談できる体制の有無

都道府県
- ない 21.3%（10自治体）
- ある 78.7%（37自治体）

中核市
- ない 34.4%（21自治体）
- ある 65.6%（40自治体）

指定都市
- ない 25%（5自治体）
- ある 75%（15自治体）

市区町村（中核市を含む）
- ある 10%（161自治体）
- ない 90%（1,444自治体）

【※】専ら教育行政に関与する弁護士：自治体の法務全般に関与する顧問弁護士とは別に、教育行政に係る法務相談を行うことを目的に契約している弁護士

　資料 特1-3-1は、専ら教育行政に関与する弁護士に相談できる体制の有無について質問し、都道府県、指定都市、市区町村毎に割合を出したグラフである。「専ら教育行政に関与する弁護士」を調査の対象とすることで、自治体の行政全体について相談を受ける顧問弁護士と区別している。

　これによると、そのような体制があると答えた自治体は、都道府県では78.7%（47自治体中37自治体）、指定都市では75%（20自治体中15自治体）であるのに対し、市区町村ではわずか10%（1,605自治体中161自治体）であった。

　市区町村には規模も相当差があり、「専ら教育行政に関与する弁護士」のニーズにも自治体毎に差があることが背景と考えられる。

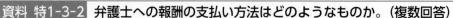

③ 報酬について（令和３年度）

資料 特1-3-2 弁護士への報酬の支払い方法はどのようなものか。（複数回答）

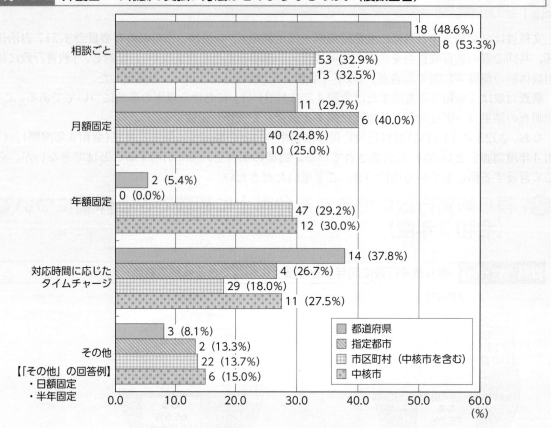

凡例：
- 都道府県
- 指定都市
- 市区町村（中核市を含む）
- 中核市

相談ごと
- 18（48.6%）
- 8（53.3%）
- 53（32.9%）
- 13（32.5%）

月額固定
- 11（29.7%）
- 6（40.0%）
- 40（24.8%）
- 10（25.0%）

年額固定
- 2（5.4%）
- 0（0.0%）
- 47（29.2%）
- 12（30.0%）

対応時間に応じたタイムチャージ
- 14（37.8%）
- 4（26.7%）
- 29（18.0%）
- 11（27.5%）

その他
- 3（8.1%）
- 2（13.3%）
- 22（13.7%）
- 6（15.0%）

【「その他」の回答例】
・日額固定
・半年固定

　自治体に対して弁護士への報酬の支払い方法について質問をした結果をまとめたのが資料 特1-3-2である。

　どの自治体も「相談毎」が最も多くなっており、その次は都道府県の場合は対応時間に応じたタイムチャージ、指定都市は月額固定、市区町村・中核市は年額固定が最も多くなっている。

　ただし、いずれの支払方法も最大でも50％程度であり、どれかの支払い方法が圧倒的多数となっている状況ではない。

④ 弁護士に依頼している業務の内容（令和２年度）

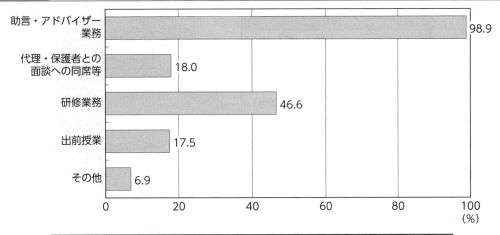

| 資料 特1-3-3 | 弁護士に依頼している業務の内容（複数回答） |

	回答数（割合）
助言・アドバイザー業務	187（98.9%）
代理・保護者との面談への同席等	34（18.0%）
研修業務	88（46.6%）
出前授業	33（17.5%）
その他（自由記述）	13　（6.9%）

※　括弧書きは、「教育行政専従弁護士による法務相談体制がある」と回答した教育委員会の合計（189）に占める割合

【注】法務省「法曹の質に関する検証結果報告書」による。小数点以下2桁を四捨五入している。

　文科省が実施した令和2年度間の調査に基づき、「自治体の顧問弁護士とは別に、専ら教育行政に関与する弁護士」について、依頼している業務の内容についての回答をまとめたのが資料 特1-3-3 である。

　これを見ると、ほとんどの自治体（98.9%）が助言・アドバイザー業務を依頼しており、半分程度（46.6%）が、研修業務を依頼していることが分かる。また、「代理・保護者との面談への同席等」については、全体としては18.0%であるが、「保護者との面談への同席等」の業務のみ依頼している場合も含まれていると考えられ、純粋に学校・教育委員会の窓口としての「代理」業務をどの程度依頼しているのか、この統計からは明らかでない。

　なお、令和4年度調査によると、代理業務を依頼している自治体の数は、都道府県では2自治体（5.1%）、指定都市の中では3自治体（18.8%）、市町村等では12自治体（6.2%）となっていた。なお、括弧内は専ら教育行政に関与する弁護士を配置済みの自治体に占める割合を示している。

【注】文科省が実施した令和2年度間の調査は、都道府県及び市区町村教育委員会を対象に、令和2年度における教育行政に係る法務相談体制の整備等に関する調査を実施しており、全国の1,784の都道府県・市区町村教育委員会から回答を得ている。

🎓5 満足度（令和2年度）

資料 特1-3-4 法務相談等における弁護士の対応に対する評価

	回答数（割合）
大変満足	163 （86.2%）
やや満足	26 （13.8%）
やや不満	0 （0.0%）
不満	0 （0.0%）
計	189 （100.0%）

※ 括弧書きは、「教育行政専従弁護士による法務相談体制がある」と回答した教育委員会の合計（189）に占める割合

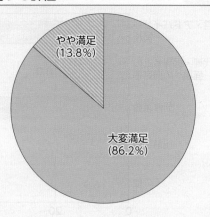

【注】法務省「法曹の質に関する検証結果報告書」による。

　文科省が実施した令和2年度間の調査に基づき、「自治体の顧問弁護士とは別に、専ら教育行政に関与する弁護士」についての満足度を質問し、回答をまとめたのが資料 特1-3-4である。

　大変満足が86.2%、やや満足が13.8%となっており、やや不満、不満の回答はなかった。「専ら教育行政に関与する弁護士」に相談できる体制がある自治体が213自治体であるのに対し、本質問に対する回答数は189自治体であることからすると、回答をしていない自治体を考慮したとしても、多くの自治体において、「専ら教育行政に関与する弁護士」について満足度が高いことが伺える。

6 今後の教育行政に係る法務相談体制構築の見通し（令和 3 年度）

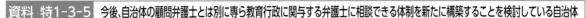

資料 特1-3-5　今後、自治体の顧問弁護士とは別に専ら教育行政に関与する弁護士に相談できる体制を新たに構築することを検討している自治体

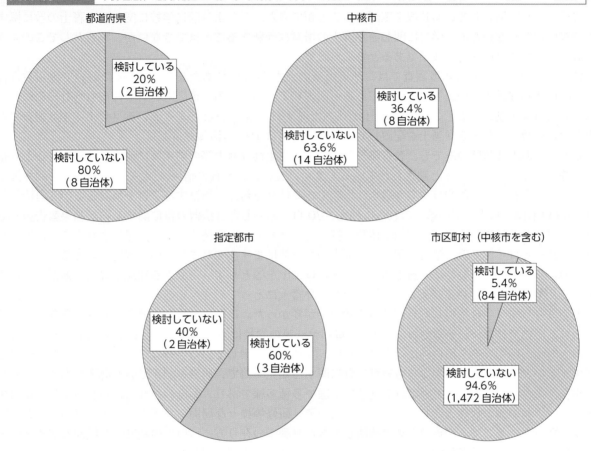

　自治体に対して、今後自治体の顧問弁護士とは別に、専ら教育行政に関与する弁護士に相談できる体制を新たに構築することを検討しているかどうかを質問した結果をまとめたのが資料 特 1-3-5 である。

　これによると、都道府県（2 自治体）、指定都市（3 自治体）、市区町村（84 自治体）の合計 89 自治体が「検討している」と回答しており、「専ら教育行政に関与する弁護士に相談できる体制」はますます普及していくと考えられる。

7 まとめ

　今回の文科省の調査の結果、多くの都道府県・指定都市の自治体においては「専ら教育行政に関与する弁護士」に相談できる体制があることが伺われた。他方、市区町村においては、そのような体制がある自治体は、未だに 10％程度にとどまっている。

　ただし、市区町村については自治体毎に規模もニーズも様々であるものの、弁護士への相談の機会があることでより弁護士との適切な連携の必要性が顕在化していくと考えられる。そのような観点からは、今後都道府県においてその地域内の市区町村の相談を受けられる体制を整備していくことが、「専ら教育行政に関与する弁護士」に相談できる体制の普及にあたっては重要と考えられる。

　今回当連合会が 2021 年に実施したアンケートによって、全国で対象期間においては、少なくとも 379 人が弁護士として学校に関わっていること、そして、そのうち 226 人が学校に助言し、104 人が学校側の代理人として活動している状況を確認することができた。これより前に学校に関わる弁護士の数に関する調査は存在しないため、学校に関わる弁護士の増減は判断することはできないが、実態としてこのような数字が出たことは一定の成果であると考えられる。

　他方、文科省の令和 3 年度調査では、都道府県のうち 78.7％にあたる 37 自治体において専ら教育行政に関与する弁護士に相談できる体制があると回答しているものの、市区町村（中核市も含む）についてはそのような体制にあるものが全体の 10％にあたる 161 自治体にとどまっている（令和 4 年度調査でも専ら教育行政に関与する弁護士を配置している市区町村は 194 自治体だった）。

　しかし、直近 3 年間のみでも、教育職員等による児童生徒性暴力等の防止等に関する法律や、こども基本法等の新しい法令が次々と制定されている。また、文科省の調査の結果、「今後、自治体の顧問弁護士とは別に専ら教育行政に関与する弁護士に相談できる体制を新たに構築することを検討している自治体」は、89 自治体にも上っている。これらに加え、20 頁で紹介した「法曹の質に関する検証結果報告書」では、満足度が非常に高く現在法務相談体制を持つ自治体も今後も継続することが見込まれることに鑑みれば、スクールロイヤー等、学校に関わる弁護士のニーズはますます高まっている状況と言えるだろう。

　そのような状況においては弁護士側もスクールロイヤー等として活動できる知識や経験が獲得できる体制を整えていくことも必要である。学校に関わる弁護士にとって必要な知識として、学校に関わる法律のことのみならず「生徒指導」も挙げている弁護士が多かった。これらの知識は通常の弁護士業務において得られるものではない。そのため、スクールロイヤー等の学校に関わる弁護士としては、自ら学び、また、弁護士同士の情報交換を積極的に行うとともに、文科省が提案しているようなワークショップ型の研修を活用するなどして、学校現場からも教育分野に関する知見を得て、研鑽を積んでいく必要である。

　現在、スクールロイヤーと呼ばれる制度は全国で多種多様であり、制度の呼称にかかわらず学校に対する助言、学校の側の代理人としての活動、出張授業、研修等様々な局面で弁護士が関わっていることが明らかになった。そこで、今後は今まで蓄積してきた弁護士の在り方についての制度的な議論も踏まえ、子どもにとって最適な教育環境を守り続けることで、子どもの最善の利益を実現するためには、学校におけるトラブルのどのような場面において弁護士がどのように関わることが適切なのか、また、助言を行う場合にはどのような内容が適切なのかを整理して具体的な議論を積み重ねていくことが重要と考えられる。

第1編

弁護士等の実勢

第1章 弁護士人口

① 日本弁護士連合会と弁護士数

日弁連は、1949年（昭和24年）に制定された弁護士法に基づいて同年9月に設立された法人である。その構成員（会員）は、弁護士、弁護士法人及び全国52の弁護士会をもって組織されており、日本全国すべての弁護士及び弁護士法人は、各地の弁護士会に入会すると同時に日弁連に登録しなければならない。なお、外国法事務弁護士及び外国法事務弁護士法人は、外国特別会員として日弁連に登録している。

また、同じ高等裁判所の管轄区内の弁護士会は、共同して特定の事項を行うため、弁護士会連合会を設けている（弁護士法第44条）。現在、北海道、東北、関東、中部、近畿、中国、四国及び九州に合計8つの連合会が設立されている（資料1-1-7「弁護士会別弁護士数とその内訳」（29頁）参照）。

日弁連設立当初の弁護士人口は、5,800人程度であったが、その後増加し、2023年3月31日現在で4万4,916人となっている。

本書でいう「弁護士」とは、全て正会員である自然人を示す。会員の種類については、以下のとおりである。

資料1-1-1	会員の種類（法人を除く）
正会員	弁護士法第4条・第5条・第6条に定める資格を有する者で、弁護士名簿に登録された者（以下同じ）。
外国特別会員	外国弁護士となる資格を有する者で法務大臣の承認を受け、かつ外国法事務弁護士として登録した者。
準会員	弁護士法旧々第7条及び沖縄の復帰に伴う特別措置に関する法律第65条に基づき、最高裁判所の承認を受けて弁護士法第3条に規定する事務を行うことができる者。※2023年3月31日現在、該当者はいない。
沖縄特別会員	沖縄の法令による弁護士資格を有した者で、昭和47年の沖縄復帰に伴い、沖縄弁護士の名称を用いて沖縄県の区域内において弁護士法第3条に規定する事務を行うことが認められた者（沖縄の弁護士資格者等に対する本邦の弁護士資格等の付与に関する特別措置法第7条参照）。※2023年3月31日現在、4人となっている。

資料1-1-2 弁護士数（1950年～2023年）

（単位：人）

年	正会員総数（内女性数）		女性割合	年	正会員総数（内女性数）		女性割合	年	正会員総数（内女性数）		女性割合	年	正会員総数（内女性数）		女性割合
1950	5,827	(6)	0.1%	1969	8,198	(166)	2.0%	1988	13,288	(694)	5.2%	2007	23,119	(3,152)	13.6%
1951	5,804	(6)	0.1%	1970	8,478	(180)	2.1%	1989	13,541	(721)	5.3%	2008	25,041	(3,599)	14.4%
1952	5,822	(9)	0.2%	1971	8,797	(197)	2.2%	1990	13,800	(766)	5.6%	2009	26,930	(4,127)	15.3%
1953	5,836	(9)	0.2%	1972	9,106	(224)	2.5%	1991	14,080	(811)	5.8%	2010	28,789	(4,660)	16.2%
1954	5,837	(10)	0.2%	1973	9,541	(254)	2.7%	1992	14,329	(846)	5.9%	2011	30,485	(5,115)	16.8%
1955	5,899	(11)	0.2%	1974	9,830	(279)	2.8%	1993	14,596	(894)	6.1%	2012	32,088	(5,595)	17.4%
1956	5,967	(14)	0.2%	1975	10,115	(303)	3.0%	1994	14,809	(938)	6.3%	2013	33,624	(5,936)	17.7%
1957	6,009	(17)	0.3%	1976	10,421	(330)	3.2%	1995	15,108	(996)	6.6%	2014	35,045	(6,336)	18.1%
1958	6,100	(24)	0.4%	1977	10,689	(344)	3.2%	1996	15,456	(1,070)	6.9%	2015	36,415	(6,618)	18.2%
1959	6,217	(31)	0.5%	1978	10,977	(362)	3.3%	1997	15,866	(1,176)	7.4%	2016	37,680	(6,896)	18.3%
1960	6,321	(42)	0.7%	1979	11,206	(384)	3.4%	1998	16,305	(1,295)	7.9%	2017	38,980	(7,179)	18.4%
1961	6,439	(46)	0.7%	1980	11,441	(420)	3.7%	1999	16,731	(1,398)	8.4%	2018	40,066	(7,462)	18.6%
1962	6,604	(54)	0.8%	1981	11,624	(446)	3.8%	2000	17,126	(1,530)	8.9%	2019	41,118	(7,717)	18.8%
1963	6,732	(60)	0.9%	1982	11,888	(477)	4.0%	2001	18,243	(1,849)	10.1%	2020	42,164	(8,017)	19.0%
1964	6,849	(69)	1.0%	1983	12,132	(514)	4.2%	2002	18,838	(2,063)	11.0%	2021	43,206	(8,335)	19.3%
1965	7,082	(86)	1.2%	1984	12,377	(554)	4.5%	2003	19,508	(2,273)	11.7%	2022	44,101	(8,630)	19.6%
1966	7,343	(105)	1.4%	1985	12,604	(590)	4.7%	2004	20,224	(2,448)	12.1%	2023	44,916	(8,901)	19.8%
1967	7,645	(128)	1.7%	1986	12,830	(620)	4.8%	2005	21,185	(2,648)	12.5%				
1968	7,918	(149)	1.9%	1987	13,074	(654)	5.0%	2006	22,021	(2,859)	13.0%				

【注】数値は、各年3月31日現在（ただし、2022年は5月31日現在）。

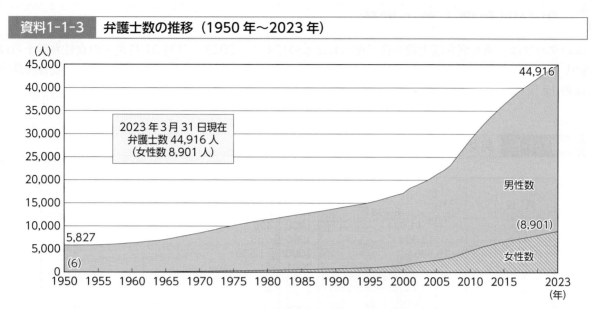

資料1-1-3　弁護士数の推移（1950年〜2023年）

2023年3月31日現在
弁護士数 44,916人
（女性数 8,901人）

【注】 1．数値は、各年3月31日現在（ただし、2022年は5月31日現在）。
　　　 2．（　）内の数値は、女性数である。

② 男女別年齢構成

次のグラフは、男女の弁護士数の分布を年齢別にみたものである。男女ともに、40代が最も多い。

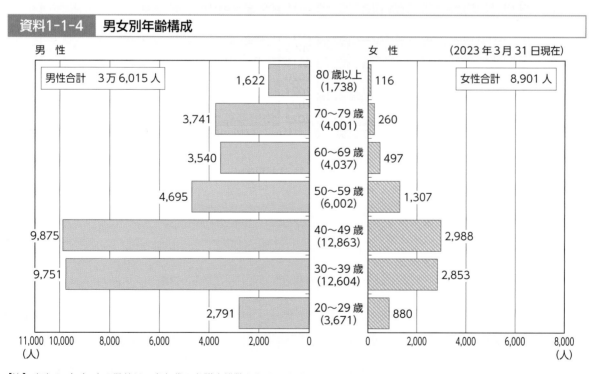

資料1-1-4　男女別年齢構成

男　性　　　　　　　　　　　　　　　　　　　女　性　　　（2023年3月31日現在）

男性合計　3万6,015人　　　　　　　　　　　女性合計　8,901人

年齢	男性	女性
80歳以上（1,738）	1,622	116
70〜79歳（4,001）	3,741	260
60〜69歳（4,037）	3,540	497
50〜59歳（6,002）	4,695	1,307
40〜49歳（12,863）	9,875	2,988
30〜39歳（12,604）	9,751	2,853
20〜29歳（3,671）	2,791	880

【注】表中の（　）内の数値は、各年代の弁護士総数である。

❸ 男女別弁護士数の推移

　次のグラフは、男女別弁護士数の推移を示したものである。2023年3月31日現在の女性弁護士数は8,901人であり、1990年からの33年間を見ると、男性弁護士数は約3倍であるのに対し、女性弁護士数は約12倍となっている。

資料1-1-5　男女別弁護士数の推移

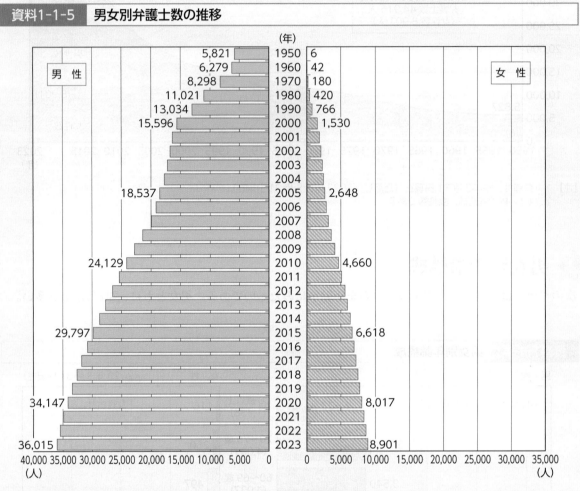

【注】　1．数値は、各年3月31日現在（ただし、2022年は5月31日現在）。
　　　　2．2000年までは10年おきで表示。

④ 修習期別弁護士数

次の表とグラフは、修習期別の弁護士数を男女別に示したものである。

資料1-1-6　修習期別弁護士数

（2023年3月31日現在）

修習期	男性	女性	合計（女性割合）	修習期	男性	女性	合計（女性割合）
1	0	0	0 (0.0%)	39	275	38	313 (12.1%)
2	2	0	2 (0.0%)	40	310	32	342 (9.4%)
3	4	0	4 (0.0%)	41	296	36	332 (10.8%)
4	5	1	6 (16.7%)	42	304	46	350 (13.1%)
5	6	1	7 (14.3%)	43	315	31	346 (9.0%)
6	5	0	5 (0.0%)	44	310	49	359 (13.6%)
7	5	0	5 (0.0%)	45	297	50	347 (14.4%)
8	17	0	17 (0.0%)	46	344	49	393 (12.5%)
9	30	3	33 (9.1%)	47	365	78	443 (17.6%)
10	28	1	29 (3.4%)	48	404	96	500 (19.2%)
11	34	4	38 (10.5%)	49	416	109	525 (20.8%)
12	42	1	43 (2.3%)	50	432	101	533 (18.9%)
13	52	4	56 (7.1%)	51	415	121	536 (22.6%)
14	55	6	61 (9.8%)	52	411	148	559 (26.5%)
15	63	8	71 (11.3%)	53	451	151	602 (25.1%)
16	76	6	82 (7.3%)	54	540	208	748 (27.8%)
17	111	8	119 (6.7%)	55	578	208	786 (26.5%)
18	122	16	138 (11.6%)	56	628	158	786 (20.1%)
19	143	14	157 (8.9%)	57	756	212	968 (21.9%)
20	171	15	186 (8.1%)	58	742	212	954 (22.2%)
21	199	10	209 (4.8%)	59	950	272	1,222 (22.3%)

修習期	男性	女性	合計（女性割合）	修習期	男性 旧	男性 新	女性 旧	女性 新	合計（女性割合）
22	234	12	246 (4.9%)	60	945	653	268	185	2,051 (22.1%)
23	224	22	246 (8.9%)	61	433	1,121	106	404	2,064 (24.7%)
24	244	21	265 (7.9%)	62	241	1,280	67	455	2,043 (25.6%)
25	246	22	268 (8.2%)	63	133	1,282	42	400	1,857 (23.8%)
26	291	19	310 (6.1%)	64	111	1,285	31	457	1,884 (25.9%)
27	319	18	337 (5.3%)	65	1,444 (※1)		394 (※1)		1,838 (21.4%)
28	311	16	327 (4.9%)	66	1,333 (※2)		423 (※2)		1,756 (24.1%)
29	297	10	307 (3.3%)	67	1,341 (※2)		352 (※2)		1,693 (20.8%)
30	266	19	285 (6.7%)	68	1,209 (※2)		334 (※2)		1,543 (21.6%)
31	296	29	325 (8.9%)	69	1,261 (※2)		286 (※2)		1,547 (18.5%)
32	279	23	302 (7.6%)	70	1,085 (※2)		303 (※2)		1,388 (21.8%)
33	312	26	338 (7.7%)	71	1,070 (※2)		266 (※2)		1,336 (19.9%)
34	313	28	341 (8.2%)	72	1,026 (※2)		298 (※2)		1,324 (22.5%)
35	311	35	346 (10.1%)	73	995 (※2)		311 (※2)		1,306 (23.8%)
36	276	28	304 (9.2%)	74	970 (※2)		316 (※2)		1,286 (24.6%)
37	280	37	317 (11.7%)	75	838 (※2)		292 (※2)		1,130 (25.8%)
38	295	29	324 (9.0%)						

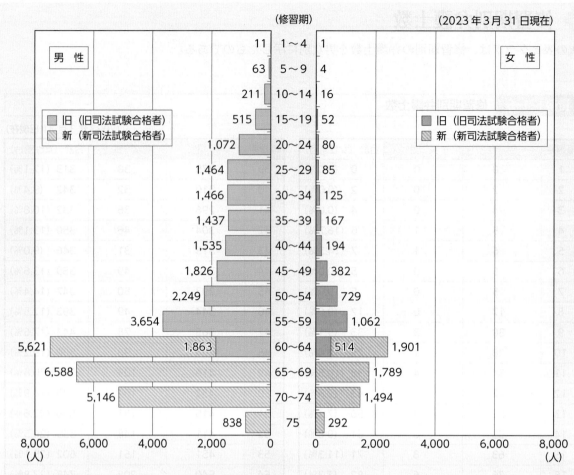

（修習期）　　　　　　　　　　（2023 年 3 月 31 日現在）

男性	修習期	女性
11	1～4	1
63	5～9	4
211	10～14	16
515	15～19	52
1,072	20～24	80
1,464	25～29	85
1,466	30～34	125
1,437	35～39	167
1,535	40～44	194
1,826	45～49	382
2,249	50～54	729
3,654	55～59	1,062
5,621（1,863）	60～64	（514）1,901
6,588	65～69	1,789
5,146	70～74	1,494
838	75	292

男性　旧（旧司法試験合格者）　新（新司法試験合格者）
女性　旧（旧司法試験合格者）　新（新司法試験合格者）

8,000　6,000　4,000　2,000　0　　0　2,000　4,000　6,000　8,000
（人）　　　　　　　　　　　　　　　　　　　　　　　　　　　（人）

【注】 1．2023 年 3 月 31 日現在、登録のある弁護士の修習期内訳である。
　　 2．「旧」とは、旧司法試験に合格した者、「新」とは、新司法試験に合格した者の総称であるが、司法修習を終了するための試験に不合格となった結果、修習終了日がずれた場合は、新旧司法試験いずれの合格者に関わらず、修習終了日を基準にカウントしている。
　　 3．表内の※については以下のとおり。
　　　　※1：65 期は「旧」「新」両方を含む。
　　　　※2：66 期以降は「新」のみである。

❺ 弁護士会別弁護士数

（1）弁護士会別弁護士数とその内訳

| 資料1-1-7 | 弁護士会別弁護士数とその内訳 |

（2023年3月31日現在）

	弁護士会	正会員総数（人）	女性数	女性の割合	外国特別会員（人）	法律事務所数（事務所）
北海道弁護士会連合会	札　幌	861	137	15.9%	0	435
	函　館	54	10	18.5%	0	34
	旭　川	78	13	16.7%	0	61
	釧　路	84	13	15.5%	0	60
	小　計	1,077	173	16.1%	0	590
東北弁護士会連合会	仙　台	493	75	15.2%	0	261
	福島県	197	29	14.7%	0	135
	山形県	104	14	13.5%	0	80
	岩　手	104	9	8.7%	1	74
	秋　田	77	11	14.3%	0	57
	青森県	112	15	13.4%	0	79
	小　計	1,087	153	14.1%	1	686
関東弁護士会連合会	東　京	9,068	1,921	21.2%	83	7,243
	第一東京	6,573	1,435	21.8%	139	
	第二東京	6,461	1,435	22.2%	203	
	神奈川県	1,774	349	19.7%	3	885
	埼　玉	953	170	17.8%	0	509
	千葉県	863	159	18.4%	0	449
	茨城県	300	45	15.0%	1	189
	栃木県	232	33	14.2%	0	154
	群　馬	326	43	13.2%	0	188
	静岡県	532	92	17.3%	1	300
	山梨県	128	19	14.8%	0	65
	長野県	265	50	18.9%	0	195
	新潟県	287	51	17.8%	0	172
	小　計	27,762	5,802	20.9%	430	10,349
中部弁護士会連合会	愛知県	2,096	421	20.1%	5	1,044
	三　重	193	31	16.1%	0	120
	岐阜県	217	36	16.6%	1	148
	福　井	119	18	15.1%	0	72
	金　沢	189	31	16.4%	0	108
	富山県	131	16	12.2%	0	86
	小　計	2,945	553	18.8%	6	1,578
近畿弁護士会連合会	大　阪	4,923	943	19.2%	9	2,138
	京　都	850	192	22.6%	1	416
	兵庫県	1,027	222	21.6%	3	533
	奈　良	190	32	16.8%	0	109
	滋　賀	167	37	22.2%	0	106
	和歌山	149	21	14.1%	0	92
	小　計	7,306	1,447	19.8%	13	3,394
中国地方弁護士会連合会	広　島	628	105	16.7%	0	327
	山口県	179	22	12.3%	0	113
	岡　山	412	91	22.1%	0	229
	鳥取県	70	13	18.6%	0	40
	島根県	81	17	21.0%	0	57
	小　計	1,370	248	18.1%	0	766
四国弁護士会連合会	香川県	196	31	15.8%	0	127
	徳　島	87	6	6.9%	0	59
	高　知	97	13	13.4%	0	71
	愛　媛	161	25	15.5%	0	111
	小　計	541	75	13.9%	0	368
九州弁護士会連合会	福岡県	1,458	260	17.8%	5	696
	佐賀県	106	14	13.2%	0	66
	長崎県	157	20	12.7%	0	95
	大分県	165	22	13.3%	0	104
	熊本県	284	42	14.8%	0	167
	鹿児島県	228	32	14.0%	0	148
	宮崎県	144	14	9.7%	0	104
	沖　縄	286	46	16.1%	0	159
	小　計	2,828	450	15.9%	5	1,539
合　計		44,916	8,901	19.8%	455	19,270

【注】法律事務所数は、弁護士法人については主たる法律事務所と従たる法律事務所をそれぞれ１件としてカウントしている。

特集

第1編

第2編

第3編

第4編

（2）弁護士会別年間弁護士登録者数

資料1-1-8　弁護士会別年間弁護士登録者数

年度 (人)	1990 総数	1995 総数	2000 総数	2005 総数	2005 内女性数	2010 総数	2010 内女性数	2020 総数	2020 内女性数	2021 総数	2021 内女性数	2022 総数	2022 内女性数
札　幌	10	6	15	22	3	50	8	25	6	3	0	45	9
函　館	0	0	1	0	0	1	0	0	0	0	0	0	0
旭　川	0	0	0	1	0	2	0	1	1	0	0	1	1
釧　路	0	0	1	3	0	3	0	0	0	0	0	3	1
小　計	10	6	17	26	3	56	8	26	7	3	0	49	11
仙　台	5	5	10	11	1	30	5	18	3	3	0	29	8
福島県	0	2	4	3	0	14	2	3	0	0	0	10	2
山形県	1	1	0	3	0	6	2	2	0	0	0	4	1
岩　手	0	1	0	2	0	3	0	1	0	0	0	1	0
秋　田	1	1	2	4	1	1	1	0	0	0	0	2	0
青森県	3	0	1	1	0	5	0	2	0	0	0	3	1
小　計	10	10	17	24	2	59	10	26	3	3	0	49	12
東　京	106	125	303	233	55	412	111	308	70	72	28	496	139
第一東京	70	74	225	211	58	239	55	363	109	71	27	624	166
第二東京	63	76	229	184	37	316	91	316	82	58	22	508	141
神奈川県	13	26	52	39	10	89	30	48	12	5	1	78	17
埼　玉	10	18	19	25	3	42	13	30	4	1	0	47	11
千葉県	8	10	23	19	2	35	8	27	8	7	3	49	11
茨城県	3	1	3	7	0	13	3	7	1	0	0	9	1
栃木県	3	3	4	3	2	18	2	6	2	1	0	12	2
群　馬	3	3	3	4	1	17	5	8	2	0	0	16	3
静岡県	2	3	8	6	2	21	5	15	1	2	0	21	2
山梨県	0	5	2	2	0	8	2	2	1	0	0	2	0
長野県	5	1	6	4	0	18	3	6	2	0	0	5	0
新潟県	5	3	6	3	0	10	2	3	0	1	0	6	2
小　計	291	348	883	740	170	1,238	330	1,139	294	218	81	1,873	495
愛知県	27	23	45	45	7	106	26	59	17	10	3	93	25
三　重	4	2	6	2	1	13	2	2	0	0	0	6	2
岐阜県	2	2	3	2	0	9	0	3	0	1	1	8	2
福　井	0	0	2	2	1	10	3	3	1	1	1	2	0
金　沢	1	2	5	5	0	6	0	8	3	0	0	7	0
富山県	1	0	2	3	0	5	1	1	0	0	0	7	0
小　計	35	29	63	59	9	149	32	76	21	12	5	123	29
大　阪	86	90	188	122	24	222	61	152	34	25	8	276	71
京　都	10	8	24	18	4	36	12	22	8	0	0	41	15
兵庫県	11	15	35	24	4	55	12	30	7	7	5	48	12
奈　良	2	5	12	8	1	4	0	5	0	0	0	7	2
滋　賀	0	1	3	1	0	9	1	1	0	2	0	9	1
和歌山	0	1	5	1	0	13	5	0	0	1	0	6	1
小　計	109	120	267	174	33	339	91	210	49	35	13	387	102
広　島	3	7	15	11	3	34	9	17	3	1	0	31	5
山口県	2	3	2	7	2	13	3	7	4	1	0	6	0
岡　山	6	8	10	9	0	31	9	8	4	0	0	17	4
鳥取県	1	1	0	2	0	4	0	0	0	1	0	2	0
島根県	1	0	0	2	1	4	0	3	2	0	0	0	0
小　計	13	19	27	31	6	86	21	35	13	3	0	56	9
香川県	3	1	1	3	1	11	2	5	0	1	0	13	4
徳　島	2	0	1	0	0	3	2	0	0	1	0	2	0
高　知	2	0	2	2	2	4	2	0	0	0	0	2	1
愛　媛	1	3	5	4	1	13	1	1	0	2	0	7	1
小　計	8	4	9	9	4	31	7	6	0	4	0	24	6
福岡県	17	20	46	28	3	66	11	43	8	6	0	71	6
佐賀県	0	1	3	2	0	9	2	1	0	1	0	4	1
長崎県	1	2	1	7	2	12	2	2	1	2	1	4	1
大分県	2	1	2	6	0	11	3	2	0	1	1	3	0
熊本県	5	6	5	10	1	12	2	2	0	2	0	6	1
鹿児島県	0	2	4	4	1	17	2	2	1	0	0	14	2
宮崎県	0	0	2	3	0	7	3	2	0	3	1	3	0
沖　縄	0	9	4	8	1	9	1	4	1	2	1	13	3
小　計	25	41	67	68	8	143	26	58	11	17	4	118	14
年度合計	501	577	1,350	1,131	235	2,101	525	1,576	398	295	103	2,679	678

【注】 1．各年の統計数値は、4月1日～3月31日までのものである。
　　　 2．登録者数には新規登録者の他、一度登録を取消し、その後再登録した者も含まれる。ただし、登録換え数は含まない。
　　　 3．2000年度、2007年度～2011年度及び2022年度は、司法修習終了による新規登録が2回あった年である。
　　　 4．年間弁護士登録者数の弁護士会別の内女性数は、2004年度から集計を開始した。

（3）弁護士会別弁護士数と増加率

資料1-1-9　弁護士会別弁護士数と直近10年の増加率

弁護士会	1950 総数	1960 総数	1970 総数	1980 総数	1990 総数(内女性)	2000 総数(内女性)	2013 総数(内女性)	2021 総数(内女性)	2022 総数(内女性)	2023 総数(内女性)	女性割合	増加数 総数	増加数 内女性	増加率 総数	増加率 内女性
札幌	66	81	111	185	244(7)	315(16)	661(89)	826(128)	820(126)	861(137)	15.9%	200	48	130.3%	153.9%
函館	21	18	14	20	19(0)	23(1)	48(4)	54(9)	53(9)	54(10)	18.5%	6	6	112.5%	250.0%
旭川	15	14	16	19	22(1)	25(1)	69(10)	78(12)	79(11)	78(13)	16.7%	9	3	113.0%	130.0%
釧路	13	15	17	20	22(1)	22(1)	70(5)	81(11)	81(11)	84(13)	15.5%	14	8	120.0%	260.0%
小計（北海道弁護士会連合会）	115	128	158	244	307(9)	385(18)	848(108)	1,039(160)	1,033(158)	1,077(173)	16.1%	229	65	127.0%	160.2%
仙台	82	82	91	129	162(13)	210(22)	395(56)	480(74)	478(73)	493(75)	15.2%	98	19	124.8%	133.9%
福島県	67	57	53	68	71(2)	81(1)	168(20)	196(27)	193(28)	197(29)	14.7%	29	9	117.3%	145.0%
山形県	38	29	33	34	46(1)	51(1)	89(8)	104(15)	104(14)	104(14)	13.5%	15	6	116.9%	175.0%
岩手	27	23	30	31	33(1)	41(1)	92(8)	103(10)	102(9)	104(9)	8.7%	12	1	113.0%	112.5%
秋田	37	33	29	30	47(4)	49(4)	73(13)	75(12)	74(12)	77(11)	14.3%	4	-2	105.5%	84.6%
青森県	33	30	31	35	37(2)	40(3)	107(12)	112(15)	109(15)	112(15)	13.4%	5	3	104.7%	125.0%
小計（東北弁護士会連合会）	284	254	267	327	396(22)	472(33)	924(117)	1,070(153)	1,060(151)	1,087(153)	14.1%	163	36	117.6%	130.8%
東京	1,396	1,641	2,272	2,765	3,164(209)	3,872(398)	6,952(1,299)	8,806(1,807)	8,731(1,810)	9,068(1,921)	21.2%	2,116	622	130.4%	147.9%
第一東京	487	609	897	1,278	1,598(96)	2,022(222)	4,235(817)	6,053(1,285)	6,036(1,284)	6,573(1,435)	21.8%	2,338	618	155.2%	175.6%
第二東京	416	546	930	1,296	1,552(104)	2,043(219)	4,492(923)	6,064(1,307)	6,031(1,312)	6,461(1,435)	22.2%	1,969	512	143.8%	155.5%
神奈川県	115	148	237	382	509(33)	674(66)	1,355(264)	1,738(340)	1,715(336)	1,774(349)	19.7%	419	85	130.9%	132.2%
埼玉	59	56	74	134	194(15)	283(29)	674(122)	927(159)	921(159)	953(170)	17.8%	279	48	141.4%	139.3%
千葉県	73	82	90	137	191(18)	254(28)	640(114)	839(151)	829(151)	863(159)	18.4%	223	45	134.8%	139.5%
茨城県	50	53	50	76	78(2)	94(6)	223(36)	304(47)	293(45)	300(45)	15.0%	77	9	134.5%	125.0%
栃木県	69	57	56	68	83(3)	95(4)	188(27)	229(35)	228(32)	232(33)	14.2%	44	6	123.4%	122.2%
群馬	45	44	54	87	109(4)	123(6)	255(31)	316(41)	314(41)	326(43)	13.2%	71	12	127.8%	138.7%
静岡県	96	89	107	147	184(9)	212(13)	401(66)	517(93)	517(91)	532(92)	17.3%	131	26	132.7%	139.4%
山梨県	37	35	39	43	47(2)	51(1)	107(11)	126(18)	125(18)	128(19)	14.8%	21	8	119.6%	172.7%
長野県	70	60	52	70	96(2)	105(5)	213(33)	258(46)	258(49)	265(50)	18.9%	52	17	124.4%	151.5%
新潟県	66	65	65	100	112(2)	121(5)	243(28)	283(46)	284(49)	287(51)	17.8%	44	23	118.1%	182.1%
小計（関東弁護士会連合会）	2,979	3,485	4,923	6,583	7,917(495)	9,949(999)	19,978(3,771)	26,460(5,376)	26,282(5,376)	27,762(5,802)	20.9%	7,784	2,031	138.9%	153.9%
愛知県	207	220	339	499	625(39)	804(71)	1,615(303)	2,080(407)	2,038(403)	2,096(421)	20.1%	481	118	129.8%	138.9%
三重	44	38	41	48	51(1)	67(1)	159(24)	193(34)	192(30)	193(31)	16.1%	34	7	121.4%	129.2%
岐阜県	48	40	47	62	74(1)	86(5)	163(25)	208(34)	211(33)	217(36)	16.6%	54	11	133.1%	144.0%
福井	36	30	27	29	32(0)	38(2)	95(11)	122(16)	120(17)	119(18)	15.1%	24	7	125.3%	163.6%
金沢	47	42	51	63	70(0)	76(3)	153(23)	184(31)	184(32)	189(31)	16.4%	36	8	123.5%	134.8%
富山県	30	26	31	40	51(0)	51(0)	99(9)	121(14)	125(16)	131(16)	12.2%	32	7	132.3%	177.8%
小計（中部弁護士会連合会）	412	396	536	741	903(46)	1,122(84)	2,284(395)	2,908(532)	2,870(531)	2,945(553)	18.8%	661	158	128.9%	140.0%
大阪	584	717	1,103	1,541	1,887(105)	2,406(219)	3,998(664)	4,787(881)	4,742(878)	4,923(943)	19.2%	925	279	123.1%	142.0%
京都	193	156	174	207	257(17)	308(34)	632(121)	819(175)	817(179)	850(192)	22.6%	218	71	134.5%	158.7%
兵庫県	179	199	236	300	325(14)	381(33)	757(150)	998(206)	985(210)	1,027(222)	21.6%	270	72	135.7%	148.0%
奈良	31	17	21	33	53(4)	70(4)	152(30)	184(30)	181(31)	190(32)	16.8%	38	2	125.0%	106.7%
滋賀	25	20	22	25	32(2)	42(4)	135(29)	158(36)	161(38)	167(37)	22.2%	32	8	123.7%	127.6%
和歌山	42	40	33	46	57(0)	62(1)	131(15)	146(21)	144(21)	149(21)	14.1%	18	6	113.7%	140.0%
小計（近畿弁護士会連合会）	1,054	1,149	1,589	2,152	2,611(143)	3,269(299)	5,805(1,009)	7,092(1,349)	7,030(1,357)	7,306(1,447)	19.8%	1,501	438	125.9%	143.4%
広島	99	103	131	177	220(7)	259(14)	500(71)	614(106)	610(105)	628(105)	16.7%	128	34	125.6%	147.9%
山口県	70	61	62	55	56(1)	82(4)	145(9)	184(25)	179(22)	179(22)	12.3%	34	13	123.4%	244.4%
岡山	87	84	84	110	133(3)	164(11)	340(61)	407(92)	403(88)	412(91)	22.1%	72	30	121.2%	149.2%
鳥取県	26	24	26	19	26(1)	24(2)	64(9)	65(11)	68(11)	70(13)	18.6%	6	4	109.4%	144.4%
島根県	24	21	21	17	21(1)	21(2)	67(14)	83(21)	81(19)	81(17)	21.0%	14	3	120.9%	121.4%
小計（中国地方弁護士会連合会）	306	292	324	378	456(13)	534(29)	1,116(164)	1,353(255)	1,339(246)	1,370(248)	18.1%	254	84	122.8%	151.2%
香川県	40	36	49	58	76(1)	83(4)	151(14)	190(28)	196(28)	196(28)	15.8%	45	17	129.8%	221.4%
徳島	31	30	28	29	41(0)	52(1)	90(9)	86(6)	85(6)	87(6)	6.9%	-3	-3	96.7%	66.7%
高知	45	41	41	55	56(3)	49(4)	87(18)	91(13)	95(13)	97(13)	13.4%	10	-5	111.5%	72.2%
愛媛	64	51	61	66	74(6)	82(7)	154(14)	162(22)	160(22)	161(25)	15.5%	7	11	104.5%	178.6%
小計（四国弁護士会連合会）	186	158	179	208	247(6)	266(7)	482(55)	529(69)	524(70)	541(75)	13.9%	59	20	112.2%	136.4%
福岡県	189	186	179	365	443(18)	552(43)	1,039(178)	1,411(258)	1,409(257)	1,458(260)	17.8%	419	82	140.3%	146.1%
佐賀県	41	32	29	29	28(1)	68(1)	92(10)	107(14)	104(20)	106(20)	13.2%	14	3	115.2%	140.0%
長崎県	43	48	55	60	64(1)	65(1)	154(15)	163(19)	164(23)	157(22)	12.7%	3	4	101.9%	133.3%
大分県	64	49	60	55	47(0)	106(6)	133(18)	160(22)	158(42)	165(22)	13.3%	32	4	124.1%	122.2%
熊本県	79	64	69	69	93(5)	76(6)	230(32)	282(43)	281(42)	284(42)	14.8%	54	10	123.5%	131.3%
鹿児島県	48	48	43	43	61(0)	93(4)	175(12)	221(30)	221(30)	228(30)	14.0%	53	10	130.3%	145.5%
宮崎県	27	29	24	30	42(0)	48(4)	121(14)	136(15)	142(15)	144(14)	9.7%	23	0	119.0%	100.0%
沖縄	―	―	―	157	185(2)	121(2)	243(17)	275(30)	280(41)	286(46)	16.1%	43	18	117.7%	164.3%
小計（九州弁護士会連合会）	491	459	502	808	963(32)	1,129(62)	2,187(317)	2,755(441)	2,759(442)	2,828(450)	15.9%	641	133	129.3%	142.0%
総計	5,827	6,321	8,478	11,441	13,800(766)	17,126(1,530)	33,624(5,936)	43,206(8,335)	42,897(8,331)	44,916(8,901)	19.8%	11,292	2,965	133.6%	149.9%

［注］各年3月31日現在。（ ）内の内女性弁護士数は、1989年から集計を開始した。

特集　第1編　第2編　第3編　第4編

❻ 年度別弁護士登録者数とその内訳（弁護士登録前の職業と資格取得事由）

次の表は、1980年度から2022年度までの弁護士登録者の内訳を示したものである。

| 資料1-1-10 | 年度別弁護士登録者数とその内訳 |

(2023年3月31日現在)

年　度	登録者数（人）	内訳1（弁護士登録前の職業）						内訳2（資格取得事由）		
		修習生	裁判官	検察官	公証人	大学教授等	その他	法4条	法旧々5条3号	その他
1980	419	337	35	16	21	1	9	373	1	45
1981	492	383	41	29	21	7	11	423	7	62
1982	480	384	38	25	17	5	11	430	5	45
1983	452	371	31	25	10	5	10	418	5	29
1984	419	325	37	24	17	4	12	380	4	35
1985	427	343	25	31	16	4	8	394	4	29
1986	448	344	34	35	20	6	9	417	6	25
1987	445	349	35	27	20	5	9	418	5	22
1988	481	368	59	29	14	6	5	465	7	9
1989	486	361	54	33	24	6	8	462	6	18
1990	501	376	46	31	31	9	8	481	9	11
1991	465	359	44	21	21	11	9	446	11	8
1992	493	382	36	31	25	11	8	474	10	9
1993	461	357	33	25	28	9	9	446	9	6
1994	506	407	38	19	25	10	7	490	10	6
1995	577	439	48	25	40	13	12	556	13	8
1996	653	525	36	8	46	17	21	634	17	2
1997	652	543	40	21	18	16	14	635	14	3
1998	668	552	46	15	29	16	10	653	12	3
1999	660	552	31	15	25	19	18	637	17	6
2000	1,350	1,198	32	16	38	35	31	1,311	32	7
2001	887	778	27	19	34	19	10	866	19	2
2002	937	805	50	13	29	25	15	909	24	4
2003	993	829	43	19	29	54	19	938	53	2
2004	1,243	990	50	23	55	91	34	1,107	88	48
2005	1,131	962	57	25	34	27	26	1,090	25	16
2006	1,451	1,268	52	35	34	23	39	1,415	18	18
2007	2,285	2,127	39	38	18	21	42	2,253	16	16
2008	2,273	2,125	50	19	16	21	42	2,240	13	20
2009	2,262	2,121	41	26	21	19	34	2,236	9	17
2010	2,101	1,936	49	39	27	7	43	2,082	3	16
2011	2,071	1,907	42	26	20	17	59	2,043	15	13
2012	2,055	1,866	53	27	30	10	69	2,036	7	12
2013	1,987	1,802	49	29	19	7	81	1,971	7	9
2014	1,973	1,781	42	32	21	9	88	1,956	7	10
2015	1,831	1,611	35	26	25	11	123	1,814	10	7
2016	1,880	1,623	50	26	21	11	149	1,862	8	10
2017	1,673	1,449	37	33	23	6	125	1,659	6	8
2018	1,654	1,368	49	36	15	6	180	1,639	5	10
2019	1,629	1,362	46	37	19	5	160	1,614	6	9
2020	1,576	1,319	49	49	16	11	132	1,555	11	10
2021	295	47	48	49	17	5	129	276	6	13
2022	2,679	2,430	58	40	19	2	130	2,666	3	10

【注】1. 弁護士法第4条…司法修習を終えた者は、弁護士となる資格を有する。
　　2. 弁護士法旧々第5条第3号…5年以上別に法律で定める大学の学部、専攻科又は大学院において法律学の教授又は助教授の職に在った者は、弁護士となる資格を有する。
　　3. 登録数は再登録者を含み、正会員数のみの数値である。
　　4. 2000年度、2007年度〜2011年度及び2022年度は、司法修習終了による新規登録が2回あった年である。
　　5. 2022年度における「内訳1（弁護士登録前の職業）」の「その他」130人の内、124人は元弁護士である。
　　6. 2022年度における「内訳2（資格取得事由）」の「その他」の内訳は以下のとおりである。
　　　　弁護士法第5条第1号……………………………1人
　　　　弁護士法第5条第2号イ（企業法務の担当者等）…4人
　　　　弁護士法第5条第2号ロ（公務員）……………1人
　　　　弁護士法第5条第3号（考試を経た検察官）………4人
　　　　　　　　　　　　　　　　　（計10人）

❼ 登録換え・弁護士登録取消し件数

以下は、2013 年度から 2022 年度までの登録換え・弁護士登録取消し件数の推移と弁護士全体に占める割合、及び弁護士登録取消し件数の事由別の内訳についてまとめたものである。

| 資料1-1-11 | 登録換え・登録取消し件数の推移と弁護士数に占める割合 |

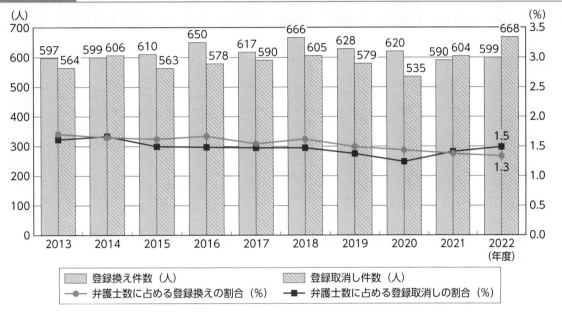

【注】 1．「登録換え」とは、所属する弁護士会を変更することである。弁護士は、所属弁護士会の地域内に法律事務所を設けなければならないため、地域外に法律事務所を設ける場合、所属弁護士会を変更する必要がある。
　　　 2．割合は、各件数を各年度末にあたる 3 月 31 日現在の弁護士数でそれぞれ除したもの。

| 資料1-1-12 | 弁護士登録取消し件数の事由別内訳 |

(単位：人)

取消し事由＼年度	2013	2014	2015	2016	2017	2018	2019	2020	2021	2022
裁判官任官による請求	6 (1)	3 (0)	4 (2)	4 (1)	2 (2)	3 (1)	3 (1)	4 (1)	3 (2)	1 (1)
法 17 条 3 号	6 (1)	8 (0)	8 (0)	5 (0)	8 (1)	5 (0)	5 (0)	9 (1)	6 (1)	10 (0)
法 17 条 1 号	16 (0)	6 (0)	7 (0)	10 (0)	7 (0)	3 (0)	10 (2)	6 (0)	6 (0)	7 (0)
請 求	345 (98)	389 (134)	332 (111)	360 (114)	358 (99)	379 (114)	342 (89)	296 (74)	360 (97)	397 (92)
死 亡	191 (8)	200 (6)	212 (6)	199 (4)	215 (7)	215 (10)	219 (12)	220 (3)	229 (9)	253 (16)
合 計	564 (108)	606 (140)	563 (119)	578 (119)	590 (109)	605 (125)	579 (104)	535 (79)	604 (109)	668 (109)

【注】 （　）内の数字は内女性数である。

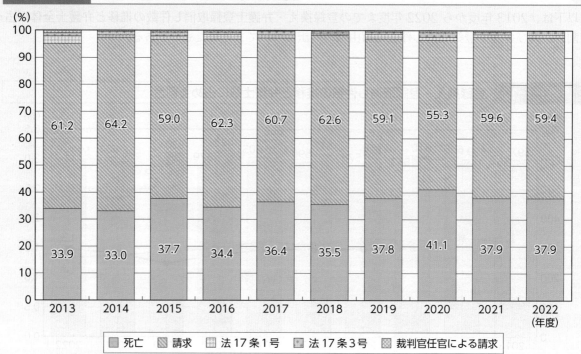

資料1-1-13　弁護士登録取消し件数の事由別割合

【注】 1. 割合は、各年度の取消し事由（請求・死亡）件数を各年度の取消し件数の合計でそれぞれ除したもの。
　　 2. 弁護士法第17条抜粋
　　　　 日本弁護士連合会は、次に掲げる場合においては、弁護士名簿の登録を取り消さなければならない。
　　　　 第1号…弁護士が第7条各号（第2号を除く。）のいずれかに該当するに至つたとき。
　　　　 第3号…弁護士について退会命令、除名又は第13条の規定による登録取消しが確定したとき。
　　 3. 弁護士法第7条抜粋
　　　　 次に掲げる者は、第4条、第5条及び前条の規定にかかわらず、弁護士となる資格を有しない。
　　　　 第1号…禁錮以上の刑に処せられた者
　　　　 第3号…懲戒の処分により、弁護士若しくは外国法事務弁護士であつて除名され、弁理士であつて業務を禁止され、公
　　　　　　　　 認会計士であつて登録を抹消され、税理士であつて業務を禁止され、若しくは公務員であつて免職され、又は
　　　　　　　　 税理士であつた者であつて税理士業務の禁止の懲戒処分を受けるべきであつたことについて決定を受け、その
　　　　　　　　 処分を受けた日から3年を経過しない者
　　　　 第4号…破産手続開始の決定を受けて復権を得ない者

資料1-1-14　修習期別登録取消し件数（取消し事由が「請求」の者のみ）

2015 年度				2016 年度			
修習期	A．弁護士数	B．取消請求者	C．弁護士数に占める割合(B/A)	修習期	A．弁護士数	B．取消請求者	C．弁護士数に占める割合(B/A)
63 期以降	10,611 (2,464)	93 (45)	0.9% (1.8%)	64 期以降	10,323 (2,324)	94 (46)	0.9% (2.0%)
58 期〜62 期	8,336 (1,940)	83 (37)	1.0% (1.9%)	59 期〜63 期	9,224 (2,167)	106 (40)	1.1% (1.8%)
48 期〜57 期	6,635 (1,512)	31 (20)	0.5% (1.3%)	49 期〜58 期	7,060 (1,624)	30 (18)	0.4% (1.1%)
38 期〜47 期	3,699 (438)	10 (2)	0.3% (0.5%)	39 期〜48 期	3,852 (504)	13 (1)	0.3% (0.2%)
28 期〜37 期	3,417 (259)	21 (3)	0.6% (1.2%)	29 期〜38 期	3,386 (270)	23 (2)	0.7% (0.7%)
27 期以前	4,428 (268)	74 (3)	1.7% (1.1%)	28 期以前	4,598 (277)	78 (6)	1.7% (2.2%)
合 計	37,126 (6,881)	312 (110)	0.8% (1.6%)	合 計	38,443 (7,166)	344 (113)	0.9% (1.6%)

2017 年度				2018 年度			
修習期	A．弁護士数	B．取消請求者	C．弁護士数に占める割合(B/A)	修習期	A．弁護士数	B．取消請求者	C．弁護士数に占める割合(B/A)
65 期以降	9,821 (2,133)	95 (34)	1.0% (1.6%)	66 期以降	9,306 (2,001)	91 (35)	1.0% (1.7%)
60 期〜64 期	9,866 (2,373)	101 (45)	1.0% (1.9%)	61 期〜65 期	9,641 (2,318)	106 (46)	1.1% (2.0%)
50 期〜59 期	7,750 (1,783)	27 (14)	0.3% (0.8%)	51 期〜60 期	9,260 (2,131)	48 (23)	0.5% (1.1%)
40 期〜49 期	4,033 (578)	15 (3)	0.4% (0.5%)	41 期〜50 期	4,222 (653)	11 (3)	0.3% (0.5%)
30 期〜39 期	3,354 (294)	21 (0)	0.6% (0.0%)	31 期〜40 期	3,377 (305)	17 (3)	0.5% (1.0%)
29 期以前	4,721 (287)	88 (3)	1.9% (1.0%)	30 期以前	4,809 (294)	87 (4)	1.8% (1.4%)
合 計	39,545 (7,448)	347 (99)	0.9% (1.3%)	合 計	40,615 (7,702)	360 (114)	0.9% (1.5%)

2019 年度				2020 年度			
修習期	A．弁護士数	B．取消請求者	C．弁護士数に占める割合(B/A)	修習期	A．弁護士数	B．取消請求者	C．弁護士数に占める割合(B/A)
67 期以降	7,010 (1,875)	65 (26)	0.9% (1.4%)	68 期以降	8,469 (1,826)	48 (16)	0.6% (0.9%)
62 期〜66 期	7,092 (2,245)	103 (37)	1.5% (1.6%)	63 期〜67 期	9,031 (2,099)	78 (27)	0.9% (1.3%)
52 期〜61 期	8,255 (2,522)	33 (15)	0.4% (0.6%)	53 期〜62 期	12,241 (2,887)	42 (17)	0.3% (0.6%)
42 期〜51 期	3,674 (738)	14 (3)	0.4% (0.4%)	43 期〜52 期	4,612 (844)	10 (4)	0.2% (0.5%)
32 期〜41 期	3,037 (311)	21 (4)	0.7% (1.3%)	33 期〜42 期	3,357 (338)	18 (1)	0.5% (0.3%)
31 期以前	4,603 (312)	88 (3)	1.9% (1.0%)	32 期以前	5,008 (326)	84 (8)	1.7% (2.5%)
合 計	33,671 (8,003)	324 (88)	1.0% (1.1%)	合 計	42,718 (8,320)	280 (73)	0.7% (0.9%)

2021 年度				2022 年度			
修習期	A．弁護士数	B．取消請求者	C．弁護士数に占める割合(B/A)	修習期	A．弁護士数	B．取消請求者	C．弁護士数に占める割合(B/A)
69 期以降	6,928 (1,487)	67 (24)	1.0% (1.6%)	70 期以降	7,770 (1,786)	55 (21)	0.7% (1.2%)
64 期〜68 期	8,715 (1,996)	100 (40)	1.1% (2.0%)	65 期〜69 期	8,377 (1,789)	95 (35)	1.1% (2.0%)
54 期〜63 期	13,489 (3,188)	46 (18)	0.3% (0.6%)	55 期〜64 期	14,615 (3,477)	61 (24)	0.4% (0.7%)
44 期〜53 期	4,840 (958)	21 (8)	0.4% (0.8%)	45 期〜54 期	5,186 (1,111)	34 (8)	0.7% (0.7%)
34 期〜43 期	3,343 (343)	15 (1)	0.4% (0.3%)	35 期〜44 期	3,333 (361)	22 (1)	0.7% (0.3%)
33 期以前	5,100 (345)	96 (5)	1.9% (1.4%)	34 期以前	5,165 (363)	112 (3)	2.2% (0.8%)
合 計	42,415 (8,317)	345 (96)	0.8% (1.2%)	合 計	44,446 (8,887)	379 (92)	0.9% (1.0%)

【注】　1．本表は、各年度に登録取消しをした者のうち、取消し事由が「請求」であったもののみをまとめたものである。
　　　　2．（　）内の数字は内女性数。
　　　　3．数値は、各年度末にあたる 3 月 31 日現在。
　　　　4．登録取消し請求の理由については、高齢、健康上の理由、任期付公務員としての就業、留学、出産・育児等が挙げられる（ただし、詳細な申告は義務付けていない）。
　　　　5．司法修習を経由していない登録者（弁護士法第 5 条等）による登録取消し請求は含めていない。

⑧ 各指標と弁護士数の比較

（1）弁護士1人あたりの人口比較

次の表は、都道府県を弁護士1人あたりの人口が多い順に並べたものである。

弁護士1人あたりの人口が最も多いのは、秋田県で1万2,078人、次いで岩手県の1万1,356人であるのに対し、最も少ないのは東京都で635人となっている。

| 資料1-1-15 | 都道府県別弁護士1人あたりの人口―1人あたりの人口の多い順― |

順位	都道府県	弁護士1人あたりの人口(人)	弁護士分布の状況		人口分布の状況		人口1万人あたりの弁護士数(人)
			弁護士数(人)(2023.3.31)	全国に占める割合	人口(千人)(2022.10.1)	全国に占める割合	
1	秋田県	12,078	77	0.17%	930	0.74%	0.83
2	岩手県	11,356	104	0.23%	1,181	0.95%	0.88
3	青森県	10,750	112	0.25%	1,204	0.96%	0.93
4	山形県	10,010	104	0.23%	1,041	0.83%	1.00
5	茨城県	9,467	300	0.67%	2,840	2.27%	1.06
6	福島県	9,086	197	0.44%	1,790	1.43%	1.10
7	三重県	9,026	193	0.43%	1,742	1.39%	1.11
8	岐阜県	8,968	217	0.48%	1,946	1.56%	1.12
9	滋賀県	8,437	167	0.37%	1,409	1.13%	1.19
10	栃木県	8,228	232	0.52%	1,909	1.53%	1.22
11	長崎県	8,172	157	0.35%	1,283	1.03%	1.22
12	島根県	8,123	81	0.18%	658	0.53%	1.23
13	愛媛県	8,112	161	0.36%	1,306	1.05%	1.23
14	徳島県	8,092	87	0.19%	704	0.56%	1.24
15	鳥取県	7,771	70	0.16%	544	0.44%	1.29
16	富山県	7,763	131	0.29%	1,017	0.81%	1.29
17	埼玉県	7,699	953	2.12%	7,337	5.87%	1.30
18	長野県	7,623	265	0.59%	2,020	1.62%	1.31
19	佐賀県	7,557	106	0.24%	801	0.64%	1.32
20	新潟県	7,502	287	0.64%	2,153	1.72%	1.33
21	山口県	7,335	179	0.40%	1,313	1.05%	1.36
22	宮崎県	7,306	144	0.32%	1,052	0.84%	1.37
23	千葉県	7,261	863	1.92%	6,266	5.01%	1.38
24	高知県	6,969	97	0.22%	676	0.54%	1.43
25	奈良県	6,874	190	0.42%	1,306	1.05%	1.45
26	鹿児島県	6,855	228	0.51%	1,563	1.25%	1.46
27	静岡県	6,733	532	1.18%	3,582	2.87%	1.49
28	大分県	6,709	165	0.37%	1,107	0.89%	1.49
29	福井県	6,328	119	0.26%	753	0.60%	1.58
30	山梨県	6,266	128	0.28%	802	0.64%	1.60
31	和歌山県	6,060	149	0.33%	903	0.72%	1.65
32	熊本県	6,049	284	0.63%	1,718	1.37%	1.65
33	石川県	5,915	189	0.42%	1,118	0.89%	1.69
34	群馬県	5,868	326	0.73%	1,913	1.53%	1.70
35	兵庫県	5,260	1,027	2.29%	5,402	4.32%	1.90
36	神奈川県	5,204	1,774	3.95%	9,232	7.39%	1.92
37	沖縄県	5,133	286	0.64%	1,468	1.17%	1.95
38	北海道	4,773	1,077	2.40%	5,140	4.11%	2.10
39	香川県	4,765	196	0.44%	934	0.75%	2.10
40	宮城県	4,625	493	1.10%	2,280	1.82%	2.16
41	岡山県	4,519	412	0.92%	1,862	1.49%	2.21
42	広島県	4,395	628	1.40%	2,760	2.21%	2.28
43	愛知県	3,576	2,096	4.67%	7,495	6.00%	2.80
44	福岡県	3,509	1,458	3.25%	5,116	4.09%	2.85
45	京都府	3,000	850	1.89%	2,550	2.04%	3.33
46	大阪府	1,784	4,923	10.96%	8,782	7.03%	5.61
47	東京都	635	22,102	49.21%	14,038	11.24%	15.74
	全国合計	2,782	44,916	100.00%	124,946	100.00%	―

【注】 1．人口は、総務省統計局「人口推計」による2022年10月1日現在。
2．弁護士数は、2023年3月31日現在。
3．弁護士1人あたりの人口の全国合計値は、全国総人口を全国弁護士数で除したもの。
4．都道府県の人口は、単位未満を四捨五入してあるため、合計値と各都道府県の内訳の計は必ずしも一致しない。

（2）弁護士1人あたりの民事事件・家事事件数比較

資料1-1-16　弁護士1人あたりの事件数及び人口10万人あたりの事件数（民事通常訴訟事件・家事調停事件）

弁護士会	2022年						弁護士数（人）(2022.12.31)
	民事事件（通常訴訟）地方裁判所			家事事件（家事調停）家庭裁判所			
	新受件数（件）	弁護士1人あたりの事件数（件）	人口10万人あたりの事件数（件）	新受件数（件）	弁護士1人あたりの事件数（件）	人口10万人あたりの事件数（件）	
札　幌	3,063	3.6	74.4	3,426	4.0	99.7	862
函　館	194	3.6		300	5.6		54
旭　川	271	3.5		516	6.6		78
釧　路	297	3.6		883	10.6		83
仙　台	1,807	3.6	79.3	2,080	4.2	91.2	496
福島県	1,074	5.4	60.0	1,763	8.9	98.5	199
山形県	400	3.8	38.4	927	8.8	89.0	105
岩　手	372	3.6	31.5	1,001	9.6	84.8	104
秋　田	264	3.4	28.4	736	9.6	79.1	77
青森県	485	4.4	40.3	1,001	9.0	83.1	111
東京三会	37,043	1.7	263.9	14,350	0.6	102.2	22,079
神奈川県	7,831	4.4	84.8	8,568	4.8	92.8	1,772
埼　玉	5,047	5.3	68.8	6,522	6.8	88.9	954
千葉県	4,654	5.4	74.3	6,070	7.0	96.9	867
茨城県	1,693	5.6	59.6	2,606	8.7	91.8	301
栃木県	1,362	5.7	71.3	1,838	7.8	96.3	237
群　馬	1,313	4.0	68.6	1,921	5.9	100.4	326
静岡県	2,472	4.6	69.0	3,658	6.9	102.1	533
山梨県	542	4.2	67.6	822	6.4	102.5	129
長野県	844	3.2	41.8	1,859	7.0	92.0	265
新潟県	794	2.8	36.9	1,698	5.9	78.9	287
愛知県	7,774	3.7	103.7	7,792	3.7	104.0	2,099
三　重	1,235	6.4	70.9	1,713	8.9	98.3	192
岐阜県	1,075	4.9	55.2	1,840	8.4	94.6	218
福　井	398	3.3	52.9	638	5.4	84.7	119
金　沢	540	2.8	48.3	1,005	5.3	89.9	190
富山県	508	3.8	50.0	890	6.7	87.5	132
大　阪	13,470	2.7	153.4	8,752	1.8	99.7	4,913
京　都	3,600	4.2	141.2	2,580	3.0	101.2	850
兵庫県	4,403	4.3	81.5	5,542	5.4	102.6	1,027
奈　良	831	4.4	63.6	1,274	6.7	97.5	190
滋　賀	853	5.1	60.5	1,377	8.2	97.7	167
和歌山	646	4.3	71.5	922	6.2	102.1	149
広　島	1,911	3.1	69.2	2,833	4.5	102.6	623
山口県	713	3.9	54.3	1,312	7.2	99.9	183
岡　山	1,626	3.9	87.3	2,184	5.2	117.3	417
鳥取県	268	3.8	49.3	544	7.8	100.0	70
島根県	346	4.4	52.6	559	7.1	85.0	79
香川県	663	3.4	71.0	1,139	5.8	121.9	196
徳　島	432	5.0	61.4	877	10.1	124.6	87
高　知	343	3.6	50.7	614	6.4	90.8	96
愛　媛	748	4.6	57.3	1,313	8.2	100.5	161
福岡県	6,041	4.1	118.1	5,524	3.8	108.0	1,460
佐賀県	487	4.6	60.8	824	7.8	102.9	106
長崎県	659	4.1	51.4	1,236	7.8	96.3	159
大分県	655	3.9	59.2	1,105	6.6	99.8	167
熊本県	1,206	4.3	70.2	1,958	6.9	114.0	283
鹿児島県	1,161	5.1	74.3	1,691	7.4	108.2	228
宮崎県	701	4.9	66.6	1,298	9.1	123.4	142
沖　縄	1,549	5.4	105.5	1,879	6.6	128.0	285
合　計	126,664	2.8	3,370.7	123,760	2.8	4,653.3	44,907

【注】　1．民事事件数は、最高裁判所『令和4年 司法統計年報（民事・行政編）』「民事・行政事件数―事件の種類及び新受、既済、未済―全地方裁判所及び地方裁判所別」の通常訴訟事件数によるもの。
　　　　2．家事事件数は、最高裁判所『令和4年 司法統計年報（家事編）』「家事事件の種類別新受、既済、未済件数―家庭裁判所別」の家事調停事件数によるもの。
　　　　3．弁護士数は、2022年12月31日現在のもの。最高裁判所『令和4年 司法統計年報』（暦年）に合わせ、2022年12月31日現在の弁護士数を用いた。
　　　　4．弁護士1人あたりの事件数の合計値は、各事件の総新受件数の合計を弁護士数の合計で除したもの。
　　　　5．人口は、総務省統計局「人口推計」による2022年10月1日現在。

特集

第1編

第2編

第3編

第4編

（3）弁護士1人あたりの県内総生産額・事業所数―1人あたりの県内総生産額の多い順―

資料1-1-17　弁護士1人あたりの県内総生産額・事業所数―1人あたりの県内総生産額の多い順―

順位	都道府県	県内総生産（名目）（2019年度）		事業所数（2021.6.1現在）		弁護士数（人）（2020.3.31）
		総額（百万円）	総額／弁護士数（百万円）〈注3〉	総数（事業所）	総数／弁護士数（事務所）〈注3〉	
1	秋　田	3,624,750	47,694	48,959	644	76
2	岩　手	4,847,594	47,525	59,231	581	102
3	茨　城	14,092,237	46,818	121,751	404	301
4	滋　賀	6,922,569	44,662	59,295	383	155
5	山　形	4,336,714	42,104	55,467	539	103
6	三　重	8,086,393	41,469	80,396	412	195
7	富　山	4,910,232	41,262	53,395	449	119
8	栃　木	9,261,942	40,802	88,370	389	227
9	青　森	4,533,207	39,765	60,013	526	114
10	福　島	7,987,042	39,737	91,153	453	201
11	岐　阜	7,936,830	38,342	100,660	486	207
12	山　口	6,350,497	36,082	62,468	355	176
13	静　岡	17,866,284	35,519	177,163	352	503
14	徳　島	3,222,366	35,411	38,655	425	91
15	長　野	8,454,339	33,285	109,243	430	254
16	新　潟	9,185,179	31,893	112,068	389	288
17	福　井	3,694,563	31,850	43,655	376	116
18	島　根	2,689,278	31,639	35,988	423	85
19	愛　媛	5,148,271	31,392	67,383	411	164
20	群　馬	9,308,340	30,519	94,549	310	305
21	長　崎	4,789,758	30,124	64,477	406	159
22	佐　賀	3,219,595	29,538	39,269	360	109
23	大　分	4,525,054	28,459	56,433	355	159
24	鳥　取	1,893,375	28,259	26,675	398	67
25	山　梨	3,566,046	28,079	44,926	354	127
26	石　川	4,779,462	27,788	62,662	364	172
27	高　知	2,464,567	27,692	36,911	415	89
28	宮　崎	3,703,950	27,235	53,389	393	136
29	埼　玉	23,642,796	26,270	267,988	298	900
30	鹿児島	5,772,861	26,004	79,233	357	222
31	和歌山	3,744,551	25,824	50,344	347	145
32	千　葉	21,279,583	25,762	215,071	260	826
33	兵　庫	22,195,171	22,788	238,197	245	974
34	熊　本	6,363,425	22,646	82,498	294	281
35	奈　良	3,925,192	22,430	52,968	303	175
36	香　川	4,008,678	22,026	50,206	276	182
37	宮　城	9,829,354	21,184	107,148	231	464
38	神奈川	35,205,391	20,832	344,198	204	1,690
39	愛　知	40,910,717	20,054	344,883	169	2,040
40	北海道	20,464,601	19,965	249,011	243	1,025
41	広　島	11,969,086	19,751	137,357	227	606
42	岡　山	7,842,490	19,128	89,363	218	410
43	沖　縄	4,633,329	17,034	75,403	277	272
44	福　岡	19,942,412	14,588	245,456	180	1,367
45	京　都	10,846,020	13,341	132,109	162	813
46	大　阪	41,188,364	8,728	476,995	101	4,719
47	東　京	115,682,412	5,712	812,225	40	20,253
	全　国	580,846,867	13,776	5,995,257	142	42,164

【注】　1．県内総生産額は、内閣府『県民経済計算年報』による令和元年度のもの。
　　　　2．事業所数は、総務省統計局『令和3年経済センサス―活動調査』の事業所に関する集計によるもの。
　　　　3．弁護士数は、2020年3月31日現在のもの。『県民経済計算年報』の令和元年度に合わせ、2020年3月31日現在の弁護士数を用いた。
　　　　4．数値は、各都道府県の県内総生産の総額及び事務所総数をそれぞれ弁護士数で除したものである。

（4）税務申告所得額（法人・個人）と弁護士の分布比較

次の表は、法人及び個人の都道府県別税務申告所得額と弁護士の分布の一覧を法人の税務申告所得金額の高い順に並べたものである。税務申告所得額が多い地域ほど弁護士の全国比率も高い傾向がある。

| 資料1-1-18 | 税務申告所得額（法人・個人）と弁護士分布—法人税務申告所得金額の多い順— | | | | | | | | | |

順位	都道府県	法人				個人				弁護士数の分布 (2021.12.31)	
		法人数の分布		税務申告所得金額の分布		税務申告人数の分布		総所得金額等の分布			
		法人数（社）	全国比率	金額（百万円）	全国比率	人数（人）	全国比率	金額（百万円）	全国比率	人数（人）	全国比率
1	東京	643,649	21.44%	29,057,478	48.23%	3,190,719	13.97%	20,309,395	21.87%	20,827	48.45%
2	大阪	254,817	8.49%	6,026,640	10.00%	1,517,739	6.64%	6,353,201	6.84%	4,755	11.06%
3	愛知	167,776	5.59%	3,136,457	5.21%	1,356,495	5.94%	6,047,711	6.51%	2,046	4.76%
4	神奈川	189,626	6.32%	2,217,246	3.68%	1,793,484	7.85%	8,422,749	9.07%	1,725	4.01%
5	京都	62,625	2.09%	1,556,131	2.58%	458,746	2.01%	1,808,370	1.95%	818	1.90%
6	兵庫	108,815	3.62%	1,425,857	2.37%	988,276	4.33%	4,101,299	4.42%	992	2.31%
7	埼玉	140,072	4.66%	1,345,105	2.23%	1,306,878	5.72%	5,206,558	5.61%	925	2.15%
8	福岡	111,403	3.71%	1,266,896	2.10%	853,217	3.74%	3,080,912	3.32%	1,408	3.28%
9	北海道	119,108	3.97%	1,195,489	1.98%	822,357	3.60%	2,808,489	3.02%	1,037	2.41%
10	千葉	113,554	3.78%	1,064,890	1.77%	1,119,929	4.90%	4,599,076	4.95%	833	1.94%
11	静岡	75,138	2.50%	892,613	1.48%	651,720	2.85%	2,285,626	2.46%	522	1.21%
12	広島	62,803	2.09%	855,115	1.42%	504,272	2.21%	1,790,680	1.93%	612	1.42%
13	長野	44,602	1.49%	624,236	1.04%	390,638	1.71%	1,179,344	1.27%	258	0.60%
14	岐阜	43,043	1.43%	589,545	0.98%	370,622	1.62%	1,284,625	1.38%	209	0.49%
15	新潟	41,164	1.37%	533,070	0.88%	374,899	1.64%	1,096,693	1.18%	284	0.66%
16	岡山	41,338	1.38%	506,627	0.84%	329,725	1.44%	1,068,045	1.15%	404	0.94%
17	群馬	41,925	1.40%	477,924	0.79%	320,034	1.40%	1,092,778	1.18%	314	0.73%
18	宮城	44,470	1.48%	473,487	0.79%	387,314	1.70%	1,313,055	1.41%	477	1.11%
19	茨城	50,302	1.68%	451,315	0.75%	501,078	2.19%	1,667,572	1.80%	294	0.68%
20	愛媛	29,654	0.99%	391,656	0.65%	210,179	0.92%	657,563	0.71%	161	0.37%
21	山口	24,019	0.80%	376,570	0.63%	240,976	1.05%	748,435	0.81%	180	0.42%
22	栃木	39,581	1.32%	348,791	0.58%	322,913	1.41%	1,092,109	1.18%	230	0.54%
23	福島	39,379	1.31%	342,306	0.57%	301,926	1.32%	908,358	0.98%	195	0.45%
24	富山	21,221	0.71%	335,343	0.56%	183,181	0.80%	585,457	0.63%	124	0.29%
25	三重	32,250	1.07%	331,044	0.55%	320,764	1.40%	1,086,836	1.17%	193	0.45%
26	滋賀	23,672	0.79%	305,177	0.51%	250,123	1.09%	914,025	0.98%	157	0.37%
27	山梨	17,410	0.58%	298,128	0.49%	155,226	0.68%	496,981	0.54%	126	0.29%
28	石川	25,313	0.84%	296,585	0.49%	198,955	0.87%	673,213	0.73%	185	0.43%
29	熊本	38,063	1.27%	290,797	0.48%	284,094	1.24%	876,858	0.94%	281	0.65%
30	沖縄	29,824	0.99%	258,951	0.43%	222,953	0.98%	757,453	0.82%	278	0.65%
31	鹿児島	32,744	1.09%	255,336	0.42%	247,747	1.08%	718,157	0.77%	221	0.51%
32	香川	23,542	0.78%	240,210	0.40%	167,637	0.73%	537,878	0.58%	185	0.43%
33	福井	17,965	0.60%	235,233	0.39%	136,032	0.60%	442,649	0.48%	122	0.28%
34	徳島	16,850	0.56%	226,948	0.38%	121,554	0.53%	385,559	0.42%	85	0.20%
35	大分	25,375	0.85%	200,041	0.33%	168,147	0.74%	506,937	0.55%	163	0.38%
36	奈良	21,776	0.73%	191,643	0.32%	240,625	1.05%	878,459	0.95%	183	0.43%
37	宮崎	21,889	0.73%	183,414	0.30%	168,415	0.74%	486,332	0.52%	140	0.33%
38	和歌山	16,953	0.56%	182,983	0.30%	163,265	0.71%	504,224	0.54%	142	0.33%
39	岩手	19,706	0.66%	182,024	0.30%	218,140	0.95%	572,887	0.62%	101	0.23%
40	山形	19,372	0.65%	166,385	0.28%	198,066	0.87%	533,566	0.57%	104	0.24%
41	青森	20,874	0.70%	166,194	0.28%	207,118	0.91%	548,357	0.59%	110	0.26%
42	佐賀	13,521	0.45%	159,444	0.26%	153,525	0.67%	434,090	0.47%	107	0.25%
43	長崎	22,917	0.76%	154,812	0.26%	216,149	0.95%	614,016	0.66%	161	0.37%
44	秋田	16,489	0.55%	130,622	0.22%	172,226	0.75%	439,209	0.47%	75	0.17%
45	高知	13,169	0.44%	126,995	0.21%	114,850	0.50%	337,190	0.36%	91	0.21%
46	島根	12,460	0.41%	97,701	0.16%	121,678	0.53%	330,528	0.36%	81	0.19%
47	鳥取	10,524	0.35%	78,522	0.13%	98,312	0.43%	265,465	0.29%	68	0.16%
合計		3,002,742	100.00%	60,249,975	100.00%	22,842,918	100.00%	92,848,968	100.00%	42,989	100.00%

【注】 1. 法人数、税務申告所得金額は、国税庁「統計年報」による令和3年のもの（連結法人を除く）。
2. 税務申告人数、総所得金額等の数値は、国税庁「統計年報」による令和3年のもの。
3. 弁護士数は、2021年12月31日現在のもの。国税庁「統計年報」令和3年（暦年）に合わせ、2021年12月31日現在の弁護士数を用いた。
4. 所得金額は、単位未満を四捨五入してあるため、合計値と内訳の計は必ずしも一致しない。

第2章

法曹等に関する人口

① 法科大学院における志願者・入学者の状況

　以下は、法科大学院の志願者数及び社会人・非法学部出身者の入学者数について、それぞれまとめたものである。2023年度においては、法科大学院の志願者数の全国合計が12,174人であった。

| 資料1-2-1 | 法科大学院志願者数の推移 |

【注】1．数値は、文部科学省「中央教育審議会大学分科会法科大学院等特別委員会（第111回）」の資料をもとに、日弁連が作成したもの。
　　　2．「志願者」とは、法科大学院に受験願書を提出した者を指しているため、例えば1人の学生が2つの法科大学院に出願した場合、2人として計上されている。
　　　3．志願倍率とは、法科大学院志願者数（全国計）を募集人員（全国計）で除したものである。

| 資料1-2-2 | 社会人・非法学部出身の入学者の状況 |

【注】数値は、文部科学省「中央教育審議会大学分科会法科大学院等特別委員会（第111回）」の資料をもとに、日弁連が作成したもの。

❷ 司法試験合格者の状況

　以下は、1970 年からの司法試験合格者数の推移と、2012 年からの司法試験の合格状況についてまとめたものである。2023 年の新司法試験合格者数は、1,781 人（合格率 45.3%）であった。

（1）司法試験合格者数の推移

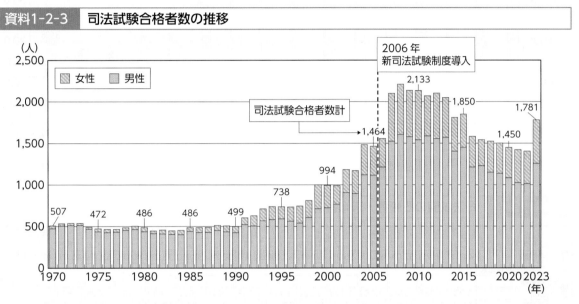

資料1-2-3　司法試験合格者数の推移

【注】1. 2006 年から 2011 年の合格者数は、新司法試験及び旧司法試験の合計数、2012 年以降は、新司法試験による合格者数（法務省公表資料による）である。
　　　2. 2006 年から開始された新司法試験と並行して実施されてきた旧司法試験は、2011 年の試験を最後に新司法試験に一本化された。2011 年の旧司法試験は、2010 年の第二次試験筆記試験に合格した者に対する口述試験に限り実施され（2011 年 4 月）、合格者は 6 人であった。なお、旧司法試験の終了に伴い、2012 年から「新司法試験」は、「司法試験」となっている。
　　　3. 2023 年の合格者 1,781 人のうち、327 人は予備試験を経た合格者である（資料 1-2-10 参照）。

（2）司法試験の合格状況

資料1-2-4　司法試験受験状況

	2012 年			2013 年			2014 年			2015 年		
	総数	男性	女性	総数	男性	女性	総数	男性	女性	総数	男性	女性
出願者（人）	11,265	8,096	3,169	10,315	7,565	2,750	9,255	6,837	2,418	9,072	6,719	2,353
受験者（人）	8,387	6,021	2,366	7,653	5,652	2,001	8,015	5,893	2,122	8,016	5,922	2,094
合格者（人）	2,102	1,557	545	2,049	1,572	477	1,810	1,402	408	1,850	1,451	399
合格率	25.1%	25.9%	23.0%	26.8%	27.8%	23.8%	22.6%	23.8%	19.2%	23.1%	24.5%	19.1%
合格者の男女比	100.0%	74.1%	25.9%	100.0%	76.7%	23.3%	100.0%	77.5%	22.5%	100.0%	78.4%	21.6%

	2016 年			2017 年			2018 年			2019 年		
	総数	男性	女性	総数	男性	女性	総数	男性	女性	総数	男性	女性
出願者（人）	7,730	5,696	2,034	6,716	4,966	1,750	5,811	4,222	1,589	4,930	3,529	1,401
受験者（人）	6,899	5,080	1,819	5,967	4,409	1,558	5,238	3,784	1,454	4,466	3,189	1,277
合格者（人）	1,583	1,212	371	1,543	1,228	315	1,525	1,150	375	1,502	1,136	366
合格率	22.9%	23.9%	20.4%	25.9%	27.9%	20.2%	29.1%	30.4%	25.8%	33.6%	35.6%	28.7%
合格者の男女比	100.0%	76.6%	23.4%	100.0%	79.6%	20.4%	100.0%	75.4%	24.6%	100.0%	75.6%	24.4%

	2020 年			2021 年			2022 年			2023 年		
	総数	男性	女性	総数	男性	女性	総数	男性	女性	総数	男性	女性
出願者（人）	4,226	2,996	1,230	3,754	2,601	1,153	3,367	2,311	1,056	4,165	2,801	1,364
受験者（人）	3,703	2,641	1,062	3,424	2,366	1,058	3,082	2,107	975	3,928	2,642	1,286
合格者（人）	1,450	1,083	367	1,421	1,026	395	1,403	1,014	389	1,781	1,257	524
合格率	39.2%	41.0%	34.6%	41.5%	43.4%	37.3%	45.5%	48.1%	39.9%	45.3%	47.6%	40.7%
合格者の男女比	100.0%	74.7%	25.3%	100.0%	72.2%	27.8%	100.0%	72.3%	27.7%	100.0%	70.6%	29.4%

【注】1. 法務省公表資料をもとに、日弁連が作成したもの。
　　　2. 合格率は、受験者数に対する司法試験の合格者数の割合である。

資料1-2-5　司法試験合格率の推移

凡例：受験者数（人）　合格者数（人）　合格率（%）

資料1-2-6　司法試験の既修者・未修者別合格状況

年		2008	2009	2010	2011	2012	2013	2014	2015	2016	2017	2018	2019	2020	2021	2022	2023
既修者合格者（人）	法科大学院修了者	1,331	1,266	1,242	1,182	1,171	1,209	1,121	1,133	951	922	833	901	828	829	790	670
	合格率	44.3%	38.7%	37.0%	35.4%	36.2%	38.4%	32.8%	32.3%	30.7%	32.7%	33.2%	40.0%	43.7%	45.4%	47.7%	41.9%
	在学中受験資格者																578
	合格率																63.3%
	合計	1,331	1,266	1,242	1,182	1,171	1,209	1,121	1,133	951	922	833	901	828	829	790	1,248
	合格率	44.3%	38.7%	37.0%	35.4%	36.2%	38.4%	32.8%	32.3%	30.7%	32.7%	33.2%	40.0%	43.7%	45.4%	47.7%	49.7%
未修者合格者（人）	法科大学院修了者	734	777	832	881	873	720	526	531	397	331	356	286	244	218	218	147
	合格率	22.5%	18.9%	17.3%	16.2%	17.2%	16.6%	12.1%	12.6%	11.6%	12.1%	15.5%	15.6%	17.6%	18.2%	21.4%	16.2%
	在学中受験資格者																59
	合格率																37.6%
	合計	734	777	832	881	873	720	526	531	397	331	356	286	244	218	218	206
	合格率	22.5%	18.9%	17.3%	16.2%	17.2%	16.6%	12.1%	12.6%	11.6%	12.1%	15.5%	15.6%	17.6%	18.2%	21.4%	19.4%
合計（人）		2,065	2,043	2,074	2,063	2,044	1,929	1,647	1,664	1,348	1,253	1,189	1,187	1,072	1,047	1,008	1,454
合格率		33.0%	27.6%	25.4%	23.5%	24.6%	25.8%	21.2%	21.6%	20.7%	22.5%	24.7%	29.1%	32.7%	34.6%	37.7%	40.7%

【注】　1．文部科学省「中央教育審議会大学分科会法科大学院等特別委員会（第113回）」資料をもとに、日弁連が作成したもの。合格率は対受験者の比率である。
2．受験願書の「受験資格等」欄の中の「既修・未修」欄に基づく情報。
3．2023年司法試験から、司法試験受験資格として新たに法科大学院在学中受験資格が導入された。

資料1-2-7　司法試験の法学部出身者・非法学部出身者別合格状況

年		2008	2009	2010	2011	2012	2013	2014	2015	2016	2017	2018	2019	2020	2021	2022	2023
法学部系合格者（人）	法科大学院修了者	1,618	1,617	1,679	1,689	1,685	1,582	1,397	1,385	1,143	1,083	1,034	1,054	955	915	878	730
	合格率	35.0%	29.4%	27.5%	25.9%	26.8%	27.7%	23.1%	23.2%	22.3%	24.2%	26.5%	31.3%	35.3%	36.6%	39.7%	34.4%
	在学中受験資格者																582
	合格率																60.1%
	合計	1,618	1,617	1,679	1,689	1,685	1,582	1,397	1,385	1,143	1,083	1,034	1,054	955	915	878	1,312
	合格率	35.0%	29.4%	27.5%	25.9%	26.8%	27.7%	23.1%	23.2%	22.3%	24.2%	26.5%	31.3%	35.3%	36.6%	39.7%	42.5%
非法学部系合格者（人）	法科大学院修了者	447	426	395	374	359	347	250	279	205	170	155	133	117	132	130	87
	合格率	27.3%	22.6%	19.2%	16.7%	17.7%	19.6%	14.4%	16.1%	14.7%	15.5%	17.1%	18.7%	20.5%	25.3%	28.0%	22.6%
	在学中受験資格者																55
	合格率																53.9%
	合計	447	426	395	374	359	347	250	279	205	170	155	133	117	132	130	142
	合格率	27.3%	22.6%	19.2%	16.7%	17.7%	19.6%	14.4%	16.1%	14.7%	15.5%	17.1%	18.7%	20.5%	25.3%	28.0%	29.2%
合計（人）		2,065	2,043	2,074	2,063	2,044	1,929	1,647	1,664	1,348	1,253	1,189	1,187	1,072	1,047	1,008	1,454
合格率		33.0%	27.6%	25.4%	23.5%	24.6%	25.8%	21.2%	21.6%	20.7%	22.5%	24.7%	29.1%	32.7%	34.6%	37.7%	40.7%

【注】　1．文部科学省「中央教育審議会大学分科会法科大学院等特別委員会（第113回）」資料をもとに、日弁連が作成したもの。合格率は対受験者の比率である。
2．「法学部系」とは、法学部系学部の卒業、「非法学部系」とは、法学部系学部以外の学部の卒業のことであり、それぞれ法科大学院における既修・未修コースの者が含まれている。
3．2023年司法試験から、司法試験受験資格として新たに法科大学院在学中受験資格が導入された。

資料1-2-8　各年度修了者の司法試験合格状況（累積合格率）

（2023年11月30日現在）

修了年度	修了者数（人）	累積合格者数（人）	累積合格率 全体	既修者	未修者
2005年度修了者（2006～2010年受験可）	2,176	1,518	69.8%	69.8%	—
2006年度修了者（2007～2011年受験可）	4,418	2,188	49.5%	63.4%	39.5%
2007年度修了者（2008～2012年受験可）	4,911	2,273	46.3%	65.4%	32.6%
2008年度修了者（2009～2013年受験可）	4,994	2,355	47.2%	68.7%	31.9%
2009年度修了者（2010～2014年受験可）	4,792	2,261	47.2%	67.4%	33.4%
2010年度修了者（2011～2015年受験可）	4,535	2,200	48.5%	65.9%	36.1%
2011年度修了者（2012～2016年受験可）	3,937	1,937	49.2%	65.2%	36.1%
2012年度修了者（2013～2017年受験可）	3,459	1,857	53.7%	69.8%	36.6%
2013年度修了者（2014～2018年受験可）	3,037	1,714	56.4%	72.0%	37.3%

修了年度	修了者数（人）	累積合格者数（人）	累積合格率 全体	既修者	未修者
2014年度修了者（2015～2019年受験可）	2,511	1,442	57.4%	70.0%	41.1%
2015年度修了者（2016～2020年受験可）	2,190	1,254	57.3%	70.0%	37.6%
2016年度修了者（2017～2021年受験可）	1,872	1,144	61.1%	71.2%	41.4%
2017年度修了者（2018～2022年受験可）	1,625	1,035	63.7%	75.4%	42.1%
2018年度修了者（2019～2023年受験可）	1,456	986	67.7%	79.2%	44.0%
2019年度修了者（2020～2024年受験可）	1,307	880	67.3%	76.4%	45.9%
2020年度修了者（2021～2025年受験可）	1,403	868	61.9%	70.2%	38.2%
2021年度修了者（2022～2026年受験可）	1,321	776	58.7%	66.2%	37.9%
2022年度修了者（2023～2027年受験可）	1,229	622	50.6%	58.2%	28.3%

【注】　1．文部科学省から提供を受けた資料をもとに、日弁連が作成したもの。
　　　　2．累積合格率とは、法科大学院の各年度修了者のうち、5年以内3回までの司法試験の受験制限のもと、最終的に合格した者の割合をいう。なお、2014年5月に改正司法試験法が成立し、2015年司法試験から、法科大学院修了または司法試験予備試験合格後5年の期間内において受験回数の制限は無くなった。

（3）司法試験予備試験の状況

「司法試験予備試験」とは、経済的事情や既に実社会で十分な経験を積んでいるなどの理由により法科大学院を経由しない者にも法曹資格を取得する途を開くために設けられた試験で、これに合格した者は、法科大学院修了者と同等の資格で司法試験を受験することができる。

資料1-2-9　司法試験予備試験の受験状況

	2013年 総数	男性	女性	2014年 総数	男性	女性	2015年 総数	男性	女性	2016年 総数	男性	女性	2017年 総数	男性	女性
受験者（人）	9,224	7,567	1,657	10,347	8,308	2,039	10,334	8,229	2,105	10,442	8,276	2,166	10,743	8,391	2,352
合格者（人）	351	307	44	356	319	37	394	354	40	405	334	71	444	363	81
合格率	3.8%	4.1%	2.7%	3.4%	3.8%	1.8%	3.8%	4.3%	1.9%	3.9%	4.0%	3.3%	4.1%	4.3%	3.4%

	2018年 総数	男性	女性	2019年 総数	男性	女性	2020年 総数	男性	女性	2021年 総数	男性	女性	2022年 総数	男性	女性
受験者（人）	11,136	8,614	2,522	11,780	9,066	2,714	10,608	8,209	2,399	11,717	8,941	2,776	13,004	9,796	3,208
合格者（人）	433	352	81	476	391	85	442	367	75	467	365	102	472	399	73
合格率	3.9%	4.1%	3.2%	4.0%	4.3%	3.1%	4.2%	4.5%	3.1%	4.0%	4.1%	3.7%	3.6%	4.1%	2.3%

【注】本表は法務省公表資料によるもの。

資料1-2-10　司法試験予備試験合格者の司法試験受験状況

	2014年 総数	男性	女性	2015年 総数	男性	女性	2016年 総数	男性	女性	2017年 総数	男性	女性	2018年 総数	男性	女性
受験者（人）	244	212	32	301	267	34	382	343	39	400	346	54	433	369	64
合格者（人）	163	146	17	186	166	20	235	209	26	290	245	45	336	284	52
合格率	66.8%	68.9%	53.1%	61.8%	62.2%	58.8%	61.5%	60.9%	66.7%	72.5%	70.8%	83.3%	77.6%	77.0%	81.3%

	2019年 総数	男性	女性	2020年 総数	男性	女性	2021年 総数	男性	女性	2022年 総数	男性	女性	2023年 総数	男性	女性
受験者（人）	385	321	64	423	347	76	400	330	70	405	321	84	353	304	49
合格者（人）	315	265	50	378	313	65	374	308	66	395	313	82	327	281	46
合格率	81.8%	82.6%	78.1%	89.4%	90.2%	85.5%	93.5%	93.3%	94.3%	97.5%	97.5%	97.6%	92.6%	92.4%	93.9%

【注】本表は法務省公表資料によるもの。

特集

第1編

第2編

第3編

第4編

❸ 司法修習終了者の進路別人数

資料1-2-11　司法修習終了者の進路別人数

期別（終了年度）	終了者数（人）		裁判官（人）		検察官（人）		弁護士（人）		その他（人）	
	総数 （内女性数）	女性 割合	総数 （内女性数）	女性 割合	総数 （内女性数）	女性 割合	総数 （内女性数）	女性 割合	総数 （内女性数）	女性 割合
第41期（1989年）	470　(57)	12.1%	58 (10)	17.2%	51　(6)	11.8%	360　(40)	11.1%	1　(1)	100.0%
第42期（1990年）	489　(63)	12.9%	81 (16)	19.8%	28　(3)	10.7%	376　(44)	11.7%	4　(0)	0.0%
第43期（1991年）	506　(58)	11.5%	96 (20)	20.8%	46　(4)	8.7%	359　(34)	9.5%	5　(0)	0.0%
第44期（1992年）	508　(70)	13.8%	65 (16)	24.6%	50　(8)	16.0%	378　(45)	11.9%	15　(1)	6.7%
第45期（1993年）	506　(72)	14.2%	98 (20)	20.4%	49　(8)	16.3%	356　(44)	12.4%	3　(0)	0.0%
第46期（1994年）	594　(84)	14.1%	104 (18)	17.3%	75 (11)	14.7%	406　(55)	13.5%	9　(0)	0.0%
第47期（1995年）	633 (123)	19.4%	99 (34)	34.3%	86 (16)	18.6%	438　(70)	16.0%	10　(3)	30.0%
第48期（1996年）	699 (142)	20.3%	99 (26)	26.3%	71 (12)	16.9%	521 (102)	19.6%	8　(2)	25.0%
第49期（1997年）	720 (155)	21.5%	102 (26)	25.5%	70 (16)	22.9%	543 (113)	20.8%	5　(0)	0.0%
第50期（1998年）	726 (144)	19.8%	93 (21)	22.6%	73 (11)	15.1%	553 (110)	19.9%	7　(2)	28.6%
第51期（1999年）	729 (167)	22.9%	97 (18)	18.6%	72 (16)	22.2%	549 (132)	24.0%	11　(1)	9.1%
第52期（2000年）	742 (202)	27.2%	87 (22)	25.3%	69 (16)	23.2%	579 (164)	28.3%	7　(0)	0.0%
第53期（2000年）	788 (196)	24.9%	82 (26)	31.7%	74 (10)	13.5%	625 (158)	25.3%	7　(2)	28.6%
第54期（2001年）	975 (281)	28.8%	112 (31)	27.7%	76 (20)	26.3%	771 (224)	29.1%	16　(6)	37.5%
第55期（2002年）	988 (269)	27.2%	106 (30)	28.3%	75 (22)	29.3%	799 (214)	26.8%	8　(3)	37.5%
第56期（2003年）	1,005 (225)	22.4%	101 (29)	28.7%	75 (19)	25.3%	822 (175)	21.3%	7　(2)	28.6%
第57期（2004年）	1,178 (277)	23.5%	109 (35)	32.1%	77 (19)	24.7%	983 (222)	22.6%	9　(1)	11.1%
第58期（2005年）	1,187 (279)	23.5%	124 (34)	27.4%	96 (30)	31.3%	954 (213)	22.3%	13　(4)	15.4%
第59期（2006年）	1,477 (360)	24.4%	115 (35)	30.4%	87 (26)	29.9%	1,254 (291)	23.2%	21　(8)	38.1%
第60期（2007年）	2,376 (568)	23.9%	118 (43)	36.4%	113 (39)	34.5%	2,043 (457)	22.4%	102　(29)	28.4%
第61期（2008年）	2,340 (619)	26.5%	99 (36)	36.4%	93 (32)	34.4%	2,026 (527)	26.0%	122　(24)	19.7%
第62期（2009年）	2,346 (635)	27.1%	106 (34)	32.1%	78 (31)	39.7%	1,978 (523)	26.4%	184　(47)	25.5%
第63期（2010年）	2,144 (563)	26.3%	102 (32)	31.4%	70 (22)	31.4%	1,714 (443)	25.8%	258　(66)	25.6%
第64期（2011年）	2,152 (597)	27.7%	102 (34)	33.3%	71 (24)	33.8%	1,515 (418)	27.6%	464 (121)	26.1%
第65期（2012年）	2,080 (479)	23.0%	92 (28)	30.4%	72 (22)	30.6%	1,370 (316)	23.1%	546 (113)	20.7%
第66期（2013年）	2,034 (528)	26.0%	96 (38)	39.6%	82 (31)	37.8%	1,286 (336)	26.1%	570 (123)	21.6%
第67期（2014年）	1,973 (443)	22.5%	101 (29)	28.7%	74 (29)	39.2%	1,248 (269)	21.6%	550 (116)	21.1%
第68期（2015年）	1,766 (418)	23.7%	91 (38)	41.8%	76 (25)	32.9%	1,131 (239)	21.1%	468 (116)	24.8%
第69期（2016年）	1,762 (371)	21.1%	78 (30)	38.5%	70 (26)	37.1%	1,198 (228)	19.0%	416　(87)	20.9%
第70期（2017年）	1,563 (359)	23.0%	65 (18)	27.7%	67 (24)	35.8%	1,075 (248)	23.1%	356　(69)	19.4%
第71期（2018年）	1,517 (319)	21.0%	82 (21)	25.6%	69 (21)	30.4%	1,032 (226)	21.9%	334　(51)	15.3%
第72期（2019年）	1,487 (360)	24.2%	75 (28)	37.3%	65 (28)	43.1%	1,032 (231)	22.4%	315　(73)	23.2%
第73期（2020年）	1,468 (366)	24.9%	66 (23)	34.8%	66 (24)	36.4%	1,047 (263)	25.1%	289　(56)	19.4%
第74期（2022年）	1,458 (372)	25.5%	73 (24)	32.9%	72 (28)	38.9%	1,136 (283)	24.9%	177　(37)	20.9%
第75期（2023年）	1,325 (367)	27.7%	76 (29)	38.2%	71 (35)	49.3%	966 (255)	26.4%	212　(48)	22.6%

資料1-2-12　司法修習終了者の進路別推移

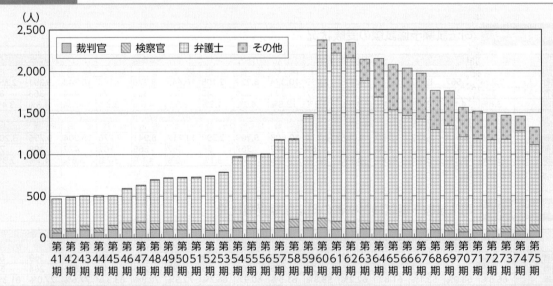

【注】　1．最高裁判所編『裁判所データブック2023』によるもの。
　　　　2．第41期から第52期までは4月終了、第53期から第59期までは10月終了、第60期からは新司法試験による司法修習が含まれ、第60期から第62期までは9月及び12月終了、第63期及び第64期は8月及び12月終了、第65期から第75期までは12月終了（ただし、第74期は4月終了）である。
　　　　3．修習終了直後の数である。

④ 裁判官数・検察官数・弁護士数の推移

| 資料1-2-13 | 裁判官数・検察官数・弁護士数の推移 |

年	裁判官数（簡裁判事を除く）			検察官数（副検事を除く）			弁護士数		
	総数（人）	男性の割合	女性の割合	総数（人）	男性の割合	女性の割合	総数（人）	男性の割合	女性の割合
1991	2,022	—	—	1,172	96.2%	3.8%	14,080	94.2%	5.8%
1992	2,029	—	—	1,174	95.9%	4.1%	14,329	94.1%	5.9%
1993	2,036	—	—	1,184	95.4%	4.6%	14,596	93.9%	6.1%
1994	2,046	—	—	1,190	95.0%	5.0%	14,809	93.7%	6.3%
1995	2,058	—	—	1,229	94.3%	5.7%	15,108	93.4%	6.6%
1996	2,073	—	—	1,270	93.6%	6.4%	15,456	93.1%	6.9%
1997	2,093	—	—	1,301	92.9%	7.1%	15,866	92.6%	7.4%
1998	2,113	—	—	1,325	92.0%	8.0%	16,305	92.1%	7.9%
1999	2,143	—	—	1,363	91.6%	8.4%	16,731	91.6%	8.4%
2000	2,213	—	—	1,375	90.8%	9.2%	17,126	91.1%	8.9%
2001	2,243	—	—	1,443	89.4%	10.6%	18,243	89.9%	10.1%
2002	2,288	—	—	1,484	88.4%	11.6%	18,838	89.0%	11.0%
2003	2,333	—	—	1,521	87.4%	12.6%	19,508	88.3%	11.7%
2004	2,385	—	—	1,563	87.2%	12.8%	20,224	87.9%	12.1%
2005	2,460	83.5%	16.5%	1,627	86.2%	13.8%	21,185	87.5%	12.5%
2006	2,535	83.1%	16.9%	1,648	85.2%	14.8%	22,021	87.0%	13.0%
2007	2,610	82.6%	17.4%	1,667	84.4%	15.6%	23,119	86.4%	13.6%
2008	2,685	81.4%	18.6%	1,739	82.8%	17.2%	25,041	85.6%	14.4%
2009	2,760	80.4%	19.6%	1,779	81.8%	18.2%	26,930	84.7%	15.3%
2010	2,805	79.7%	20.3%	1,806	81.0%	19.0%	28,789	83.8%	16.2%
2011	2,850	79.1%	20.9%	1,816	80.3%	19.7%	30,485	83.2%	16.8%
2012	2,850	78.1%	21.9%	1,839	80.2%	19.8%	32,088	82.6%	17.4%
2013	2,880	77.5%	22.5%	1,847	79.6%	20.4%	33,624	82.3%	17.7%
2014	2,944	76.9%	23.1%	1,877	78.6%	21.4%	35,045	81.9%	18.1%
2015	2,944	76.0%	24.0%	1,896	77.6%	22.4%	36,415	81.8%	18.2%
2016	2,755	74.4%	25.6%	1,930	77.1%	22.9%	37,680	81.7%	18.3%
2017	2,775	73.8%	26.2%	1,964	76.5%	23.5%	38,980	81.6%	18.4%
2018	2,782	73.5%	26.5%	1,957	75.4%	24.6%	40,066	81.4%	18.6%
2019	2,774	73.3%	26.7%	1,976	75.0%	25.0%	41,118	81.2%	18.8%
2020	2,798	73.0%	27.0%	1,977	74.6%	25.4%	42,164	81.0%	19.0%
2021	2,797	72.8%	27.2%	1,967	74.0%	26.0%	43,206	80.7%	19.3%
2022	2,784	71.8%	28.2%	1,980	73.6%	26.4%	44,101	80.4%	19.6%
2023	2,770	71.3%	28.7%	1,983	72.8%	27.2%	44,916	80.2%	19.8%

【注】 1．裁判官数は最高裁判所調べによるもので、簡裁判事を除く各年4月現在（ただし、2016年以降は前年12月現在であり、計上方法を変更した）。なお、2004年までの簡裁判事を除いた男女の内訳については、不明である。
　　　 2．検察官数は法務省調べによるもので、副検事を除く各年3月31日現在（ただし、2022年は5月31日現在）。
　　　 3．弁護士数は、正会員数で各年3月31日現在（ただし、2022年は5月31日現在）。

❺　法科大学院生、司法試験、司法試験予備試験及び司法修習終了者に関する男女の割合

以下は、法科大学院生、新司法試験の受験者等、司法試験予備試験の受験者等及び司法修習終了後の法曹三者の進路別の男女の割合等についてまとめたものである。

資料1-2-14　法科大学院生と新司法試験受験者及び同試験合格者の女性割合

凡例：─○─ 法科大学院生の女性割合　─■─ 新司法試験受験者の女性割合　─◆─ 新司法試験合格者の女性割合

【注】数値は、以下の資料を元に日弁連が作成したもの。なお、旧司法試験の終了に伴い、2012年から「新司法試験」は「司法試験」となっている。
法科大学院生の女性割合…各年度の文部科学省「学校基本調査」の「専攻分野別大学院学生数」よるもの。
新司法試験受験者の女性割合…法務省の公表資料によるもの。
新司法試験合格者の女性割合…法務省の公表資料によるもの。

資料1-2-15　受験者に対する司法試験短答式試験合格者の男女別割合

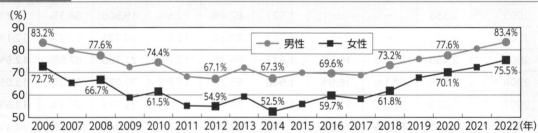

凡例：─●─ 男性　─■─ 女性

【注】法務省の公表資料による。

資料1-2-16　司法試験短答式試験合格者に対する最終合格者の男女別割合

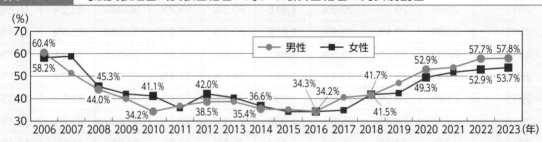

凡例：─●─ 男性　─■─ 女性

【注】法務省の公表資料による。

資料1-2-17　司法試験受験者に対する最終合格者の男女別割合

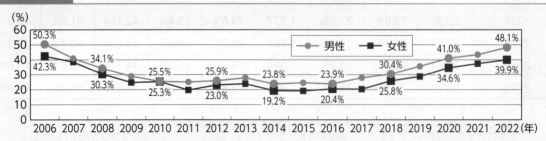

凡例：─●─ 男性　─■─ 女性

【注】法務省の公表資料による。

資料1-2-18　司法試験予備試験における男女別人数と男女別割合

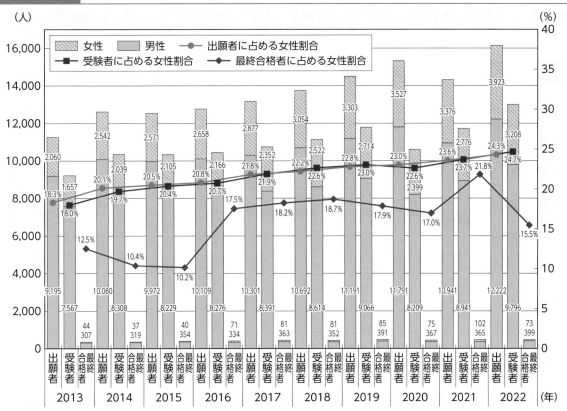

【注】法務省の公表資料によるもの。

資料1-2-19　司法修習終了者の進路別女性人数と女性割合

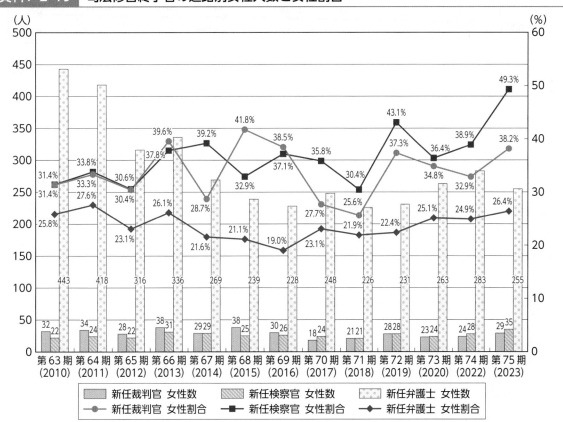

【注】最高裁判所編『裁判所データブック 2023』によるもの。

⑥ 諸外国との弁護士数比較

以下は、諸外国の弁護士数を比較したものである（各国の法曹人口については、49頁参照）。

資料1-2-20　弁護士数の推移（各国比較）

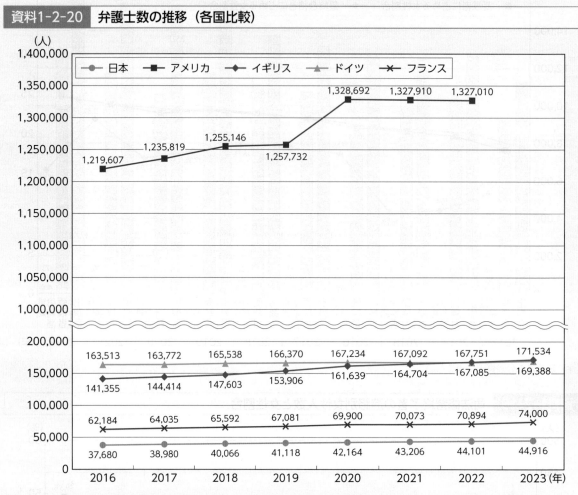

【注】　1．日本の弁護士数は、各年の3月31日現在（ただし、2022年は5月31日現在）。
　　　　2．アメリカ、イギリス、ドイツ、フランスの弁護士数は、資料1-2-21を参照。

資料1-2-21　**諸外国の弁護士数（付記：出典資料の締め日一覧）**

上段：締め日　下段：数値（単位：人）

日本	2016年	2017年	2018年	2019年	2020年	2021年	2022年	2023年
弁護士	2016年3月31日	2017年3月31日	2018年3月31日	2019年3月31日	2020年3月31日	2021年3月31日	2022年5月31日	2023年3月31日
	37,680	38,980	40,066	41,118	42,164	43,206	44,101	44,916

アメリカ	2016年	2017年	2018年	2019年	2020年	2021年	2022年	2023年
弁護士	2014年12月31日	2015年12月31日	2016年12月31日	2017年	2020年	2021年	2022年	2023年
	1,219,607	1,235,819	1,255,146	1,257,732	1,328,692	1,327,910	1,327,010	

イギリス	2016年	2017年	2018年	2019年	2020年	2021年	2022年	2023年
弁護士（バリスタ）（ソリシタ）	2015年 2014年7月31日	2015年 2015年7月31日	2017年 2016年7月31日	2018年 2017年	2019年 2019年	2020年 2020年	2021年 2021年	2022年 2022年
	141,355	144,414	147,603	153,906	161,639	164,704	167,751	171,534

ドイツ	2016年	2017年	2018年	2019年	2020年	2021年	2022年	2023年
弁護士	2015年1月1日	2016年1月1日	2017年1月1日	2019年	2020年	2021年	2022年	2023年
	163,513	163,772	165,538	166,370	167,234	167,092	167,085	169,388

フランス	2016年	2017年	2018年	2019年	2020年	2021年	2022年	2023年
弁護士（控訴院代訴士）（コンセイユデタ/破毀院弁護士）	2015年1月1日 — 2015年1月1日	2016年1月1日 — 2016年1月1日	2017年1月1日 — 2017年1月1日	2018年	2019年	2020年	2021年	2022年
	62,184	64,035	65,592	67,081	69,900	70,073	70,894	74,000

2016年～2019年各国調査の出典資料

アメリカ　ABA調査によるもので、全米50州及びワシントンD.C.に居住しかつ現に活動している法曹有資格者の総数から裁判官及び検察官の数を控除した数。（最高裁判所編「裁判所データブック」によると、参考となる連邦及び州の裁判官、検察官の人数として、概ね以下の数値が得られている。連邦裁判官1,785名（2019年時点）、州裁判官30,751名（2010年時点）、連邦検察官6,075（2010年時点）、州検察官27,094名（2007年時点）。

イギリス　イングランド及びウェールズにおける数。現に活動している法廷弁護士（バリスタ）及び開業証書を保有する事務弁護士（ソリシタ）の合計数から、検察庁に所属するバリスタ及びソリシタ並びに法務長官の数を控除した数。

ドイツ　連邦弁護士会調査によるもの。

フランス　司法省調査によるもの。

2020年～2023年各国調査の出典資料

アメリカ　ABA調査によるもので、連邦と州の各々裁判官、検察官を含む数値である。

イギリス　BSB（Bar Standards Board）のWEBサイトによるもの。イングランド及びウェールズにおける数。現に活動している法廷弁護士（バリスタ）及び開業証書を保有する事務弁護士（ソリシタ）の合計数から、検察庁に所属するバリスタ及びソリシタ並びに法務長官の数を控除した数。

ドイツ　ドイツ連邦弁護士連合会（The German Federal Bar）のWEBサイトによるもの。

フランス　CNB（Conseil Nationale des Barreaux）のWEBサイトによるもので、弁護士（avocats）数。

特集

第1編

第2編

第3編

第4編

隣接士業の人口の推移

　法律を扱う登録士業としては、弁理士、税理士、司法書士、行政書士、公認会計士等があげられる。諸外国では、これらの職種が扱う業務のうちいくつかのものにつき弁護士が行うところもあり、諸外国との人口比較においては、注意が必要である。隣接士業の人口は、次の表のとおりである。

| 資料1-2-22 | 隣接士業等の人口の推移 |

(単位：人)

	2014年	2015年	2016年	2017年	2018年	2019年	2020年	2021年	2022年	2023年
弁護士数	35,045	36,415	37,680	38,980	40,066	41,118	42,164	43,206	44,101	44,916
内女性数 女性の割合	6,336 (18.1%)	6,618 (18.2%)	6,896 (18.3%)	7,179 (18.4%)	7,462 (18.6%)	7,717 (18.8%)	8,017 (19.0%)	8,335 (19.3%)	8,630 (19.6%)	8,901 (19.8%)
弁理士数	10,171	10,655	10,871	11,057	11,185	11,336	11,460	11,556	11,653	11,695
内女性数 女性の割合	1,428 (14.0%)	1,530 (14.4%)	1,596 (14.7%)	1,650 (14.9%)	1,687 (15.1%)	1,732 (15.3%)	1,801 (15.7%)	1,840 (15.9%)	1,903 (16.3%)	1,942 (16.6%)
特定侵害訴訟代理業務の付記を受けた弁理士	2,971	3,089	3,199	3,297	3,354	3,393	3,449	3,420	3,455	3,478
税理士数	74,501	75,146	75,643	76,493	77,327	78,028	78,795	79,404	80,163	80,692
内女性数 女性の割合	10,312 (13.8%)	10,593 (14.1%)	10,859 (14.4%)	11,124 (14.5%)	11,423 (14.8%)	11,649 (14.9%)	11,906 (15.1%)	12,099 (15.2%)	12,386 (15.5%)	12,592 (15.6%)
司法書士数	21,366	21,658	22,013	22,283	22,488	22,632	22,724	22,718	22,907	23,059
内女性数 女性の割合	3,395 (15.9%)	3,506 (16.2%)	3,639 (16.5%)	3,747 (16.8%)	3,869 (17.2%)	3,972 (17.6%)	4,067 (17.9%)	4,112 (18.1%)	4,234 (18.5%)	4,385 (19.0%)
簡裁における訴訟代理権を付与されている司法書士	15,096	15,613	16,108	16,512	16,827	17,002	17,475	17,703	17,863	18,027
行政書士数	44,057	44,740	45,441	46,205	46,915	47,901	48,639	49,480	50,286	51,041
内女性数 女性の割合	5,460 (12.4%)	5,711 (12.8%)	5,910 (13.0%)	6,172 (13.4%)	6,449 (13.7%)	6,773 (14.1%)	7,087 (14.6%)	7,317 (14.8%)	7,613 (15.1%)	7,975 (15.6%)
公認会計士数	26,260	27,316	28,289	29,369	30,350	31,189	31,793	32,478	33,215	34,436
内女性数 女性の割合	3,388 (12.9%)	3,598 (13.2%)	3,818 (13.5%)	4,034 (13.7%)	4,229 (13.9%)	4,411 (14.1%)	4,573 (14.4%)	4,722 (14.5%)	4,890 (14.7%)	5,184 (15.1%)
社会保険労務士数	38,445	39,331	40,110	40,535	41,187	42,056	42,887	43,474	44,203	44,870
内女性数 女性の割合	10,790 (28.1%)	11,275 (28.7%)	11,773 (29.4%)	11,973 (29.5%)	12,397 (30.1%)	12,910 (30.7%)	13,414 (31.3%)	13,781 (31.7%)	14,209 (32.1%)	14,653 (32.7%)
土地家屋調査士数	17,112	17,017	16,940	16,761	16,625	16,471	16,240	16,141	15,929	15,889
内女性数 女性の割合	— —	— —	— —	— —	— —	— —	— —	— —	— —	— —
合　計	266,957	272,278	276,987	281,683	286,143	290,731	294,702	298,457	302,457	306,598

【注】　1．数値は、各会調べによるもの。
　　　　2．下記の士業以外全て各年3月31日現在。なお、表内の一は、未集計。
　　　　　　弁護士数：各年3月31日現在（ただし、2022年は5月31日現在）。
　　　　　　司法書士数：各年4月1日現在。
　　　　　　土地家屋調査士数：各年4月1日現在。

⑧ 弁護士人口の将来予測（シミュレーション）

　次頁の表は、『弁護士白書 2006 年版』特集１「弁護士人口」の中で行った「弁護士人口の将来予測（シミュレーション）」の数値を更新し、再編集したものである。

　この予想を行う前提として、近年の司法試験合格者数の推移及び日弁連の 2012 年３月 15 日付け「法曹人口政策に関する提言」の趣旨（司法試験合格者数をまず 1,500 人にまで減員し、更なる減員については法曹養成制度の成熟度や現実の法的需要、問題点の改善状況を検証しつつ対処していくべき）を踏まえ、2024 年以降の年間の司法試験合格者数を 1,500 人、その者たちが全て司法修習を終了し、新規法曹資格を得るものと仮定することとした。

　また、過去の統計から、司法修習を終了した者の数と、弁護士会の新規弁護士登録者（司法修習生、元判事、元検事、その他）の数の割合が 100 対 95（「表の見方５」参照）であることを前提として、その割合で弁護士数が増加するものとし、さらに 43 年前に新規弁護士登録をした者と同数の者が、43 年後に実働法曹でなくなる（死亡、引退）（「表の見方２」参照）と仮定した。

　なお、2022 年の新規法曹資格者（司法修習終了者）は 1,325 人（『裁判所データブック 2023』による）であり、2022 年の司法試験合格者数は 1,403 人、2023 年は 1,781 人であった。本シミュレーションでは、2022 年から 2024 年の新規法曹資格者の数値については実数を採用した（2023 年及び 2024 年の新規法曹資格者は、前年の司法試験合格者数が全て新規法曹資格を得るとの仮定に基づいている）。

　本シミュレーションによれば、実働法曹人口は 2025 年に５万 1,967 人となる。2025 年以降、年間司法試験合格者が 1,500 人であると仮定すると、弁護士人口は 2048 年に６万 4,501 人とピークに達し、2060 年以降は５万 7,000 人台で推移すると予想される。

表の見方

1. ①法曹三者の総人口＝前年の法曹三者の総人口＋②新規法曹資格者－③ 43 年前修習終了者として算出。
   ただし、2022 年の「法曹三者の総人口」は、2021 年 12 月現在の裁判官数 2,784 人（簡裁判事を除く）と 2022 年５月 31 日現在の検察官数 1,980 人（副検事を除く）に 2022 年５月 31 日現在の弁護士数４万 4,101 人（正会員）を足したもの。2023 年の「法曹三者の総人口」は、2022 年 12 月現在の裁判官数 2,770 人（簡裁判事を除く）と 2023 年３月 31 日現在の検察官数 1,983 人（副検事を除く）に 2023 年３月 31 日現在の弁護士数４万 4,916 人（正会員）を足したもの。

2. 法曹資格取得者は 43 年後に法曹でなくなる（死亡、引退）と仮定した。この 43 という数字は、弁護士センサス 2008（弁護士基礎データ調査）によると、弁護士の週の労働時間が 40 時間（１日８時間×平日５日間）未満の弁護士が 71 歳以上で過半数を超える（57.6％）ことから弁護士としての現役を 70 歳と設定し、また、1958 年度から 2008 年度の間に修習終了直後に弁護士登録をした者の登録時の年齢の中央値が 27 歳であったことから、現役期間を 27 歳から 70 歳までの 43 年間とした。

3. ③ 43 年前修習終了者は、2023 年までは『司法修習生便覧 2006』（司法研修所発行）、2028～2062 年は最高裁判所編『裁判所データブック 2023』によるもの。

4. ④弁護士人口＝前年の弁護士人口＋⑤弁護士増加数（前年比）として算出。ただし、2022 年の「弁護士人口」は、５月 31 日現在（正会員）及び 2023 年の「弁護士人口」は、３月 31 日現在（正会員）のもの。

5. ⑤弁護士増加数（前年比）＝②新規法曹資格者の 95％－⑥ 43 年前の新規弁護士登録者として算出。
   同年度の司法修習終了者数（新規法曹資格者）の 95％にあたる割合で弁護士数が増加すると仮定した。これは司法修習を終えた者の 95％が弁護士になるという意味ではなく、司法修習終了者と元判事、元検事、その他のルートで弁護士になったものの合計が、その年の司法修習終了者の数の 95％にあたる数に相当すると仮定したものである。95 という数字は 2006 年に初めて弁護士人口の将来予測を行った年から遡って過去 20 年間（1986 年～2005 年）の平均値である。以来その数字を設定している。そして、43 年前に新規弁護士登録をした者が 43 年後に死亡、引退などで弁護士ではなくなると仮定した。

6. 2022 年の「弁護士増加数」はこの年に弁護士登録請求がなされた人数の実数である。また、2023 年の「弁護士増加数」は弁護士登録請求がなされた人数の実数が未確定のため上記５の計算式に基づく。

7. ⑥ 43 年前新規弁護士登録者は、日弁連調べによるもの。

8. ⑦国民人口推計は、国立社会保障・人口問題研究所「日本の将来推計人口（令和５年推計）」（令和５年４月 26 日公表）によるもの。ただし、2022 年の「国民人口推計」は、総務省統計局「人口推計」結果による 2022 年 10 月１日現在のもの。

9. ⑧弁護士１人あたりの国民数は、⑦国民人口推計を④弁護士人口で除したもの。

資料1-2-23　弁護士人口将来予測―2025年以降の新規法曹を1,500人にした場合―

（2024年に司法試験合格者数1,500人）

年	①法曹三者の総人口（人）	②新規法曹資格者（前年の司法試験合格者数）（人）	③43年前修習終了者（人）	④弁護士人口（人）	⑤弁護士増加数（前年比）（人）	⑥43年前新規弁護士登録者（人）	⑦国民人口推計（千人）	⑧弁護士1人あたりの国民数（人）
2022	48,865	1,325	465	44,101	2,679	449	124,947	2,833
2023	49,669	1,403	454	44,916	914	419	124,408	2,770
2024	50,966	1,781	484	46,116	1,200	492	123,844	2,685
2025	51,967	1,500	499	47,061	945	480	123,262	2,619
2030	57,203	1,500	448	51,995	980	445	120,116	2,310
2035	62,248	1,500	508	56,694	932	493	116,639	2,057
2040	66,596	1,500	720	60,970	773	652	112,837	1,851
2045	69,148	1,500	988	63,593	488	937	108,801	1,711
2050	69,425	1,500	2,376	63,615	−860	2,285	104,686	1,646
2055	65,863	1,500	2,080	59,978	−630	2,055	100,508	1,676
2060	64,265	1,500	1,563	57,759	−248	1,673	96,148	1,665
2061	64,248	1,500	1,517	57,530	−229	1,654	95,249	1,656
2062	64,261	1,500	1,487	57,326	−204	1,629	94,342	1,646

【注】　1．2025年から2060年までは5年おきで表示。
　　　　2．2022年の②新規法曹資格者については、最高裁判所編『裁判所データブック2023』に基づく75期の修習終了時の数値を記載した。

第3章 法律事務所の共同化及び弁護士法人の現状

① 事務所における弁護士の人数

次の表は、全国の法律事務所について、所属する弁護士数ごとにその事務所数をカウントし、事務所の規模別に事務所数及び弁護士数の推移をまとめたものである。

資料1-3-1	大規模事務所（上位10事務所）

（2023年3月31日現在）

1	西村あさひ法律事務所（弁護士法人西村あさひ法律事務所 / 弁護士法人 NISHIMURA & ASAHI 法律事務所）	東京都	650
2	アンダーソン・毛利・友常法律事務所外国法共同事業（弁護士法人アンダーソン・毛利・友常法律事務所）	東京都	567
3	森・濱田松本法律事務所（弁護士法人森・濱田松本法律事務所）	東京都	559
4	TMI 総合法律事務所（弁護士法人 TMI パートナーズ）	東京都	557
5	長島・大野・常松法律事務所（弁護士法人長島・大野・常松法律事務所）	東京都	532
6	ベリーベスト法律事務所（弁護士法人ベリーベスト法律事務所 / ベリーベスト弁護士法人 / 弁護士法人 VERYBEST）	東京都	381
7	アディーレ法律事務所（弁護士法人アディーレ法律事務所 / 弁護士法人 AdIre 法律事務所）	東京都	235
8	渥美坂井法律事務所・外国法共同事業（渥美坂井法律事務所弁護士法人）	東京都	186
9	シティユーワ法律事務所（弁護士法人シティユーワ法律事務所）	東京都	179
10	弁護士法人大江橋法律事務所（弁護士法人大江橋法律事務所）	大阪府	160

【注】 1. 上記事務所のうち、弁護士法人については、主たる法律事務所の名称及び所在地を記載し、法人名をカッコ書きしている。
　　 2. 弁護士法人の主たる法律事務所、従たる法律事務所及びそれらの共同事務所をまとめて1事務所としてカウントしている（資料1-3-2及び資料1-3-3も同じ）。
　　 3. 事務所内に複数の法人が存在する場合も、まとめて1事務所としてカウントしている（資料1-3-2及び資料1-3-3も同じ）。

資料1-3-2	事務所の規模別に見た事務所数の割合

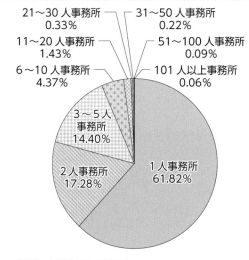

21〜30人事務所 0.33%
31〜50人事務所 0.22%
11〜20人事務所 1.43%
51〜100人事務所 0.09%
6〜10人事務所 4.37%
101人以上事務所 0.06%
3〜5人事務所 14.40%
2人事務所 17.28%
1人事務所 61.82%

（2023年3月31日現在）

資料1-3-3	事務所の規模別に見た事務所数の推移

（単位：事務所）

	2021年	2022年	2023年
1人事務所	10,841	11,169	11,299
2人事務所	3,149	3,178	3,159
3〜5人事務所	2,655	2,630	2,632
6〜10人事務所	764	777	798
11〜20人事務所	246	248	261
21〜30人事務所	57	62	60
31〜50人事務所	39	38	40
51〜100人事務所	10	15	16
101人以上事務所	11	11	11
合　計	17,772	18,128	18,276

【注】各年ともに3月31日現在（ただし、2022年は5月31日現在）。

資料1-3-4　事務所の規模別に見た所属弁護士数の割合

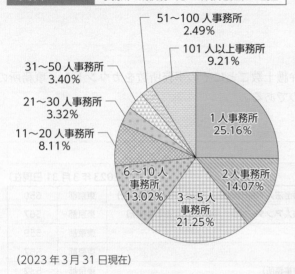

- 51～100人事務所 2.49%
- 101人以上事務所 9.21%
- 31～50人事務所 3.40%
- 21～30人事務所 3.32%
- 11～20人事務所 8.11%
- 6～10人事務所 13.02%
- 1人事務所 25.16%
- 2人事務所 14.07%
- 3～5人事務所 21.25%

（2023年3月31日現在）

資料1-3-5　事務所の規模別に見た所属弁護士数の推移

（単位：人）

	2021年	2022年	2023年 総数	2023年 内女性数
1人事務所	10,841	11,169	11,299	1,594
2人事務所	6,298	6,356	6,318	1,433
3～5人事務所	9,705	9,564	9,543	2,074
6～10人事務所	5,648	5,723	5,846	1,316
11～20人事務所	3,497	3,460	3,641	790
21～30人事務所	1,403	1,546	1,489	317
31～50人事務所	1,479	1,440	1,525	292
51～100人事務所	754	1,024	1,119	228
101人以上事務所	3,581	3,819	4,136	857
合　　計	43,206	44,101	44,916	8,901

【注】各年ともに3月31日現在（ただし、2022年は5月31日現在）。

次の表は、事務所の規模別に見た事務所数を、全国の弁護士会別に集計したものである。

資料1-3-6　事務所の規模別弁護士会別事務所数

（2023 年 3 月 31 日現在）

		事務所の規模（事務所）									事務所計	弁護士数
		1人	2人	3～5人	6～10人	11～20人	21～30人	31～50人	51～100人	101人以上		
北海道弁連	札　幌	262	87	65	17	3	1	0	0	0	435	861
	函　館	19	10	5	0	0	0	0	0	0	34	54
	旭　川	51	6	4	0	0	0	0	0	0	61	78
	釧　路	46	9	4	1	0	0	0	0	0	60	84
	小　計	378	112	78	18	3	1	0	0	0	590	1,077
東北弁連	仙　台	153	52	46	10	0	0	0	0	0	261	493
	福島県	100	19	16	0	0	0	0	0	0	135	197
	山形県	60	16	4	0	0	0	0	0	0	80	104
	岩　手	55	10	9	0	0	0	0	0	0	74	104
	秋　田	44	8	5	0	0	0	0	0	0	57	77
	青森県	56	18	5	0	0	0	0	0	0	79	112
	小　計	468	123	85	10	0	0	0	0	0	686	1,087
関弁連	東京三会	4,357	1,128	1,081	432	158	39	29	10	9	7,243	22,102
	神奈川県	543	154	137	42	8	1	0	0	0	885	1,774
	埼　玉	335	85	66	16	7	0	0	0	0	509	953
	千葉県	289	69	69	17	5	0	0	0	0	449	863
	茨城県	123	44	20	2	0	0	0	0	0	189	300
	栃木県	108	27	17	2	0	0	0	0	0	154	232
	群　馬	124	35	22	6	1	0	0	0	0	188	326
	静岡県	184	64	43	8	1	0	0	0	0	300	532
	山梨県	34	16	12	3	0	0	0	0	0	65	128
	長野県	144	36	15	0	0	0	0	0	0	195	265
	新潟県	119	31	17	3	2	0	0	0	0	172	287
	小　計	6,360	1,689	1,499	531	182	40	29	10	9	10,349	27,762
中部弁連	愛知県	622	196	179	33	13	0	1	0	0	1,044	2,096
	三　重	93	12	11	3	1	0	0	0	0	120	193
	岐阜県	99	34	15	0	0	0	0	0	0	148	217
	福　井	42	19	11	0	0	0	0	0	0	72	119
	金　沢	62	25	18	3	0	0	0	0	0	108	189
	富山県	55	25	5	1	0	0	0	0	0	86	131
	小　計	973	311	239	40	14	0	1	0	0	1,578	2,945
近弁連	大　阪	1,224	443	328	100	27	9	3	4	0	2,138	4,923
	京　都	256	80	55	20	4	1	0	0	0	416	850
	兵庫県	318	113	79	19	4	0	0	0	0	533	1,027
	奈　良	75	17	13	4	0	0	0	0	0	109	190
	滋　賀	77	13	15	1	0	0	0	0	0	106	167
	和歌山	56	24	11	1	0	0	0	0	0	92	149
	小　計	2,006	690	501	145	35	10	3	4	0	3,394	7,306
中国地方弁連	広　島	195	59	61	10	2	0	0	0	0	327	628
	山口県	81	17	11	4	0	0	0	0	0	113	179
	岡　山	149	36	35	8	1	0	0	0	0	229	412
	鳥取県	22	10	8	0	0	0	0	0	0	40	70
	島根県	40	12	5	0	0	0	0	0	0	57	81
	小　計	487	134	120	22	3	0	0	0	0	766	1,370
四国弁連	香川県	88	20	18	1	0	0	0	0	0	127	196
	徳　島	40	12	7	0	0	0	0	0	0	59	87
	高　知	50	16	5	0	0	0	0	0	0	71	97
	愛　媛	83	15	12	1	0	0	0	0	0	111	161
	小　計	261	63	42	2	0	0	0	0	0	368	541
九弁連	福岡県	412	127	114	35	7	1	0	0	0	696	1,458
	佐賀県	41	16	8	1	0	0	0	0	0	66	106
	長崎県	56	25	14	0	0	0	0	0	0	95	157
	大分県	73	19	9	3	0	0	0	0	0	104	165
	熊本県	103	32	30	2	0	0	0	0	0	167	284
	鹿児島県	108	22	16	2	0	0	0	0	0	148	228
	宮崎県	77	18	9	0	0	0	0	0	0	104	144
	沖　縄	100	26	28	5	0	0	0	0	0	159	286
	小　計	970	285	228	48	7	1	0	0	0	1,539	2,828
総　計		11,903	3,407	2,792	816	244	52	33	14	9	19,270	44,916

【注】本表は、弁護士法人については主たる法律事務所と従たる法律事務所をそれぞれ 1 件としてカウントしている。そのため、p. 53 の 2023 年の事務所数の合計とは差異がある。

② 弁護士法人の現状

　2002年4月1日から弁護士法人制度が施行された。この制度は、これまで弁護士個人が運営主体であった法律事務所を法人組織として、法律事務処理の継続性を確保し、事務所運営の合理化・共同化などを期するものである。

　なお、弁護士法人は、主たる法律事務所の所在する地域の弁護士会の会員となるが、従たる法律事務所を設けたときは、その事務所の所在する地域の弁護士会の会員ともなる。

（1）弁護士法人の数

　2022年4月から2023年3月までに設立された弁護士法人は111法人である。2023年3月31日現在の全国の弁護士法人数は1,598法人（清算中等の法人を含む）である。

　設立された年度別及び所属弁護士会別の法人会員数は、以下のとおりである。

資料1-3-7　年度別弁護士法人設立件数、弁護士法人所属の社員数、使用人数の推移

年度	2002	2003	2004	2005	2006	2007	2008	2009	2010	2011	2012	2013	2014	2015	2016	2017	2018	2019	2020	2021	2022
法人設立件数	77	37	47	38	33	56	82	69	79	90	81	96	108	101	122	111	98	104	107	127	111
法人数	76	112	157	194	223	277	357	421	497	581	657	743	839	929	1,035	1,134	1,217	1,302	1,388	1,496	1,598
社員数（人）	200	274	365	448	497	613	790	956	1,165	1,366	1,548	1,778	1,999	2,186	2,440	2,687	2,894	3,079	3,275	3,485	3,713
使用人数（人）	128	226	331	508	613	759	997	1,253	1,495	1,760	1,988	2,289	2,527	2,793	3,172	3,311	3,544	3,883	4,237	4,295	4,855
法人組織率（%）	1.7	2.5	3.3	4.3	4.8	5.5	6.6	7.7	8.7	9.7	10.5	11.6	12.4	13.2	14.4	15.0	15.7	16.5	17.4	18.1	19.1

【注】法人組織率とは、社員数と使用人数の合計数を各年度の3月31日現在の弁護士数（2023年は44,916人）で除したものである。

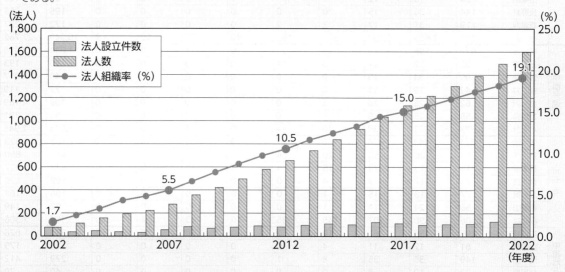

資料1-3-8　所属弁護士会別法人会員数（2023年3月31日現在）

（単位：法人）

札　幌	68	神奈川県	84	福　井	9	島根県	4
函　館	3	埼　玉	62	金　沢	16	香川県	12
旭　川	10	千葉県	42	富山県	9	徳　島	8
釧　路	12	茨城県	22	大　阪	245	高　知	1
仙　台	32	栃木県	20	京　都	54	愛　媛	19
福島県	20	群　馬	24	兵庫県	65	福岡県	117
山形県	6	静岡県	38	奈　良	8	佐賀県	9
岩　手	6	山梨県	4	滋　賀	10	長崎県	16
秋　田	3	長野県	16	和歌山	7	大分県	25
青森県	10	新潟県	17	広　島	32	熊本県	17
東　京	289	愛知県	144	山口県	21	鹿児島県	34
第一東京	194	三　重	10	岡　山	26	宮崎県	28
第二東京	180	岐阜県	22	鳥取県	7	沖　縄	26
						合　計	2,163

【注】　1．「所属弁護士会別法人会員数」は、複数弁護士会に所属する法人があるので、合計数は2023年3月31日現在の法人数より多くなっている。
　　　2．2023年3月31日までの届出に基づくものである。

第 1 編　弁護士等の実勢

1－3　法律事務所の共同化及び弁護士法人の現状

特集

第1編

第2編

第3編

第4編

（2）従たる法律事務所の設置

　2023 年 3 月 31 日時点で従たる法律事務所を設置している弁護士法人は 482 法人で、従たる法律事務所は 1,040 か所設置されている。このうち、同じ所属弁護士会内で主たる法律事務所がある地域とは異なる地域に設置された従たる法律事務所は 665 か所ある。

　なお、原則として従たる法律事務所にも社員弁護士の常駐が必要であるが、弁護士過疎対策の趣旨で、当該地域の弁護士会の許可があれば、従たる法律事務所に社員弁護士が常駐しなくてもよいことになっている。また、使用人弁護士が常駐していても「非常駐」扱いとなる。40 か所に非常駐許可が出されている。

　以下は、従たる法律事務所数別の弁護士法人数をまとめたものである。

| 資料1-3-9 | 従たる法律事務所数別の弁護士法人数 |

（単位：法人）

年度	2021	2022	2023
1 事務所	306	316	321
2 事務所	84	89	92
3〜5 事務所	42	45	44
6〜10 事務所	12	14	15
11〜20 事務所	6	4	6
21〜30 事務所	0	0	1
31〜50 事務所	3	2	1
51 事務所以上	1	2	2
合計	454	472	482

【注】各年 3 月 31 日までの届出に基づくものである。

（3）弁護士法人の規模

　弁護士法人に所属する弁護士（代表社員・社員・使用人弁護士）の人数で区分すると、次の表のようになる。

資料1-3-10　規模別の弁護士法人数―所属弁護士数（使用人弁護士を含む）による区分―

（単位（法人数以外）：人）

人　数	1	2	3	4	5	6	7	8	9	10	11	12	13	14	15	16	17	18	19	20	21	22	23	24	25	26
法人数（法人）	386	305	231	172	123	68	53	38	32	23	22	12	9	8	5	6	7	4	3	2	2	4	2	2	4	1
所属弁護士数	386	610	693	688	615	408	371	304	288	230	242	144	117	112	75	96	119	72	57	40	42	88	46	48	100	26
内女性数	33	105	105	114	109	67	63	66	47	49	59	21	21	28	14	17	27	17	16	9	8	8	4	11	19	2
内外弁数					2		1	1		1	1													3		

人　数	27	29	30	32	33	34	35	40	42	43	44	45	46	48	60	63	65	72	93	94	95	166	187	232	303	合計
法人数（法人）	4	7	1	4	1	2	1	2	2	1	1	1	3	1	1	1	1	1	1	1	1	1	1	1	1	1,567
所属弁護士数	108	203	30	128	33	68	35	76	80	42	43	44	138	48	60	63	65	72	93	94	95	166	187	232	303	8,568
内女性数	17	37	2	28	4	21	9	14	9	7	8	9	7	16	7	13	8	16	15	13	13	21	41	46	33	1,512
内外弁数	2		1				2							4	1					1			6	7		33

資料1-3-11　規模別の弁護士法人数―代表社員・社員の合計人数による区分―

（単位：法人）

人　数	1	2	3	4	5	6	7	8	9	10	11	12	13	14	15	16	17	18	21	22	23	27	29	37	45	65	72	合計
法人数	752	418	180	101	34	22	10	10	9	3	1	4	4	1	2	3	2	1	2	1	1	1	1	1	1	1	1	1,567

【注】　1. 2023年3月31日までの届出に基づくものである。
　　　　2. 所属弁護士数は、弁護士法人ごとに集計したもので、主たる法律事務所と従たる法律事務所の総数である。
　　　　3. 法人数において、清算中等の法人は含んでいない。
　　　　4. 外弁数とは、外国法事務弁護士の人数。詳しくは、p. 59 参照。

❸　隣接士業における法人の現状

　参考までに、隣接士業における法人の現状は、以下のようになっている。

資料1-3-12　隣接士業における法人の状況

	総人数（人）	法人名	法人制度発足日	法人数（法人）	社員数合計（人）	使用人数合計（人）	法人組織率
弁護士	44,916	弁護士法人	2002年4月1日	1,598	3,713	4,855	19.1%
弁理士	11,695	弁理士法人	2001年1月6日	393	1,161	2,358	30.1%
税理士	80,692	税理士法人	2002年4月1日	4,844	12,799	—	—
司法書士	23,059	司法書士法人	2003年4月1日	1,106	2,245	1,968	18.3%
行政書士	51,041	行政書士法人	2004年8月1日	988	2,042	454	4.9%
公認会計士	34,436	監査法人	1966年7月3日	279	—	—	—
社会保険労務士	44,870	社会保険労務士法人	2003年4月1日	2,268	3,677	—	—
土地家屋調査士	15,889	土地家屋調査士法人	2003年4月1日	441	726	96	5.2%

【注】　1. 法人組織率とは、社員数と使用人数の合計数を総人数で除したものである。
　　　　2. 弁護士法人は、2023年3月31日までの届出に基づくもので、清算中等の法人を含む。
　　　　3. 司法書士及び土地家屋調査士（総人数・法人数のみ）は2023年4月1日現在。それ以外は、全て2023年3月31日現在。各会調べによるもの。
　　　　4. 弁理士法人は、2022年4月1日から2023年3月1日までの間に、特許業務法人から名称変更がなされたものである。

第4章　外国法事務弁護士等の実勢

外国法事務弁護士制度は、外国弁護士による法律事務の取扱い等に関する法律（昭和61年法律第66号）（以下「外弁法」という。）によって導入されたものである。外国法事務弁護士とは、外国において法律事務を行うことを職務とし、日本の弁護士に相当する資格（外国弁護士となる資格）を有する者で、法務大臣の承認を受けた後、日弁連の外国法事務弁護士名簿に登録された者をいう。

改正前の外弁法（以下「旧外弁法」という。）は、外国法事務弁護士が弁護士を雇用することを禁止する（旧外弁法第49条第1項）とともに、外国法事務弁護士と弁護士又は弁護士法人との共同事業及び収益分配を原則として禁止し（旧外弁法第49条第2項）、例外として、一定の要件のもとに特定共同事業（外国法事務弁護士が、5年以上の職務経験のある特定の我が国の弁護士を相手方とする場合に限り、組合契約その他の契約により、一定の範囲の法律事務を行うことを目的とする共同の事業）が許されていた（旧外弁法第49条の2）。

しかし、我が国の経済社会が急速にグローバル化する中で、日本法及び外国法を含む包括的・総合的な法律サービスに対するニーズの増大に対応するため、弁護士と外国法事務弁護士とのより緊密な提携・協働関係を構築することの必要性が高まり、外弁法を一部改正し（2005年4月1日施行）、外国法事務弁護士による弁護士の雇用禁止並びに共同事業及び収益分配の禁止等の事前規制は撤廃することとし、その代わりに、弁護士を雇用しようとする外国法事務弁護士、又は共同事業を営もうとする外国法事務弁護士に対し、日弁連に対する届出義務を課し（外弁法第52条）、さらに雇用形態又は共同事業等を利用した外国法事務弁護士の権限逸脱行為を抑止する措置として、外国法事務弁護士及び被雇用弁護士に対して行為規制を課すこととした（外弁法第50条・第51条）。

なお、弁護士・外国法事務弁護士共同法人の設立を可能とする外弁法改正が2022年11月1日に施行されたが、2023年4月1日時点において共同法人の設立がないため、本書においては特段取り扱わなかった。

1 外国法事務弁護士登録数の推移

次のグラフは、外国法事務弁護士の登録数の推移をみたものである。1987年に外国法事務弁護士の制度が発足して以降、横ばいが続く時期はあったものの、長期的には増加傾向にある。2023年4月時点において、登録数は458人である。

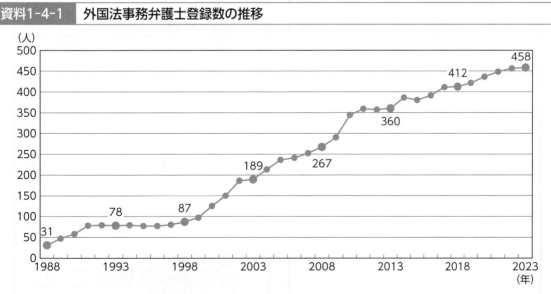

資料1-4-1　外国法事務弁護士登録数の推移

【注】 1．各年4月1日現在。
　　　 2．外弁法の施行日が1987年4月1日であり、1987年4月1日時点での登録者はいない。

外国法事務弁護士の登録状況

| 資料1-4-2 | 外国法事務弁護士の登録状況の内訳 |

（2023年4月1日現在）

【弁護士会別人数】	（計458人）
第 二 東 京	206
第 一 東 京	139
東 京	83
大 阪	9
愛 知 県	5
福 岡 県	5
神 奈 川 県	3
兵 庫 県	3
茨 城 県	1
静 岡 県	1
京 都	1
岐 阜 県	1
岩 手	1

【国籍別内訳】	（計467人）
アメリカ合衆国	150
日本国	94
中華人民共和国	52
連合王国（イギリス）	42
オーストラリア	30
ドイツ連邦共和国	16
カナダ	17
インド	10
ニュージーランド	9
フランス共和国	7
大韓民国	6
フィリピン共和国	5
シンガポール共和国	4
台湾	4
ブラジル連邦共和国	3
スイス連邦	3
アイルランド	2
ベルギー王国	2
ロシア連邦	2
ポーランド共和国	1
ブルガリア共和国	1
スペイン	1
ネパール連邦民主共和国	1
ギリシャ共和国	1
アイスランド	1
メキシコ	1
スリランカ民主社会主義共和国	1
オーストリア共和国	1

【原資格国別内訳】	
（計458（87）人 ※（ ）は内女性数）	
アメリカ合衆国	計235（32）
ニューヨーク州	118（19）
カリフォルニア州	58（5）
コロンビア特別区	17（1）
ハワイ州	13（1）
イリノイ州	8（1）
バージニア州	4（1）
マサチューセッツ州	2（1）
ワシントン州	2
ニュージャージー州	2（1）
ノースカロライナ州	2（1）
ジョージア州	1
テネシー州	1
テキサス州	1
コネティカット州	1
ユタ州	1
ミズーリ州	1
コロラド州	1
メリーランド州	1
オハイオ州	1（1）
連合王国（イギリス）	70（9）
中華人民共和国	51（19）
オーストラリア	計33（7）
ニューサウスウェールズ州	18（4）
ビクトリア州	8（3）
クインズランド州	6
西オーストラリア州	1
ドイツ連邦共和国	12（2）
インド	9（3）
フランス共和国	7
カナダ	計6
オンタリオ州	3
ブリティッシュコロンビア州	3
フィリピン共和国	5（3）
香港	4（3）
大韓民国	4
シンガポール共和国	3（3）
ニュージーランド	3（2）
ブラジル連邦共和国	3（1）
台湾	3（2）
スイス連邦	3
ロシア連邦	2
スペイン	1
ネパール連邦民主共和国	1
ベルギー王国	1
スリランカ民主社会主義共和国	1（1）
オーストリア共和国	1

【注】 1. 国籍については、同一人物が複数の国籍を取得している場合があるため、その延べ人数となっている。
2. 本表の国名は、原則、外国法事務弁護士名簿に記載の名称で表記している。

外国法共同事業による提携関係の状況

　外国法共同事業とは、外国法事務弁護士又は外国法事務弁護士法人と弁護士、弁護士法人又は弁護士・外国法事務弁護士共同法人とが、組合契約その他の継続的な契約により、共同して行う事業であって、法律事務を行うことを目的とするものをいう（外弁法第2条第19号）。外国法共同事業を営もうとする外国法事務弁護士及び外国法事務弁護士法人に対し、日弁連に対する届出義務が課されている（外弁法第52条、同第67条）。2023年4月1日現在の届出状況は以下のとおりである。

| 資料1-4-3 | 外国法共同事業による提携関係の状況 |

（共同事業の届出順・2023年4月1日現在）（単位：人）

外国法事務弁護士事務所名	弁護士事務所名	弁護士数 (内女性数)	弁護士 法人数	外弁数 (内女性数)	外弁 法人数	被雇用 弁護士数	被雇用 外弁数
フレッシュフィールズブルックハウスデリンガー外国法事務弁護士事務所	フレッシュフィールズブルックハウスデリンガー法律事務所	2 (1)	0	1 (0)	0	10	1
外国法共同事業オメルベニー・アンド・マイヤーズ法律事務所	外国法共同事業オメルベニー・アンド・マイヤーズ法律事務所	1 (0)	0	1 (0)	0	3	0
ホワイト＆ケース外国法事務弁護士事務所	ホワイト＆ケース法律事務所	7 (2)	0	6 (1)	1	16	3
スキャデン・アープス外国法事務弁護士事務所	スキャデン・アープス法律事務所	2 (0)	0	1 (0)	0	2	1
クリフォードチャンス法律事務所外国法共同事業	クリフォードチャンス法律事務所外国法共同事業	3 (0)	0	4 (2)	0	23	2
外国法共同事業法律事務所リンクレーターズ	外国法共同事業法律事務所リンクレーターズ	4 (1)	0	4 (1)	0	21	2
オリック・ヘリントン・アンド・サトクリフ外国法事務弁護士事務所	オリック東京法律事務所・外国法共同事業	3 (1)	0	2 (0)	0	9	1
アシャースト法律事務所・外国法共同事業	アシャースト法律事務所・外国法共同事業	1 (0)	0	3 (0)	0	4	1
外国法共同事業・ジョーンズ・デイ法律事務所	外国法共同事業・ジョーンズ・デイ法律事務所	3 (0)	0	2 (0)	0	8	3
レイサムアンドワトキンス外国法共同事業法律事務所	レイサムアンドワトキンス外国法共同事業法律事務所	2 (0)	0	4 (1)	0	0	2
モリソン・フォースター外国法事務弁護士事務所	モリソン・フォースター法律事務所	1 (0)	0	1 (0)	0	4	0
モルガン・ルイス・アンド・バッキアス外国法事務弁護士事務所	TMI 総合法律事務所	6 (0)	0	1 (0)	0	0	0
北浜法律事務所・外国法共同事業	弁護士法人北浜法律事務所	0 (0)	1	1 (0)	0	93	1
アレン・アンド・オーヴェリー外国法共同事業法律事務所	アレン・アンド・オーヴェリー外国法共同事業法律事務所	2 (0)	0	1 (0)	0	5	5
ベーカー＆マッケンジー法律事務所外国法共同事業	ベーカー＆マッケンジー法律事務所外国法共同事業	25 (3)	0	10 (1)	0	58	2
シドリーオースティン法律事務所・外国法共同事業	シドリーオースティン法律事務所・外国法共同事業	1 (0)	0	1 (0)	0	2	1
ディーエルエイ・パイパー東京パートナーシップ外国法共同事業法律事務所	ディーエルエイ・パイパー東京パートナーシップ外国法共同事業法律事務所	3 (0)	0	4 (1)	0	0	0
ホーガン・ロヴェルズ法律事務所外国法共同事業	ホーガン・ロヴェルズ法律事務所外国法共同事業	1 (0)	0	1 (0)	0	4	4
東京赤坂法律事務所・外国法共同事業	東京赤坂法律事務所・外国法共同事業	2 (0)	0	1 (0)	0	1	0
アーキス外国法共同事業法律事務所	TMI 総合法律事務所	6 (0)	0	1 (0)	0	1	1
アーキス外国法共同事業法律事務所	アーキス外国法共同事業法律事務所	1 (0)	0	1 (0)	0	2	1
K & L Gates 外国法共同事業法律事務所	K & L Gates 外国法共同事業法律事務所	5 (0)	0	7 (0)	0	3	1
神戸セジョン外国法共同事業法律事務所	神戸セジョン外国法共同事業法律事務所	2 (0)	0	1 (0)	0	0	0
ヤンセン外国法事務弁護士事務所	渥美坂井法律事務所・外国法共同事業	5 (1)	1	1 (0)	0	179	7
渥美坂井法律事務所・外国法共同事業	渥美坂井法律事務所弁護士法人	0 (0)	1	2 (0)	0	175	7
スクワイヤ外国法共同事業法律事務所	スクワイヤ外国法共同事業法律事務所	5 (0)	0	4 (0)	0	6	1
安理外国法事務弁護士事務所	虎門中央法律事務所	1 (0)	0	1 (0)	0	34	0
モルガン・ルイス・アンド・バッキアス外国法事務弁護士事務所	モルガン・ルイス・アンド・バッキアス法律事務所	1 (1)	0	1 (0)	0	7	1
シクマ外国法事務弁護士事務所	髙木法律事務所	1 (0)	0	1 (0)	0	0	0
サウスゲイト法律事務所・外国法共同事業	サウスゲイト法律事務所・外国法共同事業	2 (0)	1	1 (0)	0	7	0
ピルズベリー・ウィンスロップ・ショー・ピットマン法律事務所・外国法共同事業	ピルズベリー・ウィンスロップ・ショー・ピットマン法律事務所・外国法共同事業	1 (0)	0	1 (1)	0	0	3
ポールヘイスティングス法律事務所・外国法共同事業	ポールヘイスティングス法律事務所・外国法共同事業	1 (0)	0	1 (0)	0	4	1
King & Wood Mallesons 法律事務所・外国法共同事業	King & Wood Mallesons 法律事務所・外国法共同事業	3 (0)	0	1 (0)	0	11	0
大成外国法事務弁護士事務所	ベリーベスト弁護士法人	0 (0)	1	1 (1)	0	18	0
沙門外国法事務弁護士法人	林康弘法律事務所	1 (0)	0	0 (0)	1	0	1

外国法事務弁護士事務所名	弁護士事務所名	弁護士数 （内女性数）	弁護士 法人数	外弁数 （内女性数）	外弁 法人数	被雇用 弁護士数	被雇用 外弁数
ウィザーズ外国法事務弁護士法人	ウィザーズ弁護士法人	0 (0)	1	0 (0)	1	12	5
シモンズ・アンド・シモンズ外国法事務弁護士事務所	TMI 総合法律事務所	17 (0)	0	1 (0)	0	1	0
世民外国法事務弁護士事務所	露木・赤澤法律事務所	1 (0)	0	1 (0)	0	0	0
浅井・大地外国法共同事業法律事務所	浅井・大地外国法共同事業法律事務所	1 (1)	0	1 (1)	0	0	0
モルガン・ルイス・アンド・バッキアス外国法事務弁護士法人	モルガン・ルイス・アンド・バッキアス法律事務所	1 (1)	0	0 (0)	1	7	1
LPA 外国法事務弁護士法人	LPA 法律事務所外国法共同事業	1 (0)	0	0 (0)	1	0	1
世民外国法事務弁護士事務所	弁護士法人プレリュード	0 (0)	1	1 (0)	0	1	0
東西総合法律事務所・外国法共同事業	東西総合法律事務所・外国法共同事業	1 (0)	0	2 (0)	0	5	0
グリーンバーグ・トラウリグ外国法事務弁護士事務所	GT 東京法律事務所	5 (0)	0	3 (0)	0	10	1
アンダーソン・毛利・友常法律事務所外国法共同事業	アンダーソン・毛利・友常法律事務所外国法共同事業	176 (15)	1	5 (2)	0	386	11
ミュラー外国法事務弁護士事務所	米津法律事務所	1 (0)	0	1 (0)	0	0	0
一色法律事務所・外国法共同事業	一色法律事務所・外国法共同事業	1 (0)	0	1 (0)	0	0	0
WFW 外国法共同事業法律事務所	WFW 外国法共同事業法律事務所	2 (0)	0	1 (0)	0	0	0
JLX Partners 法律事務所・外国法共同事業	JLX Partners 法律事務所・外国法共同事業	2 (0)	0	1 (0)	0	0	0
ノートン・ローズ・フルブライト法律事務所外国法共同事業	ノートン・ローズ・フルブライト法律事務所外国法共同事業	1 (0)	0	3 (0)	0	0	0
法律事務所 ZeLo・外国法共同事業	法律事務所 ZeLo・外国法共同事業	2 (0)	0	1 (0)	0	33	0
サリヴァンアンドクロムウェル外国法共同事業法律事務所	サリヴァンアンドクロムウェル外国法共同事業法律事務所	1 (0)	0	1 (0)	0	0	0
合　計		317 (29)	8	97 (12)	5	1,165	72

【注】　1．弁護士数とは、外国法共同事業を営む弁護士の人数。
　　　　2．弁護士法人数とは、外国法共同事業を営む弁護士法人の数。
　　　　3．外弁数とは、外国法共同事業を営む外国法事務弁護士の人数。
　　　　4．外弁法人数とは、外国法共同事業を営む外国法事務弁護士法人の数。
　　　　5．被雇用弁護士数とは、外国法共同事業に係る弁護士、弁護士法人、外国法事務弁護士又は外国法事務弁護士法人が雇用する弁護士の人数（弁護士法人の社員を含む）。
　　　　6．被雇用外弁数とは、外国法共同事業に係る弁護士、弁護士法人、外国法事務弁護士又は外国法事務弁護士法人が雇用する外国法事務弁護士の人数（外国法事務弁護士法人の社員を含む）。
　　　　7．登録取消しをしている者、事務所を変更していることが明らかな者については、廃止届、雇用終了届が出ていない場合であっても、外国法共同事業を廃止した者、雇用が終了した者とみなして集計した。

④　外国法事務弁護士法人の現状

　外国法事務弁護士法人とは、外国法事務弁護士のみが社員となり（外弁法第58条）、外国法に関する法律事務を行う（外弁法第59条）法人である。外国法事務弁護士は、外弁法の一部改正（2016年3月1日施行）が行われたことにより、法人の設立が可能となった。

　2022年4月から2023年3月までに設立された外国法事務弁護士法人は0法人である。2023年4月1日現在の全国の外国法事務弁護士法人数は8法人である。

　設立された年度別及び所属弁護士会別の法人会員数は、以下のとおりである。

資料1-4-4	年度別外国法事務弁護士法人設立件数、外国法事務弁護士法人所属の社員数、使用人数の推移

年度	2019	2020	2021	2022
法人設立件数	1	0	0	0
法人数	8	8	8	8
社員数（人）	8	8	8	8
使用人数（人）	6	6	6	5

【注】2023年3月31日までの届出に基づくものである。

資料1-4-5	所属弁護士会別外国法事務弁護士法人会員数

（単位：法人）

年度	2019	2020	2021	2022
東京	1	1	1	1
第一東京	2	2	1	1
第二東京	5	5	6	6
神奈川県	0	0	0	0
兵庫県	0	0	0	0
合計	8	8	8	8

【注】2023年3月31日までの届出に基づくものである。

❺ 外国法事務弁護士等による弁護士等の雇用状況

　弁護士を雇用しようとする外国法事務弁護士、外国法事務弁護士法人及び弁護士・外国法事務弁護士共同法人に対し、日弁連に対する届出義務が課されている（外弁法第52条、同第67条、同第79条）。2023年4月1日現在の届出状況は以下のとおりである。

| 資料1-4-6 | 外国法事務弁護士等による弁護士等の雇用状況 |

（2023年4月1日現在）（単位：人）

事務所No.	雇用者数		被雇用弁護士数		被雇用外弁数	
	総　数	内女性数	総　数	内女性数	総　数	内女性数
1	1	0	3	1	1	0
2	1	0	4	3	1	0
3	1	0	9	3	0	0
4	1	1	0	0	5	1
5	1	0	0	0	1	0
6	1	0	0	0	7	2
7	1	1	0	0	3	1
8	1	0	0	0	1	0
9	2	0	5	2	3	0
10	1	0	1	1	4	2
11	4	1	21	5	2	1
12	1	0	0	0	1	0
13	1	0	0	0	1	0
14	2	0	0	0	3	0
15	1	0	0	0	1	0
16	1	0	1	0	0	0
17	2	0	0	0	1	0
18	4	1	0	0	2	0

【注】登録取消しをしている者、事務所を変更していることが明らかな者については、雇用終了届が出ていない場合であっても、雇用が終了した者とみなして集計した。

特集

第1編

第2編

第3編

第4編

⑥ 弁護士等が雇用している外国弁護士の数

現在、弁護士等が外国弁護士（外国〔法務省令で定める連邦国家にあっては、その連邦国家の州、属地その他の構成単位で法務省令で定めるものをいう。〕において法律事務を行うことを職務とする者で弁護士に相当するもの（外弁法第2条第3号））を雇用する場合には日弁連に届け出ることになっている。

次の表は、その届出数の一覧である。この外国弁護士には、外国法事務弁護士を含まない（外国法事務弁護士については、59頁参照）。

（1）国籍別一覧

2022年度は、国籍別では、日本国、アメリカ合衆国、中華人民共和国が上位3か国である。

資料1-4-7　弁護士等が雇用している外国弁護士数―国籍別―

(2023年4月1日現在)（単位：人）

国籍	2013	2014	2015	2016	2017	2018	2019	2020	2021	2022
日本国	8	2	4	6	4	11	11	5	7	12
アメリカ合衆国	12	14	9	22	18	18	19	11	7	11
中華人民共和国	3	4	2	3	4	16	7	6	10	8
カナダ	3		4	4	2	3	3		3	5
台湾	1	1		2	1	2	1	4		5
オーストラリア	12	10	9	9	9	13	11	1	4	4
シンガポール共和国	1	5	2	2	1	1	4			4
大韓民国	2	2	1		1	6	2		2	4
マレーシア	1	1	1			1		1		4
ベトナム社会主義共和国		1					2			4
連合王国（イギリス）	3	6	8	16	7	10	12	1	3	3
ニュージーランド				1	2	1	4	1		3
インド	3		1	3			6			3
フランス共和国	3		2			1	1		1	3
ドイツ連邦共和国	3	1	4	1			1		1	2
インドネシア共和国			2	1		3	1			2
フィリピン共和国	1	1	1		1	2	2			1
ロシア連邦			1				1			1
ブラジル連邦共和国		2	1		1	2	1			1
タイ王国								1	1	1

国籍	2013	2014	2015	2016	2017	2018	2019	2020	2021	2022
ウクライナ										1
香港										1
アルゼンチン										1
アイルランド	1				2	2		1		
スウェーデン王国						1				
イタリア共和国	1	1								
スロバキア			1							
ベルギー王国								1		
マルタ共和国	1							1		
オランダ王国						1		1	1	
スリランカ民主社会主義共和国		1								
イスラエル国							1			
ポーランド共和国								1	1	
ジンバブエ共和国								1		
ケニア共和国								1		
ウズベキスタン共和国								1		
オーストリア									1	
雇用届出総数	59	51	55	71	56	92	103	28	40	84

【注】　1．国籍で日本国とあるのは、日本国籍で外国の弁護士資格を持つ者、という意味である。
　　　　2．同一人物が複数の国籍を取得している場合があるため、その延べ人数とした。

（2）資格取得国別一覧

資格取得国別では、アメリカ合衆国の数が前記の国籍別よりも上回っており、同国における資格取得者の多さを物語っている。2022年度は、以下、連合王国（イギリス）、オーストラリアと続いている。

資料1-4-8　弁護士等が雇用している外国弁護士数―資格取得国別―

(2023年4月1日現在)（単位：人）

資格取得国	2013	2014	2015	2016	2017	2018	2019	2020	2021	2022
アメリカ合衆国	24	18	17	35	25	36	35	14	16	31
連合王国（イギリス）	9	12	15	22	11	20	21	6	6	11
オーストラリア	6	9	10	12	10	11	10	3	4	8
台湾	1	1		2	1	1	2			4
ベトナム社会主義共和国		1					2			4
中華人民共和国	3	4	2	7	4	16	5	5	9	3
ドイツ連邦共和国	2	1	4	2		1	4			3
ニュージーランド				1	2	1	4	1		3
インド	4		1				6			3
大韓民国	1	1	1			2			2	3
フランス共和国	1		2				1		3	3
マレーシア		1			1					3
シンガポール共和国		3	2	2		4				2
香港					1	1	2			2
カナダ			1	4			1		1	2
インドネシア共和国			2	1		3	1			2

資格取得国	2013	2014	2015	2016	2017	2018	2019	2020	2021	2022
フィリピン共和国	1	1	1		1	2	2			1
ロシア連邦		2					1			1
ブラジル連邦共和国		2	1		1	2	1			1
ウクライナ										1
ブルガリア連邦共和国	3									
イタリア共和国	1	1								
スウェーデン王国				1						
メキシコ				1						
アイルランド	1				1	1	1	1		
オランダ王国			1			1		1		
ベルギー王国								1		
南アフリカ共和国							2			
ウズベキスタン共和国								1		
スペイン								1		
オーストリア									1	
タイ王国									1	
雇用届出総数	57	55	62	93	60	97	109	32	42	91

【注】同一人物が複数の国の資格を有する場合があるため、その延べ人数とした。

弁護士の活動状況

刑事弁護に関する活動

弁護士の職務は、広範な領域にわたり、更に拡大しつつあるが、その中で刑事弁護に関する活動は、弁護士のみに認められた重要な活動の一つである。

近年、裁判員裁判の実施を始めとする一連の刑事司法改革により、刑事弁護実務にも様々な変革が生じている。以下、弁護士の刑事弁護への取組を概観する。

第1節 当番弁護士制度と被疑者国選弁護制度

資料2-1-1-1 刑事手続の流れ（逮捕から起訴まで）と弁護士の役割

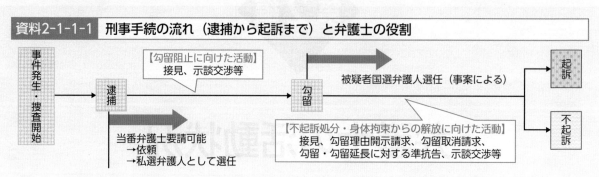

【注】 1. いずれの段階においても、私選弁護人の選任が可能。
2. 私選弁護人の選任に際し、一定の条件の下、刑事被疑者弁護援助制度の利用が可能。

❶ 当番弁護士制度と被疑者国選弁護制度の概要

当番弁護士制度は、逮捕されて身体を拘束された被疑者やその親族などから要請があった場合に、弁護士会が弁護士を派遣する制度である。原則として要請があったその日のうちに弁護士が接見に赴き、初回接見には原則無料で対応する。また、国選弁護制度とは、刑事事件の被告人（犯罪の嫌疑を受けて起訴された人）及び被疑者（犯罪の嫌疑を受けてまだ起訴されていない人）が、貧困などの理由で私選弁護人を選任することができないときに、裁判所に国選弁護人の選任を請求することができる制度である。一定の条件下では、裁判所の職権により国選弁護人が選任されることもある。

2006年9月までは、被疑者段階における国選弁護制度はなかったが、同年10月から、法定合議事件等について被疑者国選弁護制度が導入され、2009年5月には対象事件がいわゆる必要的弁護事件まで拡大された。2016年5月に刑事訴訟法が改正され、2018年6月1日から対象事件が「被疑者に対して勾留状が発せられている全事件」に拡大された。勾留決定前の段階では、日弁連が運営する刑事被疑者弁護援助制度を利用することができる。

被疑者段階を含む国選弁護制度における国選弁護人選任までの手続の流れを示したのが、資料2-1-1-2のチャート図である。それぞれの制度の概要は、次のとおりである。

（1）被疑者国選弁護制度

○選任は、勾留段階から（逮捕段階には国選弁護制度はない。）。
○対象事件は、2006年9月の導入時には法定合議事件等であったが、順次拡大され、2018年6月1日から被疑者が勾留されている全事件に拡大された。
○私選が原則で、国選は補完的な位置付けとなっている。
○「貧困その他の事由により弁護人を選任できない」ことを確認するための手続を経る必要がある。
○基準以上の資力をもつ者は、あらかじめ弁護士会への私選申出（私選弁護人選任の申出をすること）が必須となる。資力基準は、預貯金等含み50万円。
○資力が基準未満の者は、直接、裁判所に国選弁護人選任請求をする。
○勾留質問時に、弁護人選任に関する審査を行うのが理想であり、勾留質問以前に私選弁護人を選任するか否かが決まっていることが望ましい。

○被疑者の弁護人選任権を十分に保障するために、捜査機関に対して教示義務を課している（刑事訴訟法第 203 条、第 204 条）。

○被疑者段階で国選弁護人として選任された場合、原則、そのまま被告人段階でも国選弁護人となる。

○必要的弁護（刑事訴訟法第 289 条等）又は職権による選任（同法第 37 条等）の場合は国選弁護人選任請求は不要である。

（2）私選弁護人選任申出制度

2004 年に改正された刑事訴訟法第 36 条の 3 第 1 項及び第 37 条の 3 第 2 項により、「弁護士会に対する私選弁護人選任の申出」が国選弁護人の選任手続に組み込まれたため、基準以上の資力をもつ被疑者及び必要的弁護事件以外の被告人は、あらかじめ弁護士会に私選申出をすることが必須となっている。

なお、被告人又は被疑者は、いつでも私選弁護人を選任することができる（刑事訴訟法第 30 条）。

（3）当番弁護士制度と私選弁護人選任申出制度の関係

当番弁護士による法的助言とは別に私選弁護人選任申出制度を設けると、二度手間になり手続が煩瑣になるため、当番弁護士制度に刑事訴訟法が規定した私選弁護人選任申出制度の機能を併せ持たせて一元化している弁護士会が多い。

（4）即決裁判手続と国選弁護制度

「死刑又は無期若しくは短期 1 年以上の懲役若しくは禁錮にあたる事件」以外で、事案が明白かつ軽微である等の事情を考慮し相当と認める事件については、検察官が、即決裁判手続の申立てをすることができる。ただし、即決裁判は被疑者の同意がなければこれをすることができない（刑事訴訟法第 350 条の 16）。

被疑者は、即決裁判手続に同意するか否かを明らかにしようとする場合には、国選弁護人の選任を請求することができる。その際に、資力が基準額以上である被疑者は、あらかじめ弁護士会に私選弁護人の選任を申し出なければならない。

なお、被告人段階では、裁判所はできる限り速やかに、職権で弁護人を付さなければならない。公判は必要的弁護である。

資料2-1-1-2　国選弁護人選任手続の流れ

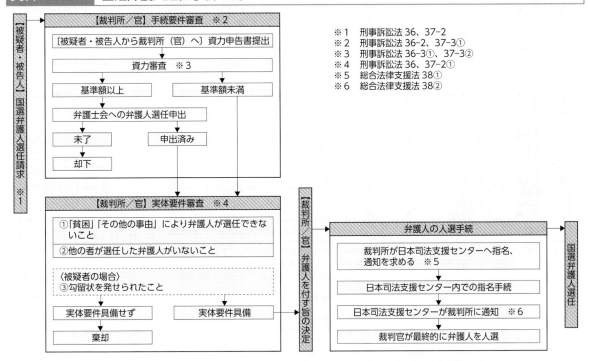

当番弁護士制度の現状

　当番弁護士制度は、まだ勾留決定されていない被疑者や被疑者国選弁護制度対象外事件の被疑者が弁護士にアクセスするための重要な役割を果たしている（2016年5月に刑事訴訟法が改正され、2018年6月1日、被疑者国選弁護制度の対象事件が勾留全件に拡大された。）。

　次の表は、各弁護士会における当番弁護士制度の運営状況を一覧にまとめたものである。

資料2-1-1-3　当番弁護士制度全国一覧表

		実施時期	平日形態	休日 形態	休日 運営	当番弁護士登録状況 (2023.2.1) 登録数 (人)	登録割合	弁護士数 (人)	受任義務	委員会派遣制度 日付は実施日
道弁連	札　幌	1991/04/01	名・待	名・待	a	433	50.3%	861	有	有	1993/03/23
	函　館	1992/04/01	待	待	b	29	53.7%	54	—	有	1999/01/01
	旭　川	1992/04/01	待	待	b c	43	54.4%	79	—	—	
	釧　路	1992/10/01	名	待	b	52	61.9%	84	—	有	1996/08/01
東北弁連	仙　台	1992/05/18	待	待	a d	253	50.8%	498	有	有	1995/02/01
	福島県	1992/04/01	待	待	d	151	76.3%	198	—	有	1999/04/01
	山形県	1992/04/01	*待	*待	b d	82	78.1%	105	有	有	1999/04/01
	岩　手	1992/06/01	名・待	待	b	50	48.1%	104	—	有	1999/04/01
	秋　田	1991/06/01	待	待	b	57	74.0%	77	—	有	1999/04/01
	青森県	1992/07/01	待	待	d	53	47.3%	112	有	有	1999/10/01
関弁連	東　京	1991/06/01	待	待	a	3,036	33.4%	9,079	有	有	1994/01/15
	第一東京	1991/10/01	待	待	a	957	14.5%	6,580	有	有	1994/01/15
	第二東京	1991/06/01	待	待	a	889	13.8%	6,452	—	有	1994/01/15
	神奈川県	1991/05/15	待	待	d	896	50.2%	1,786	有	有	1998/12/01
	埼　玉	1992/01/06	待	待	b	265	27.7%	956	—	有	1992/01/06
	千葉県	1992/04/01	名・待	名・待	b d	298	34.3%	868	—	有	1999/04/01
	茨城県	1992/02/01	*待	待	b	153	50.8%	301	—	有	2001/02/16
	栃木県	1991/09/01	待	待	b	179	76.2%	235	—	—	
	群　馬	1992/08/01	名	名	b	161	49.4%	326	—	有	2000/05/20
	静岡県	1991/07/01	待	待	b	342	64.2%	533	有	有	1994/04/01
	山梨県	1992/05/11	待	待	a	55	42.6%	129	—	有	1999/03/01
	長野県	1992/04/01	名	名	d	171	64.3%	266	—	有	2006/10/02
	新潟県	1991/11/20	待	待	b	120	41.5%	289	—	有	1996/02/06
中部弁連	愛知県	1991/04/01	待	待	a	1,131	53.9%	2,099	—	有	2000/10/01
	三　重	1992/10/01	待	待	b	128	66.3%	193	—	有	2016/03/17
	岐阜県	1991/05/01	待	待	d	154	71.0%	217	有	有	1998/04/01
	福　井	1992/10/01	待	待	e	106	89.1%	119	—	有	1999/01/24
	金　沢	1992/07/06	待	待	b	99	52.4%	189	有	有	1999/09/01
	富山県	1992/04/01	待	待	b	90	67.7%	133	有	有	2019/06/20
近弁連	大　阪	1992/03/01	待	待	d	1,452	29.4%	4,935	有	有	1993/02/01
	京　都	1992/03/01	待	待	*a d	450	52.9%	851	有	有	1993/09/01
	兵庫県	1992/01/06	名・待	名・待	b d	398	38.6%	1,030	有	有	1998/02/20
	奈　良	1990/11/01	待	待	b	79	41.8%	189	有	有	1994/07/01
	滋　賀	1992/07/01	名	名	b	101	60.1%	168	—	有	2010/04/01
	和歌山	1991/04/01	*待	待	b	113	75.3%	150	—	有	1998/10/04
中国弁連	広　島	1991/04/01	*待	待	a b	301	47.7%	631	有	有	1993/09/01
	山口県	1992/04/01	待	待	b	104	57.1%	182	—	有	2012/04/12
	岡　山	1991/02/01	名・待	待	b d e	163	39.2%	416	有	有	1999/04/01
	鳥取県	1991/12/01	名	待	b	49	70.0%	70	—	—	
	島根県	1992/03/13	*待	待	c b	57	71.3%	80	—	有	2018/11/06
四国弁連	香川県	1992/03/10	名	待	b	70	35.5%	197	—	有	1999/04/01
	徳　島	1992/01/07	待	待	b	55	63.2%	87	—	有	1999/12/17
	高　知	1992/07/01	待	待	e	35	36.1%	97	—	—	
	愛　媛	1992/02/01	待	待	b	139	87.4%	159	—	有	2000/04/01
九弁連	福岡県	1990/12/01	待	待	a d	905	62.0%	1,459	有	有	1990/12/01
	佐賀県	1992/01/06	待	待	b d	66	61.7%	107	—	有	1998/11/01
	長崎県	1992/04/01	待	待	b d	79	49.4%	160	—	有	1999/09/01
	大分県	1990/09/14	名	待	b	125	74.9%	167	—	有	1998/04/01
	熊本県	1991/03/11	待	待	e	115	40.5%	284	—	有	1999/04/01
	鹿児島県	1991/05/01	待	待	b d	74	32.5%	228	—	有	1998/03/24
	宮崎県	1992/04/01	待	待	a	78	54.2%	144	有	有	1997/04/01
	沖　縄	1991/10/15	待	待	b	110	38.6%	285	—	有	1996/04/26
合　計			待 45 名 12	待 49 名 6		15,551	34.6%	44,998	有 21 無 31	有 48 無 4	

【注】　1. 平日形態：基本的に本部の形態を指す。札幌は待機制と名簿制の併用。山形県は4支部につき名簿制。千葉県は一部警察署（6か所）について名簿制。その他の警察署は待機制。茨城県は下妻支部につき名簿制。兵庫県は支部により異なる。和歌山は田辺支部につき名簿制。広島は尾道地区・三次地区につき名簿制。岡山は県北（津山、新見、美作等）では別に名簿を作成して運用。島根県は松江地裁、出雲支部管内及び浜田支部管内につき待機制。
　　　　2. 休日形態：基本的に本部の形態を指す。札幌は待機制と名簿制の併用。千葉県は一部警察署（6か所）について名簿制。その他の警察署は待機制。和歌山は田辺支部につき待機制。
　　　　3. 休日運営：a連絡担当者が受け付けて、出動弁護士に出動を要請、b留守番電話で受け付けて、出動弁護士が録音を聞いて出動、c留守番電話による受付のみを行い、出動は平日、d留守番電話で受け付けて、録音を聞いた連絡担当者から出動弁護士に出動を要請、e当番専用携帯電話を担当弁護士が持ち回りし、出動。旭川は、旭川市内の2か所の警察署については運用bとする。
　　　　　「*」印は、支部や日によって異なる（土・日・祝・年末年始・連休でそれぞれ取扱いが異なる）場合等。
　　　　4. 当番弁護士登録数及び弁護士数は、2023年2月1日現在。左記以外の情報は、同年4月1日現在。

❸ 当番弁護士受付件数・受任件数及び刑事被疑者弁護援助件数の推移

　当番弁護士の受付件数は、被疑者国選弁護制度が導入された2006年をピークに減少傾向となっていたが、2012年から再び増加に転じた。2009年に被疑者国選弁護制度の対象事件が拡大された後も、なお年間4万から5万件近くの受付件数があり、依然として当番弁護士制度固有の意義があることが裏付けられる。

　刑事被疑者弁護援助件数は、経済的に余裕のない刑事事件の被疑者が、刑事被疑者弁護援助制度を利用して、起訴前の弁護費用の援助を受けた件数である。2018年6月1日、被疑者国選弁護制度の対象事件が勾留全件に拡大されたことから件数が大幅に減少し、2022年では、4,016件であった。

　刑事被疑者弁護援助制度は、日弁連の要請により、1990年から財団法人法律扶助協会が運営していた制度で（現在は法テラスに業務を委託）、具体的には、受任した事件（私選）のうち、被疑者が弁護費用を支払うことが困難な事件に対して弁護費用を援助するものである。この事業は常に財政が逼迫していたため、日弁連が1995年から当番弁護士等緊急財政基金を創設して援助を実施してきた。なお、2009年6月からは、同基金を少年・刑事財政基金が引き継いでいる。

| 資料2-1-1-4 | 当番弁護士受付・受任件数と刑事被疑者弁護援助件数の推移 |

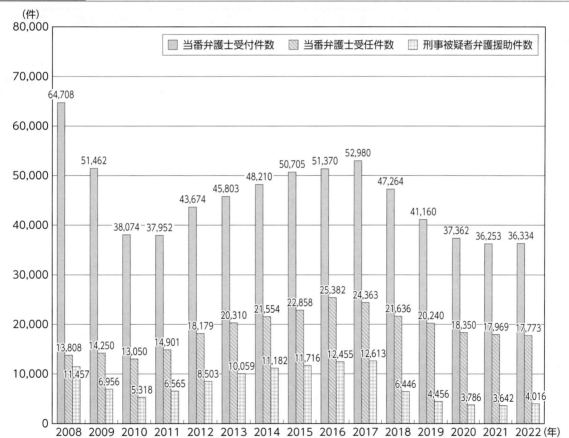

【注】 1. 当番弁護士受付件数及び当番弁護士受任件数は、暦年（各年の1月1日〜12月31日）を基準。
　　　 2. 受任件数は、当番弁護士が初回接見を行った事件について、弁護士が事件を受任した件数である。これには、当番弁護士以外の弁護士が事件を受任した場合を含む。
　　　 3. 刑事被疑者弁護援助件数は、当該年4月〜翌年3月の日本司法支援センターにおける終結件数。

4　当番弁護士制度等を支える財政状況

　当番弁護士制度、刑事被疑者弁護援助制度及び少年保護事件付添援助制度の財政は、日弁連、弁護士会及び弁護士が支えている。

　当番弁護士制度は、弁護士が日弁連に納めている特別会費（2009年5月までは「当番弁護士等緊急財政基金特別会費」であったが、同年6月以降、「少年・刑事財政基金特別会費」に改編）及び各弁護士会に納めている会費からの支出により支えられている。さらには、私選弁護を受任した弁護士の納付金（当番弁護士を契機に私選弁護を受任した場合、弁護士報酬のうち一定割合の額を各弁護士会に納付する制度に基づき、納付された金員）も当番弁護士制度を支える資金として活用されている。当番弁護士と面会した被疑者が、弁護士を依頼したい場合で資力がないときや、家裁に送られた少年が付添人を依頼したい場合には、日弁連による費用の援助を受けることができる。

　刑事被疑者弁護援助事業及び少年保護事件付添援助事業は、2007年3月31日に財団法人法律扶助協会が解散したことにより、同年4月1日から日弁連の法律援助事業として運営がなされ、同年10月から法テラスに業務委託されている。

　下図は、当番弁護士制度等を支える財政についての大まかな資金の流れを示したものである。

| 資料2-1-1-5 | 当番弁護士制度等を支える財政状況の内訳（2022年度） |

①	総額（注1）	件数（終結）
合　計	2億5,847万円	5,062件
刑事被疑者弁護援助事業	1億3,254万円	4,016件
少年保護事件付添援助事業	1億2,594万円	1,046件

②	日弁連補助金総額	件数
合　計	3億2,244万円	
接見（当番弁護士）	3億325万円	3万1,295件
通訳（当番弁護士）	1,919万円	1,969件

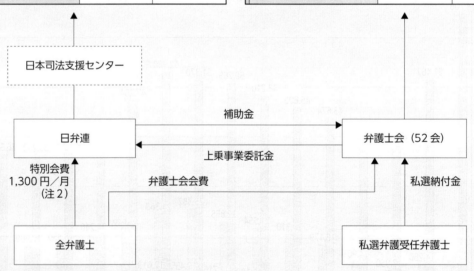

【注】1．少年・刑事財政基金会計からの支出総額。
　　　2．少年・刑事財政基金のための特別会費は、2009年6月から2011年3月までは月額3,100円、2011年4月から2014年5月までは月額4,200円、2014年6月から2018年5月までは月額3,300円、2018年6月から2020年5月までは月額1,900円、2020年6月から2022年3月までは月額1,600円であり、2022年4月からは月額1,300円となっている。
　　　3．資料2-1-1-5の表は、表示未満を四捨五入しているため、合計値と内訳の計は必ずしも一致しない。

❺ 起訴前段階の公的弁護制度の状況

（１）被疑者国選弁護制度の運用状況

　被疑者国選弁護制度の導入に伴い、被疑者段階から弁護人が選任される事件の割合は飛躍的に伸びた。
　被疑者が逮捕されて間もない段階では、捜査機関による取調べへの対応に関する助言や、身体拘束からの早期解放に向けた活動など、弁護人がなすべき活動は多岐にわたる。被疑者国選弁護制度の対象事件は2018年6月1日から勾留全件に拡大されたが、今後は逮捕された被疑者の勾留決定前の段階における公的弁護制度の整備が望まれるところである。
　以下は、地方裁判所及び簡易裁判所における通常第一審事件の被疑者段階から弁護人が付いた被告人の状況をまとめたものである。

資料2-1-1-6　地方裁判所における刑事弁護人選任状況（被疑者段階から）

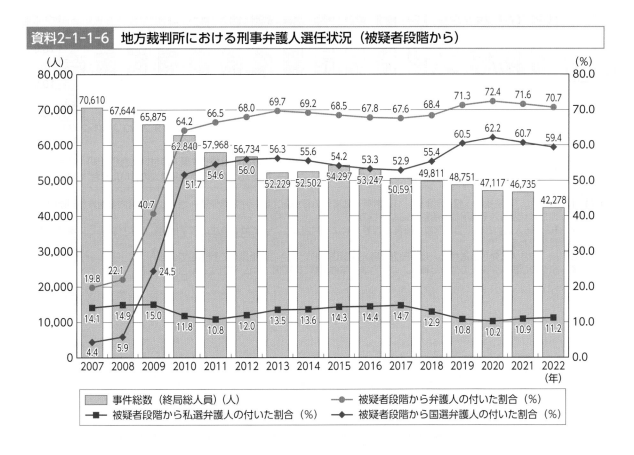

凡例：
- 事件総数（終局総人員）（人）
- 被疑者段階から弁護人の付いた割合（％）
- 被疑者段階から私選弁護人の付いた割合（％）
- 被疑者段階から国選弁護人の付いた割合（％）

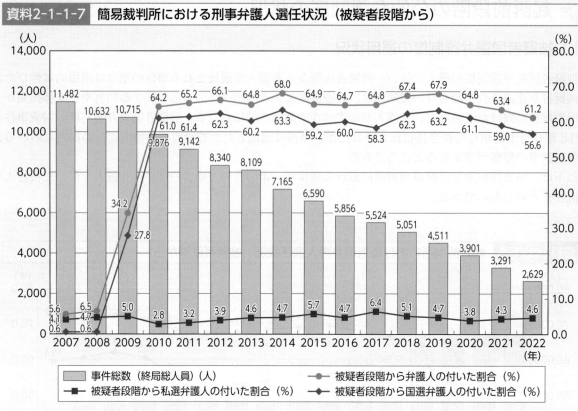

資料2-1-1-7　簡易裁判所における刑事弁護人選任状況（被疑者段階から）

【凡例】
- 事件総数（終局総人員）（人）
- 被疑者段階から弁護人の付いた割合（％）
- 被疑者段階から私選弁護人の付いた割合（％）
- 被疑者段階から国選弁護人の付いた割合（％）

【注】1. 数値は、『司法統計年報（刑事編）』「通常第一審事件の終局総人員─弁護関係別─地方裁判所管内全地方裁判所別及び地方裁判所管内全簡易裁判所別」によるもの。

2. 「終局総人員」とは、当該年度に終局裁判等（判決、終局決定、正式裁判請求の取下げ等）により終了した事件の実人員数である。

3. 同一被告人に対し私選弁護人及び国選弁護人が選任された場合には重複して計上している。

4. 私選及び国選弁護人の付いた被告人の割合は、事件総数（終局総人員）に対する割合である。

（2）勾留請求の認容・却下の状況

　被疑者段階で弁護人が選任されるようになったことの成果を数値化することは困難であるが、勾留請求の認容・却下率の統計から、その成果をうかがい知ることができる。

　1990年から2002年までおおむね200件未満で推移していた勾留請求却下人員数が、2003年以降増え始め、2020年からは減少した（資料2-1-1-9）。また、2020年からは勾留請求の却下率も減少している。

資料2-1-1-8　勾留請求の認容・却下率の推移

年	勾留請求人員数（人）	勾留請求許可人員数（人）	勾留請求却下人員数（人）	認容率	却下率
1990	72,597	72,471	126	99.8%	0.2%
1995	87,156	87,058	98	99.9%	0.1%
2000	115,625	115,391	234	99.8%	0.2%
2005	142,272	141,775	497	99.7%	0.3%
2010	115,804	114,567	1,237	98.9%	1.1%
2011	111,699	110,373	1,326	98.8%	1.2%
2012	113,617	112,047	1,570	98.6%	1.4%
2013	111,476	109,686	1,790	98.4%	1.6%
2014	109,258	106,806	2,452	97.8%	2.2%
2015	109,845	106,979	2,866	97.4%	2.6%
2016	105,669	102,089	3,580	96.6%	3.4%
2017	101,258	97,357	3,901	96.1%	3.9%
2018	99,967	95,079	4,888	95.1%	4.9%
2019	95,278	90,359	4,919	94.8%	5.2%
2020	91,663	87,810	3,853	95.8%	4.2%
2021	87,380	83,815	3,565	95.9%	4.1%
2022	84,161	80,996	3,165	96.2%	3.8%

【注】2010年までは5年おきに表示。

資料2-1-1-9　勾留請求却下人員数の推移

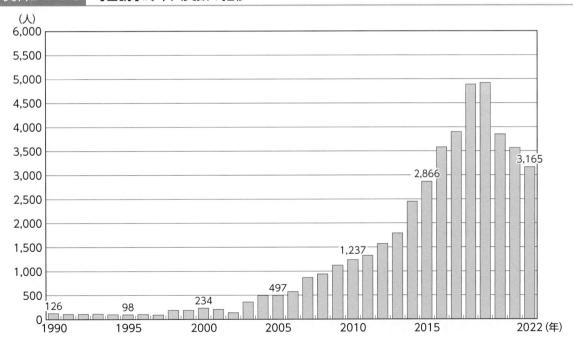

【注】数値は、『検察統計年報』「最高検、高検及び地検管内別 既済となった事件の被疑者の逮捕及び逮捕後の措置別人員―自動車による過失致死傷等及び道路交通法等違反被疑事件を除く―」を基に、日弁連が作成したもの。

（3）勾留請求件数と当番弁護士の受付及び受任割合

　次のグラフは、被疑者の勾留請求件数（勾留請求人員数）に対して、当番弁護士の受付のあった割合及び弁護士が実際に受任した割合について示したものである。2009年以降、被疑者国選弁護制度の対象事件が拡大された影響で当番弁護士の受付件数が減少したため、受付割合も一旦下降している。

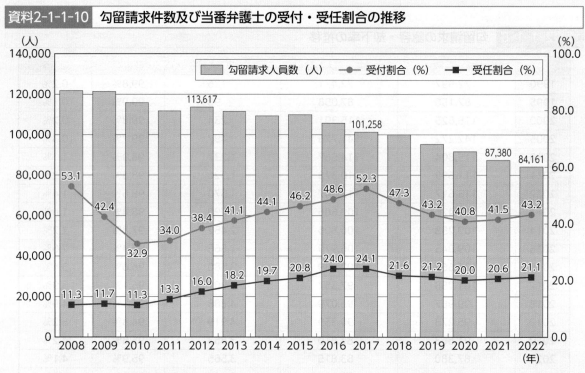

資料2-1-1-10　勾留請求件数及び当番弁護士の受付・受任割合の推移

【注】 1. 勾留請求件数（勾留請求人員数）は、各年の『検察統計年報』「最高検、高検及び地検管内別 既済となった事件の被疑者の逮捕及び逮捕後の措置別人員—自動車による過失致死傷等及び道路交通法等違反被疑事件を除く—」の「逮捕後の措置」の「勾留許可」と「勾留却下」の件数を合算した数値である。
　　　2. 当番弁護士の受付・受任割合は、当番弁護士の受付件数、受任件数を勾留請求件数でそれぞれ除したものである。

（4）接見禁止決定数と接見禁止決定率

①　接見禁止決定数（全国）

弁護人以外の者との接見禁止決定数（刑事訴訟法第81条によるもの）は、2003年には5万件を突破した。2005年以降、2011年までは減少傾向にあったが、近年は再び横ばいとなり、2022年は3万6,772件となっている。

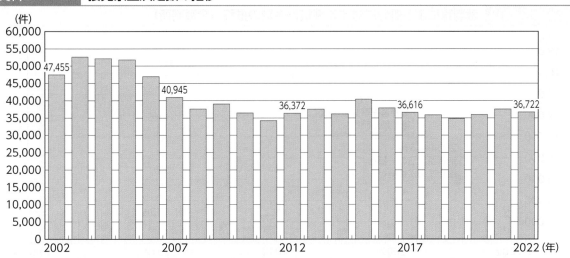

資料2-1-1-11　接見禁止決定数の推移

②　接見禁止決定率（全国）

接見禁止決定率（勾留請求許可人員数に占める接見禁止決定数の割合）は、2004年以降2011年まで減少傾向にあったが、その後は増加傾向にあり、2022年は45.3％となっている。

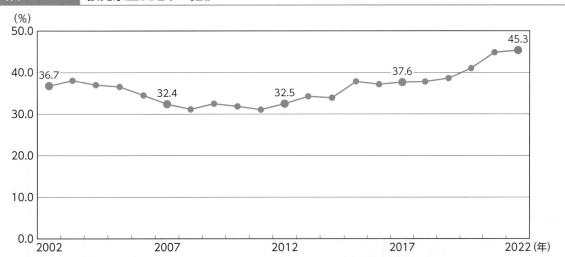

資料2-1-1-12　接見禁止決定率の推移

【注】　1．接見禁止決定数は、最高裁から提供を受けた資料によるもので、被疑者段階から公判までを合算した数である。
　　　　2．接見禁止決定率は、接見禁止決定数を勾留請求許可人員数で除したもの。
　　　　3．勾留請求許可人員数は、各年の『検察統計年報』（ただし、自動車による過失致死傷等及び道路交通法等違反被疑事件を除く）によるもの。

（5）裁判官による処分に対する準抗告認容件数

　準抗告とは、刑事訴訟法上、裁判官が行った一定の裁判、または検察官などが行った一定の処分について、裁判所に対し、その取消し又は変更を求めることである。裁判官による処分には、起訴後の処分も含まれるが、起訴前の勾留や勾留延長の裁判に対する準抗告も含まれる。近年の認容数の増加は、当番弁護士制度や被疑者国選弁護制度によって選任された弁護士が、早期に身体拘束解放に向けた積極的な弁護活動を行っていることをうかがわせる。

資料2-1-1-13　裁判官による処分に対する準抗告件数の推移（全裁判所）

【注】数値は、『司法統計年報（刑事編）』「刑事雑事件の種類別新受人員―全裁判所及び最高、全高等・地方・簡易裁判所」によるもの。

（6）被疑事件の不起訴率の推移

　1994年から下降傾向にあった不起訴率は2002年から上昇傾向に転じ、2022年には40.6％となった。起訴前弁護活動の拡充がこの不起訴率の上昇傾向に寄与しているものと考えられる。

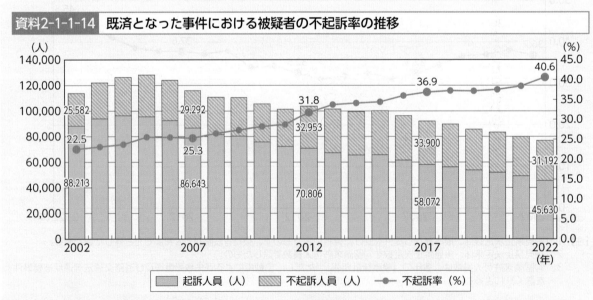

資料2-1-1-14　既済となった事件における被疑者の不起訴率の推移

【注】1. 数値は、『検察統計年報』「既済事由別 既済となった事件の被疑者の勾留後の措置、勾留期間別及び勾留期間延長の許可、却下別人員―自動車による過失致死傷等及び道路交通法等違反被疑事件を除く―」をもとに、日弁連が作成したもの。
　　　2. 不起訴率とは、不起訴人員数を起訴人員数と不起訴人員数の合計数で除したもの。

第2節　刑事事件全般にわたる弁護人の関与状況

1　国選弁護人契約状況及び国選弁護人の付いた被告人数

　2006年10月以降、裁判所等は、法テラスとの間で国選弁護人の契約を締結している弁護士（国選弁護人契約弁護士）の中から、国選弁護人を選任している。

　次の表は、弁護士会別の法テラスとの国選弁護人契約状況、国選弁護人の付いた被告人数、及び国選弁護人の付いた被告人数を国選弁護人契約者数で除した人数の一覧である。

| 資料2-1-2-1 | 国選弁護人契約弁護士1人あたりの担当被告人数 |

	弁護士会	国選弁護人契約弁護士数 (2022.12.1)		弁護士会会員数（人） (2022.12.31)	国選弁護人の付いた 被告人数（人） (2022年)	国選弁護人契約弁護士 1人あたりの 担当被告人数（人）
		契約弁護士数（人）	契約割合			
北海道弁連	札　幌	641	74.4%	862	751	1.2
	函　館	50	92.6%	54	107	2.1
	旭　川	71	91.0%	78	146	2.1
	釧　路	77	92.8%	83	177	2.3
東北弁連	仙　台	425	85.7%	496	688	1.6
	福島県	176	88.4%	199	471	2.7
	山形県	96	91.4%	105	194	2.0
	岩　手	97	93.3%	104	241	2.5
	秋　田	65	84.4%	77	166	2.6
	青森県	101	91.0%	111	264	2.6
関弁連	東京三会	13,695	62.0%	22,079	4,957	0.4
	神奈川県	1,559	88.0%	1,772	1,979	1.3
	埼　玉	779	81.7%	954	1,861	2.4
	千葉県	745	85.9%	867	2,090	2.8
	茨城県	268	89.0%	301	913	3.4
	栃木県	195	82.3%	237	940	4.8
	群　馬	282	86.5%	326	517	1.8
	静岡県	451	84.6%	533	894	2.0
	山梨県	121	93.8%	129	363	3.0
	長野県	241	90.9%	265	401	1.7
	新潟県	257	89.5%	287	587	2.3
中部弁連	愛知県	1,719	81.9%	2,099	2,380	1.4
	三　重	160	83.3%	192	657	4.1
	岐阜県	177	81.2%	218	580	3.3
	福　井	108	90.8%	119	195	1.8
	金　沢	176	92.6%	190	286	1.6
	富山県	114	86.4%	132	250	2.2
近弁連	大　阪	3,076	62.6%	4,913	3,111	1.0
	京　都	663	78.0%	850	900	1.4
	兵庫県	783	76.2%	1,027	1,940	2.5
	奈　良	169	88.9%	190	382	2.3
	滋　賀	109	65.3%	167	518	4.8
	和歌山	126	84.6%	149	332	2.6
中国地方弁連	広　島	424	68.1%	623	714	1.7
	山口県	151	82.5%	183	407	2.7
	岡　山	343	82.3%	417	730	2.1
	鳥取県	65	92.9%	70	172	2.6
	島根県	72	91.1%	79	245	3.4
四国弁連	香川県	137	69.9%	196	439	3.2
	徳　島	76	87.4%	87	152	2.0
	高　知	88	91.7%	96	353	4.0
	愛　媛	120	74.5%	161	397	3.3
九弁連	福岡県	1,105	75.7%	1,460	1,751	1.6
	佐賀県	95	89.6%	106	180	1.9
	長崎県	150	94.3%	159	302	2.0
	大分県	147	88.0%	167	244	1.7
	熊本県	230	81.3%	283	471	2.0
	鹿児島県	207	90.8%	228	292	1.4
	宮崎県	118	83.1%	142	302	2.6
	沖　縄	213	74.7%	285	574	2.7
合計		31,513	70.2%	44,907	37,963	1.2

【注】　1．国選弁護人契約弁護士数は、日本司法支援センター調べによる2022年12月1日現在、弁護士会会員数は、2022年12月31日現在。国選弁護人の付いた被告人数（2022年暦年）に合わせ、2022年12月現在の数値を用いた。

　　　2．国選弁護人の付いた被告人数は、『令和4年司法統計年報（刑事編）』「通常第一審事件の終局総人員─弁護関係別」による全地方裁判所・全簡易裁判所別の合計値。

❷ 地方裁判所における刑事弁護人（被告人段階）選任率の推移（国選・私選別）

　事件総数（終局総人員）は 2003 年、2004 年の 8 万件をピークに、近年減少傾向にある。被告人に弁護人の付く割合は 100％近くに達し、私選弁護人、または国選弁護人の付いた割合を見ると、国選弁護人の付いた割合は 2011 年まで増加傾向にあり、その後ほぼ横ばいで 2022 年では 84.2％となっている。また、私選弁護人の付いた割合も約 17.9％と近年ほぼ横ばいである。

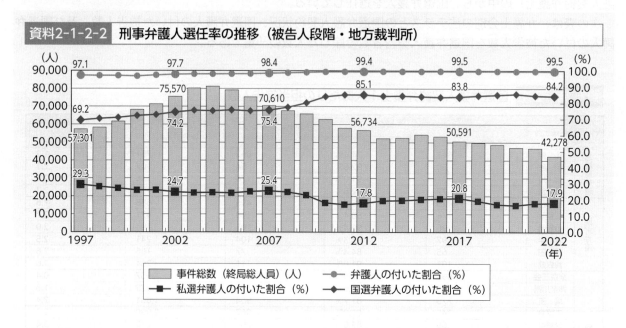

資料2-1-2-2　刑事弁護人選任率の推移（被告人段階・地方裁判所）

❸ 簡易裁判所における刑事弁護人（被告人段階）選任率の推移（国選・私選別）

　簡易裁判所の刑事事件について、事件総数（終局総人員）は近年減少傾向が続いている。100％近いケースに弁護人が付いているが、圧倒的に国選弁護人が多い。

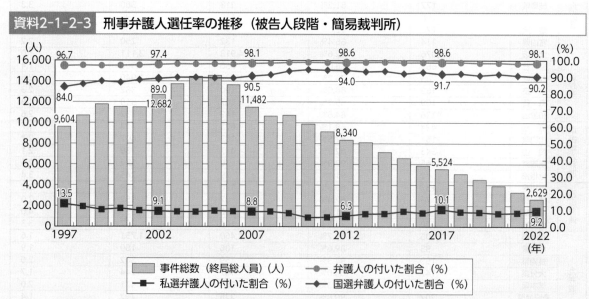

資料2-1-2-3　刑事弁護人選任率の推移（被告人段階・簡易裁判所）

【注】1．数値はいずれも、『司法統計年報（刑事編）』「通常第一審事件の終局総人員―弁護関係別―地方裁判所管内全地方裁判所別及び地方裁判所管内全簡易裁判所別」によるもの。
　　　2．「終局総人員」とは、当該年度に終局裁判等（判決、終局決定、正式裁判請求の取下げ等）により終了した事件の実人員数である。
　　　3．同一被告人に対し私選弁護人及び国選弁護人が選任された場合には重複して計上している。
　　　4．弁護人の付いた被告人の割合は、事件総数（終局総人員）に対する割合である。

❹ 必要的弁護事件の事件数及び国選弁護人選任率の推移（地方裁判所）

　2018年6月までの被疑者国選弁護制度の対象事件は、死刑、無期、長期3年を超える懲役又は禁錮にあたる事件であり、現行の被告人段階の刑事訴訟法第289条のいわゆる必要的弁護事件と重なっていた（2018年6月からは被疑者が勾留されている全事件に拡大。）。そこで参考までに、必要的弁護事件に占める国選弁護人の選任率の推移を示したのが次のグラフである。選任率はここ10年は約8割で推移しており、被疑者段階からの選任率も約8割と高くなっている。

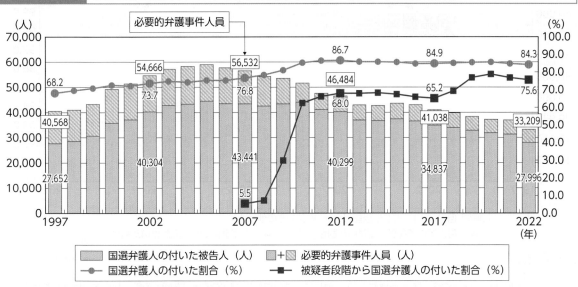

資料2-1-2-4　必要的弁護事件における国選弁護人選任率の推移（地方裁判所）

【注】数値は、『司法統計年報（刑事編）』「通常第一審事件の終局総人員―弁護関係別―地方裁判所管内　全地方裁判所別」及び最高裁から提供を受けた資料によるもの。

❺ 必要的弁護事件の事件数及び国選弁護人選任率の推移（簡易裁判所）

　簡易裁判所においても、国選弁護人選任率は高い割合で推移している。

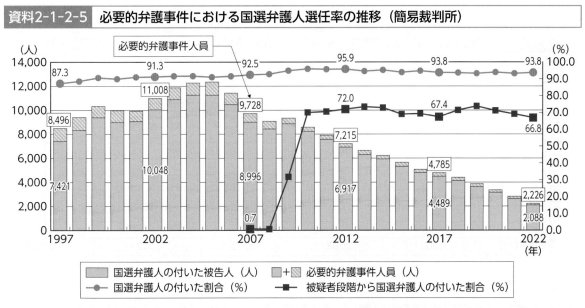

資料2-1-2-5　必要的弁護事件における国選弁護人選任率の推移（簡易裁判所）

【注】数値は、『司法統計年報（刑事編）』「通常第一審事件の終局総人員―弁護関係別―地方裁判所管内全簡易裁判所別」及び最高裁から提供を受けた資料によるもの。

⑥ 地方裁判所における自白・否認事件別の刑事弁護人（被告人段階）選任率の推移

　全地方裁判所での弁護人選任率の推移を、自白事件と否認事件別にまとめたものが次のグラフである。自白、否認ともにほぼ100％の割合で弁護人が付いている。

資料2-1-2-6　自白・否認事件別の刑事弁護人選任率の推移（被告人段階・地方裁判所）

【注】 1. 数値は、『司法統計年報（刑事編）』「通常第一審事件の終局総人員―合議・単独、自白の程度別弁護関係別―全地方・簡易裁判所」によるもの。
　　　 2. 「否認」は、一部否認及び黙秘を含む。「その他」は、被告事件についての陳述を聞く段階に至らずに終局したもの。

⑦ 地方裁判所における自白・否認事件別の国選・私選弁護人（被告人段階）選任率の推移

　次のグラフは、全地方裁判所での自白事件と否認事件別の弁護人選任率の推移をみたものである。自白事件、否認事件のいずれにおいても国選弁護人の選任率は増加傾向にあることがわかる。

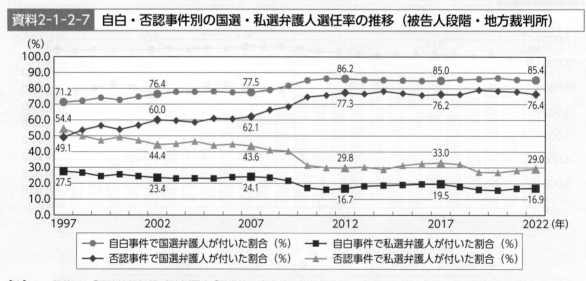

資料2-1-2-7　自白・否認事件別の国選・私選弁護人選任率の推移（被告人段階・地方裁判所）

【注】 1. 数値は、『司法統計年報（刑事編）』「通常第一審事件の終局総人員―合議・単独、自白の程度別弁護関係別―全地方・簡易裁判所」によるもの。
　　　 2. 「否認」は、一部否認及び黙秘を含む。

⑧ 高等裁判所における刑事弁護人（被告人段階）選任率の推移（国選・私選別）

　高等裁判所における刑事弁護人の選任率については、地方裁判所、簡易裁判所と比較すると、国選弁護人の選任率は約72％と低く、私選弁護人の選任率は約27％と高い。

資料2-1-2-8　刑事弁護人選任率の推移（被告人段階・高等裁判所）

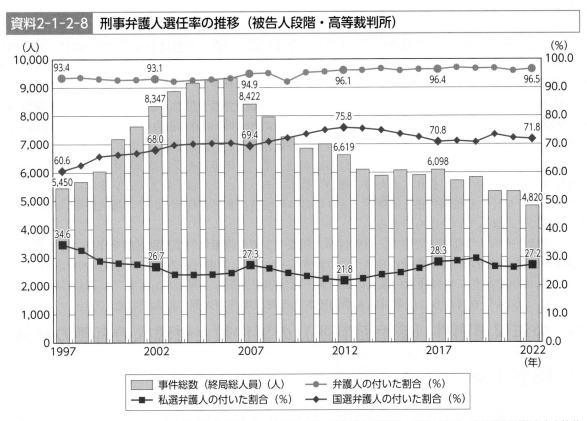

【注】1．数値は、『司法統計年報（刑事編）』「控訴事件の終局総人員—罪名別弁護関係、証拠方法別—高等裁判所管内全高等裁判所別」によるもの。
　　　2．「終局総人員」とは、当該年度に終局裁判等（判決、終局決定、正式裁判請求の取下げ等）により終了した事件の実人員数である。
　　　3．同一被告人に対し私選弁護人及び国選弁護人が選任された場合には重複して計上している。
　　　4．弁護人の付いた被告人の割合は、事件総数（終局総人員）に対する割合である。

第3節　少年事件における付添人活動

　罪を犯したとされる少年は、成人と異なり、刑事裁判を受けるのではなく、家庭裁判所に送られて、少年審判を受ける。少年審判では、刑事裁判のような弁護人という制度はなく、少年の権利を擁護する役割の付添人を選任できることになっている。少年法では、付添人は弁護士に限定されていないが、実際はその大半が弁護士である。

　弁護士付添人は、適正に事実が認定されるよう、少年の言い分を聞き、証拠をチェックして、家庭裁判所に様々な主張をするなどの活動を行う。未熟な少年は取調べの際、本当はやっていないのに、うその自白をさせられる危険性が成人よりも高いのであり、弁護士付添人が少年をえん罪から守る必要がある。また、非行を犯した少年について、少年の立ち直りを援助する活動を行う。非行の背景には、保護者から虐待を受けるなど家族関係に問題があることがほとんどである。弁護士付添人が、家族との関係を調整したり、学校や職場を見つけるなどの環境調整を行うことにより、少年の立ち直りにつながっている。さらに、被害者と面談して少年の謝罪の気持ちを伝えたり、被害弁償などの活動を行う。

　このように、重要な役割を果たしているにもかかわらず、少年審判を受ける少年のうち、弁護士付添人が選任されている割合は、長年にわたり、極めて低率であった。これは、資力のない少年に対して国の費用で付添人を選任する国選付添人制度が 2000 年の少年法改正まで存在せず、その導入後も、極めて限定的な制度にとどまっていたからである。

　日弁連は、そのような状況の中で、当番付添人制度や少年保護事件付添援助制度を作り、少しでも多くの少年が弁護士付添人の援助を受けられるようにするとともに、国選付添人制度の大幅拡大を求めてきた。その結果、2000 年代には弁護士付添人の選任数・選任率が大幅に上昇した。そして、これらの取組の成果として、2014 年 6 月から、国選付添人が選任される対象事件が大幅に拡大された。

❶ 少年保護事件（家庭裁判所）の事件数と付添人の有無の推移

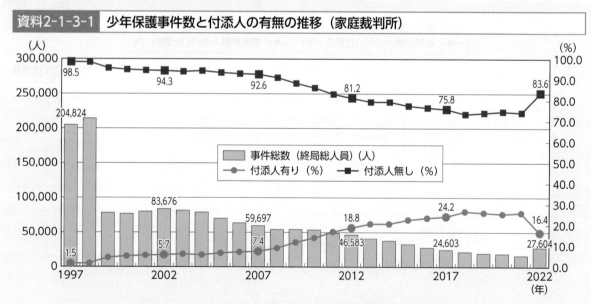

資料2-1-3-1　少年保護事件数と付添人の有無の推移（家庭裁判所）

【注】　1.　数値は『司法統計年報（少年編）』「少年保護事件の終局総人員―付添人の種類別終局決定別―全家庭裁判所」（2021 年までは一般保護事件（少年保護事件から道路交通保護事件を除いたもの。以下同じ。）の終局総人員）及び最高裁から提供を受けた資料によるもの。
　　　2.　1999 年から 2022 年 3 月までの事件総数は、一般保護事件の既済人員から以下の事件を除いたものである。
　　　　　ア　簡易送致事件
　　　　　イ　移送・回付で終局した事件
　　　　　ウ　併合審理され、既済事件として集計しないもの（従たる事件）
　　　　　エ　（無免許）過失運転致死傷事件、（無免許）過失運転致死傷アルコール等影響発覚免脱事件、車両運転による業務上（重）過失致死傷事件（2015 年以降の数値は過失致死傷事件を含む。）、自動車運転過失致死傷事件及び（無免許）危険運転致死傷事件
　　　3.　2022 年 4 月からの事件総数は、道路交通保護事件の既済人員を含み、以下の事件を除いたものである。
　　　　　ア　簡易送致事件
　　　　　イ　反則金不納付事件
　　　　　ウ　移送・回付で終局した事件
　　　　　エ　併合審理され、既済事件として集計しないもの（従たる事件）
　　　4.　2022 年の事件総数は、上記注釈 2 でアからエまでを除いた既済人員及び上記注釈 3 でアからエまでを除いた既済人員を合算したものである。
　　　5.　付添人は、弁護士以外でもなることが可能である。「付添人有り」「付添人無し」は、弁護士以外の付添人を含めた数値である。

| 資料2-1-3-2 | 少年保護事件における付添人の種類別内訳（家庭裁判所） |

年	総数（人）	付添人有り（人）								観護措置決定数（人）
		付添人有り総数	弁護士	私選		国選		保護者	その他	
				件数	割合	件数	割合			
2004	78,969	4,468	4,135	4,134	100.0%	1	0.0%	62	271	16,736
2005	70,088	4,623	4,358	4,353	99.9%	5	0.1%	56	209	15,476
2006	63,630	4,489	4,233	4,230	99.9%	3	0.1%	60	196	14,124
2007	59,697	4,423	4,149	4,102	98.9%	47	1.1%	67	207	12,391
2008	54,054	4,876	4,651	4,200	90.3%	451	9.7%	43	182	11,527
2009	54,253	6,344	6,137	5,625	91.7%	512	8.3%	45	162	11,241
2010	53,632	7,474	7,248	6,906	95.3%	342	4.7%	61	165	10,639
2011	48,880	8,241	8,055	7,677	95.3%	378	4.7%	35	151	10,186
2012	46,583	8,745	8,612	8,291	96.3%	321	3.7%	31	102	10,047
2013	40,987	8,477	8,366	8,046	96.2%	320	3.8%	31	80	9,196
2014	37,713	7,790	7,701	6,009	78.0%	1,692	22.0%	24	65	8,160
2015	32,740	7,388	7,301	3,977	54.5%	3,324	45.5%	29	58	7,258
2016	27,763	6,538	6,461	3,206	49.6%	3,255	50.4%	17	60	6,313
2017	24,603	5,944	5,871	2,747	46.8%	3,124	53.2%	11	62	5,570
2018	21,625	5,753	5,694	2,304	40.5%	3,390	59.5%	9	50	5,345
2019	19,588	5,098	5,044	1,973	39.1%	3,071	60.9%	9	45	4,626
2020	18,871	4,797	4,742	1,778	37.5%	2,964	62.5%	7	48	4,183
2021	16,239	4,214	4,170	1,602	38.4%	2,568	61.6%	11	33	3,637
2022	27,604	4,515	4,484	1,878	41.9%	2,606	58.1%	7	24	3,834

【注】 1. 数値は、『司法統計年報（少年編）』「少年保護事件の終局総人員─観護措置の有無及び終局決定別非行別─全家庭裁判所」、（2022年3月までは一般保護事件の終局総人員）、「少年保護事件の終局総人員─付添人の種類別終局決定別─全家庭裁判所」（2021年までは一般保護事件の終局総人員）及び最高裁から提供を受けた資料によるもの。
　　　 2. 総数については、資料2-1-3-1の注釈2及び3を参照
　　　 3. 私選付添人が選任されたため国選付添人が解任された場合など、私選付添人と国選付添人の双方が選任された場合は国選付添人として計上してある。

❷ 弁護士付添人拡充のための取組

　国選付添人制度の対象事件は、2014年の対象拡大まで重大事件に限定されてきた。しかし、少年審判を受ける少年に対して、えん罪の危険から守り、立ち直りを援助する弁護士付添人を付ける必要性は、重大事件に限らない。例えば、窃盗や傷害は、国選付添人制度の対象事件になっていなかったが、少年院送致などの重大な処分を受ける少年は多い。2022年に少年院送致決定を受けた少年のうち、窃盗が26.7%、傷害が18.6%を占めている。

　日弁連と全国の弁護士会は、できる限り多くの少年が弁護士付添人の援助を受けられるようにする必要があると考え、そのための制度や態勢を整備してきた。

　国選付添人の対象事件が拡大され、窃盗、傷害等の事件についても選任できることになった。しかし、対象事件であっても、裁判所が国選付添人を選任する必要性があると判断した場合にのみ選任する制度（裁量的国選付添人制度）であるため、全ての事件に選任されるわけではない。したがって、以下に述べる制度の必要性はなくなっていない。

（1）当番付添人制度

　当番付添人制度とは、少年鑑別所に収容された少年が希望する場合に、弁護士会が弁護士を派遣し、無料で面会する制度である。面会した弁護士が付添人制度を説明することで、付添人選任につながっている。2001年に福岡県で始まり、2009年11月までに全国の弁護士会で実施されるようになった。

| 資料2-1-3-3 | 当番付添人制度の流れ |

家庭裁判所が制度を説明
少年鑑別所に収容する決定をする場合、裁判官から制度についての説明がなされる。

家庭裁判所から弁護士会へ連絡
少年が弁護士との面会を希望する場合、家庭裁判所から弁護士会へ連絡。

弁護士が無料面会
弁護士会から弁護士が派遣され、無料で面会する。

（2）少年保護事件付添援助制度

　少年は、弁護士に依頼する資力がないことがほとんどである。少年の保護者も、経済的に裕福な家庭は少なく、仮に資力があっても、少年のために弁護士費用を支出することには消極的な場合が少なくない。日弁連は、そのような少年も弁護士付添人を選任できるように、少年保護事件付添援助制度を運営している。この制度では、国選付添人の対象外の事件及び対象事件であっても、家庭裁判所が国選付添人を選任しなかった事件について、少年が希望する場合に弁護士費用を援助する。その財源は、全国の弁護士から特別会費を徴収した少年・刑事財政基金であり、援助総額は2022年度で約1億2,594万円となっている。

　被疑者段階の国選弁護人が家裁送致後に国選付添人に選任されなかったため、援助制度を利用して付添人になるケース、家裁送致後に当番付添人として出動し援助制度を利用して付添人になるケースのほか、家庭裁判所が弁護士会に対して援助制度を利用しての付添人選任を要請するケースもある。

資料2-1-3-4	付添援助制度の財政状況

少年保護事件付添援助事業
2022年度　1億2,594万円（支出）

※少年・刑事財政基金は、上記のほか、刑事被疑者弁護援助事業、当番弁護士制度に使われる。

少年・刑事財政基金
2022年度　6億4,076万円（収入計）

全国の弁護士の特別会費
（少年・刑事財政基金）
1,300円／月

（3）弁護士付添人と付添援助利用件数

　下のグラフは、少年保護事件付添援助制度を利用して弁護士付添人を選任した件数と弁護士付添人の選任数、国選付添人の選任数の推移を表したものである。2000年代以降の弁護士付添人選任数の増加は、付添援助制度の利用の増加に対応しており、この制度が少年の弁護士付添人の援助を受ける権利を支えてきたことが分かる。他方で、国選付添人の選任数はごくわずかであったが、2014年6月の対象範囲拡大を受けて2014年以降、増加している。

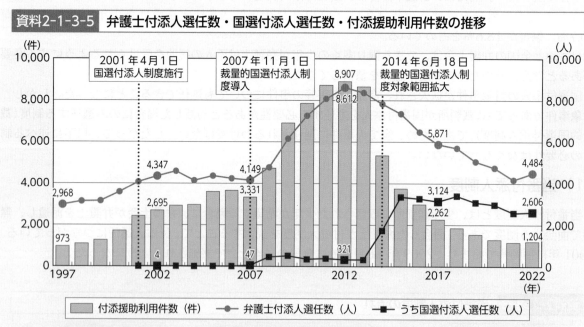

資料2-1-3-5	弁護士付添人選任数・国選付添人選任数・付添援助利用件数の推移

【注】　1．付添援助利用件数は、2006年までの数値は、財団法人法律扶助協会の実績件数による。2007年の数値は、2007年4月～9月の日弁連における援助実績件数（2008年3月31日時点調べ）と2007年10月から翌年3月の日本司法支援センター（法テラス）における開始決定件数の合計数。
　　　　　2008年以降は、当該年4月～翌年3月の日本司法支援センター（法テラス）における開始決定件数の合計数である。
　　　2．弁護士付添人及び国選付添人選任件数（内数）は、『司法統計年報（少年編）』「少年保護事件の終局総人員―付添人の種類別終局決定別―全家庭裁判所」（2021年までは一般保護事件の終局総人員）及び最高裁から提供を受けた資料によるもの。

❸ 国選付添人制度対象事件の拡大

　少年法には、当初、国選付添人制度は存在しなかったが、2000年の少年法改正で初めて導入され、殺人、傷害致死、強盗などの一定の重大事件について、非行事実に争いがあり、検察官が関与する場合に限り国選付添人が選任されることとなった。その後、2007年の改正で、検察官が関与しない場合でも、少年鑑別所に収容された少年について家庭裁判所が必要と認めた場合には、国選付添人を選任できる制度が導入された（裁量的国選付添人制度）。しかし、その対象事件は、依然として重大事件に限定されていたため、その選任件数は、2013年でわずか320人であり、少年鑑別所に収容された少年（9,196人）の3.5%に過ぎなかった。

　2009年5月から被疑者国選弁護制度の対象事件が拡大され、少年である被疑者についても、例えば窃盗や傷害などの事件について、被疑者段階では国選弁護人が選任されるようになっていたが、国選付添人制度の対象事件は拡大されなかったため、少年事件の被疑者国選弁護人は、事件が家庭裁判所に送致された後に国選付添人に選任されず、継続した活動ができないという事態が生じていた。

　そこで、日弁連を中心に、国選付添人制度対象事件の拡大を求める運動を行ってきた結果、少年法が改正され、2014年6月から、国選付添人制度の対象事件も、被疑者国選弁護制度の対象事件と同一範囲まで拡大された。その結果、2014年の国選付添人数は1,692人で、2022年の国選付添人数は2,606人、少年鑑別所に収容された少年（3,834人）の68.0%まで増加している。しかしながら、その後、被疑者国選弁護の対象事件を身体拘束事件全件にまで拡大する2016年改正刑事訴訟法が2018年6月に施行され、これにより、被疑者国選弁護人は選任されるにもかかわらず、家庭裁判所送致後に国選付添人が選任できないという齟齬が再び生じる事態になった。日弁連は、身体拘束事件全件を対象とする「全面的国選付添人制度」の実現を目指している。

資料2-1-3-6　国選付添人対象事件の範囲

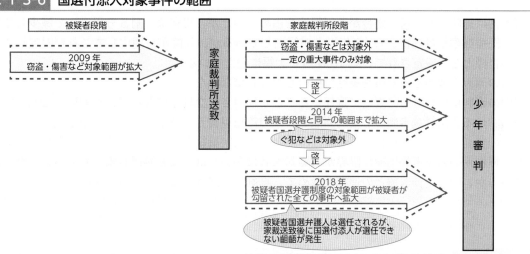

資料2-1-3-7　観護措置決定を受けた少年のうち少年院送致決定となった少年の非行別割合（2022年4月1日〜12月31日）

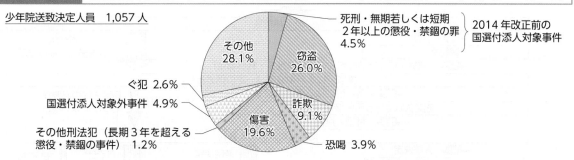

【注】　1．『令和4年司法統計年報（少年編）』「少年保護事件の終局総人員―観護措置の有無及び終局決定別非行別―全家庭裁判所」をもとに、日弁連が作成したもの。
　　　2．表示未満を四捨五入しているため、百分率の合計が100%と一致しない場合がある。
　　　3．「その他」は、他の分類に含まれない刑法犯及び銃砲刀剣類所持等取締法、児童買春、児童ポルノ禁止法以外の特別法犯をいい、国選付添人対象外事件かは不明。

第4節　医療観察事件

 ### 1 医療観察法の概要

　医療観察法（心神喪失者等医療観察法）は2003年に成立し、2005年から施行された法律である。心神喪失等の状態で重大な他害行為（殺人、放火等の6罪種に限定）を行った者に関する医療と観察に関するもので、裁判官と精神保健審判員（精神科医）からなる審判員二人の合議によって、対象者について指定入院医療機関への入院（入院期間の上限は法定されていない）、指定通院医療機関への通院のいずれかの処遇をするか、不処遇とするかの審判を行う。これらの処遇は、対象者の精神障害を改善し、社会復帰を促進することを目的としている。

　政府原案は、処遇要件を「再び対象行為を行うおそれ」としていたが、国会審議中に大議論が起こり、成立した医療観察法では、「対象行為を行った際の精神障害を改善し、これに伴って同様の行為を行うことなく社会に復帰することを促進するためにこの法律による医療を受けさせる必要」と修正された経緯があり、この経緯からみて医療観察法の処遇は、あくまでも社会復帰促進を目的とするものであり、再犯を防止する保安処分ではない。

　対象者の社会復帰促進のために、指定入院医療機関での医療は多職種の関与におけるチーム医療を行うこととされ、対象者の生活環境の調査調整等のために保護観察所に社会復帰調整官を置くことが制度化された。

　さらに、弁護士に対象者の付添人という業務が法定された。「当初審判」（注参照）での付添人は必要的とされ、通常、国選付添人が選任され、対象者の権利利益を擁護する立場から活動する。これに対し、処遇中に行われる入院継続確認、退院許可、処遇終了等の各審判においては、付添人は必要的とはされていない。

　付添人は当初審判において対象者が対象行為を行ったか、心神喪失等の状態にあったのか、いかなる処遇が適切なのかという点について裁判所が適切な判断をするように対象者の立場から活動する。

　一過性の精神症状、知的障がい、人格障がいなどによる場合などは、処遇対象になるのか問題になる。

　施行当初は通院や不処遇の割合が4割程度を占めていたが、現在は2割5分程度まで減少している。

　また、医療観察法は施行から15年以上が経過しているが、入院が長期化してこれが固定しており、退院までの目標として設定されている18か月を大幅に超えている。

　これらの原因を究明して対策を真剣に検討しなければならない。

　処遇中の審判についても必要的に選任することが検討されなければならず、日弁連は2021年に「医療観察法における入院継続審判の必要的開催等を求める意見書」を発出し、その点を指摘した。

　処遇中の審判に付添人を選任することは漫然とした入院継続を防止するためにも必要なことである。

　また、慢性期の対象者等治療に限界がある対象者については、なお処遇対象にしてよいのか、どこまで治療するのか、一般精神医療との連携を含めて、真剣に検討されるべき問題である。

【注】当初審判：心神喪失等の状態で重大な他害行為を行ったとされる対象者が医療観察制度の処遇対象となるかを審理するもので、対象となる場合は「入院」「通院」いずれかの決定が出される。対象者の今後の処遇を決める最初の審判であるため当初審判と呼ばれる。

資料2-1-4-1　医療観察法における審判手続の流れ

対象行為（殺人、放火、強盗、強制性交等、強制わいせつ、傷害の罪種）

検察官

起訴 → 裁判所　　　不起訴（心神喪失・耗弱認定）

無罪・執行猶予付判決等（心神喪失・耗弱認定）

検察官による申立て（一定の例外あり）

裁判所による鑑定入院命令　　　付添人選任　　　鑑定入院の必要が明らかにない場合

鑑定入院を行う医療機関

付添人選任

地方裁判所による審判

入院決定　　　通院決定　　　不処遇決定　　　却下決定

指定入院医療機関　　　再入院決定

退院決定　　　指定通院医療機関　　　手続終了

処遇終了決定

処遇終了決定

この法律による処遇の終了

第2編　弁護士の活動状況

2-1-4　医療観察事件

特集

第1編

第2編

第3編

第4編

② 医療観察処遇事件（地方裁判所）の新受件数

次のグラフは、医療観察処遇事件の新受件数の推移をまとめたものである。

資料2-1-4-2　医療観察処遇事件の新受件数の推移（地方裁判所）

【注】1．数値は、『司法統計年報（刑事編）』「医療観察処遇事件の受理区分別新受、既済、未済人員―全地方裁判所」によるもの。
　　　2．「その他の新受件数」は、「退院・入院継続の申立て（49条・50条）」、「処遇終了・通院期間延長の申立て（54条・55条）」、「再入院等の申立て（59条）」のそれぞれの新受件数の合計である。
　　　3．2005年は、医療観察法施行日（同年7月15日）以降の数値である。

③ 医療観察処遇事件（地方裁判所）の終局区分別人員

次の表は、地方裁判所における医療観察処遇事件を終局区分別にみたものである。

資料2-1-4-3　医療観察処遇事件の終局区分別終局総人員（地方裁判所）

年	終局総人員	入院・通院（33条1項）42条1項 1号 入院	2号 通院	3号 医療を行わない旨の決定	40条1項（却下）1号 対象行為を行っていない	2号 心神喪失者等ではない	退院・入院継続（49条又は50条）51条1項 1号 入院継続確認等	2号 退院許可	3号 医療終了	処遇終了・通院期間延長（54条又は55条）56条1項 1号 通院期間延長決定等	2号 医療終了	再入院等（59条）61条 1項 入院1号	1項 棄却2号（3項の場合も含む）	1項 処遇終了3号	却下（申立て不適法のみ）	移送・その他	取下げ	抗告
2005	80	49	19	7	2	3	—	—	—	—	—	—	—	—	—	1	—	16
2006	520	191	80	68	3	7	110	28	2	—	2	1	—	—	2	23	4	50
2007	935	250	75	75	2	14	362	75	24	—	17	1	—	—	3	27	10	69
2008	1,198	257	62	68	1	13	583	115	27	1	38	2	1	1	7	16	6	81
2009	1,278	204	51	54	1	8	651	168	48	5	51	5	—	—	8	19	5	61
2010	1,347	242	61	46	—	17	679	157	34	11	55	5	1	1	12	16	10	77
2011	1,534	269	38	72	1	13	856	145	25	10	51	14	—	1	—	27	12	106
2012	1,691	257	39	74	—	11	955	189	45	18	49	4	2	1	5	33	9	89
2013	1,746	267	39	59	—	14	1,036	166	34	26	51	9	—	1	1	39	5	127
2014	1,859	262	31	53	1	8	1,139	203	31	22	66	6	1	—	16	19	1	106
2015	1,916	253	33	46	—	6	1,141	257	45	20	65	7	—	—	5	29	9	110
2016	1,769	237	36	50	1	13	1,054	210	37	14	75	7	2	—	4	20	9	96
2017	1,851	268	32	48	—	5	1,121	208	40	16	84	6	2	—	2	19	—	125
2018	1,810	241	26	41	—	11	1,093	243	28	15	71	5	2	—	2	19	11	120
2019	1,715	213	23	37	2	7	1,095	183	29	21	71	8	1	1	2	19	3	96
2020	1,773	236	33	31	1	7	1,150	172	28	17	64	6	1	1	1	22	4	121
2021	1,857	237	24	37	—	9	1,209	192	34	16	59	9	1	—	1	22	7	117
2022	1,909	248	24	37	1	3	1,244	206	36	9	53	10	1	—	3	28	6	125

【注】1．数値は、『司法統計年報（刑事編）』「医療観察処遇事件の終局総人員―終局区分別―地方裁判所管内全地方裁判所別」によるもので実人員である。
　　　2．終局区分別終局人員は、1人の対象者につき複数の終局区分で終局した場合は、それぞれの区分に計上している。

第5節　刑事訴訟実務の改善への取組

　逮捕勾留された被疑者が弁護人の援助を受ける権利は憲法が保障する人権である。逮捕勾留された被疑者にとって、弁護人の援助を受ける第一歩は、弁護人との接見の機会の確保と秘密交通権の確保にある。

　ところが、刑事訴訟法第39条第3項の指定権を濫用して不当に接見を妨害されたり、秘密交通権を侵害されたりする場合がある。不当な接見妨害に対抗する主な弁護活動は、接見現場での抵抗や抗議であり、準抗告の申立て等の刑事手続内での是正である。それでは是正できなかった場合や、是正されたが、事後的に責任を追及するのが国賠訴訟である。

 接見妨害に対する国賠訴訟の状況

　以下は、2000年以降の弁護士による国賠訴訟の取組について、日弁連が把握しているうちの勝訴等が確定したものをまとめたものである。これらの国賠訴訟は、捜査官による接見妨害を減少させるための成果を挙げてはいるが、依然として捜査官による被疑者・被告人と弁護人の接見に対する指定権行使が濫用されるなどして接見が妨害されたり、秘密交通権が侵害されたりしているケースがある。

資料2-1-5	勝訴が確定した接見妨害国賠訴訟

(提訴順。2023年4月1日現在)

事案発生都道府県	当事者（原被告等）	提訴年月日 / 確定判決年月日	提起内容 / 訴訟結果	原告弁護士の請求原因要旨
大阪府	原告：後藤貞人（弁） 被告：国	2002 (H14).11.25 2007 (H19).4.13 （最判）	訴提起（請求額：1,100万円） 原告勝訴確定（上告不受理、110万円認容）	控訴審において証拠として採用されたビデオテープ（裁判所の許可を得て複製）を再生しながら被告人と打合せを行うため、ビデオテープ再生装置を持参し接見を申し入れたところ、「保安上の観点」を理由に、再生するビデオテープの全部について検閲しなければテープを再生しながら接見することは認められないと拒否された。
千葉県	原告：左近允寛久（弁） 被告：千葉県	2003 (H15).12.24 2006 (H18).2.28 （東京高判）	訴提起（請求額：330万円） 原告勝訴確定（原判決を変更、11万円認容）	任意取調べ中でかつ身体拘束後初回の接見において、副検事から直ちに接見させるように指示があったにもかかわらず、捜査官が「被疑者の収監等に時間がかかる」などと虚偽の事実を告げて接見を妨害した。
鹿児島県	原告：井上順夫（弁）ほか10人 被告：国及び鹿児島県	2004 (H16).4.16 2008 (H20).3.24 （鹿児島地判）	訴提起（請求額：各原告に1,100万円） 原告勝訴確定（各原告に50万円認容）	検察官及び警察官が、選挙違反事件で勾留されていた被疑者・被告人の取調べの際に、弁護人との接見内容を聴取して供述調書化し、これを取調べ請求した。
東京都	原告：宮原一東（弁）及び被疑者1人 被告：東京都	2004 (H16).4.28 2006 (H18).11.30 （東京高判）	訴提起（請求額：383万230円） 原告勝訴確定（控訴棄却、宮原：6万円、被疑者：12万円認容）	交通違反により逮捕された被疑者の初回接見につき、深夜に及ぶまで接見を求めたが、捜査官が取調べ中であることを理由に拒否した。なお、本件では被疑者自身も逮捕の違法性及び弁護人との接見妨害に対して損害賠償請求をしている。
京都府	原告：永井弘二（弁） 被告：京都府	2005 (H17).1.26 2006 (H18).11.29 （大阪高判）	訴提起（請求額：150万円） 原告勝訴確定（原判決を変更、20万円認容）	既に起訴されていた事件について、別の事件の任意捜査として行われていたポリグラフ検査中に接見を申し出たところ、警察官が「ポリグラフ検査をしているので待ってほしい」として接見を拒否した。
広島県	原告：今枝仁（弁）、足立修一（弁）及び岡野浩巳（弁） 被告：国	2005 (H17).8.25 2013 (H25).6.21 （最判）	訴提起（請求額：330万円） 原告勝訴確定（上告棄却、上告不受理、岡野：33万円認容）	検察庁での取調べ中に検察庁での接見（定者国賠最高裁判決の指摘する面会接見も含む）を求めたが拒否され、別の期日では検察庁での面会接見に担当検察官が立会った。
東京都	原告：野辺博（弁） 被告：国	2005 (H17).11.5 2006 (H18).8.29 （東京地判）	訴提起（請求額：10万円） 原告勝訴確定（10万円認容）	東京拘置所の職員に対して接見受付時間内に接見を申し出たが、休憩開始までの3分程度しか確保しなかった。
広島県	原告：久保豊年（弁） 被告：国	2006 (H18).3.30 2009 (H21).1.14 （広島高判）	訴提起（請求額：220万円） 原告勝訴確定（控訴棄却、22万円認容）	被疑者との接見を申し出たが、検察庁にて取調べ中との理由で接見を拒否され、接見調整義務の存在すら拒否して接見させなかった。
佐賀県	原告：富永洋一（弁） 被告：国	2007 (H19).9.28 2010 (H22).2.25 （福岡高判）	訴提起（請求額：160万円） 原告勝訴確定（控訴棄却、15万円認容）	佐賀少年刑務所に収容中の被告人に対し、被害者へのお詫びの文書を書くための便箋及び封筒を差し入れようとしたところ、同刑務所長制定の達示に基づき、佐賀少年刑務所会計課長及び窓口担当に拒否された。
神奈川県	原告：小川光郎（弁） 被告：国	2007 (H19).10.30 2009 (H21).12.21 （東京地判）	訴提起（請求額：120万円） 和解（東京地方裁判所は、「接見交通権が憲法の保障に由来する重要な権利であることに鑑み、弁護人又は弁護人となろうとする者から裁判所構内における被疑者との接見の申入れがあった場合には、原則として速やかに接見が実現されるべきものと考え」ると示した）	川崎簡裁に勾留質問のため押送された被疑者との接見を求めたところ、簡裁書記官より「前例がない」、「接見の時間も場所もない」などとして拒否された。

事案発生 都道府県	当事者（原被告等）	提訴年月日 確定判決年月日	提起内容 訴訟結果	原告弁護士の請求原因要旨
東京都	原告：吉田秀康（弁） 被告：国及び東京都	2007 (H19).12.18 2011 (H23).11.11 （東京高判）	訴提起（請求額：333万1,720円） 和解	被告人が留置施設に収容されている間に、弁護人が被告人の所持品の交付を求めたのに対し、担当検察官が留置担当官に指示し、宅下げを拒否した。
京都府	原告：谷山智光（弁）及び被疑者1人 被告：国	2008 (H20).6.16 2010 (H22).11.2 （最判）	訴提起（請求額：各原告に330万円） 原告勝訴確定（上告棄却、上告不受理、被疑者：22万円容認）	逮捕勾留された被疑者（当時未成年）の取調べの際、担当検察官が弁護人と被疑者の信頼を破壊する発言を繰り返したことにより、接見交通権が侵害された。
広島県	原告：石口俊一（弁）、武井康年（弁）及び死刑確定囚1人 被告：国	2008 (H20).11.11 2013 (H25).12.10 （最判）	訴提起（請求額：330万円） 原告勝訴確定（上告棄却、上告不受理、各原告に18万円容認）	確定死刑囚から再審請求を依頼されて広島拘置所で接見を求めたが、立会人なしでの接見を拒否され弁護権を侵害された。
埼玉県	原告：川目武彦（弁）、松山馨（弁）、髙野隆（弁）、鍛冶伸明（弁）、山本宜成（弁）、白井徹（弁）及び死刑確定囚（A）1人 被告：国	2009 (H21).2.3 2015 (H27).8.26 （最判）	訴提起（請求額：Aに300万円、その他原告に50万円） 原告勝訴確定（上告棄却、上告不受理、A：66万円、川目及び髙野：8万円、松山：12万円、鍛冶及び山本：10万円、白井：2万円容認）	拘置所において、原告らが「弁護人になろうとする者」の資格で死刑確定囚との接見を求めたが認めず、一般面会扱い以外での接見を拒絶した。また、再審準備のために接見を申し入れたにもかかわらず、時間を30分に制限した上、接見に係官の立会いを付し、秘密接見交通権を侵害した。
広島県	原告：藤井裕（弁）、久保豊年（弁）及び死刑確定囚1人 被告：国	2009 (H21).4.30 2014 (H26).11.18 （最判）	訴提起（請求額：各原告に165万円） 原告勝訴確定（上告棄却、上告不受理、藤井及び久保に各24万円容認）	確定死刑囚と原告が再審請求の打合せを行うために、1回目は再審弁護人となろうとする者として、2回目は再審弁護人として、それぞれ接見しようとした際に、いずれも立会人なしの接見を拒否され、秘密交通権が侵害された。また、秘密交通権侵害に基づく国賠訴訟提起のための打合せを行うために接見しようとした際に、立会人なしの接見を拒否された。
佐賀県	原告：富永洋一（弁） 被告：国	2009 (H21).5.13 2013 (H25).12.19 （最判）	訴提起（請求額：160万円） 原告勝訴確定（上告棄却、上告不受理、55万円容認）	被疑者と弁護人の接見内容について検察官が取調べで供述させて供述調書化し、これの証拠調べ請求をして秘密接交通権を侵害した。
愛知県	原告：藏冨恒彦（弁） 被告：国	2009 (H21).8.10 2013 (H25).6.25 （最判）	訴提起（請求額：60万円） 原告勝訴確定（上告棄却、上告不受理、10万円容認）	検察庁構内接見の際、いったん副検事が接見を認めたにもかかわらず、その後事務官によって接見を拒否された。
愛知県	原告：藏冨恒彦（弁）、福井秀剛（弁）及び被告人 被告：国	2009 (H21).8.12 2015 (H27).4.22 （最判）	訴提起（請求額：120万円） 原告勝訴確定（上告棄却、上告不受理、藏冨：6万6,000円、福井：51万7,000円、被告人：86万9,000円容認）	死刑判決を受けた被告人につき、弁護人が控訴申立てをしていたが、被告人がこれを取下げたので、取下げの効力を争い期日指定の申立てをして接見を申し込んだが、立会人付きの接見しか認めなかった。
福岡県	原告：上田國廣（弁）及び死刑確定囚1人 被告：国	2012 (H24).4.3 2017 (H29).6.30 （最判）	訴提起（請求額：660万円） 原告勝訴確定（上告棄却、上告不受理、各原告に2万2,000円容認）	再審請求弁護人が死刑確定者に再審請求の為の資料として、東京拘置所の死刑執行場の写真等が掲載された印刷物を差し入れようとしたところ、福岡拘置所長が当該写真等を含む印刷物全体の閲読を不許とした。
大阪府	原告：宮下泰彦（弁）及び被告人 被告：国	2012 (H24).7.10 2016 (H28).10.27 （最判）	訴提起（請求額：3,300万円） 原告勝訴確定（上告棄却、上告不受理、各原告に55万円容認）	強盗否認事件の審理中、期日間整理手続が終了し、共犯者とされる証人尋問直前に、大阪地方検察庁の検察官が、大阪地方裁判所令状部に対し、大阪拘置所内の被告人居室等に対する捜索差押許可状の発付を求め、裁判所がこれに対して令状を発付したことを受けて、検察事務官をして上記被告人居室等に対し捜索差押えを行わせ、結果審理中の事件に関する弁護人宛ての手紙や弁護人が差し入れた尋問事項メモなどを押収したという事案である。
千葉県	原告：南川学（弁）及び岩永愛（弁） 被告：国	2013 (H25).5.9 2016 (H28).7.14 （東京高判）	訴提起（請求額：330万円） 原告勝訴確定（原判決を変更、各原告に33万円容認）	検察官が、弁護人の知らないうちに、被告人に要求して、被告人が所持していた文書を任意提出させたが、この中に、被告人作成にかかる日記（この中には、弁護人とのやり取りに関する記述が含まれていた。）、被告人が弁護人に宛てて書いた手紙の下書きが含まれていた。
広島県	原告：亀舎大悟（弁） 被告：国	2013 (H25).6.7 2017 (H29).11.28 （広島高判）	訴提起（請求額：60万円） 原告勝訴確定（原判決を変更、11万円容認）	原告が被告人の母の被告人宛ての手紙を、刑事裁判の証拠として使用するため、広島拘置所に勾留中の被告人に差し入れようとしたところ、広島拘置所職員が、信書の差入れは郵送等に限るとして、差入窓口での差入れを拒否した。
岡山県	原告：杉山雄一（弁）、濱田弘（弁）及び三浦巧（弁） 被告：国	2013 (H25).6.21 2016 (H28).3.18 （広島高判）	訴提起（請求額：360万円） 原告勝訴確定（原判決を変更、各原告に6万円容認）	広島拘置所に拘置されている確定死刑囚の再審請求弁護人である原告らが、再審請求の打合せを行うため無立会接見を求めたところ、拘置所長によって二度にわたって拒否され、秘密交通権が侵害された。
佐賀県	原告：稲村蓉子（弁）及び半田望（弁） 被告：国	2013 (H25).9.19 2018 (H30).9.18 （最判）	訴提起（請求額：330万円） 原告勝訴確定（上告棄却、上告不受理、稲村：11万円容認）	弁護士が、勾留中の被疑者と接見中、被疑者が逮捕時に負傷したと訴え出たため、携帯電話で負傷箇所の写真を撮影しようとしたところ、2度にわたり拘置所職員が接見室のドアをあけて写真撮影を妨害した。 　接見を終えた弁護士に対し、拘置所職員が撮影した写真の消去を要求した。 　後日、通信機能を有しないデジタルカメラを持参して接見に赴いたところ、カメラを持参していることを理由に施設内への立ち入りを拒否し、接見を妨害された。 　また、接見室の構造が後方の職員待機場所から接見内容が筒抜けとなっており、秘密交通権侵害を受けた。

特集

第1編

第2編

第3編

第4編

事案発生都道府県	当事者（原被告等）	提訴年月日／確定判決年月日	提起内容／訴訟結果	原告弁護士の請求原因要旨
大阪府	原告：安田好弘（弁）、中道武美（弁）、小田幸児（弁）、高見秀一（弁）及び死刑確定囚1人 被告：国	2013 (H25).12.13 2017 (H29).12.1 （大阪高判）	訴提起（請求額：1,000万円） 原告勝訴確定（原判決を変更、安田：31万7,540円、死刑確定囚・中道・小田・高見：18万円認容）	弁護団が死刑囚と再審請求の打ち合わせをするため、平成24年8月、大阪拘置所長に対し、接見の際、①職員が立ち会わないこと、②接見時間を120分とすること、③パソコンの使用を認めることを申し入れた。拘置所は、接見時間を60分と制限し、他は認めないと回答したことから、接見が違法に妨害されたとして、損害賠償を請求した事案。
宮崎県	原告：黒原智宏（弁）及び畝原孝明（弁） 被告：国	2015 (H27).2.9 2017 (H29).1.20 （宮崎地判）	訴提起（請求額：200万円） 原告勝訴確定（各原告に20万円認容）	刑事弁護人である原告らが、担当する刑事事件の被告人との接見内容を、当該被告人の妻に報告したメールを、担当検察官が同人に示して聴取を行い、それに基づいて検察官面前調書を作成し、当該刑事事件の公判において、同メールを証拠化した捜査報告書と共に証拠調べ請求したことが、秘密交通権の侵害にあたるとして国家賠償を請求した事案。
広島県	原告：足立修一（弁） 被告：国	2015 (H27).7.23 2019 (H31).3.28 （広島高判）	訴提起（請求額：144万円） 原告勝訴確定（原判決を変更、22万円認容）	原告が、弁護人として公判前整理手続中に検察官請求証拠として開示を受けた録音データ（捜査機関が通信傍受していたもの）が保存されたDVDを、拘置所内の弁護人接見室内で原告が所持するノートパソコンでDVDを再生したうえで、録音データ内にある氏名不詳者の声色や声の特徴等を確かめるべく被告人に録音内容の確認を求めて弁護人として接見していたところ、拘置所職員によりノートパソコンの使用は認めていないとの理由で接見を中止させられ、弁護人の接見交通権を侵害されたとして国家賠償を請求したもの。
東京都	原告：井上侑（弁）及び元被疑者1人 被告：東京都	2016 (H28).6.16 2018 (H30).10.10 （東京高判）	訴提起（請求額：120万4,963円） 原告勝訴確定（控訴棄却、井上：2万4,208円、元被疑者：2万2,000円認容）	弁護人に宛てて出した手紙の一部を、証拠隠滅・逃亡のおそれないにもかかわらず警察署職員が無断で黒塗りしたことは、接見交通権の侵害として、被疑者と共に提訴。
鳥取県	原告：松本邦剛（弁） 被告：国	2017 (H29).7.5 2018 (H30).11.26 （鳥取地判）	訴提起（請求額：42万5,300円） 原告勝訴確定（11万4,000円認容）	国選弁護人たる原告が、アクリル板のない勾留質問室での秘密接見を裁判所から認められていたにもかかわらず、刑務所職員が接見時の立会いを求め、その求めを原告が拒否したところ、原告と被告人Aとの接見を許さずに拘置所に連れて帰ったという事案。
東京都	原告：山下幸夫（弁）及び死刑確定囚1名 被告：国	2015 (H27) 2019 (H31).2.26 （最判）	訴提起（請求額：山下に320万円、死刑確定囚に352万円） 原告勝訴確定（上告棄却、上告不受理、山下：10万円、死刑確定囚：13万2,000円認容）	再審請求、処遇国賠訴訟の打合せのために確定死刑囚との秘密面会やパソコンの使用等を求めたが、拘置所から何れも拒否されたことに対して国家賠償請求をした事案。
東京都	原告：吉田秀康（弁）及び死刑確定囚1名 被告：国	2017 (H29).6.27 2019 (R1).9.25 （最判）	訴提起（請求額：1,320万円） 原告勝訴確定（上告棄却、上告不受理、吉田：30万円、死刑確定囚：13万2,000円認容）	行政訴訟法上の仮の差止め決定（仮に、本案の差止訴訟の第1審判決の言渡しまでの間、再審請求の打合せ目的での吉田弁護士と死刑確定囚との面会には立会人を付してはならない旨）を得ていた吉田弁護士が、再審請求の打合せ目的で死刑確定者Kと、立会いを付さない面会を求めたところ、東京拘置所長は仮の差止め決定の拘束力があるにもかかわらず、立会いを付した面会しか認めなかった違法に対して、慰謝料の請求をした事案。
愛知県	原告：古田宜行（弁） 被告：国	2019 (R1).11.29 2022 (R4).2.15 （名古屋高判）	訴提起（請求額：210万円） 原告勝訴確定（控訴棄却、20万円認容）	留置担当官が、①複数回にわたり、原告が表紙に「弁護人の接見用」と記入して被疑者に差し入れたノートの中身を確認し、②被疑者が取調べの内容を同ノートに英語でメモすることを禁止させ、③同ノート中の英語による記載部分を破棄させ、又は日本語のローマ字表記に転記させた上で英語による記載部分を黒塗りさせたことにより、原告の秘密交通権、接見交通権又は弁護権が侵害された事案。
東京都	原告：櫻井光政（弁） 被告：国	2019 (R1).12.26 2021 (R3).6.16 （東京高判）	訴提起（請求額：200万円） 原告勝訴確定（控訴棄却、附帯控訴棄却、10万円認容）	原告が、東京地方検察庁特別捜査部において任意で取り調べを受けていた被疑者について、その妻の依頼により被疑者の弁護人となろうとする者として被疑者との面会を求めたところ、対応した検察官が、上記依頼につき確認が出来ないとして、被疑者に対し、原告の来訪を伝えず、原告と被疑者との面会を実現するための措置を執らなかったことが違法であるとして損害賠償を請求した事案。
神奈川県	原告：生江富広（弁） 被告：神奈川県	2021 (R3).6.22 2023 (R5).3.3 （横浜地判）	訴提起（請求額：350万円） 原告勝訴確定（25万円容認）	留置場に勾留中の被疑者に差し入れていた被疑者ノートに関し、留置係が、①原告が被疑者に差し入れた被疑者ノートの中を複数回確認し、②被疑者が同ノートに記載した事項を黒塗りするよう求め、被疑者をして黒塗りさせ、③原告が、同ノートを宅下げし、新しい被疑者ノートを差し入れた際、被疑者ノートに取り調べのこと以外を記載しないよう指示したことにより、原告の秘密交通権、接見交通権及び弁護権が侵害された事案。

【注】確定判決年月日の（　）内は、確定判決がなされた裁判所を略したもの（最判：最高裁判所判決　東京高判：東京高等裁判所判決など）。

第6節　裁判員制度

 裁判員裁判対象事件

2009年5月21日に「裁判員の参加する刑事裁判に関する法律」が施行され、裁判員制度がスタートした。1943年に陪審法が施行を停止されてから約65年を経て、再び市民が刑事裁判に参加することとなった。

裁判員制度は、様々な経験を持つ市民が刑事裁判に直接参加することで、無罪推定などの刑事裁判の原則に忠実な「よりよい刑事裁判」を実現することを目的とする制度である。また、司法に健全な社会常識を反映させるとともに、我が国の民主主義をより実質化し、司法の国民的基盤をより強固なものにすることが期待される制度である。

具体的には、予め裁判員候補者名簿に掲載された市民の中から選ばれた裁判員（原則6人）が裁判官（原則3人）とともに刑事裁判（第一審）に参加し、公判審理と評議を経て、判決を宣告する。対象となる事件は、①死刑又は無期の懲役もしくは禁錮にあたる罪に関する事件と、②①を除いた法定合議事件（裁判所法第26条第2項第2号に掲げる事件）であって、故意の犯罪行為により被害者を死亡させた罪に関する事件である。裁判員の参加する裁判は全国の地方裁判所（50か所）と一部の支部（10か所）で行われている。

次の表は、2022年における地方検察庁別の裁判員裁判対象事件の起訴件数を罪名別にまとめたものである。

資料2-1-6-1　裁判員裁判対象事件の起訴件数—罪名別・地方検察庁別—（2022年1月〜12月）

（単位：件）

高検	地検・支部名	強盗致傷（強盗傷人）	殺人	現住建造物等放火	強制性交等致死傷	傷害致死	強制わいせつ等致死傷	強盗・強制性交等	強盗致死（強盗殺人）	偽造通貨行使	通貨偽造	集団強姦致死傷	危険運転致死	保護責任者遺棄致死	その他刑法犯	覚せい剤取締法違反	麻薬特例法（略称）違反	爆発物取締罰則違反	銃砲刀剣類所持等取締法違反	その他特別法犯	地検別合計
東京高検管内	東京地検本庁	32	23	7	3	4	14	2		24	1		2	3	2	15	2				134
	東京地検立川支部	5	7		3	4		1											1		21
	横浜地検本庁	5	16	2	3	7	3	4							1	1			1		43
	横浜地検小田原支部		1			2		1								1					5
	さいたま地検本庁	4	11	5	3	6	3		1						1		1		1		36
	千葉地検本庁	15	8	1		7	7	1							1	9	32				81
	水戸地検本庁	3	8		2	3	2								4				1		23
	宇都宮地検本庁	1	3	1	2	3	1	2							1						14
	前橋地検本庁	1	7	2	1	3			1												15
	静岡地検本庁		2	1	1																4
	静岡地検沼津支部	1	6	1			1	2													11
	静岡地検浜松支部	1					1														2
	甲府地検本庁		1	2			1							2							6
	長野地検本庁	1	3	1																	5
	長野地検松本支部		1								1										2
	新潟地検本庁		2	2	2	1	1		1						1				1		11
大阪高検管内	大阪地検本庁	14	15	8	9	4	13	1	7				1		3	7	2				84
	大阪地検堺支部	1	3	1	3										1	2					11
	京都地検本庁	3	9	1				1							1		2				17
	神戸地検本庁	1	4	3			3								2	3	2			5	23
	神戸地検姫路支部	1	4	2				2													9
	奈良地検本庁		1	2									3								6
	大津地検本庁	3	1	1			2														7
	和歌山地検本庁		1				1									1			1		4

特集　第1編　第2編　第3編　第4編

高検	地検・支部名	強盗致傷（強盗傷人）	殺人	現住建造物等放火	強制性交等致死傷	傷害致死	強制わいせつ致死傷	強盗・強制性交等	強盗致死（強盗殺人）	偽造通貨行使	通貨偽造	集団強姦致死傷	危険運転致死	保護責任者遺棄致死	その他刑法犯	覚せい剤取締法違反	麻薬特例法（略称）違反	爆発物取締罰則違反	銃砲刀剣類所持等取締法違反	その他特別法犯	地検別合計
名古屋高検管内	名古屋地検本庁	2	7	2	2	5	3			1	1		1			3					27
	名古屋地検岡崎支部	1	4			1	1	1							4						12
	津地検本庁	4	8		4		4										1				21
	岐阜地検本庁	1	1	1		1									1	3					8
	福井地検本庁	1	4																		5
	金沢地検本庁		1											2			1				4
	富山地検本庁			1		3	1														5
広島高検管内	広島地検本庁	1	7	2	1		2														13
	山口地検本庁		6				2														8
	岡山地検本庁	3	8	2	3	4										2	1		1		24
	鳥取地検本庁		1																		1
	松江地検本庁		5																3		8
福岡高検管内	福岡地検本庁	5	9	1	1	2	2						1		1	4					26
	福岡地検小倉支部	1	4		1		2												2		10
	佐賀地検本庁			1																	1
	長崎地検本庁		1																		1
	大分地検本庁				1		3								1						5
	熊本地検本庁	4	1	1			1			1											8
	鹿児島地検本庁		3	1	1	2			1												8
	宮崎地検本庁	1	1	1		1															4
	那覇地検本庁	1	4		1		2														8
仙台高検管内	仙台地検本庁	9	3				3	1	1	1											18
	福島地検本庁		2					1									1				4
	福島地検郡山支部			2		4			1										1		8
	山形地検本庁					2															2
	盛岡地検本庁		1			5															6
	秋田地検本庁		1	2																	3
	青森地検本庁		3	1																	4
札幌高検管内	札幌地検本庁	2	3	3	1		2								2		1				14
	函館地検本庁	1	2														1				4
	旭川地検本庁		2																		2
	釧路地検本庁	1	3	1		2			1												8
高松高検管内	高松地検本庁			3																	3
	徳島地検本庁	2	1	1																	4
	高知地検本庁	1																			1
	松山地検本庁	3	5	1		1															11
罪名別総数		136	232	75	50	85	76	15	18	29	3	0	25	11	18	64	26	0	10	0	873

【注】1．最高検察庁提供の資料をもとに、日弁連が集計、作成したものである。
　　　2．上記件数は、被告人1人に対する起訴ごとに1件として計上している。
　　　3．1通の起訴状で複数の罪名の異なる裁判員裁判対象事件を起訴した場合は、法定刑の最も重い罪名の罪について1件と計上し、法定刑が同じ場合は、刑法と特別法違反の罪については刑法の罪について1件、複数の刑法の罪については刑法の条文の順番で先に規定されている罪について1件として計上している。
　　　4．未遂処罰規定のある罪名については、未遂のものを含む。
　　　5．特別法犯（刑法以外の犯罪）については、裁判員裁判対象事件に限定した件数である。

裁判員裁判の実施状況

（1）裁判員裁判対象事件の庁別終局人員

　次の表は、2022年1月1日～12月31日までの裁判員裁判対象事件の庁別の終局人員数と、弁護士数をもとに、庁別の登録弁護士1人当たりの裁判員裁判対象事件の担当人員数を試算したものである。

資料2-1-6-2　裁判員裁判対象事件の地裁本庁及び実施支部の終局人員数と弁護士1人当たりの担当人数

| | 庁名 | 終局人員（人） | 2022年1月1日～12月31日まで | | | | | 弁護士数（2022.12.1）（人） | 弁護士1人当たりの担当人員数（人） |
			有罪	有罪・一部無罪	無罪	家裁へ移送	その他（注3）		
東京高裁管内	東京地裁本庁	92	80	5	5		2	20,629	0.004
	東京地裁立川支部	16	16					805	0.020
	横浜地裁本庁	51	46		1	2	2	1,231	0.041
	横浜地裁小田原支部	3	3					141	0.021
	さいたま地裁本庁	41	40				1	588	0.070
	千葉地裁本庁	58	51	3			4	598	0.097
	水戸地裁本庁	21	20		1			124	0.169
	宇都宮地裁本庁	9	9					169	0.053
	前橋地裁本庁	8	8					131	0.061
	静岡地裁本庁	7	6				1	217	0.032
	静岡地裁沼津支部	11	11					104	0.106
	静岡地裁浜松支部	2	2					156	0.013
	甲府地裁本庁	6	6					122	0.049
	長野地裁本庁	9	9					101	0.089
	長野地裁松本支部	3	3					57	0.053
	新潟地裁本庁	6	6					187	0.032
大阪高裁管内	大阪地裁本庁	63	61		2			4,644	0.014
	大阪地裁堺支部	12	12					142	0.085
	京都地裁本庁	17	17					815	0.021
	神戸地裁本庁	20	20					603	0.033
	神戸地裁姫路支部	6	5	1				135	0.044
	奈良地裁本庁	2	2					138	0.014
	大津地裁本庁	7	7					124	0.056
	和歌山地裁本庁	4	4					130	0.031
名古屋高裁管内	名古屋地裁本庁	29	28				1	1,737	0.017
	名古屋地裁岡崎支部	5	5					153	0.033
	津地裁本庁	9	8				1	81	0.111
	岐阜地裁本庁	12	11				1	151	0.079
	福井地裁本庁	5	5					101	0.050
	金沢地裁本庁	3	3					170	0.018
	富山地裁本庁	8	7		1			89	0.090
広島高裁管内	広島地裁本庁	14	13	1				498	0.028
	山口地裁本庁	9	9					66	0.136
	岡山地裁本庁	20	20					349	0.057
	鳥取地裁本庁	3	3					32	0.094
	松江地裁本庁	4	4					50	0.080
福岡高裁管内	福岡地裁本庁	29	29					1,064	0.027
	福岡地裁小倉支部	8	8					219	0.037
	佐賀地裁本庁	1	1					80	0.013
	長崎地裁本庁	8	8					93	0.086
	大分地裁本庁	3	3					137	0.022
	熊本地裁本庁	5	5					255	0.020
	鹿児島地裁本庁	8	7		1			183	0.044
	宮崎地裁本庁	5	5					112	0.045
	那覇地裁本庁	8	7		1			222	0.036
仙台高裁管内	仙台地裁本庁	16	15				1	442	0.036
	福島地裁本庁	2	2					51	0.039
	福島地裁郡山支部	5	5					66	0.076
	山形地裁本庁	2	2					69	0.029
	盛岡地裁本庁	5	5					66	0.076
	秋田地裁本庁	6	6					58	0.103
	青森地裁本庁	2	2					50	0.040
札幌高裁管内	札幌地裁本庁	18	18					811	0.022
	函館地裁本庁	2	2					52	0.038
	旭川地裁本庁	2	2					68	0.029
	釧路地裁本庁	2	2					30	0.067
高松高裁管内	高松地裁本庁	9	9					155	0.058
	徳島地裁本庁	4	4					81	0.049
	高知地裁本庁	2	2					85	0.024
	松山地裁本庁	6	5				1	118	0.051
	合　計	753	714	10	12	2	15	40,135	0.019

【注】 1．最高裁判所『令和4年における裁判員裁判の実施状況等に関する資料』によるもので、刑事通常第一審事件票による実人員数である。
　　　 2．「終局人員」とは、当該年度に終局裁判等（判決、終局決定、正式裁判請求の取下げ等）により終了した事件の実人員数である。
　　　 3．終局区分の「その他」は、公訴棄却、移送等である。
　　　 4．弁護士数は、2022年12月1日現在のもので、地裁本庁については支部弁護士数を控除したものである。

（2）自白・否認別の平均審理期間・平均公判前整理手続期間等

　裁判員裁判の審理に要する期間は、犯罪の成立が争われる否認事件か、犯罪の成立に争いのない自白事件かによって大きく異なる。次の表は、2022年（1月～12月）の裁判員裁判対象事件の自白・否認別の平均審理期間・平均公判前整理手続期間（過去比較）及び審理期間・実審理期間についてまとめたものである。

資料2-1-6-3　平均審理期間及び平均公判前整理手続期間—自白否認別・裁判員制度導入前後別—

| | | 裁判官裁判（2006年～2008年） | 裁判員裁判 | | | | | | | | | | | | | | |
			累計	2009年	2010年	2011年	2012年	2013年	2014年	2015年	2016年	2017年	2018年	2019年	2020年	2021年	2022年
総数	判決人員（人）	3,080	15,089	142	1,506	1,525	1,500	1,387	1,202	1,182	1,104	966	1,027	1,001	905	904	738
	平均審理期間（月）	6.6	9.8	5.0	8.3	8.9	9.3	8.9	8.7	9.2	10.0	10.1	10.1	10.3	12.0	12.6	13.8
	公判前整理手続期間の平均（月）	2.9	7.7	2.8	5.4	6.4	7.0	6.9	6.8	7.4	8.2	8.3	8.2	8.5	10.0	10.5	11.5
	公判前整理手続以外に要した期間の平均（月）	3.7	2.1	2.2	2.9	2.5	2.3	2.0	1.9	1.8	1.8	1.8	1.9	1.8	2.0	2.1	2.3
自白	判決人員（人）	1,783	7,962	114	970	885	806	725	644	623	568	449	496	491	432	419	340
	平均審理期間（月）	5.3	7.8	4.8	7.4	7.3	7.2	7.1	7.0	7.4	8.0	7.9	7.7	7.9	9.9	9.8	10.7
	公判前整理手続期間の平均（月）	2.4	5.9	2.8	4.6	5.0	5.2	5.4	5.4	5.8	6.5	6.4	6.1	6.4	8.1	7.8	8.6
	公判前整理手続以外に要した期間の平均（月）	2.9	1.9	2.0	2.8	2.3	2.0	1.7	1.6	1.6	1.5	1.5	1.6	1.5	1.8	2.0	2.1
否認	判決人員（人）	1,297	7,127	28	536	640	694	662	558	559	536	517	531	510	473	485	398
	平均審理期間（月）	8.3	12.1	5.6	9.8	10.9	11.7	10.9	10.6	11.2	12.1	12.1	12.3	12.5	13.9	15.1	16.5
	公判前整理手続期間の平均（月）	3.7	9.7	3.1	6.8	8.3	9.1	8.5	8.5	9.1	10.1	10.0	10.0	10.5	11.7	12.9	14.0
	公判前整理手続以外に要した期間の平均（月）	4.6	2.4	2.5	3.0	2.6	2.6	2.4	2.1	2.1	2.0	2.1	2.3	2.0	2.2	2.2	2.5

【注】　1．判決人員は、実人員数である。
　　　　2．審理期間とは、起訴から終局までの期間であり、公判準備期間を含む。
　　　　3．「公判前整理手続期間の平均（月）」は、裁判員裁判対象事件以外の事件について、公判前整理手続に付されずに公判を開いた後、罰条の変更等により裁判員裁判対象事件になり、期日間整理手続に付されたもの等を除外して算出している。
　　　　4．判決人員には少年法55条による家裁移送決定があったものを含み、裁判員が参加する合議体で審理が行われずに公訴棄却判決があったものを含まない。
　　　　5．裁判員法3条1項の除外決定があったものを除く。
　　　　6．裁判官裁判は、公判前整理手続に付された裁判員裁判対象罪名の事件のうち、有罪（一部無罪を含む）及び無罪人員を基に算出している。

資料2-1-6-4　審理期間別の判決人員数及び平均審理期間—自白否認別—（2022年）

	判決人員（人）	3月以内	4月以内	5月以内	6月以内	9月以内	1年以内	1年を超える	平均審理期間（月）
総数	738	—	6	35	38	180	158	321	13.8
自白	340	—	3	32	35	109	74	87	10.7
否認	398	—	3	3	3	71	84	234	16.5

【注】　1．刑事通常第一審事件票による実人員数である。
　　　　2．裁判員裁判対象事件以外の事件について公判を開いた後、裁判員裁判対象事件が併合されたものを含む。

資料2-1-6-5　実審理期間（第1回公判から終局まで）別の判決人員数及び平均実審理期間—自白否認別—（2022年）

	判決人員（人）	2日	3日	4日	5日	10日以内	20日以内	30日以内	40日以内	40日を超える	平均実審理期間（日）
総数	738	1	15	35	38	233	264	67	32	53	17.5
自白	340	1	15	34	33	153	88	7	1	8	10.3
否認	398	—	—	1	5	80	176	60	31	45	23.7

【注】　1．刑事通常第一審事件票及び最高裁判所刑事局の個別調査による実人員数である。
　　　　2．区分審理を行ったものについては、裁判員が参加した審理が行われた期間の合計を実審理期間としている。
　　　　　　区分審理：裁判員裁判で、同一の被告人に対して複数の事件が起訴された場合、事件をいくつかに区分し、それぞれに裁判員を選任して審理すること。そこで部分判決したものを、新たに選任された裁判員が加わった合議体でこれ以外の被告の事件について審理し、最終的な量刑を決定する。
　　　　3．裁判官のみで第1回公判を開いた後、裁判員裁判対象事件で追起訴があったため裁判員の参加する合議体で審理されて終局したものについては、裁判員が参加した審理が行われた期間を実審理期間としている。
　　　　4．上記2及び3以外のものについては、第1回公判から終局までの期間を実審理期間としている。
　　　　5．公判期日が延期され、裁判員が解任されたものについては、改めて選任された裁判員の参加した審理が行われた期間を実審査期間としている。
　　　　6．本頁の数値は、最高裁判所『令和4年における裁判員裁判の実施状況等に関する資料』及び最高裁判所から提供を受けた資料によるものである。

（3）裁判員裁判対象事件における国選弁護人の複数選任状況

　連日開廷による裁判員裁判の審理に対応するためには、複数の弁護人で公判審理に臨む必要性が高い。そこで、裁判員裁判対象事件においては、以下のように国選弁護人の複数選任が認められる割合が高まっている。

　参考として、裁判員制度施行前の2006年～2008年までの地方裁判所における弁護人選任状況も併せて掲載した。

資料2-1-6-6　裁判員裁判対象事件における弁護人選任状況（地方裁判所・2009年～2022年）

年	判決人員（人）	弁護人が選任された人員	私選弁護人が選任された人員	私選弁護人が選任された割合	国選弁護人が選任された人員	国選弁護人が選任された割合	国選弁護人が複数選任された人員	国選弁護人が複数選任された割合
2009	142	142	30	21.1%	117	82.4%	101	71.1%
2010	1,506	1,506	322	21.4%	1,258	83.5%	1,113	73.9%
2011	1,525	1,525	265	17.4%	1,338	87.7%	1,182	77.5%
2012	1,500	1,500	286	19.1%	1,300	86.7%	1,178	78.5%
2013	1,387	1,387	260	18.7%	1,202	86.7%	1,115	80.4%
2014	1,202	1,202	204	17.0%	1,050	87.4%	976	81.2%
2015	1,182	1,182	211	17.9%	1,022	86.5%	968	81.9%
2016	1,104	1,104	216	19.6%	952	86.2%	909	82.3%
2017	966	966	197	20.4%	832	86.1%	782	81.0%
2018	1,027	1,027	202	19.7%	882	85.9%	831	80.9%
2019	1,001	1,001	179	17.9%	880	87.9%	828	82.7%
2020	905	905	159	17.6%	794	87.7%	757	83.6%
2021	904	904	167	18.5%	779	86.2%	742	82.1%
2022	738	738	150	20.3%	626	84.8%	581	78.7%

【注】1．数値は、最高裁から提供を受けた資料によるもので、実人員数である。
　　　2．判決人員には少年法55条による家裁移送決定があったものを含み、裁判員が参加する合議体で審理が行われずに公訴棄却判決があったものを含まない。
　　　3．裁判員法3条1項の除外決定があったものを除く。
　　　4．同一被告人に対し私選弁護人及び国選弁護人が選任された場合には重複して計上している。
　　　5．2022年の数値は速報値である。
　　　6．私選及び国選弁護人が選任（複数）された割合は、判決人員に対する割合である。下表も同じ。
　　　7．「国選弁護人が複数選任された人員」とは、全手続を通じて国選弁護人が2人以上選任された被告人の人員であり、解任された後、再び選任された人員も含む。

資料2-1-6-7　〈参考〉裁判員裁判対象罪名の事件における弁護人選任状況（地方裁判所・2006年～2008年）

年	判決人員（人）	弁護人が選任された人員	私選弁護人が選任された人員	私選弁護人が選任された割合	国選弁護人が選任された人員	国選弁護人が選任された割合	国選弁護人が複数選任された人員	国選弁護人が複数選任された割合
2006	2,749	2,749	1,079	39.3%	1,838	66.9%	68	2.5%
2007	2,375	2,375	787	33.1%	1,726	72.7%	97	4.1%
2008	2,163	2,163	656	30.3%	1,641	75.9%	143	6.6%

【注】1．数値は、最高裁から提供を受けた資料によるもので、実人員数である。
　　　2．終局時の罪名が裁判員裁判対象罪名の事件のうち、有罪人員及び無罪人員の合計である。
　　　3．同一被告人に対し私選弁護人及び国選弁護人が選任された場合には重複して計上している。

第2章 民事事件等に関する活動

民事事件等に関する活動は、弁護士業務の重要な部分を占める。その範囲は、裁判所における民事、家事、行政の手続だけでなく、裁判外紛争解決手続（ADR）、行政不服審査、諸審判手続、交渉、法律相談など幅広く、市民生活や企業の活動において弁護士の果たす役割は大きい。

本章は、裁判所における民事、家事、行政事件のほか、民事事件等に関わる弁護士活動について、各統計資料をもとにまとめたものである。

第1節 民事事件

❶ 民事訴訟事件数の推移

以下は、地方裁判所における民事第一審通常訴訟事件数と弁護士数について経年変化をまとめたものである。なお、近年の民事訴訟事件数の変動には、過払金（不当利得）の返還を求める訴訟（過払金返還請求訴訟）の影響があるのではないかといわれていることから、98頁にて、不当利得返還請求訴訟事件数等の推移について掲載している。

本章では、以下、不当利得返還請求を内容とする事件等を「過払金等事件」、不当利得返還請求を内容とする事件を除いた事件を「過払金等以外事件」という。

| 資料2-2-1-1 | 民事第一審通常訴訟事件数（地方裁判所）と弁護士数 |

年	民事第一審通常訴訟事件（地方裁判所）			弁護士数（人）
	新受（件）	既済（件）	未済（件）	
2012	161,313	168,229	98,159	33,317
2013	147,390	149,930	95,619	34,743
2014	142,488	141,008	97,099	36,160
2015	143,817	140,973	99,943	37,445
2016	148,307	148,023	100,227	38,739
2017	146,681	145,983	100,924	39,865
2018	138,444	138,683	100,685	40,934
2019	134,935	131,559	104,061	42,058
2020	133,430	122,763	114,728	43,110
2021	130,861	139,020	106,569	42,989
2022	126,664	131,794	101,439	44,907

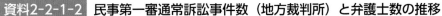

資料2-2-1-2　民事第一審通常訴訟事件数（地方裁判所）と弁護士数の推移

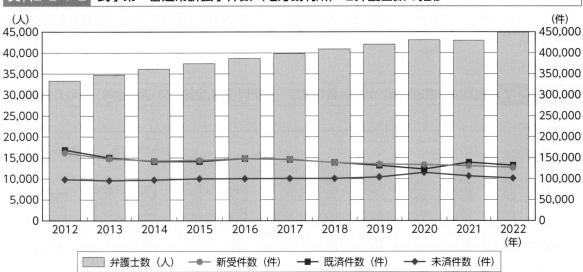

【注】 1. 弁護士数は、各年の12月31日現在のもの。
　　　 2. 民事事件数は、『司法統計年報（民事・行政編）』「民事・行政事件数―事件の種類及び新受、既済、未済―全地方裁判所及び地方裁判所別」によるもの。
　　　 3. ここでの「民事第一審通常訴訟事件」とは、地方裁判所における「通常訴訟事件」及び「人事訴訟事件」を指す。
　　　　 なお、2004年4月1日以降提起された人事訴訟は、地方裁判所から家庭裁判所に移管されており、地方裁判所は同日以前から係属していた事件及び経過措置により同日以後に提起されたそれに関する反訴事件等のみを審理していたが、2010年までに全て既済となった。

② 民事第一審通常訴訟事件の新受件数の推移

　弁護士が関わることの多い地方裁判所・簡易裁判所の民事第一審通常訴訟と、増減の変化の大きい簡易裁判所の民事調停の新受件数の推移を見ると、民事第一審通常訴訟は地方裁判所・簡易裁判所ともに増加し続けていたが、2010年から減少に転じており、2013年以降は横ばいで推移している。

　他方、簡易裁判所の民事調停は、2003年をピークに減り続けている。

資料2-2-1-3　民事第一審通常訴訟新受件数の推移（地方裁判所・簡易裁判所）

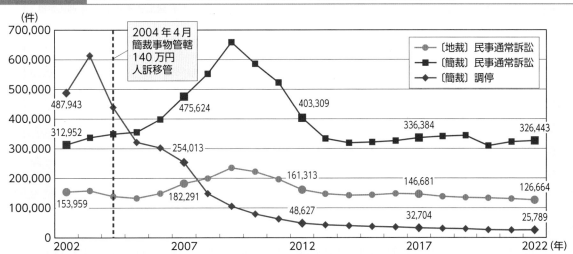

【注】 1. 数値は、『司法統計年報（民事・行政編）』「民事・行政事件数―事件の種類及び新受、既済、未済―全地方裁判所及び地方裁判所別、全簡易裁判所及び地方裁判所管内全簡易裁判所別」によるもの。
　　　 2. 本項の地方裁判所における「民事第一審通常訴訟事件」とは、「通常訴訟事件」及び「人事訴訟事件」を指す。
　　　 3. 2004年4月1日から、簡易裁判所の事物管轄については140万円に引き上げられ、140万円以下の請求に係る事件については簡易裁判所の管轄になった。また、同年同月、人事訴訟は家庭裁判所の管轄となった。

次のグラフは、地方裁判所の民事第一審通常訴訟新受件数の推移について、過払金等以外事件と過払金等事件別にみたものである。新受件数が2009年235,508件を境に減少しているものの、過払金等以外の事件は近年ほぼ横ばいとなっていることに鑑みると、過払金等事件の減少が大きく影響しているものと考えられる。

資料2-2-1-4　民事第一審通常訴訟新受件数の推移―内訳別（過払金等以外・過払金等）―（地方裁判所）

【注】　1．数値は、最高裁から提供を受けた資料によるもの。
　　　　2．過払金等事件とは、「不当利得返還請求事件」、「過払金返還請求事件」等、不当利得返還請求を内容とする事件名が付された事件、手付金、地代、家賃、敷金、保証債務の履行等を請求する事件等をいう。

　簡易裁判所においては、2009年のピーク時には343,956件もの過払金等事件があったが、近年は減少傾向にある。2022年の同事件数は半分以下となっている。

資料2-2-1-5　民事第一審通常訴訟新受件数の推移―内訳別（過払金等以外・過払金等）―（簡易裁判所）

【注】数値は、最高裁から提供を受けた資料によるもの。

❸ 地方裁判所の通常民事訴訟事件における弁護士の関与状況

事件総数としては 2011 年以降減少しており、2016 年一旦増加に転じたが、2017 年から 2020 年は再び減少した。2022 年の弁護士の関与状況は全体では 92.6％で、訴えの目的別に見ると、公害、労働、知的財産権に関する訴えにおいて、選任率が高くなっている。

資料2-2-1-6　**民事第一審通常訴訟事件の弁護士選任率の推移（地方裁判所）**

凡例：事件総数（件）　弁護士を付けた割合（%）

資料2-2-1-7　**訴えの目的別弁護士の関与状況（地方裁判所・2022 年）**

事件の種類	事件総数（件）	弁護士を付けたもの				
		総数（件）	関与率	双方（件）	一方（件）	
					原告側	被告側
人事を目的とする訴え	—	—	—	—	—	—
金銭を目的とする訴え	85,372	79,957	93.7%	50,916	25,790	3,251
建築請負代金等	(1,522)	(1,474)	96.8%	1,083	(351)	(40)
建築瑕疵による損害賠償	(517)	(511)	98.8%	(458)	(30)	(23)
医療行為による損害賠償	(792)	(769)	97.1%	(623)	(82)	(64)
公害による損害賠償	(68)	(65)	95.6%	(45)	(13)	(7)
労働に関する訴え	(2,680)	(2,627)	98.0%	(2,304)	(184)	(139)
知的財産権に関する訴え	(312)	(271)	86.9%	(200)	(28)	(43)
その他	(79,481)	(74,240)	93.4%	(46,203)	(25,102)	(2,935)
建物を目的とする訴え	29,286	26,773	91.4%	2,997	23,662	114
土地を目的とする訴え	6,379	5,876	92.1%	2,498	3,253	125
労働に関する訴え（金銭を目的とする訴えを除く）	1,156	1,140	98.6%	1,034	53	53
知的財産権に関する訴え（金銭を目的とする訴えを除く）	322	316	98.1%	273	38	5
公害に係る差止めの訴え	4	4	100.0%	4	—	—
共通義務確認の訴え	—	—	—	—	—	—
その他の訴え	9,275	8,003	86.3%	5,440	2,106	457
総　　数	131,794	122,069	92.6%	63,162	54,902	4,005

【注】 1．数値は、『司法統計年報（民事・行政編）』「第一審通常訴訟既済事件数―事件の種類及び弁護士選任状況別―全地方裁判所」によるもの。グラフにおける「弁護士を付けた割合」とは、双方、又は一方に弁護士が付いた割合である。
　　　 2．2004 年 4 月 1 日より、人事訴訟は家庭裁判所に移管された。

以下は、地方裁判所の民事第一審訴訟事件について、「過払金等以外」と「過払金等」に分け、それぞれ弁護士の選任状況をみたものである。過払金等以外の事件は、双方に弁護士を付けた割合が最も高く（資料2-2-1-8）、他方、過払金等事件も、双方に弁護士を付けた割合が最も高くなっている（資料2-2-1-9）。

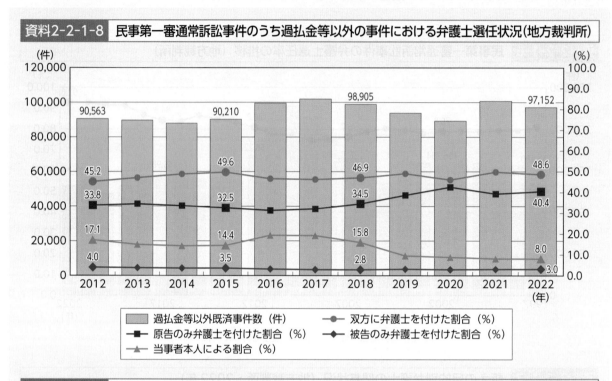

資料2-2-1-8　民事第一審通常訴訟事件のうち過払金等以外の事件における弁護士選任状況（地方裁判所）

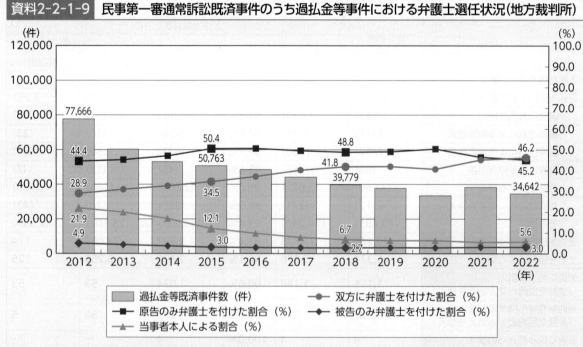

資料2-2-1-9　民事第一審通常訴訟既済事件のうち過払金等事件における弁護士選任状況（地方裁判所）

【注】1．最高裁から提供を受けた資料をもとに日弁連が作成したもの。
　　　2．過払金等事件とは、「不当利得返還請求事件」、「過払金返還請求事件」等、不当利得返還請求を内容とする事件名が付されたもの、手付金、地代、家賃、敷金、保証債務の履行等を請求する事件等をいう。

④ 簡易裁判所の通常民事訴訟事件における弁護士等の関与状況

　事件数については2001年以降増加傾向にあったが、2011年以降減少傾向にある。それまでの事件数の増加は金銭を目的とする訴えのうち過払金等事件（貸金業者に対する過払金返還請求訴訟等）の影響を受けているとされる。弁護士等の関与状況については、当事者本人によるものの割合が多くを占めている。

| 資料2-2-1-10 | 民事第一審通常訴訟事件の弁護士等選任率の推移（簡易裁判所） |

【注】グラフにおける「弁護士等を付けた割合」とは、双方又は一方に弁護士が、「司法書士等を付けた割合」とは、双方又は一方に司法書士が付いた割合である。

　司法書士法の改正（2003年4月1日施行）により、一定の研修を修了し、法務大臣の認定を受けた司法書士に、簡易裁判所における訴訟代理権等が付与されることになった。2003年7月28日に、第1回認定考査に合格した2,989人の司法書士が法務大臣より認定され、業務を開始している。その後、2023年4月1日現在で、計1万8,027人の司法書士が認定を受けている。

　次の表は、2023年の簡易裁判所の通常民事訴訟事件における弁護士及び司法書士の関与の状況である。

| 資料2-2-1-11 | 訴えの目的別弁護士等の関与状況（簡易裁判所・2022年） |

(単位：件)

事件の種類	総数	弁護士又は司法書士を付けたもの										当事者本人によるもの
		双　方					一　方					
		双方弁護士	司法書士側被告側	原告側弁護士被告側	側弁護士・被告書士原告側司法	双方司法書士	弁護士原告側	司法書士原告側	弁護士被告側	司法書士被告側		
金銭を目的とする訴え	321,927	18,349	150	1,945	87	19,372	6,523	18,457	3,977		253,067
過払金等以外	(183,143)	(15,471)	(79)	(183)	(41)	(8,927)	1,309	(11,049)	(2,273)		(143,811)
過払金等	(138,784)	(2,878)	(71)	1,762	(46)	(10,445)	(5,214)	(7,408)	(1,704)		(109,256)
建物を目的とする訴え	3,695	109	5	32	3	1,146	1,298	35	5		1,062
土地を目的とする訴え	1,698	82	3	53	34	371	913	26	1		215
その他の訴え	2,362	103	1	9	1	311	178	71	19		1,669
総　数	329,682	18,643	159	2,039	125	21,200	8,912	18,589	4,002		256,013

【注】　1．本頁の数値は、最高裁から提供を受けた資料によるもの。
　　　　2．少額訴訟から通常移行したものを含む。
　　　　3．司法書士関与事件は2003年からの統計数値である。
　　　　4．2004年4月より簡易裁判所の事物管轄が90万円から140万円に引き上げられた。

以下は、簡易裁判所を第一審とする民事事件のうち、「金銭を目的とする訴え」について、「過払金等以外」と「過払金等」に分け、それぞれ弁護士等の選任状況をみたものである。

過払金等以外の事件は、司法書士と比べ弁護士の関与している割合が高いが、全体的に選任率は低調である（資料2-2-1-12）。他方、過払金等事件は、2003年の司法書士法の改正以降、司法書士の代理人選任率が増加し弁護士を上回っていたが、2017年以降逆転し、近年はその差がわずかではあるが広がりつつある（資料2-2-1-13）。

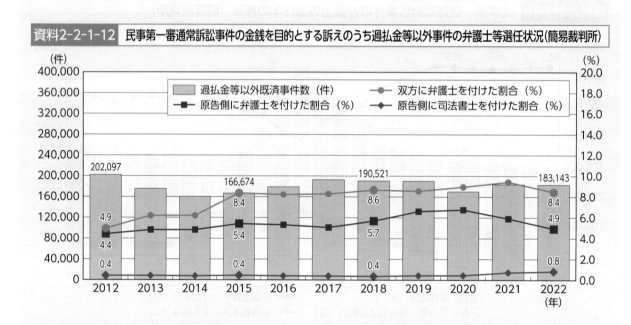

資料2-2-1-12 民事第一審通常訴訟事件の金銭を目的とする訴えのうち過払金等以外事件の弁護士等選任状況（簡易裁判所）

資料2-2-1-13 民事第一審通常訴訟事件の金銭を目的とする訴えのうち過払金等事件の弁護士等選任状況（簡易裁判所）

【注】 1. 数値は、最高裁から提供を受けた資料をもとに日弁連が作成したもの。
2. 「原告側に弁護士を付けた割合」とは、原告側弁護士（被告側司法書士）と原告側のみ弁護士を付けたものを足して算出した割合である。
3. 「原告側に司法書士を付けた割合」とは、原告側司法書士（被告側弁護士）と原告側のみ司法書士を付けたものを足して算出した割合である。
4. 過払金等事件とは、「不当利得返還請求事件」、「過払金返還請求事件」等、不当利得返還請求を内容とする事件名が付された事件、手付金、地代、家賃、敷金、保証債務の履行等を請求する事件等をいう。

資料2-2-1-14　交通事故損害賠償請求事件の新受件数の推移（地方裁判所・簡易裁判所）

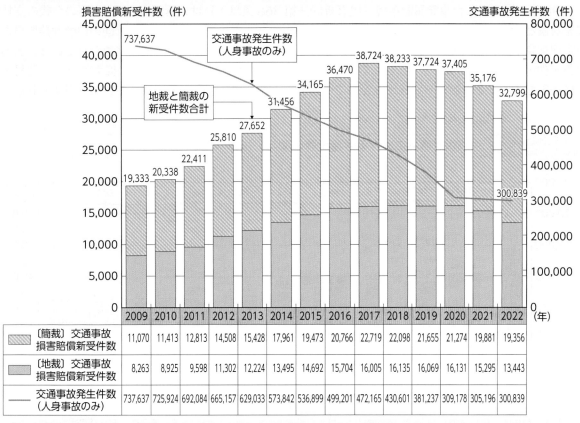

	2009	2010	2011	2012	2013	2014	2015	2016	2017	2018	2019	2020	2021	2022
〔簡裁〕交通事故損害賠償新受件数	11,070	11,413	12,813	14,508	15,428	17,961	19,473	20,766	22,719	22,098	21,655	21,274	19,881	19,356
〔地裁〕交通事故損害賠償新受件数	8,263	8,925	9,598	11,302	12,224	13,495	14,692	15,704	16,005	16,135	16,069	16,131	15,295	13,443
交通事故発生件数（人身事故のみ）	737,637	725,924	692,084	665,157	629,033	573,842	536,899	499,201	472,165	430,601	381,237	309,178	305,196	300,839

【注】1．数値は、最高裁から提供を受けた資料によるもので、地裁・簡裁ともに少額訴訟から通常移行したものを含まない。
　　　2．交通事故発生件数は警察庁ウェブサイト『令和5年警察白書』「交通事故発生状況の推移」による。

資料2-2-1-15　民事第一審通常訴訟事件のうち交通事故損害賠償請求事件の弁護士選任率の推移（簡易裁判所）

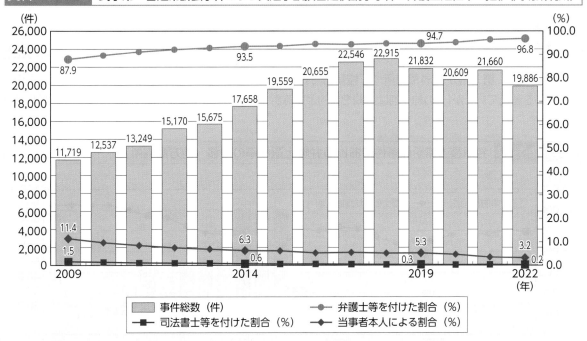

【注】1．最高裁から提供を受けた資料をもとに、日弁連が作成したもの。
　　　2．少額訴訟から通常移行したものを含む。
　　　3．「弁護士等を付けた割合」とは、双方又は一方に弁護士が、「司法書士等を付けた割合」とは、双方又は一方に司法書士が付いた割合である。

❺ 簡易裁判所の少額訴訟事件における弁護士等の関与状況

1998年に導入された少額訴訟手続（民事訴訟法第368条以下）は、訴額60万円以下の金銭の支払請求を対象とする手続である。市民が簡易・迅速に利用できるよう、原則として、1回の口頭弁論期日だけで審理を完了し、判決の言い渡しを審理の終了後直ちに行うなど、特別の手続が定められている。当初は対象事件の訴額は30万円以下とされていたが、2005年4月には60万円以下に拡大された。簡易・迅速に利用できることなどから、代理人としての弁護士が関与する割合は低くなっていると考えられる。

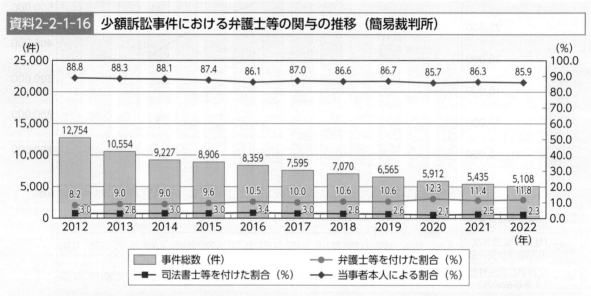

資料2-2-1-16　少額訴訟事件における弁護士等の関与の推移（簡易裁判所）

【注】　1．数値は、『司法統計年報（民事・行政編）』「少額訴訟既済事件数―事件の種類、弁護士等選任状況及び司法委員関与のあった事件数別―全簡易裁判所」によるもの。
　　　　2．少額訴訟から通常移行したものを含まない。
　　　　3．「弁護士等を付けた割合」とは、双方又は一方に弁護士が、「司法書士等を付けた割合」とは、双方又は一方に司法書士が付いた割合である。

❻ 控訴審（地方裁判所）通常訴訟事件における弁護士選任率の推移

次のグラフは、第一審が簡易裁判所で、控訴して地方裁判所に係属したものである。事件総数は、2010年以降1万件を超えていたが（その約9割は金銭を目的とする訴えである）、2022年では4,242件と減少傾向にある。

資料2-2-1-17　控訴審通常訴訟事件における弁護士選任率の推移（地方裁判所）

【注】　1．数値は、『司法統計年報（民事・行政編）』「控訴審通常訴訟既済事件数―事件の種類及び弁護士選任状況別―全地方裁判所」によるもの。
　　　　2．「弁護士を付けた割合」とは、双方又は一方に弁護士が付いた割合である。

❼ 控訴審（高等裁判所）通常訴訟事件における弁護士選任率の推移

　事件総数は、1997年以降増減を繰り返しつつ、1万5,000件を超える件数で推移していたが、2016年～2020年は減少傾向にあった。弁護士選任率においては95%前後で推移している。

資料2-2-1-18　控訴審通常訴訟事件における弁護士選任率の推移（高等裁判所）

【注】1．数値は、『司法統計年報（民事・行政編）』「控訴審通常訴訟既済事件数―事件の種類及び弁護士選任状況別―全高等裁判所」によるもの。
　　　2．「弁護士を付けた割合」とは、双方又は一方に弁護士が付いた割合である。
　　　3．2004年、2005年の事件総数のうち、民事控訴として受理したが、行政控訴として既済になったもの1件を含む。

❽ 上告審（高等裁判所）訴訟事件における弁護士選任率の推移

　高等裁判所での上告審については、事件総数としては2012年以降減少傾向にある。また、2003年まで減少傾向にあった弁護士の選任率については、2008年以降増加傾向に転じ、2022年では72.6%となっている。

資料2-2-1-19　上告審訴訟事件における弁護士選任率の推移（高等裁判所）

【注】1．数値は、『司法統計年報（民事・行政編）』「上告審訴訟既済事件数―事件の種類及び弁護士選任状況別―全高等裁判所」によるもの。
　　　2．「弁護士を付けた割合」とは、双方又は一方に弁護士が付いた割合である。

⑨ 民事調停事件（地方裁判所）における弁護士選任率の推移

　事件総数は、2010年以降増減の波があり、2022年では8,233件であった。弁護士選任率は、2012年から2018年まで増加していたが、2019年、2020年と減少し、2021年に再び増加に転じた。

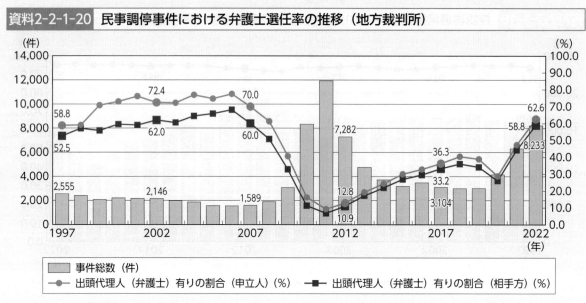

資料2-2-1-20　民事調停事件における弁護士選任率の推移（地方裁判所）

凡例：
- 事件総数（件）
- 出頭代理人（弁護士）有りの割合（申立人）（%）
- 出頭代理人（弁護士）有りの割合（相手方）（%）

【注】数値は、『司法統計年報（民事・行政編）』「調停既済事件数—出頭代理人別—全地方裁判所」によるもの。

⑩ 民事調停事件（簡易裁判所）における弁護士選任率の推移

　2000年2月に施行された「特定債務等の調整促進のための特定調停に関する法律」により、債務整理の促進を目的とする特定調停制度が導入され、2000年以降、民事調停事件数はいったん増加したが、2003年をピークに、翌年以降、減少している。

　特定調停は本人申立がほとんどであるため、簡裁調停事件全体のうち申立人又は相手方に弁護士の代理人が付いた事件の占める割合は低く、2022年の場合、申立人が33.3％、相手方が22.4％にとどまっている。

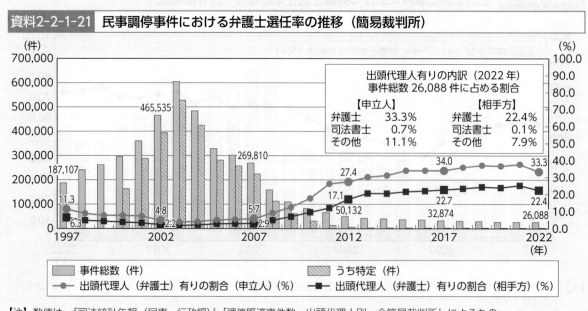

資料2-2-1-21　民事調停事件における弁護士選任率の推移（簡易裁判所）

出頭代理人有りの内訳（2022年）
事件総数 26,088件に占める割合

	【申立人】		【相手方】	
弁護士	33.3%	弁護士	22.4%
司法書士	0.7%	司法書士	0.1%
その他	11.1%	その他	7.9%

凡例：
- 事件総数（件）
- うち特定（件）
- 出頭代理人（弁護士）有りの割合（申立人）（%）
- 出頭代理人（弁護士）有りの割合（相手方）（%）

【注】数値は、『司法統計年報（民事・行政編）』「調停既済事件数—出頭代理人別—全簡易裁判所」によるもの。

⑪ 労働審判事件

（１）地方裁判所における労働審判事件の新受件数・既済件数

　2006 年 4 月から労働審判制度が施行された。この手続は、個別労働関係民事紛争を対象として、裁判官 1 人に労使専門家各 1 人の計 3 人で構成される労働審判委員会が、手続の中に調停を組み込み、3 回以内の期日での迅速・集中的な解決を実現しようとするものである。

　労働審判事件の新受件数は、制度施行から 2009 年まで増加し 2010 年以降ほぼ横ばいとなっている。

資料2-2-1-22 労働審判事件の新受件数 —事件の種類別—（地方裁判所）					
（単位：件）					
項　目	2018 年	2019 年	2020 年	2021 年	2022 年
金銭を目的とするもの以外	1,563	1,631	1,915	1,818	1,686
地位確認（解雇等）	1,504	1,600	1,853	1,751	1,641
その他	59	31	62	67	45
金銭を目的とするもの	2,067	2,034	1,992	1,791	1,522
賃金・手当等（解雇予告手当含む）	1,592	1,535	1,501	1,322	1,079
退職金	86	94	66	61	58
その他	389	405	425	408	385
合　計	3,630	3,665	3,907	3,609	3,208

資料2-2-1-23 労働審判事件の既済件数 —終局事由別—（地方裁判所）					
（単位：件）					
項　目	2018 年	2019 年	2020 年	2021 年	2022 年
労働審判	504 (14.7%)	579 (15.8%)	608 (16.2%)	619 (16.1%)	544 (16.6%)
異議申立てあり	344 (68.3%)	371 (64.1%)	352 (57.9%)	324 (52.3%)	258 (47.4%)
異議申立てなし	160 (31.7%)	208 (35.9%)	256 (42.1%)	295 (47.7%)	286 (52.6%)
調停成立	2,491 (72.6%)	2,614 (71.2%)	2,559 (68.1%)	2,662 (69.2%)	2,272 (69.4%)
24 条終了	148 (4.3%)	167 (4.6%)	191 (5.1%)	226 (5.9%)	160 (4.9%)
取下げ	245 (7.1%)	281 (7.7%)	363 (9.7%)	311 (8.1%)	258 (7.9%)
却下・移送等	41 (1.2%)	29 (0.8%)	34 (0.9%)	30 (0.8%)	39 (1.2%)
合　計	3,429 (100.0%)	3,670 (100.0%)	3,755 (100.0%)	3,848 (100.0%)	3,273 (100.0%)

【注】 1．数値は、最高裁から提供を受けた資料をもとに日弁連が作成したもの。
　　　 2．「異議申立てなし」には、集計時点で、異議申立ての有無が確認できないものを含む。
　　　 3．「異議申立て」欄に記載の割合は、労働審判で終了した事件数に対する、異議申立ての有無の割合である。
　　　 4．「24 条終了」については、資料 2-2-1-25 の注記参照。
　　　 5．百分率は、小数点以下第 2 位を四捨五入しているため、合計が 100％と一致しない場合がある。

資料2-2-1-24 労働関係事件の新受件数の推移（地方裁判所）

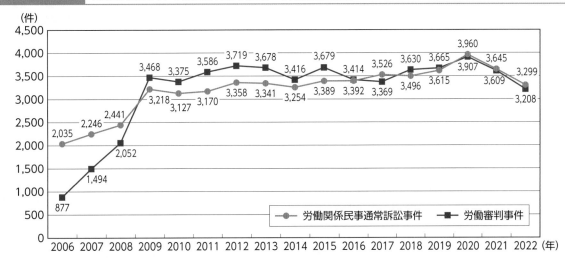

【注】数値は、最高裁から提供を受けた資料をもとに日弁連が作成したもの。

（2）地方裁判所における労働審判事件の代理人選任状況

　双方に弁護士代理人が付いている場合に、終局事由に占める調停成立の割合が大きくなっている。労働審判制度の特色の１つである話し合いによる早期解決の実現に弁護士代理人も一定の役割を果たしているのではないかと考えられる。

資料2-2-1-25　労働審判事件の既済件数—代理人選任状況・終局事由別—（地方裁判所・2022年）

（単位：件）

	労働審判		調停成立		24条終了		取下げ		却下・移送等		合計	
双方に弁護士代理人あり	403	15.2%	2,014	76.0%	110	4.2%	117	4.4%	6	0.2%	2,650	100.0%
申立人のみ弁護士代理人あり	57	19.1%	93	31.2%	25	8.4%	103	34.6%	20	6.7%	298	100.0%
相手方のみ弁護士代理人あり	66	27.2%	136	56.0%	18	7.4%	23	9.5%	0		243	100.0%
双方に弁護士代理人なし	18	22.0%	29	35.4%	7	8.5%	15	18.3%	13	15.9%	82	100.0%
合　計	544	16.6%	2,272	69.4%	160	4.9%	258	7.9%	39	1.2%	3,273	100.0%

【注】　1．数値は、最高裁から提供を受けた資料をもとに日弁連が作成したもの。
　　　　2．24条終了：事案の性質に照らし、労働審判手続を行うことが紛争の迅速かつ適正な解決のために適当でないと認めるときは、労働審判事件を終了させることができる（労働審判法第24条）。
　　　　3．百分比は、小数点以下第2位を四捨五入しているため、合計が100%と一致しない場合がある。

〈参考〉代理人選任状況

	双方に弁護士代理人あり	申立人のみ弁護士代理人あり	相手方のみ弁護士代理人あり	双方に弁護士代理人なし	合　計
件　数	2,650	298	243	82	3,273
割　合	81.0%	9.1%	7.4%	2.5%	100.0%

【注】数値は、最高裁から提供を受けた資料をもとに日弁連が作成したもの。

第2節　行政事件

① 行政訴訟事件（地方裁判所）における弁護士選任率の推移

　行政事件については、事件の絶対数が、民事や家事事件と比べ相対的に少ない。過去５年の弁護士選任率は2022年が67.2％と最も低く、2019年が73.6％と最も高い。

資料2-2-2-1　行政訴訟事件における弁護士選任率の推移（地方裁判所）

【注】1. 数値は、『司法統計年報（民事・行政編）』「行政第一審訴訟既済事件数―弁護士選任状況別―全地方裁判所」によるもの。
　　　2. 「弁護士を付けた割合」とは、双方又は一方に弁護士が付いたものである。

② 行政訴訟事件（第一審・高等裁判所）における弁護士選任率の推移

　高等裁判所が第一審の行政訴訟事件は、事件総数としては少ない。1990年代以降、増加傾向にあったものの、近年は減少傾向にある。

資料2-2-2-2　行政訴訟事件における弁護士選任率の推移（第一審・高等裁判所）

【注】1. 数値は、『司法統計年報（民事・行政編）』「行政第一審訴訟既済事件数―弁護士選任状況別―全高等裁判所」によるもの。
　　　2. 2005年の事件総数には、同年4月1日に知的財産高等裁判所が設置されたことに伴う、東京高等裁判所から知的財産高等裁判所への回付分（400件）が含まれている。なお、回付件数については各庁からの報告に基づくものであり概数である。
　　　3. 「弁護士を付けた割合」とは、双方又は一方に弁護士が付いたものである。

❸ 行政訴訟事件（控訴審・高等裁判所）における弁護士選任率の推移

事件総数としては、2016年までは増加傾向にあったが、2017年から減少傾向に転じ、2021年から再び増加傾向にある。弁護士選任率は近年は80％前後で推移している。

資料2-2-2-3 **行政訴訟事件における弁護士選任率の推移（控訴審・高等裁判所）**

【注】 1. 数値は、『司法統計年報（民事・行政編）』「行政控訴審訴訟既済事件数─弁護士選任状況別─全高等裁判所」によるもの。
　　　 2. 「弁護士を付けた割合」とは、双方又は一方に弁護士が付いたものである。

第3節 破産管財人活動

次のグラフは、破産手続開始決定数の推移と、破産管財人の選任率をみたものである。破産管財人は必ずしも弁護士である必要はないが、裁判所は若干の例外を除いてはほとんどの事件で弁護士を選任している。なお、破産管財人に弁護士が選任された件数と弁護士以外の者が選任された件数の内訳の数値は把握されておらず、選任率には、弁護士以外の者が選任された数も含まれる。

破産手続開始決定数は、近年はほぼ横ばいとなっている。また、破産管財人の選任率は2022年では、41.2％となっている。

資料2-2-3 **破産手続開始決定数及び破産管財人の選任率の推移**

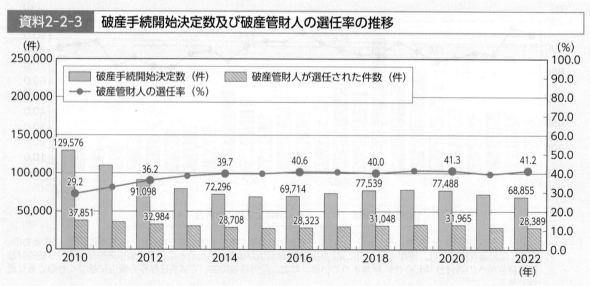

【注】 数値は、最高裁から提供を受けた資料によるもの。

第4節　家事事件

1 家事事件の新受件数の推移とその内訳

資料2-2-4-1 家事事件の新受件数の推移（家庭裁判所）

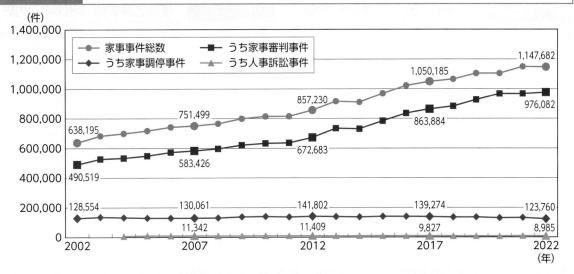

【注】1．数値は、『司法統計年報（家事編）』「家事事件の種類別新受、既済、未済件数―家庭裁判所別」によるもの。
　　　2．家事事件の審判・調停手続については、2013年（平成25年）1月1日、「家事事件手続法（平成23年法律第52号）」が施行され、家事審判法（昭和22年法律第152号）は廃止された。従って、2012年までは家審法に基づく各事件につき計上しており、2013年以降は、家審法適用の各事件につき計上している。

資料2-2-4-2 家事事件の種類別新受件数の推移（家庭裁判所）

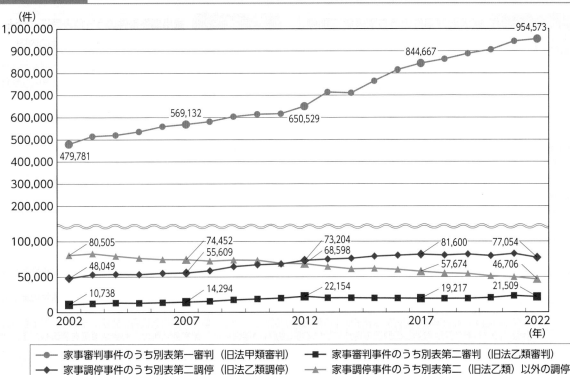

【注】数値は、『司法統計年報（家事編）』「家事事件の種類別新受、既済、未済件数―家庭裁判所別」によるもの。

家事事件のうち、家事審判事件数が増加傾向にある（前頁資料2-2-4-1）。

次のグラフは、家事審判事件について別表第一審判（旧法甲類審判）、別表第二審判（旧法乙類審判）別に事件の内訳を示したものである。別表第一審判事件では、「相続の放棄の申述の受理」が、別表第二審判事件では、「子の監護者の指定その他の処分」の割合が多くなっている。

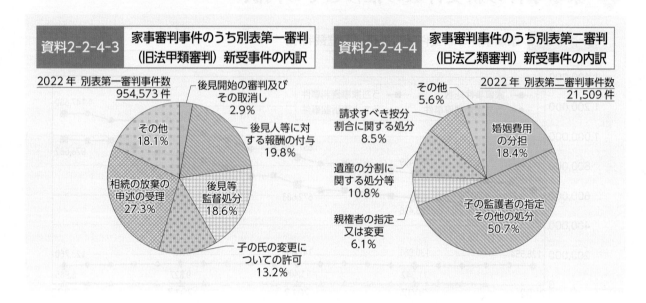

資料2-2-4-3 家事審判事件のうち別表第一審判（旧法甲類審判）新受事件の内訳

2022年 別表第一審判事件数 954,573件

- 後見開始の審判及びその取消し 2.9%
- 後見人等に対する報酬の付与 19.8%
- 後見等監督処分 18.6%
- 子の氏の変更についての許可 13.2%
- 相続の放棄の申述の受理 27.3%
- その他 18.1%

資料2-2-4-4 家事審判事件のうち別表第二審判（旧法乙類審判）新受事件の内訳

2022年 別表第二審判事件数 21,509件

- その他 5.6%
- 請求すべき按分割合に関する処分 8.5%
- 遺産の分割に関する処分等 10.8%
- 親権者の指定又は変更 6.1%
- 子の監護者の指定その他の処分 50.7%
- 婚姻費用の分担 18.4%

次のグラフは、家事調停事件について別表第二調停（旧法乙類調停）、別表第二（旧法乙類）以外の調停事件別に事件の内訳を示したものである。別表第二調停事件では、家事審判事件同様、「子の監護者の指定その他の処分」の割合が最も多く、別表第二以外の調停事件では、そのほとんどが「婚姻中の夫婦間の事件」で占められている。

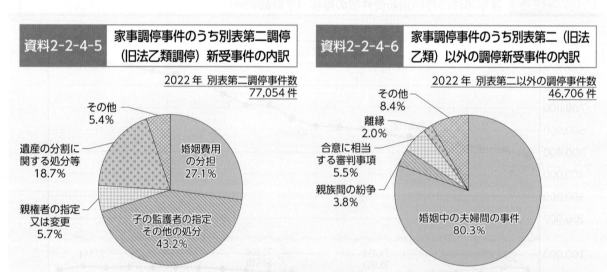

資料2-2-4-5 家事調停事件のうち別表第二調停（旧法乙類調停）新受事件の内訳

2022年 別表第二調停事件数 77,054件

- その他 5.4%
- 遺産の分割に関する処分等 18.7%
- 親権者の指定又は変更 5.7%
- 子の監護者の指定その他の処分 43.2%
- 婚姻費用の分担 27.1%

資料2-2-4-6 家事調停事件のうち別表第二（旧法乙類）以外の調停新受事件の内訳

2022年 別表第二以外の調停事件数 46,706件

- その他 8.4%
- 離縁 2.0%
- 合意に相当する審判事項 5.5%
- 親族間の紛争 3.8%
- 婚姻中の夫婦間の事件 80.3%

【注】 1. 数値は、『令和4年司法統計年報（家事編）』「家事審判事件の受理、既済、未済手続別事件別件数―全家庭裁判所」及び「家事調停事件の受理、既済、未済手続別事件別件数―全家庭裁判所」によるもの。
2. 別表第一審判・別表第二審判事件及び別表第二調停・別表第二以外の調停事件の詳細については、『令和4年司法統計年報（家事編）』を参照。
3. 合意に相当する審判事項：婚姻又は養子縁組の無効又は取消しに関する事件の調停委員会の調停において、当事者間に合意が成立し無効又は取消しの原因の有無について争いがない場合には、家庭裁判所は、必要な事実を調査した上、当該調停委員会を組織する家事調停委員の意見を聴き、正当と認めるときは、婚姻又は縁組の無効又は取消しに関し、当該合意に相当する審判をすることができる。

② 夫婦関係調整調停事件における代理人弁護士の関与状況

　次のグラフは、夫婦関係調整調停事件における代理人弁護士の関与について、その推移をみたものである。代理人弁護士の関与のあった割合は増加傾向にあり、2022年では60.1％となっている。

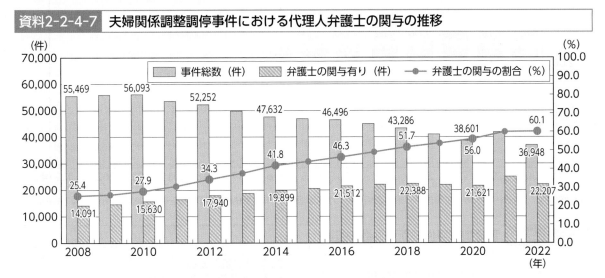

資料2-2-4-7　夫婦関係調整調停事件における代理人弁護士の関与の推移

【注】　1．数値は、最高裁から提供を受けた資料によるもの。
　　　　2．夫婦関係調整調停事件とは、家事婚姻関係事件のうち、申立の趣旨が離婚及び夫婦円満調整のもの。
　　　　3．「弁護士の関与有り」とは、申立人、相手方又は双方に弁護士が付いたものである。

③ 人事訴訟事件における弁護士選任状況

　次のグラフは、人事訴訟事件（人事を目的とする訴え）における弁護士の選任状況についてみたものである。事件総数は、近年減少傾向にあったが、2021年には増加している。事件の内訳では離婚の訴えが約9割を占める。弁護士選任率は100％に近い割合となっている。

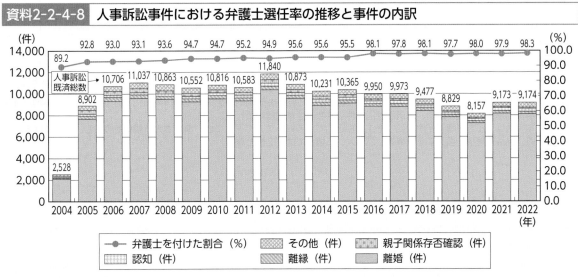

資料2-2-4-8　人事訴訟事件における弁護士選任率の推移と事件の内訳

【注】　1．数値は、最高裁から提供を受けた資料によるもの。
　　　　2．人事訴訟事件は、2004年4月から家庭裁判所の管轄となり、数値は2004年4月以降の件数である。
　　　　3．親子関係存否確認：認知を除く実親子関係の存否に関する事件（嫡出否認の訴え及び民法773条の規定により父を定めることを目的とする訴えを含む）

資料2-2-4-9　未成年後見人の選任新受件数の推移

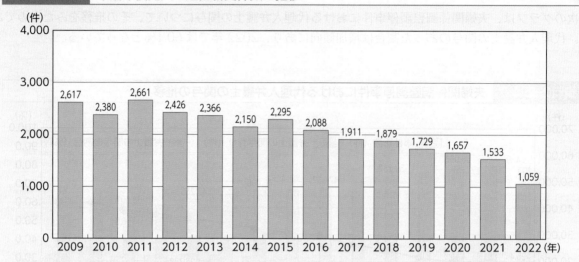

【注】数値は、『司法統計年報（家事編）』「家事審判事件の受理、既済、未済手続別事件別件数―全家庭裁判所」によるもの。

資料2-2-4-10　親権制限事件の新受件数の推移

2012年 終局区分		2017年 終局区分	
認容	32	認容	95
却下	17	却下	57
取下げ	129	取下げ	189
その他	6	その他	12

2022年 事件別終局区分			
	親権喪失	親権停止	管理権喪失
認容	24	77	2
却下	11	21	1
取下げ	30	73	3
その他	0	5	0

【注】1. 数値は、最高裁判所「親権制限事件及び児童福祉法に規定する事件の概況」（令和4年）、『司法統計年報（家事編）』「家事審判事件の受理、既済、未済手続別事件別件数―全家庭裁判所」によるもの。
　　　2. 事件数は、子を基準（子1人につき1件）としているが、1人の子につき、事件本人（親権を喪失し、もしくは停止され、又は管理権を喪失する親権者）が2人いる場合には、2件となる。

資料2-2-4-11　子の監護事件のうち、面会交流事件（審判・調停）の新受件数の推移

【注】 1．数値は、『司法統計年報（家事編）』「家事審判事件の受理、既済、未済手続別事件別件数─全家庭裁判所」及び「家事調停事件の受理、既済、未済手続別事件別件数─全家庭裁判所」によるもの。
　　　 2．2022年の調停事件の終局区分の「その他」には、「調停に代わる審判をしたもの」704件を含む。

資料2-2-4-12　子の監護事件のうち、養育費請求事件（審判・調停）の新受件数の推移

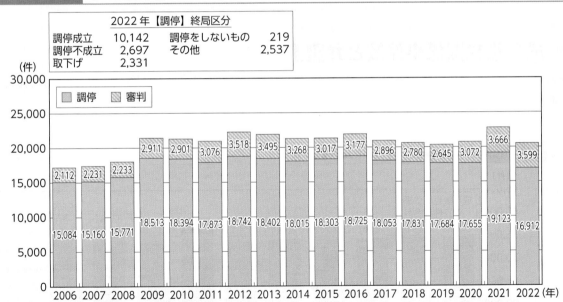

【注】 1．数値は、『司法統計年報（家事編）』「家事審判事件の受理、既済、未済手続別事件別件数─全家庭裁判所」及び「家事調停事件の受理、既済、未済手続別事件別件数─全家庭裁判所」によるもの。
　　　 2．2022年の調停事件の終局区分の「その他」には、「調停に代わる審判をしたもの」1,789件を含む。

④ 遺産分割調停事件における代理人弁護士の関与状況

　次のグラフは、遺産分割調停事件の代理人弁護士が付いた割合をみたものである。2022年には80.9%となっており、ここ数年は微増傾向にある。

資料2-2-4-13　遺産分割調停事件における代理人弁護士の関与の推移

【注】数値は、『司法統計年報（家事編）』「遺産分割事件数―終局区分別代理人弁護士の関与の有無別―全家庭裁判所」によるもの。

⑤ 成年後見関係事件数と弁護士の関与状況等

　次のグラフは、成年後見関係事件（後見開始、保佐開始、補助開始及び任意後見監督人選任）の申立件数の推移をみたものである。申立ての内訳は、後見開始が圧倒的に多くなっている。

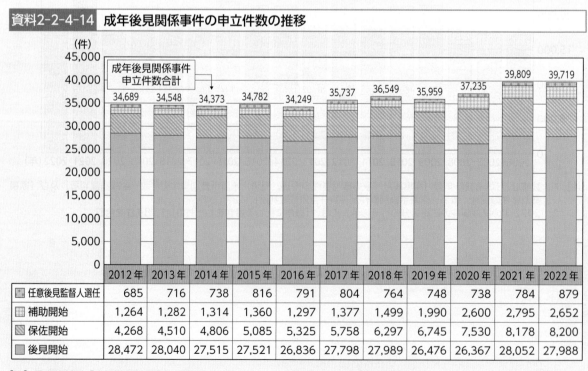

資料2-2-4-14　成年後見関係事件の申立件数の推移

	2012年	2013年	2014年	2015年	2016年	2017年	2018年	2019年	2020年	2021年	2022年
任意後見監督人選任	685	716	738	816	791	804	764	748	738	784	879
補助開始	1,264	1,282	1,314	1,360	1,297	1,377	1,499	1,990	2,600	2,795	2,652
保佐開始	4,268	4,510	4,806	5,085	5,325	5,758	6,297	6,745	7,530	8,178	8,200
後見開始	28,472	28,040	27,515	27,521	26,836	27,798	27,989	26,476	26,367	28,052	27,988

【注】最高裁判所「成年後見関係事件の概況」によるもので、各年の1月～12月までのもの。

成年後見関係事件の申立ての主な動機としては、預貯金等の管理・解約が最も多くなっている。

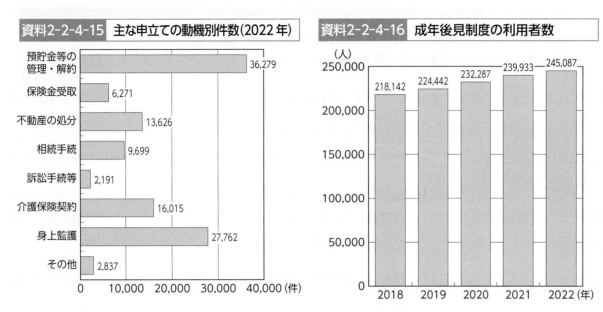

資料2-2-4-15　主な申立ての動機別件数（2022年）

- 預貯金等の管理・解約　36,279
- 保険金受取　6,271
- 不動産の処分　13,626
- 相続手続　9,699
- 訴訟手続等　2,191
- 介護保険契約　16,015
- 身上監護　27,762
- その他　2,837

資料2-2-4-16　成年後見制度の利用者数

- 2018　218,142
- 2019　224,442
- 2020　232,287
- 2021　239,933
- 2022　245,087

【注】 1．数値は、最高裁判所「成年後見関係事件の概況」（令和4年1月～12月）によるもの。
　　　 2．成年後見制度の利用者数は、各年12月31日時点のもの。
　　　 3．主な申立ての動機別件数は、後見開始、保佐開始、補助開始及び任意後見監督人選任事件の終局事件を対象としている。
　　　　　1件の終局事件について、主な申立ての動機が複数ある場合があるため、総数は、終局事件総数（39,503件）とは一致しない。

　成年後見人等の選任状況（本人との関係）では、親族関係が選任される割合が減少し、親族以外の第三者が選任される割合が高くなっている。職業別で見ると、司法書士が選任される割合が最も高いが、弁護士が選任される割合は、近年、2割程度で推移している。

資料2-2-4-17　成年後見人等（成年後見人、保佐人及び補助人）の選任状況―本人との関係別―

年	①親族	②弁護士	③司法書士	④社会福祉士
2016 (N=34,721)	28.1	23.2	27.1	11.5
2017 (N=35,673)	26.2	22.3	28.0	12.4
2018 (N=36,298)	23.2	22.5	29.0	13.3
2019 (N=35,709)	21.8	21.7	29.5	14.4
2020 (N=36,764)	19.7	21.0	30.4	14.8
2021 (N=39,571)	19.8	20.7	30.2	14.5
2022 (N=39,564)	19.1	21.9	29.7	14.8

①親族（配偶者・親・子・兄弟姉妹・その他親族）　②弁護士　③司法書士　④社会福祉士　⑤行政書士　⑥法人　⑦その他

【注】 1．数値は、最高裁判所「成年後見関係事件の概況」によるもので、各年の1月～12月までのもの。
　　　 2．後見開始、保佐開始及び補助開始事件のうち認容で終局した事件を対象としている。
　　　 3．成年後見人等が該当する「関係別」の個数を集計したものを母数（N）とした割合であり、1件の終局事件について複数の成年後見人等がある場合、複数の「関係別」に該当することがあるため、認容で終局した事件総数とここでの母数は一致しない。
　　　 4．弁護士、司法書士及び行政書士の数値には、弁護士法人、司法書士法人及び行政書士法人をそれぞれ含む。したがって、グラフ内の「⑥法人」とはその他の法人を指す。
　　　 5．「⑦その他」には、市民後見人、税理士、社会保険労務士、精神保健福祉士、社会福祉協議会等が含まれる。

第5節　犯罪被害者支援に関する活動

　犯罪被害者支援に関する活動も弁護士の重要な職務である。

　2004年に制定された「犯罪被害者等基本法」には、「すべて犯罪被害者等は、個人の尊厳が重んぜられ、その尊厳にふさわしい処遇を保障される権利を有する」と規定されており、犯罪被害者は、加害者に対して弁償（損害賠償）を求める権利や、加害者とされた者に対する刑事事件に参加するなどの形で関わって意見を述べる権利など、さまざまな権利や利益が法律によって認められている。

　また、2008年12月には、一定の犯罪の被害者等が刑事裁判に参加できる「被害者参加制度」とともに、「国選被害者参加弁護士制度（一定の要件の下で、被害者参加について援助を行う弁護士の報酬及び費用を国が負担する制度）」が導入された。

　弁護士が行っている犯罪被害者支援の主な活動内容は、次のとおりである。①手続に関する説明　②告訴状作成　③事情聴取等の付添　④加害者との示談交渉の代理　⑤マスコミ対応　⑥損害賠償請求　⑦被害者参加弁護士としての活動（加害者とされた者に対する刑事裁判の手続に犯罪被害者が参加する際、被害者参加弁護士として活動する）。

　これらの犯罪被害者支援に関する活動においては、弁護士費用などについての立替えや援助の制度が設けられている。

　以下は、犯罪被害者のための各援助制度について時系列にまとめたものである。

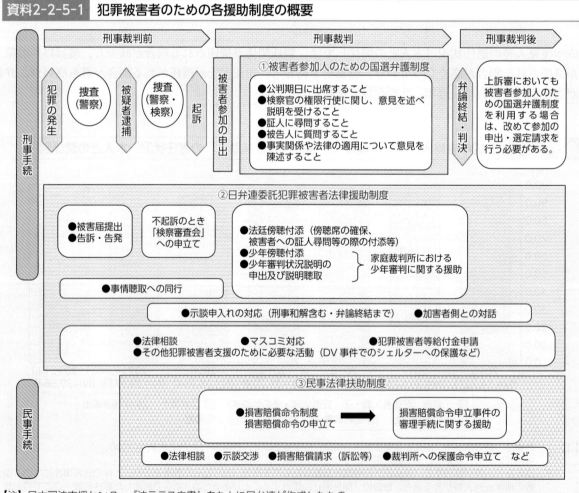

資料2-2-5-1　犯罪被害者のための各援助制度の概要

【注】日本司法支援センター『法テラス白書』をもとに日弁連が作成したもの。

刑事裁判への被害者の関与

（1）被害者参加制度

被害者参加制度とは、一定の重大犯罪の被害者やその関係者及びそれらの者から委託を受けた弁護士が刑事訴訟に参加する制度のことをいい、2008 年 12 月 1 日以降に起訴された事件から適用されている。

| 資料2-2-5-2 | 被害者参加制度の実施状況等 |

年	被害者参加（人）	弁護士への委託	国選弁護士への委託	証人尋問	被告人質問	論告・求刑	心情に関する意見陳述	付添い	遮へい
2009	560　(22)	367	131	130	344	288	359	24	50
2010	839 (262)	557	272	217	484	428	522	40	115
2011	902 (320)	632	275	176	459	454	591	30	104
2012	1,002 (327)	677	324	193	475	479	639	38	95
2013	1,297 (366)	873	410	257	596	605	833	47	147
2014	1,227 (317)	951	462	261	587	596	804	93	195
2015	1,377 (417)	1,081	533	269	604	686	938	87	249
2016	1,400 (400)	1,102	580	228	629	708	1,010	107	258
2017	1,380 (333)	1,060	552	196	558	665	1,020	115	276
2018	1,485 (363)	1,184	649	221	605	698	1,074	149	362
2019	1,466 (320)	1,157	602	204	623	723	1,059	106	318
2020	1,377 (301)	1,116	614	205	569	685	987	135	337
2021	1,523 (356)	1,246	697	241	681	783	1,118	149	407
2022	1,476 (324)	1,175	655	246	610	651	1,085	151	432

【注】 1.『司法統計年報（刑事編）』「通常第一審事件のうち被害者参加の申出のあった事件の終局人員─罪名別被害者等の人員別─全（地方・簡易）裁判所」によるもの。
　　 2.「被害者参加」は、通常第一審において被害者参加が許可された被害者等の数（延べ人員）である。（　）内は、そのうち、裁判員裁判対象事件におけるものであり、2009 年は、5 月 21 日から 12 月 31 日までの数である。
　　 3.「証人尋問」は、刑訴法 316 条の 36 に基づくものであり、情状に関する事項（犯罪事実に関するものを除く。）についての証人の供述の証明力を争うために必要な事項について尋問することができる。
　　 4.「被告人質問」は、刑訴法 316 条の 37 に基づくものである。
　　 5.「被害者論告・求刑」は、刑訴法 316 条の 38 に基づくものであり、訴因として特定された事実の範囲内で、事実及び法律の適用に関する意見（求刑意見を含む）を述べることができる。
　　 6.「心情に関する意見陳述」は、刑訴法 292 条の 2 に基づくものであり、被害に関する心情その他の被告事件に関する意見を述べることができる。

（2）国選被害者参加弁護士制度

次の表は、被害者参加制度施行（2008年12月）から2023年3月までの被害者参加人から国選被害者参加弁護士の選定が請求された件数をまとめたものである。

資料2-2-5-3　国選被害者参加弁護士の選定請求件数及び罪名内訳

罪名	合計	割合	2008(注)	2009	2010	2011	2012	2013	2014	2015	2016	2017	2018	2019	2020	2021	2022
殺人（殺人未遂）	824	12.2%	6	50	40	45	67	47	56	66	57	58	79	74	61	61	57
傷害	867	12.8%	6	27	31	53	42	53	61	79	65	71	73	66	75	67	98
傷害致死	334	4.9%	4	5	19	25	22	15	29	22	25	34	31	14	26	32	31
強制わいせつ・強制性交等 等	3,229	47.9%	6	68	77	91	109	175	207	228	249	273	295	316	367	390	378
危険運転致死傷	152	2.3%	0	3	3	2	5	14	12	17	14	19	12	13	14	13	11
過失致死傷　業務上	29	0.4%	0	1	3	1	0	1	5	5	3	1	2	2	1	2	2
過失致死傷　重過失	8	0.1%	0	3	0	0	0	0	0	0	2	0	1	0	2	0	0
過失致死傷　運転	726	10.8%	5	31	31	40	39	47	37	66	66	58	75	54	72	52	53
逮捕・監禁等	98	1.5%	0	3	3	3	4	6	9	9	10	7	10	9	11	7	7
略取・誘拐等	71	1.1%	0	2	1	1	1	2	1	3	2	5	10	12	8	7	16
人身売買	0	0.0%	0	0	0	0	0	0	0	0	0	0	0	0	0	0	0
強盗致死傷・強盗・強制性交等 等	339	5.0%	2	9	21	19	13	20	30	26	17	25	40	19	40	27	31
その他刑法犯	59	0.9%	0	1	2	2	0	3	3	0	1	6	7	13	13	3	5
特別法犯	12	0.2%	0	1	0	0	0	0	1	0	0	4	0	3	1	0	2
合　計	6,748	100.0%	29	204	231	282	302	383	451	521	511	561	635	595	691	661	691

【注】 1．数値は、日本司法支援センター提供資料によるもの。
　　　 2．2008年度は、制度施行（2008年12月）から2009年3月までの件数である。

次の表は、刑事通常第一審事件のうち、被害者参加の申し出があった事件の被害者参加を許可された人員と、被害者から弁護士委託の届出があったうち、国選被害者参加弁護士への委託がされた人員数をまとめたものである。2022年の被害者参加の申出人数は1,496人で、そのうち1,476人（占める割合98.6%）の参加が許可されている。

資料2-2-5-4　国選被害者参加弁護士への委託人員数

罪名	被害者参加を許可された人員数（人）						国選被害者参加弁護士への委託人員数（人）					
	2017	2018	2019	2020	2021	2022	2017	2018	2019	2020	2021	2022
殺人（殺人未遂）	94	150	140	132	133	112	44	89	79	74	77	65
傷害	126	114	120	125	112	138	65	70	64	65	67	82
傷害致死	48	67	49	16	55	56	36	43	24	7	41	32
強制わいせつ・強制性交・強制性交等 等	320	329	328	339	434	403	238	262	252	278	332	304
監護者わいせつ・監護者性交等 等	1	15	22	21	34	40	1	14	19	18	31	31
危険運転致死傷	0	0	0	0	0	0	0	0	0	0	0	0
業務上過失致死傷	29	18	58	28	22	11	11	0	7	0	2	0
重過失致死傷	5	3	2	3	7	7	0	0	0	1	0	0
自動車運転過失致死傷	10	4	2	1	3	1	1	0	0	0	0	0
逮捕・監禁等	16	16	8	11	6	16	8	10	7	6	5	16
略取・誘拐等	14	8	21	8	9	10	7	4	13	7	7	9
強盗致死傷・強盗・強制性交等 等	56	28	58	59	69	57	31	14	33	40	41	36
その他刑法犯	27	28	20	11	22	19	21	20	13	6	12	8
道路交通法違反	47	49	43	35	34	22	14	11	8	8	11	5
自動車運転死傷処罰法違反	585	652	591	585	582	581	75	110	83	104	71	67
その他特別法犯	2	4	4	3	1	3	1	2	0	0	0	0
合　計	1,380	1,485	1,466	1,377	1,523	1,476	553	649	602	614	697	655

【注】数値は、『司法統計年報（刑事編）』「通常第一審事件のうち被害者参加の申出のあった事件の終局人員―罪名別被害者等の人員別―全地方・簡易）裁判所」によるもの。

❷ 損害賠償命令申立て

　刑事裁判で一定の対象犯罪について有罪判決が言い渡された後に、判決を言い渡した刑事裁判所がそのまま損害賠償命令の申立についての審理を行うことができる損害賠償命令制度が、2008年12月1日以降に起訴された事件から適用されている。

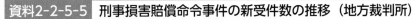

資料2-2-5-5　刑事損害賠償命令事件の新受件数の推移（地方裁判所）

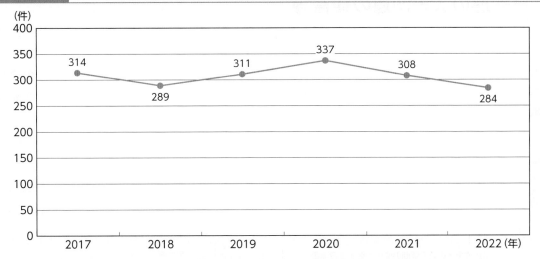

【注】数値は、『司法統計年報（刑事編）』「刑事事件等の種類別受理、既済、未済人員―地方裁判所」によるもの。

資料2-2-5-6　刑事損害賠償命令事件の終局区分別終局件数（地方裁判所）

（単位：件）

区分　年	総数	認容（決定書）	認容（口頭告知）	棄却（決定書）	却下（法27条1項1号）	却下（法27条1項3号）	却下（法27条1項4号）	終了（法38条1項）	終了（法38条2項1号）	終了（法38条2項2号）	和解	認諾	取下げ	その他
2016	306	98	1	—	—	7	—	37	—	6	107	11	39	—
2017	295	138	4	1	—	1	—	30	—	6	85	9	20	1
2018	309	138	3	—	3	2	1	36	—	5	74	13	33	1
2019	318	141	3	—	1	5	1	27	—	11	75	19	35	—
2020	289	115	3	1	—	2	—	41	—	3	75	9	37	3
2021	344	139	6	—	3	4	—	39	1	13	80	8	50	1

【注】　1.　『法曹時報 第75巻第2号』「令和3年における刑事事件の概況」によるもの。
　　　2.　「法」とは、「犯罪被害者等の権利利益の保護を図るための刑事手続に付随する措置に関する法律」をいう。
　　　3.　「その他」は、法25条（平成25年法律第33号による改正前の同法19条を含む）により終局したもの、当事者の死亡等にもかかわらず、その地位を承継するものがいないために事件が終局したものなどである。
　　　4.　「却下（法27条1項1号）」は、損害賠償命令の申立てが不適法な場合である。
　　　　　「却下（法27条1項3号）」は、刑事被告事件について無罪、公訴棄却の判決がなされた場合などである。
　　　　　「終了（法38条1項）」は、審理に日時を要するため4回以内の審理期日で終結することが困難であると認められた場合である。
　　　　　「終了（法38条2項1号）」は、刑事被告事件の判決等までに、申立人から、申立にかかる請求を民事訴訟手続で行うことを求めた場合である。
　　　　　「終了（法38条2項2号）」は、損害賠償命令申立についての裁判の告知までに、当事者から民事訴訟手続で行うことを求め相手方が同意した場合である。
　　　　　また、これらはそれぞれ平成25年法律第33号による改正前の法により終局したものを含む。

第6節 東日本大震災等に関する被災者支援活動

　日弁連は、東日本大震災及び原発事故発生後、直ちに対策本部を立ち上げ、弁護士会、弁護士会連合会、法テラスと協力し、電話相談あるいは被災地域の避難所、地方自治体、仮設住宅等に赴いて無料法律相談を実施し、そこで浮かび上がってきた被災後の様々な問題を解決するために、各種立法提言、政策提言等の被災者支援のための活動を行ってきた。

日弁連の災害関連の提言等

　以下は、2011年3月の東日本大震災発生からこれまでに、日弁連が取りまとめた災害関連の提言等である。

　東日本大震災に起因する諸問題に対応した提言や発災時に備えた各種法改正を求める提言等のほか、その後に発災した各災害への対応を踏まえ、被害者・被災者の被害回復及び生活再建に深く関連する法制度の実現に向けて提言してきた。

資料2-2-6-1 日弁連の災害関連の提言等

日付	日弁連の意見書・提言等	日付	日弁連の意見書・提言等
2011.4.22	東日本大震災で生じた二重ローン問題などの不合理な債務からの解放についての提言	2015.11.19	災害時の二重ローン問題対策（個人向け）の立法化を求める意見書
2011.5.19	東日本大震災復興支援緊急措置法骨子案〈第一次案〉	2016.2.19	被災者の生活再建支援制度の抜本的な改善を求める意見書
2011.5.26	相続放棄等の熟慮期間の伸長に関する意見書	2016.5.27	第67回定期総会「東日本大震災・福島第一原子力発電所事故の被災者・被害者の基本的人権の回復への支援を継続し、脱原発を目指す宣言」
2011.5.26	罹災都市借地借家臨時処理法の早期改正を求める意見書		
2011.5.27	第62回定期総会「東日本大震災及びこれに伴う原子力発電所事故による被災者の救済と被災地の復旧・復興支援に関する宣言」	2016.8.18	原子力損害賠償制度の在り方に関する意見書
		2017.3.16	災害弔慰金支給申請に対する結果通知の運用に関する意見書
2011.6.23	災害弔慰金の支給等に関する法律等の改正を求める意見書	2017.5.25	「原子力利用に関する基本的考え方（案）」に対する意見書
2011.7.29	被災者生活再建支援法改正及び運用改善に関する意見書	2017.12.22	大規模災害に備えるために公職選挙法の改正を求める意見書
2012.2.16	福島の復興再生と福島原発事故被害者の援護のための特別立法制定に関する意見書	2018.8.23	災害関連死の事例の集積、分析、公表を求める意見書
2013.7.18	東京電力福島第一原子力発電所事故による損害賠償請求権の時効期間を延長する特別措置法の制定を求める意見書		被災者支援に資する住家被害認定、災害救助法の弾力的運用及び公費による土砂等撤去の措置を求める意見書
2014.3.19	復興事業用地の確保に係る特例措置を求める意見書		
2014.5.30	第65回定期総会「東日本大震災・福島第一原子力発電所事故の被災者・被害者の基本的人権を回復し、脱原発の実現を目指す宣言」	2018.9.7	「原子力損害賠償制度の見直しについて」の取りまとめに対する意見書
		2019.4.19	自然災害による被災者の債務整理に関するガイドラインの利用のために母子及び父子並びに寡婦福祉法の改正を求める意見書
2014.6.20	新規制基準における原子力発電所の設置許可（設置変更許可）要件に関する意見書		
2014.7.17	原発避難者への仮設住宅等の供与に関する新たな立法措置等を求める意見書	2019.7.22	東京電力ホールディングス株式会社福島第一、第二原子力発電所事故による原子力損害の判定等に関する中間指針等の改定等を求める意見書
2014.8.6	川内原子力発電所の適合性審査書案に対する意見書		
2014.8.22	「原子力損害の賠償に関する法律」及び「原子力損害の補完的補償に関する条約」に関する意見書	2020.1.17	災害を対象とした義援金の差押えを禁止する一般法の制定を求める意見書
2015.3.19	福島第一原子力発電所事故被害者に対する被害回復と法的支援を求める意見書	2021.10.15	第63回人権擁護大会「弁護士の使命に基づき、被災者の命と尊厳を守り抜く宣言～東日本大震災から10年を経て～」
2015.7.17	原子力発電所事故による損害賠償制度の見直しに関する意見書		
2015.8.7	被災者生活支援等施策の推進に関する基本的な方針の改定（案）に対する意見書	2022.8.19	自然災害による被災者の債務整理に関するガイドラインの利用のために災害弔慰金の支給等に関する法律の改正を求める意見書
2015.8.21	原子力事業に対する経済的優遇措置に関する意見書		
2015.9.11	東日本大震災5年目を迎え、被災者本位の住まいと暮らしの復興と再生を求める意見書	2023.2.17	「「自然災害による被災者の債務整理に関するガイドライン」を新型コロナウイルス感染症に適用する場合の特則」の対象債務の拡大を求める意見書
2015.10.2	第58回人権擁護大会「福島第一原子力発電所事故の被災者を救済し、被害回復を進めるための決議」		

【注】意見書・提言等の全文の入手については、日弁連ウェブサイト（HOME ＞公表資料）を参照。

❷ 原子力損害賠償紛争解決センターへの ADR 申立ての現状

　原発事故発生直後から、日弁連では、膨大な数の被害者に対し適正な損害賠償がなされるよう、指針を策定する「原子力損害賠償紛争審査会」（以下「紛争審査会」という。）や加害者である東京電力の動きに対し、数多くの提言を行ってきた。とりわけ、早い段階から原発事故損害賠償紛争に特化した ADR 機関の必要性を訴え、その結果、紛争審査会の下に、「原子力損害賠償紛争解決センター」（以下「原紛センター」という。）が設置され、2011 年 9 月 1 日から申立受付を開始した。日弁連は、原紛センターの運営に全面的に協力しており、仲介委員として 197 人、調査官等として 67 人の弁護士が原紛センターに携わっている（2023 年 9 月 1 日現在）。

　和解仲介手続の実施状況は、以下のとおりである。

資料2-2-6-2　取扱状況（原子力損害賠償紛争解決センター）

①申立件数とその内訳等

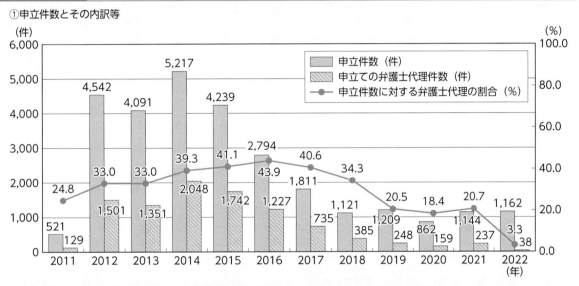

申立種別（件）	2011 年 （9月〜 12月計）	2012 年	2013 年	2014 年	2015 年	2016 年	2017 年	2018 年	2019 年	2020 年	2021 年	2022 年
【内訳】 法人申立て	102 (19.6%)	1,036 (22.8%)	902 (22.0%)	1,009 (19.3%)	986 (23.3%)	701 (25.1%)	472 (26.1%)	240 (21.4%)	175 (14.5%)	101 (11.7%)	98 (8.6%)	42 (3.6%)
【内訳】 個人申立て	419 (80.4%)	3,506 (77.2%)	3,189 (78.0%)	4,208 (80.7%)	3,253 (76.7%)	2,093 (74.9%)	1,339 (73.9%)	881 (78.6%)	1,034 (85.5%)	761 (88.3%)	1,046 (91.4%)	1,120 (96.4%)
申立人数（人）	1,206	12,055	25,914	29,534	23,984	9,508	3,648	5,477	3,668	2,096	3,906	2,465

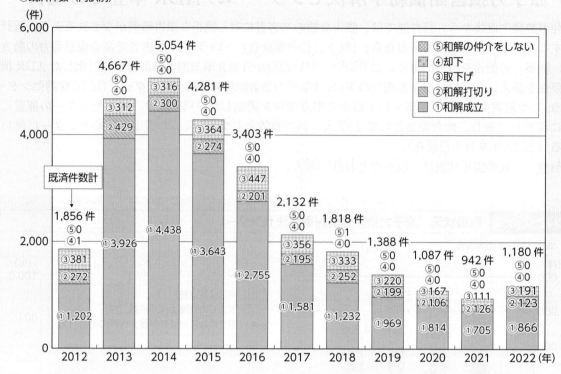

②既済件数（内訳別）
（件）

凡例：
- ⑤和解の仲介をしない
- ④却下
- ③取下げ
- ②和解打切り
- ①和解成立

【注】1. 原子力損害賠償紛争解決センター「原子力損害賠償紛争解決センター活動状況報告書〜令和4年における状況について〜」によるもの。
2. 「①申立件数とその内訳等」の（　）内の割合は、各件数を各年の申立件数で除したものである。
3. 同表につき、法人の代表者が同一申立書で、法人と個人それぞれの立場で被った損害を列記して申し立てた場合には、法人申立て1件として計上している。
4. 「申立人数（人）」のうち、2012年：84人、2013年：176人、2018年：3,319人は、和解仲介手続係属中の事案から手続上分離された事案の申立人数（申立人数は各案件が分離された年の年末時点集計）。
5. 「②既済件数（内訳別）」の和解成立件数とは、全部和解成立（和解成立により申立内容の全てが解決し、和解仲介手続が終了）したものである。このほか、一部和解成立、仮払和解成立がある。
（参考）2021年：一部和解成立31　仮払和解成立0　　　　2022年：一部和解成立17　仮払和解成立0
6. 「②既済件数（内訳別）」の件数は、審理の結果が明らかになった日に計上していたものを、2015年1月以降は手続完了日に計上するように変更した。これにより、2014年12月に既に計上したものがあるため、2015年1月の件数が少なくなっている。
7. 「和解の仲介をしない」とは、原子力損害賠償紛争審査会の組織等に関する政令第10条第1項及び原子力損害賠償紛争解決センター和解仲介業務規定第33条により、申立てに係る紛争がその性質上和解の仲介をするのに適当でないと認めるとき、又は当事者が不当な目的でみだりに和解の仲介を申立てをしたと認めるときのことをいう。

③ 被災地で活動する弁護士

　被災 3 県の弁護士は、自ら被災しながらも、震災直後から、電話や避難所に赴いての法律相談など、被災者支援活動に尽力した。また、他の弁護士会からも多くの弁護士が法律相談に参加し、その人数は、岩手県において約 1,300 人、宮城県へ約 300 人、福島県へ約 970 人にもなる（2011 年 6 月末までの延べ人数）。特に被害の大きかった沿岸部では、ひまわり基金法律事務所や法テラスに赴任していた、または新たに赴任した弁護士が活躍した。震災後になると、被災自治体に任期付公務員として赴任する弁護士や、新たに被災地に常駐して活動する弁護士も現れた。日弁連は、新たに常駐する弁護士に補助金を支給するなどして支援している。

| 資料2-2-6-3 | 被災 3 県におけるひまわり基金法律事務所・法テラス事務所の設置状況 |

(2023 年 10 月 1 日現在)

	日弁連			
岩手県	1　遠野ひまわり基金法律事務所	['01]	2　釜石ひまわり基金法律事務所	['06]
	法テラス（地方事務所・地域事務所）			
	1　岩手地方事務所	['06]	2　宮古地域事務所	['09]
	法テラス（被災地事務所）			
	1　気仙出張所	['13]		
宮城県	法テラス（地方事務所・地域事務所）			
	1　宮城地方事務所	['06]		
福島県	法テラス（地方事務所・地域事務所）			
	1　福島地方事務所	['06]	2　会津若松地域事務所	['09]
	法テラス（被災地事務所）			
	1　ふたば出張所	['13]		

【注】　1．［　］内は、開設年。
　　　　2．法テラス（被災地事務所）のうち、気仙とふたば以外の 5 つは 2021 年 3 月 31 日で閉鎖。
　　　　3．宮城県の栗原ひまわり基金法律事務所は 2022 年 8 月 24 日で閉所（定着）。
　　　　4．福島県の原町ひまわり基金法律事務所は 2022 年 3 月 31 日で閉所。
　　　　5．福島県の相馬ひまわり基金法律事務所は 2023 年 9 月 30 日で閉所。

第3章

弁護士の活動領域の拡がり

　伝統的な弁護士のあり方は、裁判所の近くに事務所を設け、主として裁判における代理人・弁護人活動を行い、従として裁判外での個別具体的な事件についての交渉や契約書等のチェックなどを行うものとしてイメージされてきた。現在でも、多くの弁護士にとって法廷活動は業務の中心であるものの、昨今の社会経済情勢の複雑化に伴い派生する多様な法的ニーズに対応するため、弁護士の取り扱う業務分野・領域は広く拡充しつつある。日弁連としては個々の弁護士の活動についていろいろな形で支援をしているが、残念ながらその活動の実態をすべて把握しているわけではない。以下に掲げる各項目については、限定された資料の中でまとめている。

❶ 組織内弁護士の現状

（1）組織内弁護士数の推移

　弁護士活動の多様化に伴い、企業、中央省庁、地方公共団体等の組織において、弁護士としての専門的知識や経験を活かして活躍する弁護士も増えている。「組織内弁護士」とは、官公署又は公私の団体において職員若しくは使用人となり、又は取締役、理事その他の役員となっている弁護士をいう（弁護士職務基本規程第50条）。

> **組織内弁護士の形態**
> 　企業内弁護士：企業の従業員、使用人、役員として職務を遂行している弁護士（社内弁護士と呼ぶ場合もある）
> 　任期付公務員：法律条例に基づき、中央省庁等や地方公共団体において、任期付きで採用された職員

　全国の企業内弁護士数は、2023年6月30日現在で3,184人、他方、任期付公務員数は、2023年6月1日現在で243人となっている。なお、任期付公務員数は、2023年6月1日時点で弁護士登録をしている者について計上している。

資料2-3-1	組織内弁護士数の推移

【注】　1．企業内弁護士数は、日弁連データをもとにJILA（日本組織内弁護士協会）調べによるもの。各年の調査年月については、次頁「弁護士会別企業内弁護士数の推移」の表参照。
　　　　2．任期付公務員数は、日弁連調べによるもので、各年6月現在。

（2）企業内弁護士の状況

① 弁護士会別企業内弁護士数

資料2-3-2　弁護士会別企業内弁護士数の推移

弁連	弁護士会	2013年6月	2014年6月	2015年6月	2016年6月	2017年6月	2018年6月	2019年6月	2020年6月	2021年6月	2022年6月	2023年6月
北海道弁連	札　幌		1	3	5	5	6	8	8	8	6	6
	函　館											
	旭　川								1	1	1	1
	釧　路											
	小　計	0	1	3	5	5	6	8	9	9	7	7
東北弁連	仙　台	2	3	4	3	4	5	6	5	5	6	5
	福島県			1	1	1						
	山形県									1	1	1
	岩　手											
	秋　田											
	青森県											
	小　計	2	3	5	4	5	5	6	5	6	7	6
関弁連	東　京	318	394	481	596	653	730	845	902	944	979	1,024
	第一東京	256	294	362	410	459	529	580	618	697	748	800
	第二東京	254	307	350	414	489	524	579	654	695	726	800
	神奈川県	8	9	18	16	17	18	18	19	23	25	28
	埼　玉			1	1	1	3	5	8	9	7	8
	千葉県		4	7	8	8	10	10	10	11	10	14
	茨城県				1	1	1	1	2	1	1	1
	栃木県						1	2	2	2	3	2
	群　馬	2	2	2	2	2	2	2	2	2	2	2
	静岡県	2	6	7	9	10	12	12	12	13	13	14
	山梨県											
	長野県		1	2	2	2	1	2	2	2	3	3
	新潟県			1	1	2	4	7	5	4	4	2
	小　計	840	1,017	1,231	1,460	1,644	1,835	2,063	2,236	2,403	2,521	2,698
中部弁連	愛知県	16	18	25	35	36	43	45	53	60	57	61
	三　重	3	6	7	6	5	5	4	5	5	4	5
	岐阜県	2	2	2	3	3	3	3	4	3	3	3
	福　井									1	1	1
	金　沢									1	1	1
	富山県	2	2	4	2	2	2	2	2	2	2	2
	小　計	23	28	38	46	46	53	54	65	73	68	73
近弁連	大　阪	51	70	84	95	126	137	161	177	185	208	228
	京　都	18	30	37	45	40	53	49	47	48	47	52
	兵庫県	9	13	16	15	22	25	31	36	38	37	46
	奈　良		1	1	1	1	1	1	1	1	1	1
	滋　賀							1	2	3	3	5
	和歌山											1
	小　計	78	114	138	156	189	216	243	263	275	296	333
中国地方弁連	広　島	1	2	2	6	8	9	7	7	7	10	11
	山口県									1	2	2
	岡　山	3	4	11	14	14	16	12	14	14	14	14
	鳥取県											
	島根県	1	2	2	2	1	1	1	1	1	1	1
	小　計	5	8	15	22	23	26	20	22	23	27	28
四国弁連	香川県		1	1	1	2	1	1	1	3	3	3
	徳　島										1	1
	高　知											
	愛　媛	3	3	3	2	2	2	2	3	2	3	3
	小　計	3	4	4	3	4	3	3	4	5	7	7
九弁連	福岡県	1	2	6	6	8	9	10	14	15	19	19
	佐賀県											
	長崎県				1	1						
	大分県											
	熊本県		1			1	2	2	2	2	3	3
	鹿児島県	1	1	1	1						1	1
	宮崎県											
	沖　縄			1	3	5	6	9	9	9	9	9
	小　計	2	4	8	11	15	17	21	25	26	32	32
	全国合計	953	1,179	1,442	1,707	1,931	2,161	2,418	2,629	2,820	2,965	3,184

【注】 1．日弁連データをもとに JILA（日本組織内弁護士協会）調べによるもの。
2．本データにおける企業内弁護士とは、日本法に基づく会社、外国会社の日本支社、特殊法人、公益法人、事業組合、学校法人、国立大学法人等（法科大学院の弁護士教員は含まない）、国と地方自治体以外のあらゆる法人に役員又は従業員として勤務する弁護士のうち、当該法人の所在地を自身の法律事務所所在地として弁護士登録をしている者をいう。

② 司法修習期別企業内弁護士数

　次の表は、司法修習期別の企業内弁護士数を示したものである。60期以降の企業内弁護士数が圧倒的に多い。また女性弁護士の就任率が高くなっており、60期台全体に占める女性弁護士の割合は41.1％、50期台全体では49.6％となっている（企業内弁護士全体では41.5％）。

資料2-3-3　修習期別企業内弁護士数

修習期	人数(内女性数)	修習期	人数(内女性数)	修習期	人数(内女性数)	修習期	人数(内女性数)	修習期	人数(内女性数)	修習期	人数(内女性数)
20期	0 (0)	30期	0 (0)	40期	2	50期	22 (12)	60期	150 (58)	70期	166 (66)
21期	0 (0)	31期	0 (0)	41期	4	51期	26 (13)	61期	201 (81)	71期	136 (55)
22期	0 (0)	32期	0 (0)	42期	5 (1)	52期	27 (20)	62期	212 (98)	72期	103 (45)
23期	0 (0)	33期	1 (0)	43期	4 (1)	53期	30 (16)	63期	196 (86)	73期	111 (47)
24期	1 (0)	34期	0 (0)	44期	2	54期	51 (26)	64期	201 (92)	74期	90 (31)
25期	0 (0)	35期	1 (0)	45期	3 (2)	55期	43 (24)	65期	237 (97)	75期	43 (14)
26期	0 (0)	36期	0 (0)	46期	8 (3)	56期	52 (27)	66期	238 (94)		
27期	0 (0)	37期	0 (0)	47期	9 (3)	57期	58 (25)	67期	196 (81)		
28期	0 (0)	38期	1 (0)	48期	13 (3)	58期	55 (27)	68期	188 (74)		
29期	0 (0)	39期	2 (2)	49期	14 (8)	59期	82 (31)	69期	176 (58)		
20期台合計	1 (0)	30期台合計	5 (2)	40期台合計	64 (21)	50期台合計	446 (221)	60期台合計	1,995 (819)	70期台合計	649 (258)

【注】　1．日弁連データをもとに JILA（日本組織内弁護士協会）調べによるもの。
　　　　2．上記のほか、司法修習を経ずに弁護士登録をした者（弁護士法5条）が24人いる（男性23人、女性1人）。
　　　　3．30期は、1978年に司法修習を終了。60期以降、法科大学院を卒業した新司法試験合格者を含む。

③ 企業内弁護士の所属先企業の業種

　企業内弁護士が所属する企業の業種では、製造業が約28.3％となっており、情報・通信業（14.6％）、サービス業（12.6％）、証券・商品先物取引業その他金融業等（12.2％）、卸売・小売業（10.3％）と続いている。

資料2-3-4　企業内弁護士の所属先企業の業種

（2023年6月30日現在）（単位：人）

業　種	人数（内女性数）
①製造業	902 （　435）
ⅰ）製造業（機械・電気・精密機器・輸送用機器）	392 （　166）
ⅱ）製造業（医薬品）	158 （　74）
ⅲ）製造業（ⅰ・ⅱを除く）	352 （　195）
②情報・通信業	464 （　178）
③サービス業	402 （　161）
④証券・商品先物取引業その他金融業等	390 （　131）
⑤卸売・小売業	328 （　147）
⑥銀行・保険業	315 （　120）
⑦不動産業	102 （　43）
⑧建設業	72 （　24）
⑨運輸・郵便業	56 （　30）
⑩その他	153 （　53）
合　計	3,184 （1,322）

資料2-3-5　企業内弁護士の所属先企業の業種別割合

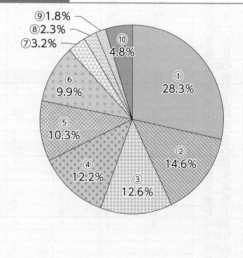

【注】　1．JILA（日本組織内弁護士協会）調べによるデータをもとに、企業内弁護士の所属する業種別に日弁連が集計したものである。
　　　　2．勤務先の企業所在地を事務所所在地として日弁連に登録している弁護士のみを計上している。
　　　　3．その他には、電気・ガス業、大学などが含まれる。
　　　　4．資料2-3-5の表は、表示未満を四捨五入しているため、百分率の合計は100％にならないことがある。

（3）任期付公務員の状況

　任期付公務員は、中央省庁等において、専門的な知識経験又は優れた識見を有する人材を行政の外部から任期を定めて採用し、必要な場合には特別な俸給表を適用することにより適切に処遇することを可能とする制度として、「一般職の任期付職員の採用及び給与の特例に関する法律」の施行に伴い、2000年11月から導入されている。また、地方公共団体の一般職職員についても、2002年7月から、「地方公共団体の一般職の任期付職員の採用に関する法律」が施行され、各自治体の条例で定めるところにより前述と同様の任期付職員の採用を可能とする制度がスタートしている。

　従来弁護士は、原則として報酬のある公職を兼ねることができなかった（弁護士法旧第30条第1項）ため、弁護士が資格を持ち官公庁等で働く場合は、非常勤職員又は弁護士登録を取り消して公務員となるしかなかった。こうした中、中央省庁等及び地方公共団体における任期付公務員制度が導入され、その後、弁護士法第30条の改正（2004年4月1日施行）によって、弁護士の公務就任の制限が撤廃され、弁護士が報酬のある公職を兼ねることができるようになった。

　次の表は2023年6月1日現在、日弁連が確認している公職に従事する弁護士の勤務先省庁等及び地方公共団体である（同年6月1日現在、弁護士登録をしている者のみを計上している。）。この他、任期付公務員以外に、常勤職員として勤務している弁護士もいる。

資料2-3-6　任期付公務員の状況（2023年6月1日現在）

〔中央省庁等〕
(単位：人)

府省名	部局名	人数（内女性数）
内閣官房	内閣サイバーセキュリティセンター基本戦略第2グループ	1
	デジタル市場競争本部事務局	2
	計	3(1)
内閣府	消費者委員会事務局	1
	男女共同参画局男女間暴力対策課	1
	計	2(2)
公正取引委員会	事務総局経済取引局企業結合課	1
	事務総局経済取引局総務課	2
	計	3(0)
金融庁	監督局	1
	監督局銀行第一課	1
	監督局証券課	2
	監督局総務課	1
	監督局保険課	1
	企画市場局企業開示課	4
	企画市場局市場課	1
	企画市場局総務課	4
	証券取引等監視委員会事務局	1
	総合政策局リスク分析総括課	4
	計	20(3)
消費者庁	参事官（公益通報・協働担当）	1
	取引対策課	3
	消費者制度課	2
	消費者安全課	1
	計	7(2)
総務省	電波監理審議会	1
	総合通信基盤局電気通信事業部消費者行政第二課	1
	計	2(1)
法務省	訟務局訟務支援課（訟務局付）	1
	訟務局民事訟務課（訟務局付）	1
	民事局総務課（民事局付）	3
	計	5(1)
外務省	在ジュネーブ国際機関日本政府代表部	2
	国際法局社会条約官室	1
	国際法局経済条約課	1
	在英国日本国大使館	1
	経済局国際貿易課	2
	総合外交政策局安全保障政策課	1
	計	8(1)

府　省　名	部　局　名	人数 （内女性数）
財務省	大臣官房	1
	関東財務局	2
	東海財務局	1
	計	4(1)
国税庁	東京国税局	1
	東京国税不服審判所	1
	計	2(0)
文化庁	文化庁	2
	計	2(1)
厚生労働省	医政局	1
	医薬・生活衛生局総務課	1
	大臣官房総務課	2
	労働基準局	1
	労働基準局安全衛生部	1
	健康局予防接種担当参事官室	1
	計	7(3)
経済産業省	経済産業政策局産業組織課	3
	経済産業政策局産業人材課	1
	商務情報政策局国際室	1
	商務情報政策局商務・サービスグループヘルスケア産業課	1
	商務情報政策局情報経済課	3
	商務情報政策局製品安全課	1
	商務情報政策局コンテンツ産業課	1
	電力・ガス取引監視等委員会事務局ネットワーク事業監視課	1
	電力・ガス取引監視等委員会事務局取引監視課	3
	産業技術環境局環境政策課	1
	通商政策局総務課	1
	通商政策局経済連携課	1
	貿易経済協力局貿易管理部安全保障貿易管理政策課	1
	計	19(4)
資源エネルギー庁	電力・ガス事業部原子力発電所事故収束対応室	1
	電力・ガス事業部政策課	1
	省エネルギー・新エネルギー部新エネルギー課	1
	計	3(1)
中小企業庁	事業環境部企画課調査室	1
	事業環境部取引課	1
	事業環境部財務課	1
	総務課訟務債権管理室	1
	計	4(2)
特許庁	審査業務部商標課	2
	審査業務部審査業務課	1
	審判部審判課	4
	総務部企画調査課	1
	総務部国際協力課	1
	総務部総務課	2
	審査第一部意匠課	1
	計	12(0)
国土交通省	近畿運輸局自動車交通部旅客第二課	1
	自動車局旅客課	1
	総合政策局モビリティサービス推進課	1
	大臣官房技術調査室	1
	不動産・建設経済局不動産市場整備課	1
	航空局航空ネットワーク部航空ネットワーク企画課空港経営改革推進室	2
	大臣官房総務課公文書監理・情報公開室	1
	計	8(0)
環境省	原子力規制委員会原子力規制庁　長官官房法務部門	3
	計	3(1)
衆議院	法制局第五部第一課	1
	計	1(1)
参議院	法制局	2
	計	2(1)
農林水産省	輸出・国際局知的財産課	1
	農林水産技術会議事務局研究企画課	1
	計	2(0)
個人情報保護委員会	事務局	10
	計	10(3)
防衛省	防衛人事審議会	1
	計	1(1)

府　省　名	部　局　名		人数 (内女性数)
デジタル庁	デジタル庁		2
		計	2(0)
こども家庭庁	支援局虐待防止対策課		2
		計	2(2)
		小　計	134(32)

〔地方公共団体〕

自治体名	部　局　名		人数 (内女性数)
北海道札幌市	子ども未来局児童相談所		1
		計	1(0)
北海道北見市	公平委員会		1
	情報公開・個人情報保護・行政不服審査会		1
		計	2(1)
岩手県花巻市	総合政策部総務課		1
		計	1(1)
宮城県気仙沼市	総務部総務課		1
		計	1(0)
福島県	総務部文書法務課		1
		計	1(0)
福島県浪江町	介護福祉課		1
		計	1(0)
茨城県土浦市	総務部総務課		1
		計	1(0)
栃木県栃木市	経営管理部総務人事課		1
		計	1(1)
栃木県小山市	総務部行政総務課		1
		計	1(0)
埼玉県川越市	総務部総務課		1
		計	1(1)
埼玉県所沢市	総務部文書行政課		1
		計	1(1)
埼玉県上尾市	総務部		1
		計	1(0)
埼玉県草加市	総務部		2
		計	2(0)
千葉県松戸市	総務部行政経営課		1
		計	1(1)
千葉県茂原市	総務部総務課		1
		計	1(0)
千葉県流山市	教育委員会学校教育部指導課		1
	総務部総務課政策法務室		1
		計	2(1)
特別区人事・ 厚生事務組合	法務部		2
		計	2(2)
東京都板橋区	子ども家庭総合支援センター		1
		計	1(1)
東京都葛飾区	子育て支援部児童相談所開設準備室		1
		計	1(0)
東京都八王子市	総務部		1
		計	1(0)
東京都三鷹市	三鷹市役所		1
		計	1(0)
東京都府中市	総務管理部法制文書課		1
		計	1(0)
東京都町田市	総務部法制課		1
		計	1(0)
東京都国分寺市	政策部政策法務課		1
		計	1(1)
東京都国立市	行政管理部		1
		計	1(0)
東京都西東京市	総務部総務課		1
		計	1(0)
神奈川県横浜市	こども青少年局中央児童相談所		1
		計	1(1)
神奈川県川崎市	こども家庭センター		1
		計	1(1)

特集

第1編

第2編

第3編

第4編

自治体名	部 局 名	人数 （内女性数）
神奈川県相模原市	学校教育課	1
	計	1(0)
神奈川県藤沢市	教育委員会	1
	計	1(0)
神奈川県綾瀬市	経営企画部文書法務課	1
	計	1(0)
富山県富山市	企画管理部兼財務部	1
	計	1(0)
静岡県富士市	総務部総務課	1
	計	1(1)
静岡県焼津市	総務部総務課	1
	計	1(0)
愛知県名古屋市	子ども青少年局	3
	計	3(2)
愛知県岡崎市	総務部総務文書課	2
	計	2(1)
愛知県一宮市	総務部行政課	1
	計	1(1)
愛知県春日井市	総務部	1
	総務部総務課	1
	計	2(0)
愛知県豊田市	総務部法務課	1
	計	1(0)
愛知県高浜市	総務部行政グループ	1
	こども未来部文化スポーツグループ	1
	計	2(0)
愛知県長久手市	総務部行政課	1
	計	1(1)
三重県	総務部	1
	計	1(0)
三重県松阪市	総務部債権回収対策課	1
	計	1(0)
三重県桑名市	市長直轄組織	1
	総務部	1
	計	2(1)
三重県名張市	総務部兼市民部	1
	計	1(0)
三重県志摩市	総務課	1
	計	1(1)
三重県伊賀市	総務部	1
	計	1(0)
京都府福知山市	市民総務部総務課	3
	計	3(1)
大阪府大阪市	福祉局生活福祉部保険年金課	2
	大阪市中央こども相談センター及び大阪市南部こども相談センター	1
	大阪市中央こども相談センター及び大阪市北部こども相談センター	1
	計	4(1)
大阪府堺市	総務局行政部法制文書課	1
	計	1(0)
大阪府守口市	守口市役所	1
	計	1(0)
大阪府茨木市	総務部法務コンプライアンス課	3
	計	3(1)
大阪府泉佐野市	総務部総務課	1
	計	1(0)
大阪府松原市	総務部政策法務課	1
	計	1(1)
大阪府和泉市	総務部総務管財室	1
	計	1(1)
大阪府柏原市	総務部総務課	1
	計	1(1)
大阪府羽曳野市	総務部総務課	1
	計	1(0)
大阪府交野市	総務部総務課	1
	計	1(1)
大阪府大阪狭山市	総務部法務・契約グループ	2
	計	2(1)

自治体名	部 局 名		人数 (内女性数)
兵庫県神戸市	教育委員会事務局		2
	こども家庭局こども家庭センター		1
		計	3(2)
兵庫県姫路市	総務局総務部法制課		1
		計	1(0)
兵庫県明石市	総務局総務管理室		1
		計	1(0)
兵庫県伊丹市	総務部法務室法務管理課		1
		計	1(0)
兵庫県丹波篠山市	企画総務部総務課		1
		計	1(0)
兵庫県朝来市	企画総務部総務課		1
		計	1(0)
奈良県奈良市	子ども未来部子ども支援課兼総務部法務ガバナンス課		2
	総務部法務ガバナンス課		1
		計	3(2)
奈良県香芝市	総務課		1
		計	1(0)
和歌山県和歌山市	総務局総務部総務課		1
		計	1(0)
島根県松江市	総務部		2
		計	2(1)
島根県出雲市	総務部総務課		1
		計	1(1)
岡山県備前市	総務部総務課		1
		計	1(1)
岡山県赤磐市	総務部コンプライアンス推進室		1
		計	1(0)
山口県	総務部学事文書課		1
		計	1(0)
香川県高松市	コンプライアンス推進課		1
		計	1(0)
福岡県	福岡児童相談所ほか2児童相談所兼務		1
	田川児童相談所ほか2児童相談所兼務		1
		計	2(1)
福岡県北九州市	総務局総務部		1
		計	1(0)
福岡県直方市	総合政策部総務課		1
		計	1(1)
福岡県古賀市	総務部総務課		1
		計	1(0)
福岡県糸島市	総務部総務課		1
		計	1(0)
長崎県長崎市	総務部		1
		計	1(0)
熊本県熊本市	健康福祉局子ども未来部児童相談所		1
		計	1(0)
宮崎県宮崎市	総務部		1
		計	1(0)
鹿児島県鹿児島市	総務課		1
		計	1(1)
鹿児島県鹿屋市	総務部総務課		1
		計	1(1)
鹿児島県霧島市	総務部総務課		1
		計	1(0)
		小　計	109(40)

総合計（中央省庁等＋地方公共団体）	243(72)

【注】日弁連調べによるもので、2023年6月1日現在で会員登録をしている弁護士のみ計上している。

（4）包括外部監査人の就任状況

　外部監査は、従前の監査制度の問題点として指摘されてきた、監査機能の専門性と独立性を強化することによって、地方公共団体の監査機能に対する住民の信頼を高めることを目的として導入されたもので、包括外部監査と個別外部監査がある。都道府県、政令指定都市及び中核市では、包括外部監査が義務づけられており、その他の地方公共団体においても、条例で制定することによって導入が可能となる。

　包括外部監査人には、地方自治法上、弁護士、公認会計士、実務経験者のほか、税理士も就任することができることになっており、包括外部監査人は補助者を選任することができる。

　ほとんどの地方公共団体では、包括外部監査人に公認会計士が選任されており、弁護士が選任されているのは、全体の16％程度となっている。日弁連では、より多くの弁護士が包括外部監査人に選任されるよう、研修の実施等の各種取組を行っている。

| 資料2-3-7 | 包括外部監査人―資格別人数―（2022年度） |

	人　数	割　合
弁護士	22	16%
公認会計士	104	78%
税理士	8	6%
合　計	134	100%

【注】　1．日弁連調べによる。
　　　　2．包括外部監査報告書に複数の資格を記載している者は、表で先に記載する資格の人数に含めている。
　　　　3．割合は少数点第一位を四捨五入。

　2022年度に弁護士が包括外部監査人に就任している地方公共団体は次のとおりである。

| 資料2-3-8 | 弁護士が包括外部監査人に就任している地方公共団体（2022年度） |

①東京都港区	②神奈川県	③新潟県新潟市	④山梨県甲府市	⑤岐阜県
⑥岐阜県岐阜市	⑦愛知県	⑧大阪府	⑨大阪府大阪市	⑩大阪府堺市
⑪兵庫県尼崎市	⑫島根県松江市	⑬岡山県	⑭広島県広島市	⑮広島県呉市
⑯広島県福山市	⑰徳島県	⑱高知県	⑲高知県高知市	⑳長崎県
㉑長崎県佐世保市	㉒沖縄県			

【注】日弁連調べによる。

② 営利業務に従事する弁護士の状況

　弁護士法第30条が改正され（2004年4月1日施行）、営利業務の所属弁護士会による許可制が、所属弁護士会への届出制に移行することにより自由化が図られた。これに伴い、日弁連は、営業に従事する際の弁護士の行為規範として「営利業務及び公務に従事する弁護士に対する弁護士会及び日本弁護士連合会の指導・監督に関する基準（日弁連理事会2004年2月1日議決）」を定めた。

　営利業務の届出状況は次のとおり（営利業務従事弁護士の多い業種順）である。

資料2-3-9　営利業務従事弁護士の内訳

（2023年5月1日現在）

企業業種 \ 役職等	取締役等（人）総数	内女性数	使用人等（人）総数	内女性数	その他（人）総数	内女性数	無回答（人）総数	内女性数	合計（人）総数	内女性数
サービス業	2,160	209	202	51	325	108	343	62	3,030	430
不動産業	1,004	126	60	15	87	32	259	31	1,410	204
情報・通信業	656	93	161	53	354	128	22	6	1,193	280
卸売・小売業	608	128	109	46	206	80	41	11	964	265
証券・商品先物取引業その他金融業等	384	37	227	56	286	87	8	2	905	182
機械・電気・精密機器等メーカー	396	82	138	63	217	97	4	1	755	243
銀行・保険業	169	42	100	34	238	96	17	0	524	172
建設業	205	32	19	3	41	15	1	0	266	50
医薬品	82	26	59	26	79	37	1	1	221	90
陸・海・空運業	140	10	23	12	35	14	2	1	200	37
サービサー（債権回収会社）	166	12	7	1	12	1	0	0	185	14
その他	688	125	140	65	304	140	36	6	1,168	336
合計	6,658	922	1,245	425	2,184	835	734	121	10,821	2,303

【注】　1．サービサーとは、債権の取り立て代行やそれに付随する業務を行う債権回収専門会社のこと。
　　　　2．役職等の「取締役等」とは、取締役、執行役、その他業務を執行する役員である。
　　　　3．「取締役等」と「使用人等」を兼務している場合は、「取締役等」に含めた。
　　　　4．役職等の「その他」とは、業種の如何を問わず自営で行っている場合、もしくは分類不明なもの。
　　　　5．企業業種の「その他」とは、上記のメーカー以外の製造業、電気・ガス業、農業等である。
　　　　6．数値は、延べ人数である。

③ 複数の資格登録をしている弁護士

　弁護士は、弁護士資格の他にも複数の資格を有していたり、それらについて資格登録をしている場合がある。弁護士は弁護士法第3条第2項により、当然に弁理士及び税理士の事務を行うことができる。

　次の表は、弁理士、税理士の登録をしている弁護士数をまとめたものである。

資料2-3-10　弁理士登録・税理士登録をしている弁護士数及び通知弁護士等の数

①弁理士登録している者	450人（2023年3月31日現在）
②税理士登録している者	718人（2023年3月31日現在）
③通知弁護士制度によって税理士業務を行っている者（通知弁護士）	7,494人（2023年3月31日現在）
④通知弁護士制度によって税理士業務を行っている法人（通知弁護士法人）	268社（2023年3月31日現在）

【注】　1．①②の数値については、それぞれ日本弁理士会、日本税理士会連合会調べ。③④の数値については、国税庁「税務統計」（令和4年）によるもの。
　　　　2．弁理士登録をしている者について、弁理士登録後に弁護士資格を取得した者の数は含まれていない。
　　　　3．通知弁護士制度：弁護士（弁護士法人又は弁護士・外国法事務弁護士共同法人（これらの法人の社員（弁護士に限る。）の全員が、第一項の規定により国税局長に通知している法人に限る。））は、所属弁護士会を経て、国税局長に通知することにより、その国税局の管轄区域内において、随時税理士業務を行うことができる（税理士法第51条第1項及び第3項）。
　　　　4．通知弁護士数は延べ人数で、各局に通知のあった者の総計値である。同一人物が複数の局に通知した場合、それぞれ1件としてカウントしている。

法科大学院における弁護士実務家教員の状況

法科大学院の専任教員のうちおおむね2割程度以上は、5年以上の経験を持つ実務家が教員となることが求められており（平成15年文部科学省告示第53号）、従来の法学部を中心とする法曹養成教育に比べ、より多くの弁護士が実務家教員として法科大学院での教育に携わるようになっている。

日弁連では、2019年からは文部科学省の協力も得て、法科大学院の教員数について、調査を行っている。以下は、実務家教員数とその内訳についてまとめたものである。

資料2-3-11	実務家教員数とその内訳（専任教員・2023年度）

（2023年4月1日現在。文部科学省調べ）（単位：人）

	法科大学院名	専任教員総数	内実務家教員数	女性数	内弁護士教員数	女性数		法科大学院名	専任教員総数	内実務家教員数	女性数	内弁護士教員数	女性数
国立	北海道大学	22	6	2	4	2	私立	慶應義塾大学	45	18	4	15	3
国立	東北大学	23	4	0	1	0	私立	駒澤大学	14	5	1	5	1
国立	千葉大学	19	3	1	2	1	私立	上智大学	21	5	0	3	0
国立	筑波大学	13	5	0	5	0	私立	専修大学	18	4	0	4	0
国立	東京大学	73	12	1	8	0	私立	創価大学	15	7	0	6	0
国立	一橋大学	25	6	3	4	2	私立	中央大学	47	9	1	3	0
国立	金沢大学	14	4	0	4	0	私立	日本大学	17	8	0	3	0
国立	名古屋大学	14	4	0	1	0	私立	法政大学	17	5	0	5	0
国立	京都大学	34	9	1	3	1	私立	明治大学	22	6	0	5	0
国立	大阪大学	23	4	1	2	1	私立	早稲田大学	44	11	2	2	0
国立	神戸大学	27	5	3	3	2	私立	愛知大学	12	4	0	3	0
国立	岡山大学	16	5	1	5	1	私立	南山大学	12	3	1	2	1
国立	広島大学	16	3	0	3	0	私立	同志社大学	24	4	0	2	0
国立	九州大学	18	3	0	2	0	私立	立命館大学	24	6	1	5	1
国立	琉球大学	15	6	0	6	0	私立	関西大学	20	7	0	5	0
公立	東京都立大学	18	4	1	1	0	私立	関西学院大学	19	9	2	6	1
公立	大阪公立大学	12	3	0	3	0	私立	甲南大学	12	3	0	3	0
私立	北海学園大学	12	4	1	3	1	私立	福岡大学	12	5	2	5	2
私立	学習院大学	14	4	0	2	0		37校合計	803	213	29	144	20

【注】 1. 研究者教員については、弁護士登録をしている場合でも、「実務家教員数」及び「弁護士教員数」には含めない。
2. みなし専任、学部との重複専任を含む。みなし専任とは、専任教員以外の教員で、1年につき6単位以上の授業科目を担当し、かつ、教育課程の編成その他の専門職学位課程を置く組織の運営について責任を担う者をいう。
3. 北海学園大学は2018年度入学者から、駒澤大学は2023年度入学者から学生募集停止。
4. 姫路獨協大学は2013年3月末、神戸学院大学は2015年3月末、大宮法科大学院大学は2016年1月末、東北学院大学は2016年3月末、駿河台大学は2016年5月末、大阪学院大学は2016年11月末、新潟大学、信州大学、香川／愛媛大学、鹿児島大学、白鷗大学、獨協大学、東海大学、明治学院大学、愛知学院大学、龍谷大学、広島修道大学、山梨学院大学は2017年3月末、國學院大學、東洋大学、久留米大学は2018年3月末、中京大学は2018年10月、神奈川大学、関東学院大学、熊本大学、静岡大学、島根大学は2019年3月末、名城大学、大東文化大学は2020年3月末、京都産業大学は2020年9月末、成蹊大学、立教大学、桐蔭横浜大学、近畿大学は2021年3月末、西南学院大学、青山学院大学は2022年3月末、横浜国立大学は2023年3月末、甲南大学は2023年10月末をもって廃止。
5. 2020年4月に「首都大学東京」は「東京都立大学」へ名称変更。
6. 2022年4月に「大阪市立大学」と「大阪府立大学」が統合し、「大阪公立大学」が開校。

資料2-3-12　実務家教員数とその内訳（兼任/非常勤教員・2023年度）

（2023年4月1日現在。文部科学省調べ）（単位：人）

	法科大学院名	兼任(非常勤)教員総数	内実務家教員数	女性数	内弁護士教員数	女性数		法科大学院名	兼任(非常勤)教員総数	内実務家教員数	女性数	内弁護士教員数	女性数
国立	北海道大学	30	30	6	29	6	私立	慶應義塾大学	159	119	20	86	15
国立	東北大学	19	12	3	10	3	私立	駒澤大学	20	12	1	12	1
国立	千葉大学	34	23	3	18	2	私立	上智大学	42	42	8	35	7
国立	筑波大学	41	26	1	25	0	私立	専修大学	13	11	0	9	0
国立	東京大学	36	22	3	16	1	私立	創価大学	11	5	1	4	1
国立	一橋大学	39	25	2	20	2	私立	中央大学	55	44	8	40	8
国立	金沢大学	35	24	5	20	4	私立	日本大学	28	14	0	5	0
国立	名古屋大学	2	2	1	0	0	私立	法政大学	28	13	4	10	3
国立	京都大学	48	41	4	35	4	私立	明治大学	19	13	1	8	0
国立	大阪大学	86	77	15	66	13	私立	早稲田大学	14	10	1	6	0
国立	神戸大学	20	13	2	12	2	私立	愛知大学	28	21	1	20	1
国立	岡山大学	48	41	5	30	4	私立	南山大学	10	5	1	4	1
国立	広島大学	15	11	1	9	0	私立	同志社大学	30	19	3	16	2
国立	九州大学	26	17	3	15	3	私立	立命館大学	24	11	5	10	4
国立	琉球大学	40	16	1	14	0	私立	関西大学	34	27	8	23	7
公立	東京都立大学	19	14	1	12	1	私立	関西学院大学	34	16	6	13	6
公立	大阪公立大学	26	15	0	15	0	私立	甲南大学	13	12	3	9	3
私立	北海学園大学	0	0	0	0	0	私立	福岡大学	17	10	2	7	2
私立	学習院大学	13	10	1	10	1		37校合計	1,156	823	130	673	107

【注】1. 上記は、専任教員以外の兼任（または非常勤）の実務家教員数についてまとめたものである。なお、専任教員以外には兼担教員もいるが、兼担については、実務家教員数が25名（内弁護士実務家教員は13名）と少ないため、内訳については割愛した。

兼任：他の大学に専任教員として所属する教員及び他の職（弁護士等）に従事している等により、非常勤として法科大学院の授業を担当する教員。

兼担：同一大学において法科大学院以外の学部・大学院等に専任教員として所属して、当該法科大学院で授業を担当する教員。

2. 北海学園大学は2018年度入学者から、駒澤大学は2023年度入学者から学生募集停止。

3. 姫路獨協大学は2013年3月末、神戸学院大学は2015年3月末、大宮法科大学院大学は2016年1月末、東北学院大学は2016年3月末、駿河台大学は2016年5月末、大阪学院大学は2016年11月末、新潟大学、信州大学、香川／愛媛大学、鹿児島大学、白鷗大学、獨協大学、東海大学、明治学院大学、愛知学院大学、龍谷大学、広島修道大学、山梨学院大学は2017年3月末、國學院大學、東洋大学、久留米大学は2018年3月末、中京大学は2018年10月、神奈川大学、関東学院大学、熊本大学、静岡大学、島根大学は2019年3月末、名城大学、大東文化大学は2020年3月末、京都産業大学は2020年9月末、成蹊大学、立教大学、桐蔭横浜大学、近畿大学は2021年3月末、西南学院大学、青山学院大学は2022年3月末、横浜国立大学は2023年3月末、甲南大学は2023年10月末をもって廃止。

4. 2020年4月に「首都大学東京」は「東京都立大学」へ名称変更。

5. 2022年4月に「大阪市立大学」と「大阪府立大学」が統合し、「大阪公立大学」が開校。

❺ 弁護士任官等の実績状況

　2001年6月の司法制度改革審議会意見書は、裁判官制度について、「判事の給源の多様化、多元化」「裁判官の任命手続の見直し」「裁判官の人事制度の見直し」等を掲げた。

　日本の裁判官や検察官の大半は、司法修習を終了した後、直ちに判事補や検事としてそのルートに乗った人たちである。しかし、それでは組織が制度疲労を起こしかねない。弁護士経験を積んだ人が裁判官や検察官になれば、それらの職務によい影響を及ぼすことが期待できる。これを「弁護士任官」と呼んでおり、以前から取り組まれていたが、より強力に推進するため、日弁連と最高裁判所で協議を行い、2001年12月7日「弁護士任官等に関する協議の取りまとめ」が成立し、新しい弁護士任官制度が開始された。さらに、2002年8月23日には、日弁連と最高裁判所の協議によって、民事・家事調停事件に弁護士が非常勤で裁判官役を担当する非常勤裁判官制度が導入されることになった。これについては、2004年1月から実働が開始された。

　また、多様で豊かな知識・経験を備えた判事を確保するため、判事補に裁判官の職務以外の多様な法律家としての経験（弁護士、検察官等が基本）を積ませる仕組みを整備すべきであるとされた。検事にも同様の仕組みを作ることが求められ、2004年6月18日に「判事補及び検事の弁護士職務経験に関する法律」が成立し、2005年4月から弁護士職務経験制度が施行された。

| 資料2-3-13 | 弁護士任官者数（常勤任官者）―弁護士会連合会別― |

(単位：人)

任官年度	関東	近畿	中部	中国地方	九州	東北	北海道	四国	合計
1992	2	4	0	0	0	0	0	0	6
1993	3	4	0	0	0	0	0	0	7
1994	1	6	0	0	0	0	0	0	7
1995	0	2	0	0	0	0	0	0	2
1996	1	2	2	0	0	0	0	0	5
1997	3	1	0	0	1	0	0	0	5
1998	2	0	0	0	0	0	0	0	2
1999	3	1	0	0	0	0	0	0	4
2000	3	0	0	0	0	0	0	0	3
2001	2	0	1	0	0	0	0	0	3
2002	3	2	0	0	0	0	0	0	5
2003	5	4	1	0	0	0	0	0	10
2004	5	1	0	1	1	0	0	0	8
2005	4	0	0	0	0	0	0	0	4
2006	2	1	1	0	1	0	0	0	5
2007	4	2	0	0	0	0	0	0	6
2008	2	1	0	1	0	0	0	0	4
2009	5	1	0	0	0	0	0	0	6
2010	1	0	0	0	0	0	0	0	1
2011	2	2	0	0	1	0	0	0	5
2012	2	1	0	1	1	0	0	0	5
2013	4	0	0	0	0	0	0	0	4
2014	0	2	1	0	0	0	1	0	4
2015	1	0	0	0	0	0	0	0	1
2016	2	1	0	0	0	0	0	0	3
2017	1	1	0	0	0	0	0	0	2
2018	0	1	0	0	1	0	0	0	2
2019	0	1	0	0	0	0	0	0	1
2020	3	1	0	0	0	0	0	0	4
2021	2	1	0	0	0	0	0	0	3
2022	0	0	0	0	0	0	0	0	0
2023	1	0	0	0	1	1	0	0	3
合計	69	43	6	3	7	1	1	0	130

【注】　1．日弁連調べによる。
　　　　2．2023年度は、10月1日現在の数である。

資料2-3-14　弁護士任官者数（非常勤任官者）―所属庁別―

（2023年10月1日現在）（単位：人）

所属庁	区分	2007 5期	2008 6期	2009 7期	2010 8期	2011 9期	2012 10期	2013 11期	2014 12期	2015 13期	2016 14期	2017 15期	2018 16期	2019 17期	2020 18期	2021 19期	2022 20期	2023 21期	合計
東京	民	5	9	8	4	9	6	10	5	8	6	7	6	9	6	6	6	9	173
東京	家	0	7	1	4	1	8	1	5	1	5	1	5	1	6	3	4	1	
横浜	民	0	0	0	1	1	0	0	1	1	0	0	0	1	0	1	0	0	31
横浜	家	0	1	2	2	0	1	2	2	0	2	2	3	0	3	2	3	0	
川崎	民	0	1	0	0	0	0	0	0	0	1	0	0	0	0	0	0	0	3
さいたま	民	0	0	0	2	0	0	0	1	0	0	0	1	0	0	0	1	0	21
さいたま	家	1	0	0	2	1	0	1	3	0	1	1	2	0	1	1	2	0	
千葉	民	0	1	0	2	0	1	0	1	0	0	1	1	0	0	1	1	0	17
千葉	家	0	0	0	1	0	1	0	1	0	1	0	2	0	0	0	2	0	
大阪	民	3	5	2	6	2	5	1	2	2	4	2	2	1	4	2	3	2	89
大阪	家	1	4	2	2	2	1	0	5	2	3	2	3	3	3	1	3	4	
堺	民	0	1	0	1	0	0	0	0	0	0	0	0	0	0	0	0	0	5
堺	家	0	0	0	0	0	0	0	0	0	0	0	1	0	0	0	0	0	
京都	民	0	2	0	2	0	1	0	1	0	2	0	0	0	2	0	0	0	23
京都	家	0	1	1	1	0	0	1	2	1	1	1	1	1	1	0	0	1	
神戸	民	1	1	2	2	1	0	0	1	1	0	0	1	1	1	0	0	1	24
神戸	家	0	1	0	0	0	1	1	1	0	1	1	2	0	0	1	2	0	
名古屋	民	0	6	0	3	0	5	0	2	0	4	0	2	0	4	0	3	0	57
名古屋	家	1	2	3	2	2	1	5	2	1	2	2	1	1	2	2	2	1	
広島	民	1	0	1	1	1	1	1	0	1	0	0	1	0	0	0	1	1	17
広島	家	0	1	0	0	0	1	1	0	1	2	1	0	0	2	1	0	0	
福岡	民	0	3	0	2	0	2	1	0	1	1	1	1	1	0	1	1	0	28
福岡	家	1	0	0	1	1	1	0	1	1	2	0	0	0	2	0	0	2	
小倉	民	0	0	0	1	0	0	0	0	0	0	0	0	0	0	0	0	0	4
小倉	家	0	0	0	0	0	0	0	0	0	0	0	0	1	0	0	1	0	
仙台	民	1	1	1	1	1	0	1	0	1	0	0	1	0	1	0	0	1	18
仙台	家	0	0	0	1	0	0	0	0	2	0	0	0	1	0	1	0	0	
札幌	民	0	2	0	3	0	2	0	2	0	2	0	0	0	2	0	0	0	31
札幌	家	1	1	1	1	1	1	2	1	1	1	1	1	1	0	1	1	2	
高松	民	1	0	0	1	0	0	1	0	1	0	0	0	1	0	0	0	1	9
高松	家	0	0	0	0	0	0	0	0	1	0	0	0	1	0	0	1	0	
合計		17	50	22	49	22	42	27	45	22	40	24	39	22	40	25	39	25	550

【注】　1.「民」とは、民事調停官、「家」とは、家事調停官で、各年10月1日現在の数である。
　　　　2.　2年の任期の途中で、通常任官等により退官した者があるので、実働者は上記の数字より減っている。

資料2-3-15　判事補・検事の弁護士職務経験制度の状況

（2023年4月1日現在）（単位：人）

弁護士会	期	2008 4期	2009 5期	2010 6期	2011 7期	2012 8期	2013 9期	2014 10期	2015 11期	2016 12期	2017 13期	2018 14期	2019 15期	2020 16期	2021 17期	2022 18期	2023 19期	合計
東京	判事補	3	1	0	3	3	4	1	1	1	2	2	2	4	2	2	1	32
東京	検事	2	3	1	4	0	6	2	3	2	3	2	3	1	1	1	1	35
第一東京	判事補	4	4	5	2	2	2	5	2	6	4	5	5	3	5	5	4	63
第一東京	検事	2	1	1	0	2	0	4	1	5	3	5	3	3	4	3	3	40
第二東京	判事補	0	1	1	0	2	0	1	1	1	2	2	2	3	2	4	2	24
第二東京	検事	0	0	2	1	3	1	1	3	0	2	1	1	1	2	1	1	20
神奈川県	判事補	0	0	0	0	0	0	0	0	1	0	0	0	0	0	0	0	1
大阪	判事補	2	2	2	2	3	1	2	2	1	2	1	2	2	1	2	1	28
大阪	検事	1	1	1	1	2	1	1	0	0	1	1	1	0	1	0	0	13
福岡県	判事補	0	0	0	0	0	0	0	0	1	1	1	1	1	0	1	1	7
愛知県	判事補	1	1	1	1	1	2	2	1	1	1	1	1	1	1	0	1	16
愛知県	検事	0	0	0	0	0	0	0	0	0	0	0	0	0	0	0	0	0
金沢	判事補	0	0	0	0	0	0	0	0	0	0	0	1	0	0	0	0	1
札幌	判事補	0	0	0	0	0	0	0	0	2	0	1	0	1	0	1	1	6
合計		15	14	14	14	18	17	19	18	18	21	21	22	21	20	20	15	287

【注】2023年の検事登録数は4月1日現在の数である。

弁護士登録をしている国会議員等

次の表は、2023年10月1日現在、弁護士登録をしている国会議員及び地方公共団体の首長の一覧である。

資料2-3-16　弁護士登録をしている国会議員

●衆議院議員（19人）

氏名	会派	選挙区	弁護士会
稲田　朋美	自民	福井1区	大阪
門山　宏哲	自民	比例南関東	千葉県
塩崎　彰久	自民	愛媛1区	第一東京
柴山　昌彦	自民	埼玉8区	東京
棚橋　泰文	自民	岐阜2区	岐阜県
藤原　崇	自民	岩手3区	東京
本田　太郎	自民	京都5区	京都
牧原　秀樹	自民	比例北関東	埼玉
三谷　英弘	自民	比例南関東	第二東京
宮﨑　政久	自民	比例九州	沖縄
山下　貴司	自民	岡山2区	岡山
山本　有二	自民	比例四国	第一東京
大口　善德	公明	比例東海	静岡県
北側　一雄	公明	大阪16区	大阪
國重　徹	公明	大阪5区	大阪
浜地　雅一	公明	比例九州	東京
枝野　幸男	立憲	埼玉5区	第二東京
階　猛	立憲	岩手1区	岩手
米山　隆一	立憲	新潟5区	第一東京

（敬称略）

●参議院議員（15人）

氏名	会派	選挙区	弁護士会
古庄　玄知	自民	大分	大分県
友納　理緒	自民	―	第二東京
広瀬　めぐみ	自民	岩手	第二東京
古川　俊治	自民	埼玉	東京
森　まさこ	自民	福島	福島県
伊藤　孝江	公明	兵庫	大阪
佐々木　さやか	公明	神奈川	神奈川県
矢倉　克夫	公明	埼玉	埼玉
安江　伸夫	公明	愛知	愛知県
山口　那津男	公明	東京	東京
打越　さく良	立憲	新潟	新潟県
福島　みずほ	立憲	―	第二東京
仁比　聡平	共産	―	福岡県
山添　拓	共産	東京	第二東京
串田　誠一	日本維新の会	―	神奈川県

（敬称略）

【注】「―」は比例代表選出議員。

資料2-3-17　弁護士登録をしている地方公共団体の首長

氏名	自治体名	弁護士会	氏名	自治体名	弁護士会
浅野　正富	栃木県小山市	栃木県	山﨑　晴恵	兵庫県宝塚市	兵庫県
川合　善明	埼玉県川越市	埼玉	山下　真	奈良県	奈良県
吉村　洋文	大阪府	大阪	坂井　英隆	佐賀県佐賀市	佐賀県
福岡　洋一	大阪府茨木市	大阪			

（敬称略）

【注】1.「地方公共団体の首長」の表は、日弁連が把握している2023年10月1日時点で首長であることが確認できた者を一覧にしたものである。
　　　2. 2023年10月1日現在、弁護士登録をしている者のみをまとめている。

第4章　弁護士実勢調査に基づく近年の弁護士の実情

❶ 弁護士実勢調査について

日弁連は、弁護士の活動実態について定期的に調査を実施している。以下は、2023年に全会員を対象に実施した「弁護士実勢調査（弁護士センサス）」から得た回答結果によるものである。

【調査概要】
実施期間：2023年（令和5年）4月6日〜6月9日
対象：同年4月1日時点の全会員
実施方法：ファクシミリまたはWEBで回答
送付数：32,108件　有効回答数：2,336件（FAX 818件、Web 1,518件）（有効回答率7.28%）

【調査回答者の属性について】

①性別

	回答数	割合
男性	1,897	81.2%
女性	407	17.4%
答えない	20	0.9%
無回答	12	0.5%
合計	2,336	100%

②年齢（2023年4月1日の満年齢）

（歳代）	回答数	割合	（参考）会員中の割合
20	137	5.9%	8.2%
30	585	25.2%	28.1%
40	532	22.9%	28.6%
50	250	10.8%	13.4%
60	220	9.5%	9.0%
70以上	601	25.8%	12.8%
合計	2,325	100%	100%
無回答数	11		

③司法修習期

（期）	回答数	割合	（参考）会員中の割合	（期）	回答数	割合	（参考）会員中の割合
1〜10	14	0.6%	0.2%	51〜55	96	4.2%	7.2%
11〜15	34	1.5%	0.6%	56〜60	212	9.2%	13.3%
16〜20	70	3.0%	1.5%	61〜65	378	16.4%	21.6%
21〜25	128	5.6%	2.7%	66〜70	381	16.5%	17.6%
26〜30	145	6.3%	3.5%	71〜75	397	17.2%	14.2%
31〜35	150	6.5%	3.7%	期が無い	49	2.1%	1.0%
36〜40	90	3.9%	3.6%	合計	2,304	100%	100%
41〜45	78	3.4%	3.9%	無回答数	32		
46〜50	82	3.6%	5.3%				

【注】会員中の割合については、2023年3月31日現在。

（1）弁護士の就業形態

以下は、昨年1年間の弁護士活動従事の有無と、弁護士の就業形態を集計したものである。
就業形態では、回答者のうち64.6%が経営者弁護士であり、次いで勤務弁護士（21.3%）となっている。

資料2-4-1-1　昨年1年間の弁護士活動従事の有無

	回答数	割合
従事していた	2,059	88.1%
全く（もしくはほとんど）従事していなかった	272	11.6%
無回答	5	0.2%
合計	2,336	100.0%

資料2-4-1-2　弁護士の就業形態

	回答数	割合
経営者弁護士（弁護士法人の社員弁護士を含む）	1,334	64.6%
勤務弁護士（弁護士法人の使用人弁護士を含む）	439	21.3%
事務所内独立採算弁護士（いわゆる「ノキ弁」を含む）	139	6.7%
日本司法支援センターのスタッフ弁護士	20	1.0%
民間企業・団体等（官公庁・地方自治体を除く）の組織内弁護士	83	4.0%
官公庁・地方自治体	6	0.3%
その他	31	1.5%
無回答	12	0.6%
合計	2,064	100.0%

■ 経営者弁護士（弁護士法人の社員弁護士を含む）　▧ 勤務弁護士（弁護士法人の使用人弁護士を含む）
▤ 事務所内独立採算弁護士（いわゆる「ノキ弁」を含む）　■ 日本司法支援センターのスタッフ弁護士
▨ 民間企業・団体等（官公庁・地方自治体を除く）の組織内弁護士　■ 官公庁・地方自治体
▦ その他　▩ 無回答

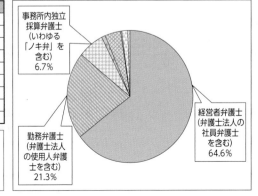

以下は、男女別・司法修習期別の就業形態を見たものである。

男女別の比較で見ると、女性は勤務弁護士・企業内弁護士の割合が男性に比べ高くなっている（企業内弁護士の割合について、女性8.4％、男性3.1％）。司法修習期別に見ると、61期～65期以前の司法修習期の回答者においては、7割以上が経営者弁護士（弁護士法人の社員弁護士を含む）である。

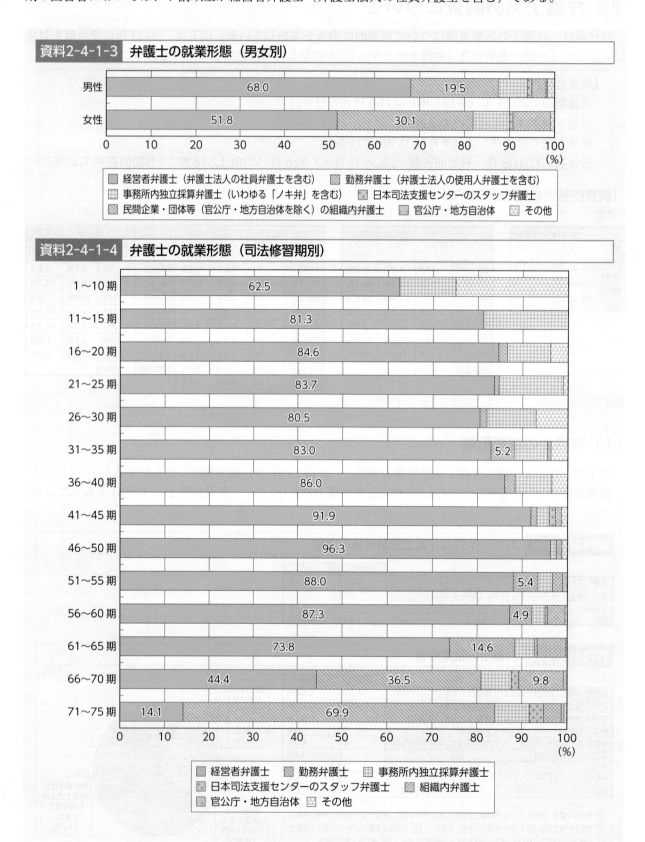

資料2-4-1-3　弁護士の就業形態（男女別）

	経営者弁護士	勤務弁護士	その他
男性	68.0	19.5	
女性	51.8	30.1	

凡例：
- 経営者弁護士（弁護士法人の社員弁護士を含む）
- 勤務弁護士（弁護士法人の使用人弁護士を含む）
- 事務所内独立採算弁護士（いわゆる「ノキ弁」を含む）
- 日本司法支援センターのスタッフ弁護士
- 民間企業・団体等（官公庁・地方自治体を除く）の組織内弁護士
- 官公庁・地方自治体
- その他

資料2-4-1-4　弁護士の就業形態（司法修習期別）

	経営者弁護士	勤務弁護士	
1～10期	62.5		
11～15期	81.3		
16～20期	84.6		
21～25期	83.7		
26～30期	80.5		
31～35期	83.0	5.2	
36～40期	86.0		
41～45期	91.9		
46～50期	96.3		
51～55期	88.0	5.4	
56～60期	87.3	4.9	
61～65期	73.8	14.6	
66～70期	44.4	36.5	9.8
71～75期	14.1	69.9	

凡例：
- 経営者弁護士
- 勤務弁護士
- 事務所内独立採算弁護士
- 日本司法支援センターのスタッフ弁護士
- 組織内弁護士
- 官公庁・地方自治体
- その他

第2編　弁護士の活動状況

2-4　弁護士実勢調査に基づく近年の弁護士の実情

特集

第1編

第2編

第3編

第4編

（2）就業先の規模

以下は、回答者自身を含めた、自身の就業先（法律事務所以外の企業等も含む）に何人の弁護士がいるかを尋ねた設問の回答結果である。「1人」という回答が最も多く、27.7％であった。

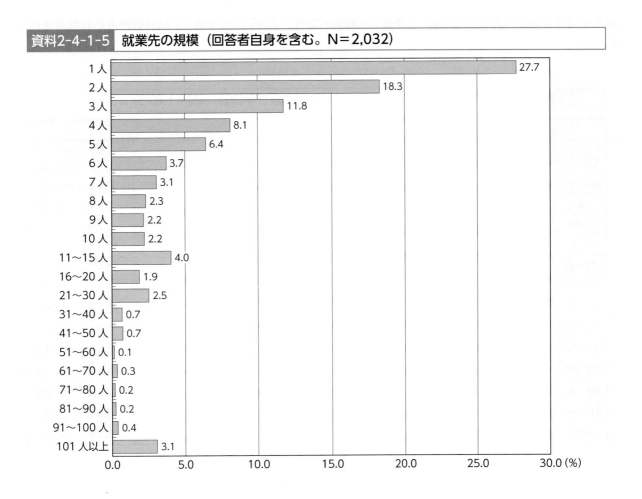

資料2-4-1-5　就業先の規模（回答者自身を含む。N＝2,032）

（3）弁護士の労働時間

以下は、昨年1年間の総労働時間についての回答結果である。中央値は2,200時間であり、最小値・最大値付近のそれぞれ5％を外れ値とした平均値（5％調整平均）は、2,143.1時間であった。総労働時間が2,001～2,500時間に含まれる回答者が27.0％と最も多く、次いで2,501～3,000時間に含まれる回答者が20.5％となっている。

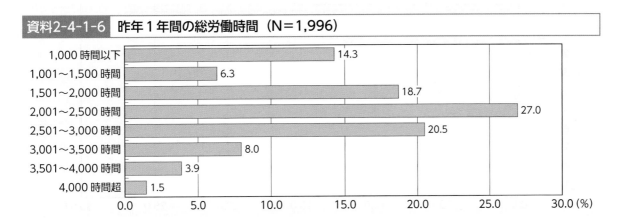

資料2-4-1-6　昨年1年間の総労働時間（N＝1,996）

（4）労働時間の内訳

　以下は、昨年1年間に弁護士業務の各分野にどれくらいの時間を費やしたかを、費やした時間の合計を100％として、そこに占めるおおよその割合を尋ねた設問の、項目ごとの回答分布及び平均値をまとめたものである（なお、75期の回答については、弁護士業務への従事が1年に満たないため分析から除いた）。最も平均値が高かったのが「民事・紛争案件・裁判所案件」で35.10％であり、同分野が占める割合を0％と回答した割合は9.6％であった。

資料2-4-1-7　昨年1年間の労働時間の内訳（回答分布及び平均値）（N=1,875）

(%)	刑事			民事						
				非紛争案件					紛争案件	
	国選	私選	犯罪被害者支援	破産管財案件	後見人等	その他の財産管理	契約関連	その他の非紛争案件	裁判所案件	その他の紛争案件
0	58.2%	71.6%	90.7%	65.8%	58.2%	73.9%	32.5%	47.8%	9.6%	24.1%
1~10	28.1%	24.1%	7.3%	21.4%	29.6%	20.6%	37.2%	27.4%	9.8%	21.4%
11~20	7.8%	1.9%	0.8%	7.5%	7.2%	2.6%	11.5%	10.3%	12.3%	17.0%
21~30	2.9%	0.6%	0.2%	2.5%	2.1%	1.1%	6.5%	5.7%	20.9%	14.2%
31~40	0.3%	0.1%	0.0%	0.4%	1.2%	0.4%	2.9%	2.5%	14.3%	9.6%
41~50	0.6%	0.2%	0.0%	0.7%	0.4%	0.2%	2.8%	1.8%	12.9%	6.5%
51~60	0.2%	0.1%	0.1%	0.3%	0.2%	0.1%	1.3%	0.8%	7.3%	2.6%
61~70	0.1%	0.2%	0.0%	0.1%	0.1%	0.1%	1.0%	0.9%	5.0%	1.4%
71~80	0.3%	0.1%	0.0%	0.3%	0.1%	0.1%	0.8%	0.7%	3.4%	1.2%
81~90	0.2%	0.0%	0.0%	0.0%	0.1%	0.1%	0.8%	0.2%	2.1%	0.6%
91~100	0.3%	0.2%	0.0%	0.0%	0.1%	0.1%	1.7%	1.1%	1.5%	0.4%
平均値	5.3%	2.3%	0.6%	4.6%	4.8%	2.5%	13.6%	10.2%	35.1%	20.2%

　昨年1年間の労働時間のうち、回答者自身又は回答者の所属する事務所の顧問先又は準顧問先（顧問契約を結ばず、また顧問料を受けていないが、その法律事務を事実上回答者らに依頼するのを常としている先）からの依頼を受けた業務にどのくらいの時間を費やしたかについて尋ねたところ、分布は以下のとおりであり、平均値31.9％（中央値20％）であった。

資料2-4-1-8　昨年1年間の労働時間において顧問先・準顧問先に費やした時間の分布（N=1,930）

区分	割合(%)
0%	15.4
1~10%	27.0
11~20%	12.1
21~30%	10.8
31~40%	3.5
41~50%	6.0
51~60%	3.6
61~70%	5.1
71~80%	7.2
81~90%	3.7
91~100%	5.6

第2編　弁護士の活動状況

2-4　弁護士実勢調査に基づく近年の弁護士の実情

特集

第1編

第2編

第3編

第4編

（5）弁護士の収入・所得

　以下は、昨年1年間の収入及び所得の分布をまとめたものである（なお、75期の回答については、弁護士業務への従事が1年に満たないため分析から除いた）。収入についての中央値は1,500万円、最小値・最大値付近のそれぞれ5％を外れ値とした平均値（5％調整平均）は、2,082.6万円であり、所得についての中央値は800万円、平均値（5％調整平均）は1,022.3万円であった。

　弁護士としての活動による収入の割合は平均値92.6％、中央値100％であり、所得については平均値91.5％、中央値100％であった。

　確定申告の有無を尋ねたところ、確定申告をした者が95.4％、確定申告をしておらず給与所得がある者が4.5％、確定申告をしておらず給与所得もない者が0.1％であった。

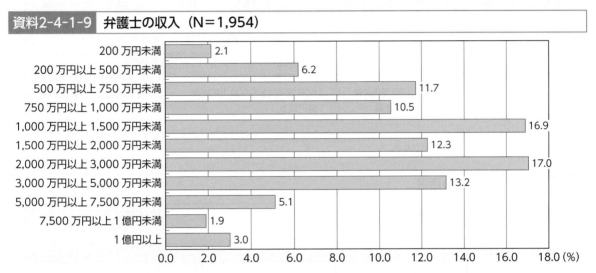

資料2-4-1-9　弁護士の収入（N=1,954）

	%
200万円未満	2.1
200万円以上500万円未満	6.2
500万円以上750万円未満	11.7
750万円以上1,000万円未満	10.5
1,000万円以上1,500万円未満	16.9
1,500万円以上2,000万円未満	12.3
2,000万円以上3,000万円未満	17.0
3,000万円以上5,000万円未満	13.2
5,000万円以上7,500万円未満	5.1
7,500万円以上1億円未満	1.9
1億円以上	3.0

【注】回答欄の「万円」を見過ごしたための誤記と思われる非常に大きな金額の回答が含まれていたが、これらについても特に除外していない状態での割合である。

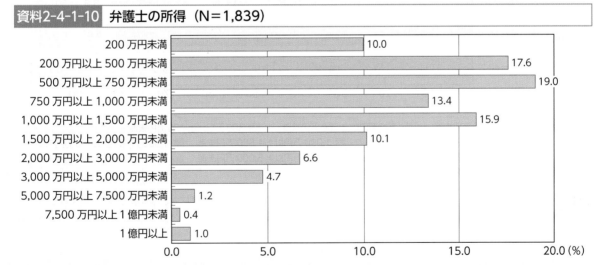

資料2-4-1-10　弁護士の所得（N=1,839）

	%
200万円未満	10.0
200万円以上500万円未満	17.6
500万円以上750万円未満	19.0
750万円以上1,000万円未満	13.4
1,000万円以上1,500万円未満	15.9
1,500万円以上2,000万円未満	10.1
2,000万円以上3,000万円未満	6.6
3,000万円以上5,000万円未満	4.7
5,000万円以上7,500万円未満	1.2
7,500万円以上1億円未満	0.4
1億円以上	1.0

【注】回答欄の「万円」を見過ごしたための誤記と思われるマイナスの大きな金額や、非常に大きな金額の回答が含まれていたが、これらについても特に除外していない状態での割合分布である。

資料2-4-1-11　年齢別の収入

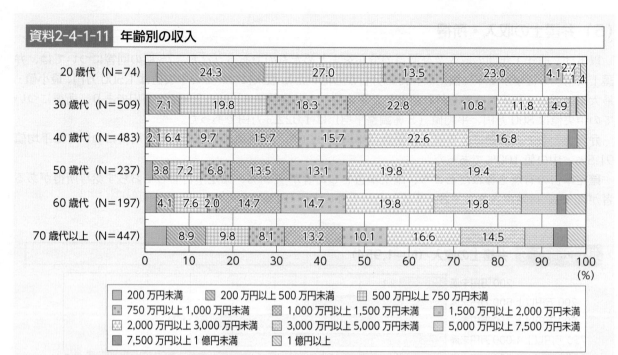

【注】回答欄の「万円」を見過ごしたための誤記と思われる非常に大きな金額の回答が含まれていたが、これらについても特に除外していない状態での割合分布である。

資料2-4-1-12　年齢別の所得

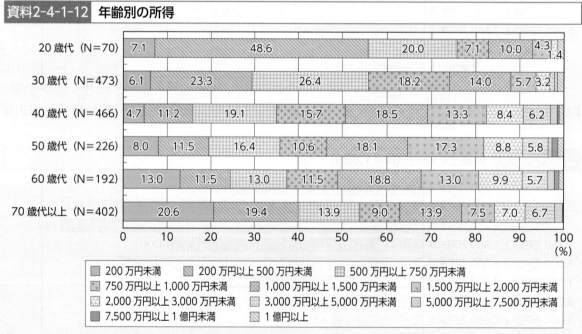

【注】回答欄の「万円」を見過ごしたための誤記と思われるマイナスの大きな金額や、非常に大きな金額の回答が含まれていたが、これらについても特に除外していない状態での割合分布である。

（6）経年変化比較

① 収入・所得（全体）

以下は、弁護士の収入及び所得について、2008年・2014年・2018年に実施した弁護士実勢調査及び2010年・2020年に実施した「弁護士業務の経済的基盤に関する実態調査」の結果と比較したものである。なお、2010年・2020年調査と実施方法が異なることや、調査の回収率について留意が必要である。経験年数別の収入・所得については紙面の都合上、2008年調査以降のものを掲載している。なお、2006年調査については、弁護士白書2018年版及び日弁連ウェブサイト上の基礎的な統計情報（2018年）に同様の表があるので参照されたい。

資料2-4-1-13　弁護士の収入と所得の平均値・中央値比較

●収入・所得の平均値

	2008年（注1）	2010年（注2）	2014年（注1）	2018年（注1）	2020年（注2）	2023年（注2・注3）
収　入	3,389万円	3,304万円	2,402万円	2,143万円	2,558万円	2,083万円
回答者数	4,021人	1,354人	3,199人	2,584人	1,989人	1,954人
所　得	1,667万円	1,471万円	907万円	959万円	1,119万円	1,022万円
回答者数	3,977人	1,280人	3,128人	2,490人	1,788人	1,839人

●収入・所得の中央値

	2008年（注1）	2010年（注2）	2014年（注1）	2018年（注1）	2020年（注2）	2023年（注2）
収　入	2,200万円	2,112万円	1,430万円	1,200万円	1,437万円	1,500万円
回答者数	4,021人	1,354人	3,199人	2,584人	1,989人	1,954人
所　得	1,100万円	959万円	600万円	650万円	700万円	800万円
回答者数	3,977人	1,280人	3,128人	2,490人	1,788人	1,839人

【注】1．収入及び所得については、弁護士としての活動による収入・支出によるものを尋ねた。
2．収入及び所得については、確定申告書や給与所得の源泉徴収票に基づく回答であり、確定申告書による回答の場合、弁護士活動以外による収入（その他の事業による収入、不動産収入等）が含まれている可能性がある。
3．平均値については、最小値・最大値付近のそれぞれ5％を外れ値とした平均値（5％調整平均）による。
4．年は調査年であり、収入・所得は調査年の前年のもの。

② 収入・所得（経験年数・司法修習期別）

資料2-4-1-14　経験年数・司法修習別の収入・所得の経年変化

経験年数	項目	収入（万円） 2008年	2014年	2018年	2023年	所得（万円） 2008年	2014年	2018年	2023年
5年未満	平均値	1,222	796	735	575	795	448	470	351
	中央値	850	675	600	550	600	420	430	300
	回答数	934	846	660	277	916	811	636	258
5年以上10年未満	平均値	2,665	1,679	1,550	1,252	1,554	742	792	685
	中央値	2,000	1,300	1,200	1,027	1,150	600	680	650
	回答数	564	645	619	345	558	633	605	323
10年以上15年未満	平均値	3,464	2,285	2,237	1,975	1,807	1,033	1,078	989
	中央値	2,800	1,800	1,900	1,800	1,800	1,500	900	860
	回答数	424	306	308	352	420	303	307	337
15年以上20年未満	平均値	5,022	2,971	2,962	2,554	2,431	1,139	1,334	1,252
	中央値	3,200	2,350	2,078	2,100	1,600	900	1,000	1,100
	回答数	280	203	155	198	281	203	157	192
20年以上25年未満	平均値	5,066	4,101	3,469	3,763	2,497	1,342	1,307	1,692
	中央値	4,000	2,697	2,760	2,950	1,995	840	1,006	1,215
	回答数	351	160	105	90	350	159	102	88
25年以上30年未満	平均値	4,991	4,290	4,699	3,220	2,218	1,460	1,601	1,298
	中央値	3,937	3,000	3,000	2,680	1,800	1,000	1,100	1,000
	回答数	340	187	99	79	341	185	94	74
30年以上35年未満	平均値	5,059	4,750	3,884	2,687	2,128	1,524	1,604	908
	中央値	3,500	3,200	2,500	2,200	1,500	1,000	1,000	695
	回答数	391	213	91	70	389	209	86	66
35年以上	平均値	3,574	3,413	3,312	1,937	1,561	1,064	1,321	734
	中央値	2,123	2,000	2,000	1,300	1,000	721	800	429
	回答数	728	627	519	499	713	614	477	459

司法修習期（2018年 / 2023年）：5年未満＝66-70期／71-74期、5年以上10年未満＝61-65期／66-70期、10年以上15年未満＝56-60期／61-65期、15年以上20年未満＝51-55期／56-60期、20年以上25年未満＝46-50期／51-55期、25年以上30年未満＝41-45期／46-50期、30年以上35年未満＝36-40期／41-45期、35年以上＝1-35期／1-40期

【注】1．2018年、2023年の調査では、弁護士経験年数ではなく司法修習期を尋ねる質問としているため、司法修習期から経験年数を推定して算出した。「司法修習期が無い」と回答した会員の収入及び所得の回答については資料2-4-1-14に含まれていない。
2．2023年調査の収入及び所得については、確定申告書や給与所得の源泉徴収票に基づく回答であり、確定申告書による回答の場合、弁護士活動以外による収入（その他の事業による収入、不動産収入等）が含まれている可能性がある。
3．2023年調査については、司法修習期別の平均値についても、最小値・最大値付近のそれぞれ5％を外れ値とした平均値（5％調整平均）による。
4．年は調査年であり、収入・所得は調査年の前年のもの。

（7）弁護士業務以外の役職等の従事について

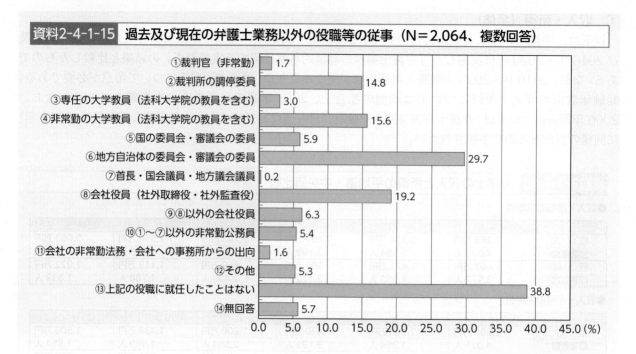

資料2-4-1-15 過去及び現在の弁護士業務以外の役職等の従事（N＝2,064、複数回答）

項目	割合（%）
①裁判官（非常勤）	1.7
②裁判所の調停委員	14.8
③専任の大学教員（法科大学院の教員を含む）	3.0
④非常勤の大学教員（法科大学院の教員を含む）	15.6
⑤国の委員会・審議会の委員	5.9
⑥地方自治体の委員会・審議会の委員	29.7
⑦首長・国会議員・地方議会議員	0.2
⑧会社役員（社外取締役・社外監査役）	19.2
⑨⑧以外の会社役員	6.3
⑩①〜⑦以外の非常勤公務員	5.4
⑪会社の非常勤法務・会社への事務所からの出向	1.6
⑫その他	5.3
⑬上記の役職に就任したことはない	38.8
⑭無回答	5.7

（8）弁護士業務に従事していなかった理由について

2022年1年間の弁護士活動従事の有無について、「全く（もしくはほとんど）従事していなかった」と回答した者について、従事していなかった理由を尋ねたところ、「年齢上の理由」や「健康上の理由」と回答した割合が大きかった。なお、「その他」の割合も大きいところ、回答した中には75期が多く含まれ、司法修習中だったためと思われる。

資料2-4-1-16　弁護士業務に従事していなかった理由（N＝275、複数回答）

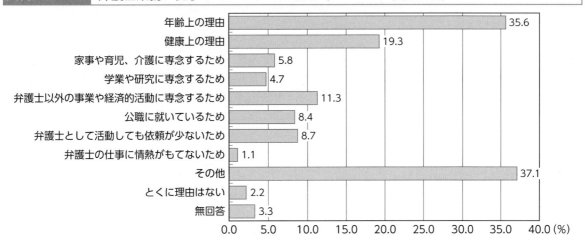

資料2-4-1-17　弁護士業務に従事していなかったもっとも重要な理由（N＝275）

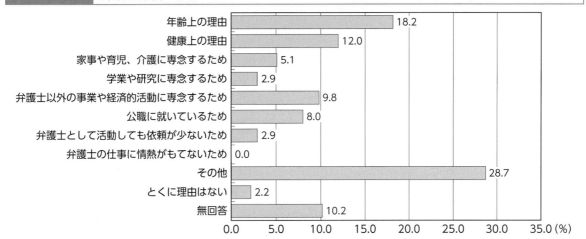

第3編

日弁連・各弁護士会の活動状況

第1章 日弁連の機構と弁護士会の財政状況

第1節 日弁連の機構

日弁連は自治組織として自律的に運営されている。以下は、2023年10月1日現在の機構図である。

会員
- ●弁護士会（52会）
- ●弁護士
- ●弁護士法人
- ●準会員
- ●沖縄特別会員
- ●外国法事務弁護士
- ●外国法事務弁護士法人
- ●弁護士・外国法事務弁護士共同法人

議決機関
- ●総会（日弁連の最高意思決定機関で、予算の議決・会則の制定・変更などの重要事項を審議する）
- ●代議員会（副会長・理事・監事の選任などについて審議する）
- ●常務理事会（各弁護士会の会則・会規などの事項について審議する）
- ●理事会（日弁連の規則制定、総会議案、各種意見書などの事項について審議する）

役員
- ●会長　　1人（弁護士である会員により直接選挙　任期2年）
- ●副会長　15人（任期1年）
- ●理事　　75人（任期1年）
- ●（常務理事）（理事の中から若干名の常務理事を互選する　任期1年　現在39人）
- ●監事　　5人（任期1年）

委員会
- ●法定委員会　　7
- ●常置委員会　　5
- ●特別委員会　76

事務機構
- ●事務総長　　1人
- ●事務次長　　7人
- ●一般職員　176人

総務部
- ●総務課
- ●情報システム・施設管理課
- ●経理課
- ●人事課

審査部
- ●審査第一課
- ●審査第二課
- ●審査第三課

法制部
- ●法制第一課
- ●法制第二課

人権部
- ●人権第一課
- ●人権第二課

業務部
- ●業務第一課
- ●業務第二課
- ●業務第三課

企画部
- ●企画課
- ●広報課
- ●国際課

（右側ブロック）

（1）弁護士法により設置を義務づけられた委員会
- ●資格審査会
- ●懲戒委員会
- ●綱紀委員会
- ●綱紀審査会

（2）外国弁護士による法律事務の取扱い等に関する法律により設置を義務づけられた委員会
- ●外国法事務弁護士登録審査会
- ●外国法事務弁護士懲戒委員会
- ●外国法事務弁護士綱紀委員会

会則により設けられた常置委員会
- ●人権擁護委員会
- ●司法修習委員会
- ●司法制度調査会
- ●弁護士推薦委員会
- ●選挙管理委員会

理事会の議決により設けられた特別委員会
- ●公害対策・環境保全委員会
- ●消費者問題対策委員会
- ●子どもの権利委員会
- ●両性の平等に関する委員会
- ●日弁連刑事弁護センター
- ●刑事法制委員会
- ●刑事拘禁制度改革実現本部
- ●貧困問題対策本部
- ●民事介入暴力対策委員会
- ●日弁連公設事務所・法律相談センター
- ●国際交流委員会
- ●国際人権問題委員会　ほか多数

- ●調査室　　　　　（司法に関する調査研究を行う）〔嘱託弁護士9人〕
- ●広報室　　　　　（マスコミへの発信、ウェブサイトの運営など広報活動を行う）〔嘱託弁護士6人〕
- ●国際室　　　　　（日弁連の国際活動に関する窓口となる業務を行う）〔嘱託弁護士6人〕
- ●人権救済調査室　（人権擁護委員会の人権救済活動のサポートを行う）〔嘱託弁護士6人〕
- ●研修・業務支援室（日弁連総合研修センターが行う研修事業に関する支援等及び弁護士の業務分野に関する調査、研究等を行う）〔嘱託弁護士9人〕
- ●日本司法支援センター対応室（日本司法支援センターについて日弁連として取り組むべき課題に関し、施策立案のための調査・研究、弁護士との連絡等を行う）〔嘱託弁護士5人〕
- ●司法調査室　　　（司法制度、法曹養成制度、各立法課題に関する調査、研究等を行うとともに、各種統計調査の収集分析、弁護士白書の編集刊行を行う）〔嘱託弁護士26人〕
- ●刑事調査室　　　（刑事司法制度及び刑事司法に係る立法課題に関する調査、研究及び資料の作成、本会会務等と関連する各種情報の収集及び分析、保存及び管理並びに提供を行う）〔嘱託弁護士7人〕
- ●日弁連総合研修センター（日弁連が行う研修について企画・運営等の実務を行う）
- ●その他の弁護士職員22人〔綱紀委員会調査員6人、懲戒委員会調査員4人、事務総長付特別嘱託9人、臨時嘱託1人、綱紀審査会事務局長1人、綱紀審査会事務局員1人〕

第2節　日弁連・弁護士会の財政状況

　弁護士自治を確立するためには、日弁連及び弁護士会の運営が財政的にも独立していることが不可欠であるから、運営経費は会費、登録料、寄附その他の収入をもって支弁することとなっており（日弁連会則第91条参照）、収入全体（前年度繰越金を除く）のうち会費収入（2022年4月1日から月額10,200円）が約9割を占める。その使途について外部から何らの制約を受けることはない。

1　日弁連における財務関係

　2013年度から2022年度までの日弁連における収入の推移をまとめたものである。

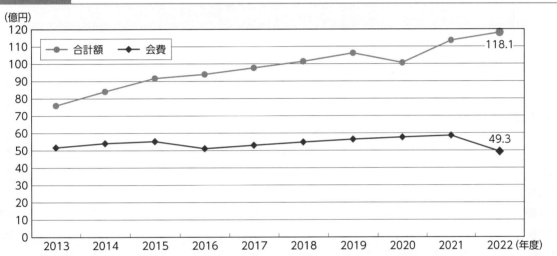

資料3-1-2-1　日弁連（収入の部）一般会計（過去10年間の動き）

資料3-1-2-2　日弁連（収入の部）一般会計の内訳

（単位：千円）

内訳＼年度	2013	2014	2015	2016	2017	2018	2019	2020	2021	2022
会費	5,170,815	5,406,361	5,522,328	5,114,363	5,297,986	5,481,303	5,637,977	5,761,368	5,856,555	4,929,464
登録料	115,025	52,540	46,235	47,622	43,350	46,992	45,111	44,614	31,445	54,597
事業収入	92,093	85,419	82,995	63,288	61,495	51,244	51,806	113,608	128,793	128,945
諸受入金	120,059	100,866	93,763	88,125	100,918	121,398	113,142	93,863	99,877	106,115
預金利息	1,085	1,297	1,410	88	89	91	53	222	85	0
雑収入	50,549	46,831	49,257	26,925	41,596	35,053	52,392	23,529	33,702	29,810
他会計から繰入	—	—	—	※12,000	※12,000	※3,500	※3,500	※621,473	0	0
長期性預金取崩	—	—	—	—	—	—	—	100,000	0	0
前年度繰越	2,053,877	2,720,980	3,372,474	4,042,957	4,208,887	4,404,251	4,711,832	3,303,109	5,209,972	6,556,966
総合計	7,603,503	8,414,296	9,168,462	9,395,368	9,766,321	10,143,833	10,615,814	10,061,787	11,360,429	11,805,898

【注】1．「他会計から繰入」の※については、以下のとおり。
　　　　2016年度～2019年度：保険事務特別会計から繰入。
　　　　2020年度：2021年3月31日をもって廃止となった「難民認定法律援助基金会計」「保険事務特別会計」「事務職員能力認定試験・研修事業特別会計」の資産を一般会計に繰入。
　　　2．内訳の各費目については千円未満を四捨五入して表示しているため、合計金額が一致しない場合がある。

2013 年度から 2022 年度までの日弁連における支出の推移をまとめたものである。

日弁連（支出の部）一般会計（過去 10 年間の動き）

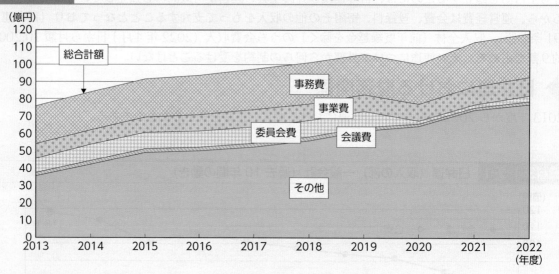

日弁連（支出の部）一般会計の内訳

（単位：千円）

内訳 ＼ 年度	2013	2014	2015	2016	2017	2018	2019	2020	2021	2022
会議費	192,028	216,317	216,453	210,275	221,007	228,138	210,069	145,137	143,728	175,303
委員会費	823,557	936,029	935,771	930,089	946,879	953,728	927,189	170,776	189,829	333,984
事業費	845,938	832,632	883,226	943,638	1,005,949	953,273	962,259	970,882	1,069,933	1,075,951
事務費	2,176,487	2,185,396	2,206,021	2,283,293	2,342,085	2,390,287	2,325,645	2,313,245	2,556,014	2,505,539
退職手当積立金特別会計繰入	150,000	150,000	150,000	150,000	150,000	200,000	200,000	200,000	200,000	200,000
会館特別会計繰入	581,943	606,099	615,948	341,136	353,060	362,729	372,252	332,035	335,380	744,615
災害復興支援基金特別会計繰入	—	—	—	—	—	—	—	180,000	—	—
法律援助基金会計繰入	100,000	110,000	110,000	110,000	110,000	110,000	100,000	334,489	100,000	100,000
日弁連重要課題特別会計繰入	—	—	—	—	—	—	2,000,000	—	—	—
事務職員能力認定試験・研修事業特別会計繰入	—	—	2,500	1,700	1,800	5,100	5,100	—	—	—
日弁連ひまわり基金会計繰入	—	—	—	209,540	220,400	223,000	200,000	200,000	200,000	200,000
什器備品・固定資産関連	12,570	5,350	5,588	6,811	10,889	5,745	10,191	5,251	8,578	7,818
次年度繰越	2,720,980	3,372,474	4,042,957	4,208,887	4,404,251	4,711,832	3,303,109	5,209,972	6,556,966	6,462,687
総合計	7,603,503	8,414,296	9,168,462	9,395,368	9,766,321	10,143,833	10,615,814	10,061,787	11,360,429	11,805,898

【注】内訳の各費目については千円未満を四捨五入して表示しているため、合計金額が一致しない場合がある。

❷ 弁護士会における財務関係

各弁護士会における 2021 年度と 2022 年度における収入を一覧表にまとめたものである。

資料3-1-2-5　弁護士会（収入の部）一般会計（2021 年度・2022 年度決算額）

(単位：円)

		2021 年度			2022 年度		
		当期収入合計額	内 訳		当期収入合計額	内 訳	
			会費収入	その他		会費収入	その他
北海道弁連	札　幌	374,835,864	218,711,600	156,124,264	359,087,999	225,761,100	133,326,899
	函　館	47,307,649	25,866,000	21,441,649	52,798,964	27,823,500	24,975,464
	旭　川	58,762,955	33,027,484	25,735,471	65,291,125	34,532,000	30,759,125
	釧　路	73,725,010	37,072,000	36,653,010	76,038,775	37,912,000	38,126,775
東北弁連	仙　台	245,026,323	111,151,140	133,875,183	179,491,200	112,690,300	66,800,900
	福島県	61,552,030	40,930,000	20,622,030	70,840,579	45,104,000	25,736,579
	山形県	58,692,662	38,811,500	19,881,162	58,253,465	38,779,000	19,474,465
	岩　手	89,253,600	44,430,500	44,823,100	110,856,575	46,036,000	64,820,575
	秋　田	52,076,757	36,403,000	15,673,757	53,108,229	37,657,800	15,450,429
	青森県	67,688,050	49,912,000	17,776,050	67,005,309	51,298,000	15,707,309
関弁連	東　京	2,163,681,981	1,590,394,000	573,287,981	2,279,503,462	1,573,312,300	706,191,162
	第一東京	1,142,239,214	978,820,000	163,419,214	1,226,781,262	1,021,224,400	205,556,862
	第二東京	1,239,626,126	997,621,500	242,004,626	1,348,385,804	1,032,068,000	316,317,804
	神奈川県	638,823,202	402,450,216	236,372,986	760,070,509	409,784,750	350,285,759
	埼　玉	163,522,156	128,727,600	34,794,556	164,858,409	131,797,200	33,061,209
	千葉県	421,761,508	294,487,250	127,274,258	442,542,771	299,770,500	142,772,271
	茨城県	119,270,787	89,278,800	29,991,987	130,459,503	91,093,600	39,365,903
	栃木県	73,333,838	46,436,400	26,897,438	71,595,092	47,437,200	24,157,892
	群　馬	122,704,591	86,875,200	35,829,391	124,509,659	87,336,000	37,173,659
	静岡県	121,852,132	63,045,470	58,806,662	117,390,063	63,841,550	53,548,513
	山梨県	128,794,181	57,940,000	70,854,181	103,647,310	59,560,000	44,087,310
	長野県	113,172,109	84,099,500	29,072,609	114,441,982	86,402,600	28,039,382
	新潟県	193,134,490	58,832,000	134,302,490	217,651,150	58,126,400	159,524,750
中部弁連	愛知県	866,140,975	502,834,180	363,306,795	892,412,188	509,888,600	382,523,588
	三　重	125,396,707	72,845,200	52,551,507	125,656,684	71,156,900	54,499,784
	岐阜県	82,826,814	57,965,000	24,861,814	90,615,364	61,335,000	29,280,364
	福　井	66,875,615	47,938,040	18,937,575	61,526,872	40,245,940	21,280,932
	金　沢	109,433,733	63,532,000	45,901,733	117,849,059	64,752,800	53,096,259
	富山県	74,422,748	54,267,100	20,155,648	78,933,427	56,640,900	22,292,527
近弁連	大　阪	1,633,175,891	686,381,500	946,794,391	2,263,735,595	692,206,867	1,571,528,728
	京　都	246,536,385	151,496,000	95,040,385	251,917,854	153,134,000	98,783,854
	兵庫県	404,489,496	216,802,000	187,687,496	412,312,052	222,514,000	189,798,052
	奈　良	169,675,083	47,812,800	121,862,283	163,443,738	43,864,200	119,579,538
	滋　賀	116,861,938	59,336,800	57,525,138	115,135,290	60,829,600	54,305,690
	和歌山	49,441,388	32,499,600	16,941,788	49,275,824	33,730,200	15,545,624
中国地方弁連	広　島	242,171,471	166,223,500	75,947,971	260,288,150	168,666,500	91,621,650
	山口県	109,290,358	84,274,200	25,016,158	106,983,666	82,829,800	24,153,866
	岡　山	197,376,066	85,636,000	111,740,066	181,669,148	85,712,000	95,957,148
	鳥取県	53,710,152	32,476,000	21,234,152	59,385,993	33,372,000	26,013,993
	島根県	49,925,634	35,540,000	14,385,634	48,204,610	34,620,000	13,584,610
四国弁連	香川県	84,125,580	40,292,000	43,833,580	83,540,605	42,632,000	40,908,605
	徳　島	32,812,500	32,812,500	0	55,803,752	32,373,000	23,430,752
	高　知	69,566,772	30,570,000	38,996,772	67,051,567	32,130,000	34,921,567
	愛　媛	98,212,649	30,915,600	67,297,049	73,837,956	31,048,000	42,789,956
九弁連	福岡県	547,105,087	156,990,000	390,115,087	544,136,088	161,540,000	382,596,088
	佐賀県	71,656,499	49,409,200	22,247,299	73,723,828	50,957,200	22,766,628
	長崎県	96,095,494	67,986,450	28,109,044	96,121,383	66,846,950	29,274,433
	大分県	120,689,528	37,370,000	83,319,528	117,569,081	38,300,000	79,269,081
	熊本県	182,211,383	63,268,800	118,942,583	213,502,908	63,424,200	150,078,708
	鹿児島県	87,814,095	69,006,600	18,807,495	91,783,709	71,717,400	20,066,309
	宮崎県	61,610,977	46,888,200	14,722,777	65,052,629	48,697,200	16,355,429
	沖　縄	106,162,038	81,348,700	24,813,338	111,103,088	84,474,800	26,628,288

【注】 1．内訳の会費収入において、入会金や特別会費・連合会費などを含めて算出しているところ、また当期収入合計額において、預り金を含めているところなどがあるため、各弁護士会において決算額の内容には多少の違いがある。
　　2．本表は一般会計の決算額であり、弁護士会によっては一般会計と特別会計をどう振り分けるかについて相違点がある。
　　3．本表には前年度繰越金を含まない。
　　4．一部会計方針を変更した弁護士会がある。

弁護士自治に関する活動

資格審査会は各弁護士会及び日弁連に置かれ、弁護士の登録、登録換え及び弁護士法第13条の登録取消しの請求に関して必要な審査をする機関である（弁護士法第51条第2項）。

弁護士法は、弁護士自治の立場から、弁護士の身分の問題について弁護士会及び日弁連に強力な権限を付与しているが、それだけにその権限の適正かつ慎重な行使を保障する必要がある。そこで、弁護士会及び日弁連から独立して弁護士の資格等を審査する資格審査会が設けられている。

1 日弁連資格審査会における審査及び議決件数

次の表は、日弁連資格審査会における審査及び議決の件数をまとめたものである。5年以上大学の学部等において法律学の教授等の職に在った者に弁護士資格を付与する弁護士法旧々第5条第3号をめぐる案件が以前は多くを占めていたことが分かる。

資料3-2-1-1 日弁連資格審査会における審査及び議決件数とその内訳

年度	付議件数（件） 審査請求	登録請求	その他	計	議決件数（件） 審査請求 認容	棄却	却下	差戻	登録請求 認容	拒絶	計
1995		17 (16)		17					14 (13)		14
1996	2	18 (18)		20		1		1	17 (17)	2 (2)	21
1997	2 (2)	17 (17)		19	1 (1)	1 (1)			13 (13)	2 (2)	17
1998	1 (1)	16 (14)		17		1 (1)			14 (12)	1 (1)	16
1999	1	17 (17)		18		1			16 (16)		17
2000	2 (2)	29 (29)		31		1 (1)			31 (31)		32
2001	1	21 (20)		22		1 (1)			20 (19)	1 (1)	22
2002	3	29 (26)		32		3			27 (24)		30
2003	2 (1)	84 (82)		86		1 (1)			56 (56)	5 (5)	62
2004	4 (2)	74 (74)		78	1 (1)	3 (1)	1		86 (84)	4 (4)	95
2005		21 (18)		21					27 (25)	6 (5)	33
2006	2	27 (21)		29		2			21 (17)	2 (2)	25
2007	1	19 (16)		20					20 (16)	2 (1)	22
2008		19 (15)		19		1			14 (13)	5 (4)	20
2009	3 (2)	10 (9)		13	1 (1)	1	1 (1)		11 (8)	1 (1)	15
2010	2	14 (7)		16	1	1			10 (3)	1 (1)	13
2011	2	16 (11)		18	1				16 (14)	2	19
2012	4	17 (11)	1	22		5			11 (8)	4	20
2013	4	8 (3)		12	3	1			10 (6)		14
2014	3	15 (8)		18		3			13 (6)		16
2015	1	16 (10)		17		1			18 (12)	1	20
2016		16 (9)		16					14 (7)	1	15
2017	2	5 (3)		7	1				5 (3)		7
2018		12 (4)		12					10 (4)	1	11
2019	1	17 (8)		18					16 (7)		16
2020	2	15 (8)		17		3			12 (8)		15
2021	2	7 (5)		9		2			12 (6)		14
2022	1	10 (4)		11		1			9 (3)		10

【注】 1. （ ）内は弁護士法旧々第5条第3号に基づく登録請求。
2. 各年度の統計数字は、4月1日～3月31日のものである。
3. 2012年度は、上記議決のほか、請求取下げにより1件終了している。
4. 2012年度における付議件数の「その他」とは、登録換え請求である。
5. 2016年度は、上記議決のほか、請求取下げにより1件終了している。
6. 年度別登録者数とその内訳（弁護士登録前の職業と資格取得事由）の表（p.32）の内訳2、法旧々第5条第3号の数字と上記表の（ ）内の数字が一致しないことがある。これは、①年度をまたいで登録手続がなされた場合、②資格審査会を経ないで登録された場合、③弁護士会が登録拒絶した後、日弁連で次年度に登録を認める旨の議決がなされた場合、④日弁連が登録拒絶した後、裁判所の確定判決で日弁連の決定が取り消され、日弁連が登録を認める旨の議決をした場合、の4つの理由に区分される。
7. 2022年度は、上記議決のほか、請求取下げにより1件終了している。

❷ 弁護士となる資格付与のための指定研修（弁護士法第5条の規定による研修）

　弁護士法が2004年4月1日に改正され、司法修習生となる資格を得たものの司法研修所における司法修習を終了せずに企業の法務職に従事した者や公務員となった者、あるいは法律学の学者等、弁護士法第5条に定められた一定の資格を有する者について、研修の修了と法務大臣の認定を要件として弁護士となる資格が付与されることとなった。日弁連では、法務大臣の指定を受け、研修を実施している。

資料3-2-1-2　弁護士法第5条の規定（弁護士となる資格の付与）

① 司法修習生となる資格を得た後に、弁護士法第5条第1号に規定する職（簡易裁判所判事、衆議院議員又は参議院議員、内閣法制局参事官、大学の法律学の教授・准教授等）のいずれかに在った期間が通算して5年以上になる者（弁護士法第5条第1号）

② 司法修習生となる資格を得た後に、自らの法律に関する専門的知識に基づいて法5条2号に列挙された事務のいずれかを処理する職務（いわゆる企業法務の担当者、公務員等）に従事した期間が通算して7年以上になる者（弁護士法第5条第2号）

③ 検察庁法第18条第3項に規定する考試を経た後に検察官（副検事を除く。）の職に在った期間が通算して5年以上となる者（弁護士法第5条第3号）

④ ①及び③の期間が通算して5年以上になる者、又は①、②、③の期間が通算して7年以上になる者（弁護士法第5条第4号）

【弁護士の資格の特例に関する経過措置】
　弁護士法の一部を改正する法律附則第3条第2項の規定により、改正法施行の日前に旧弁護士法第6条第1項第2号（弁護士法旧々第5条第3号）に規定する職（いわゆる大学の教授、准教授）に在った者が、平成20年3月31日までに同職に在った期間が通算して5年以上となる者

資料3-2-1-3　弁護士法第5条の規定による研修受講状況（2012年度〜2022年度）

(単位：人)

年度	受講人数	(内訳)							研修修了認定者数
		5条1号	5条2号イ	5条2号ロ	5条2号イ・ロ	5条3号	5条4号	附則3条2項	
		国会議員・大学教授等	企業法務	公務員	企業法務＋公務員	特任検事	(注)	大学教授・准教授	
2012	15	0	0	9	1	2	0	3	13
2013	18	1	2	7	0	5	0	3	16
2014	7	0	4	2	1	0	0	0	7
2015	10	0	1	5	1	3	0	0	10
2016	9	1	1	4	0	3	0	0	9
2017	9	0	4	3	0	1	0	0	8
2018	8	3	0	2	1	1	0	1	7
2019	14	2	5	5	0	0	1	1	12
2020	7	0	2	2	0	1	0	2	5
2021	18	3	3	3	0	6	0	3	17
2022	10	0	5	2	1	1	1	0	10
累　計	125	10	27	44	6	23	2	13	114

【注】資料3-2-1-2 ④参照。

第2節 苦情及び紛議調停

弁護士に対する苦情申立て

弁護士又は弁護士法人（以下「弁護士等」という。）の対応等について苦情等がある場合、事件の依頼者や相手方は弁護士会に対して苦情等を申し立てることができる。各弁護士会では、受付窓口として「市民窓口」を設け、市民からの苦情等の申立てに対応している。

次のグラフは、2022年1月から12月に全国の弁護士会の市民窓口に申し立てられた苦情を、申立人別・内容別にまとめたもの及び2013年から2022年までの市民窓口受付件数の推移をみたものである。

資料3-2-2-1　**市民窓口申立人別内訳（2022年）**

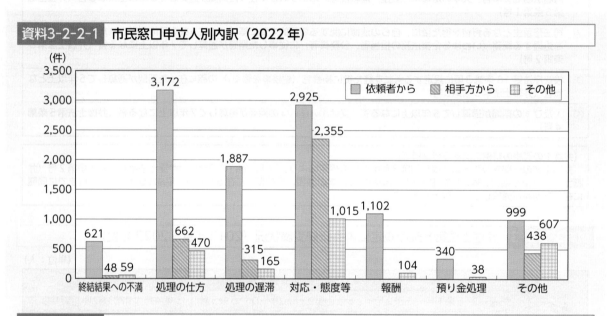

資料3-2-2-2　**市民窓口苦情内容別内訳（2022年）**

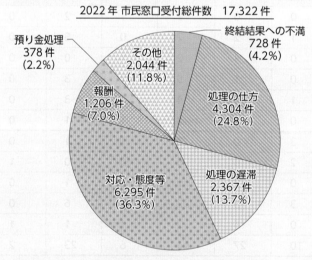

2022年 市民窓口受付総件数　17,322件

【注】表示未満を四捨五入しているため、百分率の合計が100%と一致しない場合がある。

資料3-2-2-3　市民窓口受付件数の推移

【注】　1．暦年（各年の1月1日〜12月31日）を基準とする。
　　　　2．弁護士数は、各年12月31日現在。

弁護士会		終結結果への不満（件）	処理の仕方（件）	処理の遅滞（件）	対応・態度等（件）	報 酬（件）	預り金処理（件）	その他（件）	合 計（件）	苦情申立件数（件）	弁護士数（人）
北海道弁連	札 幌	6	39	27	403	25	2	64	566	554	862
	函 館	3	2	1	8	0	0	2	16	15	54
	旭 川	2	10	3	11	2	0	1	29	24	78
	釧 路	0	6	7	13	1	1	2	30	26	83
東北弁連	仙 台	7	51	45	71	15	5	3	197	151	496
	福島県	3	9	0	26	3	1	9	51	38	199
	山形県	1	10	11	15	3	0	1	41	27	105
	岩 手	0	4	4	7	1	0	2	18	8	104
	秋 田	2	9	2	20	3	1	3	40	31	77
	青森県	0	2	2	9	0	0	0	13	13	111
関弁連	東 京	194	838	341	1,014	245	64	305	3,001	3,001	9,074
	第一東京	15	218	193	658	77	21	77	1,259	993	6,572
	第二東京	34	322	118	502	98	18	521	1,613	1,336	6,433
	神奈川県	45	306	158	382	97	10	240	1,238	1,238	1,772
	埼 玉	13	64	58	115	23	3	29	305	228	954
	千葉県	1	9	12	36	3	0	3	64	56	867
	茨城県	9	27	24	28	11	4	10	113	113	301
	栃木県	7	26	35	38	5	0	5	116	69	237
	群 馬	0	54	4	56	5	2	2	123	88	326
	静岡県	7	42	46	83	8	4	15	205	123	533
	山梨県	0	5	7	14	2	0	2	30	18	129
	長野県	5	22	21	43	7	1	8	107	84	265
	新潟県	9	58	42	77	10	1	5	202	116	287
中部弁連	愛知県	60	339	218	435	81	25	105	1,263	992	2,099
	三 重	4	15	33	33	1	0	18	104	90	192
	岐阜県	2	12	13	55	3	6	17	108	93	218
	福 井	3	6	8	21	2	2	4	46	36	119
	金 沢	3	14	7	31	4	2	7	68	68	190
	富山県	0	2	1	4	1	0	3	11	11	132
近弁連	大 阪	148	728	359	672	201	137	207	2,452	1,229	4,913
	京 都	13	74	56	213	19	8	17	400	400	850
	兵庫県	19	216	93	200	70	15	59	672	394	1,027
	奈 良	5	19	20	20	5	2	18	89	72	190
	滋 賀	5	20	5	32	2	1	10	75	49	167
	和歌山	4	15	7	22	5	5	12	70	59	149
中国地方弁連	広 島	11	111	43	76	32	3	42	318	265	623
	山口県	4	24	15	27	10	0	5	85	67	183
	岡 山	21	100	43	104	7	2	23	300	300	417
	鳥取県	0	4	4	7	2	0	6	23	15	70
	島根県	1	3	7	11	0	0	0	22	20	79
四国弁連	香川県	2	5	2	30	0	0	7	46	46	196
	徳 島	0	2	0	3	0	0	1	6	4	87
	高 知	1	4	4	6	5	1	0	21	21	96
	愛 媛	1	13	7	4	3	0	0	28	15	161
九弁連	福岡県	23	279	165	395	63	24	104	1,053	801	1,460
	佐賀県	1	11	3	21	2	0	8	46	39	106
	長崎県	6	22	12	23	10	2	8	83	55	159
	大分県	3	16	15	26	6	1	5	72	46	167
	熊本県	12	55	25	44	14	1	5	156	98	283
	鹿児島県	12	30	27	87	7	1	34	198	162	228
	宮崎県	1	22	7	20	5	2	6	63	51	142
	沖 縄	0	10	7	44	2	0	4	67	64	285
合 計		728	4,304	2,367	6,295	1,206	378	2,044	17,322	13,912	44,907

【注】 1．弁護士数は、2022年12月31日現在。
2．同一の弁護士等に複数の内容の苦情が申し立てられた場合、各項目で重複して計上しているため、「合計（苦情内容別）」
と「苦情申立件数」は一致しない。

資料3-2-2-5 市民窓口申立人・苦情内容別受付件数―弁護士会別―（2022年1月～12月）

地域	弁護士会	依頼者から（件）終結結果への不満	処理の仕方	処理の遅滞	対応・態度等	報酬	預り金処理	その他	苦情受付件数	相手方から（件）終結結果への不満	処理の仕方	処理の遅滞	対応・態度等	その他	苦情受付件数	その他（件）終結結果への不満	処理の仕方	処理の遅滞	対応・態度等	報酬	預り金処理	その他	苦情受付件数
北海道弁連	札幌	6	33	21	206	24	2	21	302	0	2	3	122	12	139	0	4	3	75	1	0	31	113
北海道弁連	函館	3	1	1	0	0	0	1	5	0	1	0	3	0	4	0	0	0	5	0	0	1	6
北海道弁連	旭川	0	7	3	3	2	0	0	10	1	2	0	8	0	11	1	1	0	0	0	0	1	3
北海道弁連	釧路	0	4	4	4	1	1	0	11	0	0	3	6	1	9	0	2	0	3	0	0	1	6
東北弁連	仙台	6	46	38	28	14	5	2	100	0	2	3	26	1	28	1	3	4	17	1	0	0	23
東北弁連	福島県	3	6	0	9	1	0	2	11	0	2	0	16	5	20	0	1	0	2	1	2	1	7
東北弁連	山形県	1	9	8	6	3	0	0	15	0	1	1	7	0	8	0	1	2	2	0	0	1	4
東北弁連	岩手	0	2	3	4	0	0	0	5	0	2	1	2	0	2	0	0	0	1	1	0	0	1
東北弁連	秋田	2	7	0	5	3	1	1	11	0	0	1	8	0	9	0	1	0	0	0	0	1	11
東北弁連	青森県	0	0	2	3	0	0	0	5	0	2	0	0	0	5	0	0	0	3	0	0	0	3
関弁連	東京	167	631	273	421	226	58	144	1,920	7	120	44	436	77	684	20	87	24	157	19	6	84	397
関弁連	第一東京	13	181	167	394	72	19	30	636	1	22	16	175	16	217	1	15	10	89	5	2	31	140
関弁連	第二東京	29	231	103	272	92	14	307	825	2	58	10	188	109	332	3	33	5	42	6	4	105	179
関弁連	神奈川県	39	196	120	184	80	8	112	739	1	63	19	106	56	245	5	47	19	92	17	2	72	254
関弁連	埼玉	12	50	53	63	22	3	17	154	1	12	3	32	2	42	0	2	2	20	1	0	10	32
関弁連	千葉県	1	8	11	14	3	0	1	31	0	1	1	15	0	16	0	0	0	7	0	0	2	9
関弁連	茨城県	4	17	15	13	8	2	4	63	3	3	4	10	3	23	2	7	5	5	3	2	3	27
関弁連	栃木県	6	23	25	23	5	0	1	44	1	3	10	11	4	21	0	0	0	4	0	0	0	4
関弁連	群馬	0	30	1	13	4	2	0	31	0	10	2	32	0	35	0	14	1	11	1	0	2	22
関弁連	静岡県	5	22	29	40	8	4	6	65	1	16	15	30	5	41	1	4	2	13	0	0	4	17
関弁連	山梨県	0	3	4	5	2	0	0	7	0	2	3	6	1	8	0	0	0	3	0	0	1	3
関弁連	長野県	3	8	14	11	5	0	3	35	1	9	5	23	2	34	1	5	2	9	2	1	3	15
関弁連	新潟県	9	44	32	41	10	1	2	73	0	2	4	28	0	24	0	12	6	8	0	0	3	19
中部弁連	愛知県	54	270	182	199	80	23	61	624	4	55	31	183	0	261	2	14	5	53	1	2	44	107
中部弁連	三重	3	6	31	15	1	0	8	51	1	6	2	11	2	22	0	3	0	7	0	0	8	17
中部弁連	岐阜県	1	6	8	24	1	1	12	44	0	3	1	14	1	18	1	3	4	17	2	5	4	31
中部弁連	福井	1	1	3	9	2	2	1	13	1	3	3	7	2	15	1	2	2	5	0	0	1	8
中部弁連	金沢	3	11	6	9	4	2	4	39	0	2	1	15	1	19	0	1	0	7	0	0	2	10
中部弁連	富山県	0	2	1	0	1	0	1	5	0	0	0	3	0	3	0	0	0	1	0	0	2	3
近弁連	大阪	121	583	293	276	182	131	113	738	18	80	52	328	44	338	9	65	14	68	19	6	50	153
近弁連	京都	11	56	46	130	16	7	9	275	2	8	6	58	3	77	0	10	4	25	3	1	5	48
近弁連	兵庫県	18	178	78	77	66	13	21	239	0	10	7	82	15	84	1	28	8	41	4	2	23	71
近弁連	奈良	5	13	11	9	5	2	9	40	0	1	3	6	4	13	0	5	6	5	0	0	5	19
近弁連	滋賀	4	13	3	7	2	1	8	19	0	1	0	15	1	15	1	6	2	10	0	0	5	15
近弁連	和歌山	4	7	4	6	4	4	4	26	0	5	3	10	1	16	0	6	1	6	1	1	7	17
中国地方弁連	広島	11	69	33	29	26	3	16	149	0	20	6	27	8	56	0	22	4	20	6	0	18	60
中国地方弁連	山口県	4	13	7	12	8	0	2	30	0	7	2	8	1	16	0	4	6	7	2	0	2	21
中国地方弁連	岡山	18	63	38	43	7	2	12	183	0	22	1	31	9	63	3	15	4	30	0	0	2	54
中国地方弁連	鳥取県	0	3	3	5	2	0	3	9	0	0	0	2	1	3	0	1	1	0	0	0	0	3
中国地方弁連	島根県	1	2	7	2	0	0	0	10	0	1	0	6	0	7	0	0	0	0	0	0	0	3
四国弁連	香川県	2	5	1	12	0	0	2	22	0	0	0	0	0	9	0	0	1	9	0	0	5	15
四国弁連	徳島	0	2	2	0	0	0	0	2	0	0	0	1	0	1	0	0	0	1	0	0	0	1
四国弁連	高知	1	3	3	5	0	0	0	15	0	1	0	0	0	2	0	2	0	0	0	0	1	4
四国弁連	愛媛	1	10	7	4	3	0	0	12	0	1	0	0	0	1	0	2	0	0	0	0	0	2
九弁連	福岡県	21	178	119	193	60	22	38	436	1	78	38	151	35	262	1	23	8	51	3	2	31	103
九弁連	佐賀県	0	7	2	7	2	0	0	15	1	3	0	9	3	15	0	1	0	5	0	0	5	9
九弁連	長崎県	5	19	8	7	3	0	3	30	1	1	3	10	1	13	0	2	1	5	1	0	4	12
九弁連	大分県	3	9	11	13	6	1	3	29	0	6	3	8	1	12	0	1	0	6	0	0	5	5
九弁連	熊本県	10	43	20	27	13	1	3	70	0	4	4	32	0	40	0	3	2	21	0	0	13	13
九弁連	鹿児島県	9	22	22	27	6	1	10	70	0	4	0	29	7	39	3	4	5	31	0	0	17	53
九弁連	宮崎県	1	14	6	2	4	2	1	23	0	4	1	15	2	19	0	4	0	3	0	0	2	19
九弁連	沖縄	0	5	7	13	2	0	1	26	0	2	0	10	0	11	0	3	0	21	0	0	3	27
合　計		621	3,172	1,887	2,925	1,102	340	999	8,342	48	662	315	2,355	438	3,382	59	470	165	1,015	104	38	607	2,188

【注】同一の弁護士等に複数の内容の苦情が申し立てられた場合、各項目で重複して計上しているため、「苦情内容」の合計と「苦情申立件数」は一致しない。

特集

第1編

第2編

第3編

第4編

資料3-2-2-6　市民窓口苦情処理結果別件数―弁護士会別―（2022年1月～12月）

苦情処理結果別件数合計　15,848（件）

弁護士会	苦情処理結果	懲戒制度・紛議調停制度・報酬制度を説明した	懲戒請求書・紛議調停申立書モデルを送付し、又は渡し、ないしは送付すると案内した	依頼した弁護士とよく相談するよう勧めた	法律相談を受けるよう勧めた	苦情内容を書面で出すよう勧めた	「苦情を言えばいい」ということで終わった	苦情の申立てがあったことを対象弁護士等に伝えた	対象弁護士等に説明を求めた	対象弁護士等に助言・指導等をした	理事者で早急に対応した	その他
北海道弁連	札　幌	51	42	78	63	8	126	168	0	0	7	71
	函　館	1	2	1	2	0	4	8	0	0	0	0
	旭　川	2	0	0	2	1	3	17	5	1	0	6
	釧　路	1	3	5	5	0	5	8	0	2	0	2
東北弁連	仙　台	24	18	16	17	5	13	102	2	8	0	4
	福島県	15	10	7	6	1	4	11	2	0	19	8
	山形県	2	2	9	3	0	3	20	4	0	0	0
	岩　手	1	0	1	0	0	1	6	2	3	0	1
	秋　田	4	2	1	1	0	7	19	4	6	0	8
	青森県	0	0	0	0	0	0	13	0	0	0	0
関弁連	東　京	328	197	347	277	53	279	561	12	50	38	476
	第一東京	164	18	162	90	40	130	233	8	21	1	134
	第二東京	190	265	141	77	15	56	120	3	4	0	1,054
	神奈川県	101	64	182	101	12	144	256	0	6	0	85
	埼　玉	15	35	27	33	3	44	114	1	1	0	16
	千葉県	21	0	9	4	1	6	28	0	4	0	3
	茨城県	1	1	2	0	0	0	42	0	0	0	0
	栃木県	4	2	5	6	0	15	46	0	0	0	0
	群　馬	6	11	0	0	0	10	74	0	0	0	6
	静岡県	18	15	23	18	2	4	88	26	22	11	22
	山梨県	3	5	3	0	0	0	17	3	6	0	2
	長野県	11	12	12	9	1	17	38	13	12	0	11
	新潟県	17	7	22	22	8	21	68	3	16	1	48
中部弁連	愛知県	149	134	246	151	25	212	225	23	14	0	122
	三　重	12	7	13	11	0	10	25	4	10	16	6
	岐阜県	23	13	6	13	2	9	30	5	10	1	31
	福　井	3	7	3	1	1	8	22	4	0	0	1
	金　沢	1	0	3	3	0	11	32	0	0	0	3
	富山県	1	1	1	1	0	1	1	2	1	0	2
近弁連	大　阪	226	※1	258	71	0※2	524※3	80	0※4	0※4	0※5	307
	京　都	84	49	54	64	9	33	155	8	11	4	0
	兵庫県	56	62	49	26	5	90	182	6	9	2	37
	奈　良	16	5	16	8	1	11	25	7	3	3	2
	滋　賀	8	2	14	3	0	23	25	7	7	0	6
	和歌山	11	7	6	8	0	3	19	2	1	0	12
中国地方弁連	広　島	29	17	39	29	2	52	76	11	10	3	31
	山口県	5	4	18	11	0	5	36	6	3	0	9
	岡　山	41	15	47	22	2	43	55	0	0	1	17
	鳥取県	2	1	4	1	1	5	5	2	1	0	0
	島根県	2	5	2	4	0	4	5	0	0	0	1
四国弁連	香川県	5	7	6	0	0	7	3	0	2	6	10
	徳　島	1	1	1	1	0	0	0	0	0	0	1
	高　知	1	6	2	0	0	5	6	0	1	0	0
	愛　媛	3	0	0	1	0	2	5	0	1	0	3
九弁連	福岡県	111	107	55	71	0	343	301	21	20	37	73
	佐賀県	3	3	5	3	1	4	23	3	2	0	0
	長崎県	5	11	12	6	0	11	25	9	4	0	5
	大分県	3	1	5	3	0	6	8	0	0	0	23
	熊本県	19	10	16	6	5	12	44	3			2
	鹿児島県	13	4	21	9	2	25	42	18	5	0	40
	宮崎県	11	0	8	8	1	11	16	10	2	0	2
	沖　縄	10	7	3	1	0	1	14	12	0	64	18
合　計		1,834	1,197	1,966	1,271	208	2,363	3,542	251	281	214	2,721

【注】　1．1件の苦情について複数の対応をしている場合がある。
　　　　2．大阪弁護士会については次のとおり。
　　　※1：当該項目の統計を取っていない。「懲戒制度・紛議調停制度・報酬制度を説明した」に含まれる。
　　　※2：当該項目の統計を取っていない。「依頼した弁護士とよく相談するよう勧めた」に含まれる。
　　　※3：市民窓口担当員の説明により申立人が納得したことを含む。
　　　※4：市民窓口担当員には、その権限がない。
　　　※5：当該項目の統計を取っていない。
　　　　3．集計方法について：回答が「0」の場合は「0」、回答がなかった場合は空欄で示している。

紛議調停申立て

（1）弁護士会別紛議調停事件の新受件数

　弁護士の職務又は弁護士法人の業務に関し、依頼者等との間で紛議（紛争）が生じた場合に、裁判所その他の外部の機関にその解決を求めるのとは別に、弁護士会が自主的に紛議の当事者双方の主張を聴いたうえ、実情に即した円満な解決を図るため公正妥当な調停を行うのが紛議調停制度である（弁護士法第41条）。次の表は、2013年から2022年までの各弁護士会の紛議調停事件の新受件数の推移である。

資料3-2-2-7　紛議調停事件新受件数の推移

（単位：件）

		2013年	2014年	2015年	2016年	2017年	2018年	2019年	2020年	2021年	2022年
北海道弁連	札　幌	20	20	12	17	16	11	24	27	34	21
	函　館	1	0	1	0	0	0	1	0	0	0
	旭　川	1	1	1	2	2	2	2	2	3	0
	釧　路	1	2	1	0	2	3	3	3	0	3
東北弁連	仙　台	7	13	11	8	4	9	14	11	10	14
	福島県	0	3	2	2	2	2	0	3	2	3
	山形県	12	4	0	2	3	2	0	1	1	1
	岩　手	2	1	1	3	1	3	0	0	0	1
	秋　田	1	0	0	5	0	2	3	1	0	0
	青森県	1	0	1	1	0	0	3	0	1	0
関弁連	東　京	131	154	154	140	173	157	161	159	147	166
	第一東京	45	50	55	58	54	66	46	38	49	62
	第二東京	71	88	79	64	72	88	88	74	75	64
	神奈川県	49	39	51	57	51	44	51	40	45	44
	埼　玉	17	12	10	20	35	23	38	22	19	23
	千葉県	4	9	5	10	14	16	14	18	19	27
	茨城県	3	3	4	4	16	3	4	4	5	7
	栃木県	8	1	5	10	9	5	4	4	4	5
	群　馬	0	1	4	2	0	7	6	1	7	5
	静岡県	12	11	6	10	5	8	5	6	11	13
	山梨県	0	1	1	2	1	3	5	1	2	0
	長野県	5	3	7	4	5	7	0	0	5	6
	新潟県	4	4	3	3	7	3	9	1	8	9
中部弁連	愛知県	23	36	33	40	42	29	57	35	49	60
	三　重	5	2	0	1	0	0	1	0	0	1
	岐阜県	5	3	3	3	2	5	4	2	6	12
	福　井	1	2	1	1	1	2	4	2	4	4
	金　沢	3	0	3	0	0	1	1	0	1	3
	富山県	2	2	1	0	4	2	3	2	1	1
近弁連	大　阪	77	72	60	87	61	84	96	80	64	57
	京　都	14	23	13	35	13	23	16	13	22	22
	兵庫県	26	24	14	17	23	10	27	20	29	26
	奈　良	8	6	11	11	6	1	6	3	3	2
	滋　賀	1	1	1	1	1	1	1	1	1	2
	和歌山	0	1	3	2	1	1	0	1	2	0
中国地方弁連	広　島	10	9	13	13	13	14	17	11	17	6
	山口県	1	2	5	8	1	3	8	0	2	0
	岡　山	12	16	10	3	10	9	10	9	13	18
	鳥取県	1	2	2	2	2	2	1	0	2	1
	島根県	0	0	1	0	1	1	4	1	2	1
四国弁連	香川県	5	7	7	6	6	3	4	2	2	1
	徳　島	1	4	0	4	0	0	5	0	1	3
	高　知	2	0	0	0	1	1	0	0	1	2
	愛　媛	1	5	0	2	2	3	6	0	3	5
九弁連	福岡県	28	26	25	35	38	35	32	22	28	34
	佐賀県	1	3	7	1	3	0	1	2	7	4
	長崎県	2	8	6	6	6	5	5	3	2	1
	大分県	5	3	2	4	4	1	1	6	0	1
	熊本県	2	2	1	1	7	12	6	6	3	11
	鹿児島県	9	10	8	11	13	4	2	9	7	4
	宮崎県	3	2	2	1	1	4	3	0	0	0
	沖　縄	2	10	4	11	5	6	5	3	7	4
合　計		645	701	650	730	739	726	807	655	726	760
弁護士数		34,743	36,160	37,445	38,739	39,865	40,934	42,058	43,110	42,989	44,907

【注】　1．暦年（各年1月1日〜12月31日）を基準とする。
　　　　2．弁護士数は、各年12月31日現在。

（2）紛議調停事件の処理状況（全弁護士会)

　次のグラフは、2013年から2022年までの全弁護士会における紛議調停事件の処理件数の推移とその内訳を示したものである。

資料3-2-2-8　紛議調停事件処理件数の推移

（単位：件）

年	2013	2014	2015	2016	2017	2018	2019	2020	2021	2022
紛議調停事件処理件数合計	607	661	696	692	798	685	806	656	717	761

資料3-2-2-9　紛議調停事件処理件数の内訳

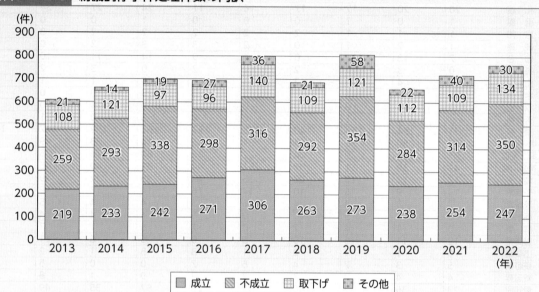

第3節　弁護士の懲戒制度とその運用状況

 弁護士の懲戒制度の概要

現行弁護士法（昭和24年法律第205号）施行前は、国家が弁護士に対する監督権限を有していたが、現行弁護士法は弁護士名簿の登録事務を日弁連の所管とし、弁護士又は弁護士法人（以下「弁護士等」という。）に対する懲戒処分は弁護士会及び日弁連が行うこととするなど、弁護士自治を実現した。弁護士等に対する懲戒権限を国家が掌握していると、国家と国民の基本的人権が衝突する場面において弁護士等がその使命を全うすることに困難を来すため、自治懲戒制度を設けたのである。

なお、懲戒処分は、弁護士会及び日弁連に付与された公の権能に基づいてなされる広義の行政処分である。懲戒された弁護士等が、行政不服審査法に基づく審査請求をすることができ（法第59条）、裁決取消請求訴訟を提起することができる（法第61条）とされているのは、その現れである。

現行弁護士法における懲戒制度の概要は次のとおりである。

（1）懲戒請求

何人も、弁護士等に懲戒の事由があると思料するときは、所属弁護士会に懲戒することを求めることができる（法第58条第1項）。

（2）綱紀委員会による調査

弁護士会は、懲戒請求があったときは、懲戒の手続に付し、綱紀委員会に事案の調査をさせなければならない（法第58条第2項）。弁護士会自らが弁護士等に懲戒の事由があると思料するときも同様である（同項）。綱紀委員会は事案を調査し、懲戒委員会に事案の審査を求めることが相当かどうかを判断する。

（3）懲戒委員会による審査

弁護士会は、綱紀委員会が懲戒委員会に事案の審査を求めることを相当と認める議決をしたときは、懲戒委員会に事案の審査を求めなければならない（法第58条第3項）。日弁連の綱紀委員会又は綱紀審査会が原弁護士会の懲戒委員会に事案の審査を求めることを相当とする議決をし、日弁連が事案を原弁護士会に送付したときも同様である（法第64条の2第2項、第3項、第64条の4第1項から第3項まで）。

懲戒委員会が懲戒することを相当と認め、一定の懲戒処分を議決したときは、弁護士会は弁護士等を懲戒しなければならない（法第58条第5項）。

（4）異議の申出等

懲戒請求者は、①弁護士会の綱紀委員会が弁護士等につき懲戒委員会に事案の審査を求めないことを相当とする議決をし、弁護士会が弁護士等を懲戒しない旨の決定をした場合、②弁護士会の懲戒委員会が弁護士等につき懲戒しないことを相当とする議決をし、弁護士会が弁護士等を懲戒しない旨の決定をした場合、③弁護士会が相当の期間内に懲戒の手続を終えない場合、④弁護士会がした懲戒処分が不当に軽いと思料する場合には、日弁連に異議の申出をすることができる（法第64条第1項）。申出の期間は3か月以内である（同条第2項）。さらに、上記①の場合で、日弁連の綱紀委員会が異議の申出を却下し、又は棄却する議決をし、日弁連がその旨の決定をした場合（法第64条の2第5項）には、日弁連の綱紀審査会による綱紀審査を申し出ることができる（法第64条の3第1項）。申出の期間は30日以内である（同条第2項）。

なお、前述①の場合の異議の申出は日弁連の綱紀委員会が審査し（法第64条の2第1項）、前述②、④の場合の異議の申出は日弁連の懲戒委員会が審査する（法第64条の5第1項。③についても同様に分けられている。）。

（5）官報等による公告

　弁護士会又は日弁連によって懲戒処分がされたときは、官報のほか、機関雑誌『自由と正義』に掲載して公告される（法第64条の6第3項、会則第68条）。

　現行の綱紀・懲戒制度（2004年4月1日施行）を図示すると下図のようになる。

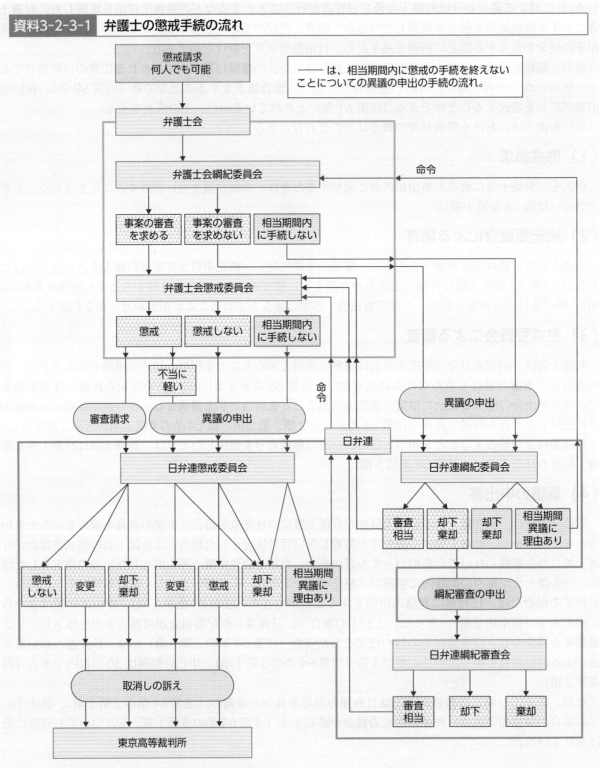

資料3-2-3-1　弁護士の懲戒手続の流れ

　　　　　　　　 ── は、相当期間内に懲戒の手続を終えない
　　　　　　　　　　ことについての異議の申出の手続の流れ。

懲戒請求
何人でも可能

弁護士会

弁護士会綱紀委員会　　命令

事案の審査を求める　　事案の審査を求めない　　相当期間内に手続しない

弁護士会懲戒委員会

懲戒　　懲戒しない　　相当期間内に手続しない

不当に軽い

審査請求　　異議の申出　　命令　　異議の申出

日弁連

日弁連懲戒委員会　　日弁連綱紀委員会

懲戒しない　　変更　　却下棄却　　変更　　懲戒　　却下棄却　　相当期間異議に理由あり　　審査相当　　却下棄却　　却下棄却　　相当期間異議に理由あり

綱紀審査の申出

取消しの訴え　　日弁連綱紀審査会

東京高等裁判所　　審査相当　　却下　　棄却

【注】　1．日弁連及び弁護士会の請求に基づく手続は除く。
　　　　2．各委員会の議決に基づく日弁連及び弁護士会の決定は除く。

② 懲戒処分に関する統計

（1）懲戒請求事案の新受件数の推移（全弁護士会）

　次のグラフは2006年から2022年までの全弁護士会における懲戒請求事案の新受件数の推移をまとめたものである。2022年の新受件数は3,076件であった。

資料3-2-3-2　懲戒請求新受件数の推移

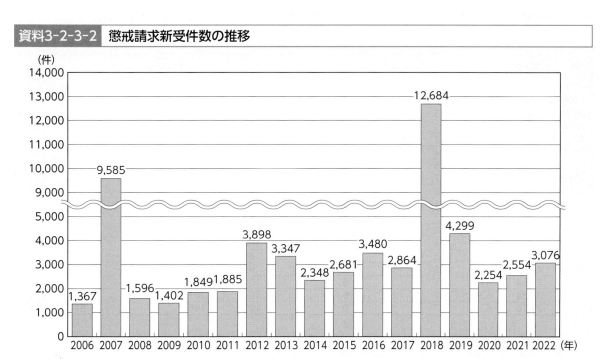

【注】　1. 暦年（各年の1月1日から12月31日）を基準とする。
　　　　2. 2007年の新受事案が前年の約7倍になったのは、光市母子殺害事件の弁護団に対する懲戒請求が8,095件あったためである。
　　　　3. 2012年の新受事案が前年の約2倍となったのは、1人で100件以上の懲戒請求をした事案が5例（5例の合計1,899件）あったことなどによる。
　　　　4. 2013年の新受事案が前年に引き続き3,000件を超えたのは、1人で100件以上の懲戒請求をした事例が5例（5例の合計1,701件）あったことなどによる。
　　　　5. 2016年の新受事案が3,000件を超えたのは、1人で100件以上の懲戒請求をした事案が5例（5例の合計1,511件）あったことなどによる。
　　　　6. 2018年の新受事案が前年の4倍となったのは、1人で100件以上の懲戒請求をした事案が4例（4例の合計1,777件）あったこと、特定の会員に対する同一内容の懲戒請求が8,640件あったことなどによる。
　　　　7. 2019年の新受事案が3,000件を超えたのは、関連する事案につき複数の会員に対する同種内容の懲戒請求が合計1,900件あったことなどによる。
　　　　8. 2022年の新受事案が3,000件を超えたのは、一人で100件以上の懲戒請求をした事案が4例（4例の合計1,097件）あったことなどによる。

（2）懲戒請求事案の処理状況（全弁護士会）

　2006年から2022年までの全弁護士会における懲戒請求件数（新受件数）と事案処理の内訳についてまとめたものである。2022年における懲戒処分は102件であった。弁護士及び弁護士法人の数との比では0.22％（次頁参照）でここ10年間の値との間に大きな差はない。

資料3-2-3-3　懲戒請求事案処理の内訳（全弁護士会）

（単位：件）

年	新受件数	既　　済									
		懲　　戒						懲戒しない	除斥期間満了	却下・終了	懲戒審査開始件数
		戒告	業務停止		退会命令	除名	計				
			1年未満	1～2年							
2006	1,367	31	29	4	2	3	69	1,232		24	115
2007	9,585	40	23	5	1	1	70	1,929		30	138
2008	1,596	42	13	2	2	1	60	8,928		37	112
2009	1,402	40	27	3	5	1	76	1,140		20	132
2010	1,849	43	24	5	7	1	80	1,164		31	132
2011	1,885	38	26	9	2	5	80	1,535		21	137
2012	3,898	54	17	6	2	0	79	2,189		25	134
2013	3,347	61	26	3	6	2	98	4,432		33	177
2014	2,348	55	31	6	3	6	101	2,060		37	182
2015	2,681	59	27	3	5	3	97	2,191		54	186
2016	3,480	60	43	4	3	4	114	2,872		49	191
2017	2,864	68	22	9	4	3	106	2,347		42	211
2018	12,684	45	35	4	1	3	88	3,633		21	172
2019	4,299	62	25	0	7	1	95	11,009		38	208
2020	2,254	61	28	7	8	3	107	4,931		22	142
2021	2,554	63	27	6	6	2	104	2,281		38	176
2022	3,076	62	27	5	6	2	102	3,145		51	196

【注】　1．暦年（各年1月1日から12月31日）を基準とする。
　　　2．同一人について複数事案を併合した処理は、1件とする。
　　　3．日弁連による処分・決定の取消し・変更は含まれていない。
　　　4．新受件数については、同一人より同時に複数の弁護士に懲戒請求がなされた場合には弁護士1人につき1件とカウントしている。
　　　5．新受事案は各弁護士会宛てになされた懲戒請求事案に会立件事案を加えた数とし、懲戒しない及び終了事案数等は綱紀・懲戒両委員会における数とした。
　　　6．一事案について複数の議決・決定（例：請求理由中一部懲戒相当、一部不相当など）がなされたものについてはそれぞれ該当の項目に計上した。
　　　7．除斥期間満了については、「懲戒しない」に含めている。

資料3-2-3-4　懲戒処分件数の推移とその処分内容

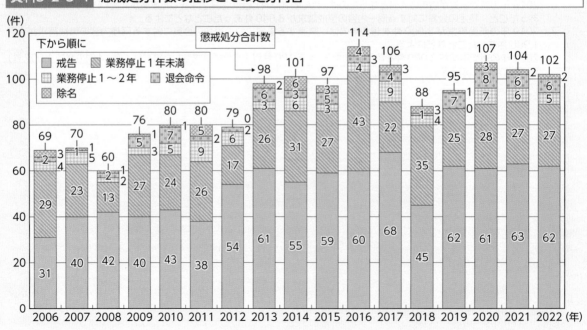

（3）懲戒処分率（全弁護士会）

　次のグラフは、2002年から2022年までの全弁護士会における懲戒請求の中で懲戒処分に付された割合と、弁護士及び弁護士法人の数に対する懲戒処分数の割合をまとめたものである。

①　懲戒請求中の懲戒処分率

　2022年の処分率3.3％であった。年によって処分率の変化が著しいのは、懲戒請求件数の増減によるものである（懲戒請求件数については前頁参照）。

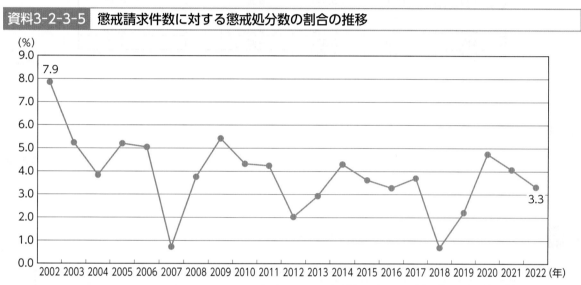

資料3-2-3-5　懲戒請求件数に対する懲戒処分数の割合の推移

【注】割合の算定にあたっては、同一年内に弁護士会で懲戒請求のあった件数及び処分のあった件数を基準としており、懲戒請求事案ごとに処分の有無を割り出したものではない。

②　弁護士及び弁護士法人の数に対する懲戒処分数の割合

　弁護士及び弁護士法人の数に対する懲戒処分数の割合は、ここ10年間はおおむね0.2％～0.3％の間を推移しており、大きな変化はない。

資料3-2-3-6　弁護士及び弁護士法人の数に対する懲戒処分数の割合の推移

【注】基礎となる弁護士及び弁護士法人の数は、各年12月31日現在。

（4）懲戒処分を受けた弁護士及び弁護士法人の数と懲戒回数

　懲戒処分を受けた弁護士及び弁護士法人の数と懲戒回数について、1989年1月1日から2023年3月31日までの累計をまとめたものである。これを見ると、懲戒処分を2回以上受けた弁護士は約26％となっている。

資料3-2-3-7　**懲戒回数別懲戒処分を受けた会員数（1989年1月～2023年3月31日）**

懲戒回数	会員数	割合	懲戒回数	会員数	割合
1回	1,051	73.9%	6回	5	0.4%
2回	207	14.6%	7回	1	0.1%
3回	87	6.1%	8回	5	0.4%
4回	50	3.5%	9回	1	0.1%
5回	15	1.1%			

【注】表示未満を四捨五入しているため、百分率の合計は100％にならない。

（5）懲戒処分を受けた弁護士の処分時の年齢・弁護士経験年数の状況

　次の2つのグラフは、2019年から2022年に懲戒処分を受けた弁護士を、処分を受けた当時の年齢及び弁護士経験年数別に区分し、各年ごとにまとめたものである。

資料3-2-3-8　**懲戒処分を受けた弁護士の処分時の年齢**

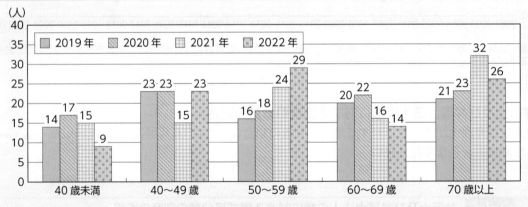

【注】各年ともに暦年（1月1日～12月31日）を基準とする。

資料3-2-3-9　**懲戒処分を受けた弁護士の処分時の弁護士経験年数**

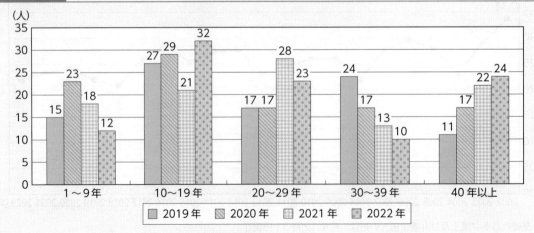

【注】各年ともに暦年（1月1日～12月31日）を基準とする。

❸ 懲戒事案の調査・審査期間

（1）懲戒請求から綱紀委員会による議決までの期間別件数

近年は、約60〜80％の案件が、1年以内に議決にまで至っていることがわかる。

資料3-2-3-10	懲戒請求から綱紀委員会による議決までの期間別件数

	2018年		2019年		2020年		2021年		2022年	
	（件）	割合	（件）	割合	（件）	割合	（件）	割合	（件）	割合
6か月以内	10,479	84.9%	1,693	49.2%	993	33.5%	874	36.3%	1,597	39.5%
1年以内	818	6.6%	676	19.6%	711	24.0%	575	23.9%	636	15.8%
2年以内	698	5.7%	840	24.4%	562	19.0%	424	17.6%	581	14.4%
3年以内	262	2.1%	165	4.8%	466	15.7%	257	10.7%	168	4.2%
3年超	86	0.7%	70	2.0%	230	7.8%	276	11.5%	1,056	26.2%
総　数	12,343	100.0%	3,444	100.0%	2,962	100.0%	2,406	100.0%	4,038	100.0%

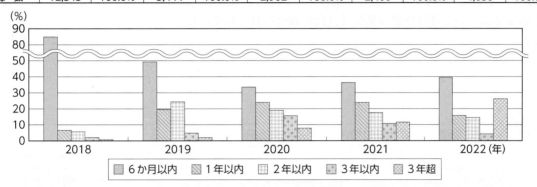

【注】 1．当該暦年（1月1日〜12月31日）中に議決のあったものをさかのぼって調査し、いつ懲戒請求されたのかを調べた結果の数値である。
　　　 2．表内の割合は、表示未満を四捨五入しているため、百分率の合計が100％にならない場合がある。下表も同じ。
　　　 3．2018年の数値については、弁護士白書2019年版から変更が生じている。

（2）懲戒委員会への付議から議決までの期間別件数

近年は約80％の案件が1年以内に懲戒委員会において議決されている一方、2年を超える案件が1％前後ある。

資料3-2-3-11	懲戒委員会への付議から議決までの期間別件数

	2018年		2019年		2020年		2021年		2022年	
	（件）	割合	（件）	割合	（件）	割合	（件）	割合	（件）	割合
6か月以内	73	39.9%	74	42.0%	57	30.8%	62	37.8%	62	36.5%
1年以内	79	43.2%	84	47.7%	82	44.3%	73	44.5%	83	48.8%
2年以内	30	16.4%	17	9.7%	44	23.8%	27	16.5%	24	14.1%
3年以内	0	0.0%	0	0.0%	2	1.1%	2	1.2%	1	0.6%
3年超	1	0.5%	1	0.6%	0	0.0%	0	0.0%	0	0.0%
総　数	183	100.0%	176	100.0%	185	100.0%	164	100.0%	170	100.0%

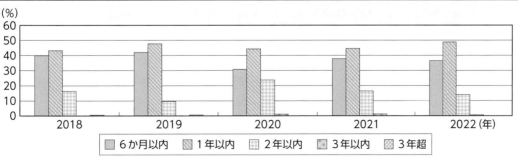

【注】 当該暦年（1月1日〜12月31日）中に議決のあったものをさかのぼって調査し、いつ懲戒委員会に付議されたのかを調べた結果の数値である。

懲戒制度の運用状況

（1）弁護士会・日弁連の綱紀委員会における事案の取扱状況

① 弁護士会

2022年中の弁護士会における懲戒請求新受件数は、3,076件であった。

2022年に議決に至った事案が懲戒請求から綱紀委員会の議決までに要した期間は、6か月以内が39.5%、1年以内まで含めると約55%となっている（前頁）。

綱紀委員会が調査を開始した事案のうち、2022年に懲戒委員会の審査に付された事案は、196件であった。

② 日弁連

2022年に日弁連になされた異議の申出のうち、弁護士会の綱紀調査に関するものは、1,740件であり、これらの事案については日弁連の綱紀委員会の審査に付されている。

2022年に綱紀委員会で議決された件数は1,716件で、そのうち懲戒審査相当と議決され弁護士会に送付された件数は4件であった。議決までに要した期間は、6か月以内が99%となっている。

2020年から2022年における異議申出事案受付及び議決の内訳は以下のとおりである。

資料3-2-3-12　異議申出事案受付の内訳（日弁連綱紀委員会）

（単位：件）

年	新受（異議申出の内訳）		合　計
	懲戒しない	相当期間	
2020	738	118	856
2021	692	127	819
2022	1,576	164	1,740

【注】2022年の新受事案のうち、同一の異議申出人による大量の異議申出事案の例が1例あり（836件）。

資料3-2-3-13　異議申出事案処理の内訳（日弁連綱紀委員会）

（単位：件）

年	既　済					合　計	未　済
	審査相当	審査不相当			速やかに終了せよ		
		棄　却	却　下	終　了			
2020	4	908	18	46	53	1,029	283
2021	8	726	18	5	94	851	251
2022	4	1,194	427	5	86	1,716	275

【注】1. 審査相当：原弁護士会の懲戒委員会に事案の審査を求めることを相当と認める。
　　　2. 終了：取下げ・資格喪失・死亡による終了を指す。
　　　3. 速やかに終了せよ：相当期間異議に対する「速やかに手続を終了せよ」の議決。
　　　4. 暦年（各年1月1日〜12月31日）を基準とする。
　　　5. 「未済」には、前年からの継続案件を含む。

（2）弁護士会・日弁連の懲戒委員会における事案の取扱状況

①　弁護士会

　全国の弁護士会における懲戒委員会の審査に付される事案数は、近年、年間140件から200件前後で推移している。また、2022年における懲戒処分の件数は、102件であった（168頁）。

　2022年に議決に至った事案が懲戒委員会への付議から議決までに要した期間は、6か月以内が36.5％、1年以内まで含めると85.3％となっている。なお2年を超える事案は、2021年では1.2％、2022年では0.6％であった（171頁）。

②　日弁連

a　異議申出

　2022年に日弁連になされた異議の申出のうち、弁護士会の懲戒委員会の審査に付された事案に関するものは、44件（「懲戒しない」に対する異議11件、「不当に軽い」に対する異議23件、「相当期間」に対する異議10件）であり、これらの事案については日弁連の懲戒委員会の審査に付されている。

　2022年に日弁連の懲戒委員会において議決に至った異議申出事案数は、38件であった。

b　審査請求

　2022年に日弁連になされた審査請求は、30件であり、2022年に日弁連の懲戒委員会において議決に至った事案数は、28件であった。

資料3-2-3-14　異議申出事案処理の内訳（日弁連懲戒委員会）

（単位：件）

年	既　済							未済
	棄却	取消	変更	却下	終了	速やかに終了せよ	合計	
2020	31	1	1	0	1	2	36	32
2021	39	1	0	0	0	2	42	22
2022	26	2	3	0	5	2	38	28

【注】　1．速やかに終了せよ：相当期間異議に理由があると認められ、「速やかに審査を終了せよ」の議決。
　　　2．取消（弁護士会の決定を取り消す）の内訳
　　　　2020年：懲戒しない→戒告1件
　　　　2021年：懲戒しない→戒告1件
　　　　2022年：懲戒しない→戒告2件
　　　3．変更の内訳
　　　　2020年：戒告→業務停止1月1件
　　　　2022年：戒告→業務停止1月2件
　　　　　　　　業務停止3月→業務停止4月1件
　　　4．「未済」には、前年からの継続案件を含む。右表も同じ。
　　　5．本頁の表は、暦年（各年1月1日〜12月31日）を基準とする。

資料3-2-3-15　審査請求事案処理の内訳（日弁連懲戒委員会）

（単位：件）

年	既　済					未済
	棄却	原処分取消	原処分変更	却下・終了等	合計	
2020	25	2	4	1	32	36
2021	39	1	4	2	46	21
2022	22	3	3	0	28	23

【注】　1．却下：期間経過等
　　　　終了等：取下げ・資格喪失・死亡による終了。
　　　2．原処分取消（弁護士会の懲戒処分を取り消す）の内訳
　　　　2020年：戒告→懲戒しない2件
　　　　2021年：戒告→懲戒しない1件
　　　　2022年：戒告→懲戒しない3件
　　　3．原処分変更（懲戒処分を軽く変更する）の内訳
　　　　2020年：退会命令→業務停止9月1件
　　　　　　　　業務停止3月→業務停止2月1件
　　　　　　　　業務停止2月→業務停止1月2件
　　　　2021年：業務停止6月→業務停止3月3件
　　　　　　　　業務停止2月→業務停止1月1件
　　　　2022年：退会命令→業務停止2年1件
　　　　　　　　業務停止6月→業務停止4月1件
　　　　　　　　業務停止2月→業務停止1月1件

（3）日弁連綱紀審査会における事案の取扱状況

　2022年に日弁連の綱紀審査会の審査に付された綱紀審査の申出事案の新受件数は、586件であり、2022年に議決に至った事案数は、416件であった。議決に至った416件のうち、懲戒審査相当と議決され、弁護士会に送付された件数は0件であった。

　2020年から2022年における綱紀審査申出事案の議決の内訳は右表のとおりである。

資料3-2-3-16　綱紀審査申出事案処理の内訳（日弁連綱紀審査会）

（単位：件）

年	既　済					未済
	審査相当	審査不相当（棄却）	却下	終了	合計	
2020	1	357	11	1	370	220
2021	2	403	49	2	456	122
2022	0	407	6	3	416	292

【注】　1．審査相当：原弁護士会の懲戒委員会に事案の審査を求めることを相当と認める。
　　　2．終了：取下げ、資格喪失、死亡による終了。
　　　3．「未済」には、前年からの継続案件を含む。

❺ 懲戒手続の流れと現状

　弁護士又は弁護士法人に対して懲戒請求がなされると、まず弁護士会の綱紀委員会で調査し、懲戒委員会にかけるか否かが決められる。懲戒委員会では、懲戒処分をするか否か、及び処分内容が決められ、懲戒処分を受けた弁護士又は弁護士法人は日弁連に審査請求をすることができる。また、弁護士会の綱紀委員会・懲戒委員会の議決に基づく結論に不服がある場合は、懲戒請求者は日弁連に対して異議の申出をすることができる。異議の申出がなされると、日弁連は綱紀委員会又は懲戒委員会に審査を求めるが、日弁連の綱紀委員会の議決に基づく結論に不服があるときは、懲戒請求者は市民のみで構成される綱紀審査会に綱紀審査の申出ができる。日弁連の綱紀委員会又は綱紀審査会で弁護士会の懲戒委員会に事案の審査を求めるのが相当との結論が出されると、事案は弁護士会に送られる。

　下図は、2022年の懲戒請求が2023年6月1日現在、どのように処理されているか示したものである。

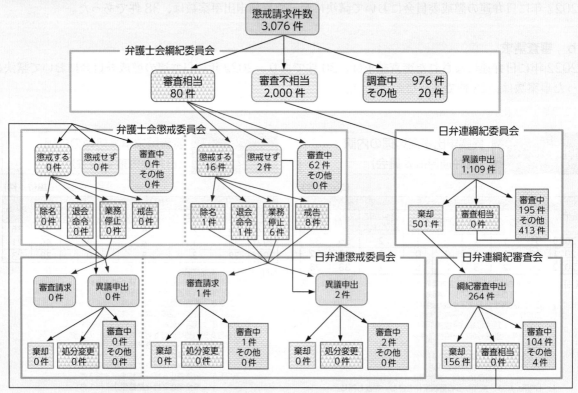

資料3-2-3-17　懲戒請求事案の処理状況（2022年1月〜12月に懲戒手続に付した事案）

【注】 1．各弁護士会からの「調査開始の通知」「懲戒しない旨の決定等の通知」「懲戒の処分の通知」をもとに、2023年6月1日までに日弁連が入力したデータで作成した。
　　　 2．「懲戒請求件数」は、懲戒請求年月日が2022年1月1日〜12月31日の間にある事案の件数をカウントした。
　　　 3．件数は、弁護士1人につき1件とした。すなわち、同一人物が2人の弁護士を懲戒請求したときは2件となる。また、複数の事件を併合した場合でも件数は各々カウントした。
　　　 4．弁護士会における「その他」とは、対象弁護士の死亡・資格喪失による終了等である。
　　　 5．日弁連における「その他」とは、却下、取下げ、対象弁護士の死亡・資格喪失による終了等である。
　　　 6．弁護士会綱紀委員会における一部相当・不相当の件数は、弁護士会綱紀委員会の懲戒相当・懲戒不相当の両項目にそれぞれカウントした。
　　　 7．日弁連懲戒委員会への異議申出による処分変更には、弁護士会で処分せず日弁連で処分した件数も含まれる。

第4節　弁護士倫理に関する研修

　日弁連は、2012年度まで、倫理研修規程及び規則に基づき、登録初年度、登録後満5年、登録後満10年及びその後10年ごとの年次に達した会員にその年に実施される倫理研修への参加義務を課してきた。2013年度からは倫理研修規則を全部改正し、登録初年度、登録後満3年、登録後満5年及びその後5年ごとの年次に達した会員にその年に実施される倫理研修への参加義務を課している。

　次の表は、年度別の倫理研修受講義務者の履修状況をまとめたものである。2022年度に倫理研修への参加の義務を課せられた会員は計11,842人（義務対象者から免除申請者と登録取消者を除いた数）、義務履行者は11,369人（代替措置研修受講者148人を含む）で、義務履行率は96.0%であった。

資料3-2-4　倫理研修参加義務者履行状況

（2023年3月31日現在）

年度	対象年数	参加義務者数（人）	免除（人）	登録取消者数（除：履行者）（人）	代替措置研修受講者数（人）	研修参加者数（人）	義務履行率	未履行者数（人）
2019	登録初年度	1,052	0		56	984	98.9%	12
	登録後満3年	1,728	1		50	1,657	98.8%	20
	登録後満5年	1,838	1		107	1,719	99.4%	11
	登録後満10年	2,036	4		78	1,941	99.4%	13
	登録後満15年	840	8		21	800	98.7%	11
	登録後満20年	546	9		7	525	99.1%	5
	登録後満25年	388	4		4	372	97.9%	8
	登録後満30年	347	6		3	334	98.8%	4
	登録後満35年	314	6		3	298	97.7%	7
	登録後満40年	287	4		5	270	97.2%	8
	登録後満45年	288	13		2	260	95.3%	13
	登録後満50年	201	26		1	159	91.4%	15
	登録後満55年	90	31		6	48	91.5%	5
	登録後満60年	45	27		1	16	94.4%	1
	登録後満65年	15	10		0	3	60.0%	2
	計	10,015	150	0	344	9,386	98.6%	135
2020	登録初年度	2,155	1	1	1,246	856	97.6%	51
	登録後満3年	1,811	0	13	679	1,013	94.1%	106
	登録後満5年	1,848	1	11	698	1,064	96.0%	74
	登録後満10年	2,045	3	7	647	1,305	95.9%	83
	登録後満15年	1,062	5	12	382	598	93.8%	65
	登録後満20年	566	7	1	220	318	96.4%	20
	登録後満25年	435	5	2	142	259	93.7%	27
	登録後満30年	377	1	3	124	224	93.3%	25
	登録後満35年	285	3	5	75	168	87.7%	34
	登録後満40年	280	5	5	76	162	88.1%	32
	登録後満45年	357	13	9	114	180	87.8%	41
	登録後満50年	237	23	4	65	107	81.9%	38
	登録後満55年	128	42	4	25	28	64.6%	29
	登録後満60年	41	14	3	3	10	54.2%	11
	登録後満65年	7	4	0	1	1	66.7%	1
	登録後満70年	3	0	2	1	0	100.0%	0
	計	11,637	127	82	4,498	6,293	94.4%	637
2021	登録初年度	295	2	0	2	235	80.9%	56
	登録後満3年	1,610	1	14	48	1,463	94.7%	84
	登録後満5年	1,702	0	12	79	1,533	95.4%	78
	登録後満10年	1,838	0	9	81	1,680	96.3%	68
	登録後満15年	983	4	3	46	888	95.7%	42
	登録後満20年	617	8	3	22	559	95.9%	25
	登録後満25年	522	11	4	18	463	94.9%	26
	登録後満30年	355	5	2	15	315	94.8%	18
	登録後満35年	314	3	1	10	284	94.8%	16
	登録後満40年	326	5	10	21	264	91.6%	26
	登録後満45年	268	12	6	12	221	93.2%	17
	登録後満50年	231	22	9	13	146	79.5%	41
	登録後満55年	129	26	4	10	72	82.8%	17
	登録後満60年	54	21	6	2	15	63.0%	10
	登録後満65年	10	4	3	0	2	66.7%	1
	登録後満70年	1	0	1	0	0	—	0
	計	9,255	124	87	379	8,140	94.2%	525
2022	登録初年度	2,669	0	6	5	2,584	97.2%	74
	登録後満3年	1,579	1	9	19	1,494	96.4%	56
	登録後満5年	1,744	2	18	40	1,618	96.2%	66
	登録後満10年	1,863	5	9	28	1,759	96.6%	62
	登録後満15年	1,255	9	5	25	1,176	96.8%	40
	登録後満20年	741	3	4	6	703	96.6%	25
	登録後満25年	515	6	1	7	476	95.1%	25
	登録後満30年	352	6	3	2	327	95.9%	14
	登録後満35年	322	7	5	1	291	94.2%	18
	登録後満40年	322	4	8	5	280	91.9%	25
	登録後満45年	250	9	7	2	217	93.6%	15
	登録後満50年	221	15	10	4	176	91.8%	16
	登録後満55年	137	22	7	2	84	79.6%	22
	登録後満60年	50	4	5	2	28	73.2%	11
	登録後満65年	21	10	1	0	7	70.0%	3
	登録後満70年	4	2	0	0	1	50.0%	1
	計	12,045	105	98	148	11,221	96.0%	473

【注】　1．義務履行率は、義務対象者から免除申請者と登録取消者を除いた数のうち研修に参加又は代替措置研修を受講した人数の比率である。
　　　　2．登録取消者数については2020年度以降の記載。

第3章　日弁連の人権救済活動

　日弁連は、1949年の設立以降、「弁護士は、基本的人権を擁護し、社会正義を実現することを使命とする」と規定する弁護士法第1条に基づき、各地の弁護士会とともに、人権擁護委員会を中心として、70年以上にわたり、それぞれの時代に生起する様々な人権侵害に対し、人権救済活動を行ってきた。このような日弁連の人権救済活動は、救済措置に至るまでの厳正な手続、国民の信頼や従前の実績に裏付けられることにより、社会的に一定の評価を受けており、事実上のものながら、各方面に強い影響力を及ぼしている。本章では、日弁連の人権救済活動の現状と救済措置の成果について紹介する。

第1節　人権救済申立制度の運用状況

1　人権救済申立制度の手続

　日弁連は、様々な人権問題についての調査・研究活動を行っている。中でも、人権擁護委員会では、人権救済の申立てに関して、独自の人権侵害事実の調査に基づき、人権侵害を行った者又はその監督機関等に対して、警告、勧告、要望などの救済措置を行っている。

　人権擁護委員会規則第36条第5項では、措置等を行う場合には、委員会及び委員長は、あらかじめ、措置又は意見表明の名宛人に対し、事件について説明をし、又は資料を提出する機会を与えなければならないとされている。また、人権擁護のための諸活動を適正かつ迅速に遂行することを目的として、準則を定めるなど、厳正な手続が定められている。日弁連の人権救済申立制度の原則的な手続の流れは、次のとおりである。

資料3-3-1-1　人権救済申立制度の手続の流れ

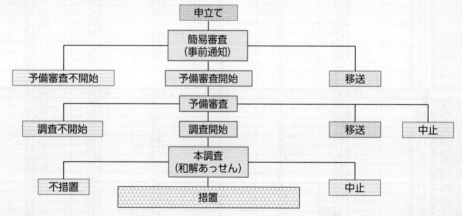

【手続について】
　簡易審査：人権救済の申立てを受けた事件について、予備審査の要否を決定する簡易な審査。
　　※事前通知：早急な対応が必要と認める場合に、相手方に申立内容の通知を行うこと。
　予備審査不開始：簡易審査の結果、事案の性質その他の事情により措置をとることが見込まれないことが明らかな事件等。
　予備審査開始：①社会的影響が特に重大と考えられる事件、②事件の内容又は関係者が全国的又は広域に及ぶ事件、③国の機関に対する調査、要求等を必要とする事件等。
　移送：弁護士会等において調査・研究するのが相当と認める事件。
　予備審査：人権救済の申立てを受けた後、本調査前に行う予備的な審査。
　調査不開始：予備審査の結果、調査を継続しても人権侵害又はそのおそれがあると認定することが見込まれない事件。
　調査開始：予備審査の結果、調査を行うことにより人権侵害又はそのおそれがあると認定できる可能性がある事件。
　中止：申立人より取下げがあった事件、申立人の死亡又は行方不明が明らかになった事件等。
　本調査：人権救済申立事件として、人権侵害又はそのおそれの有無などを調査すること。
　　※和解あっせん：人権侵害又はそのおそれがあり、かつ、和解による解決が相当であると認める事件。
　不措置：調査の結果、措置をとるには至らないと認める事件。
　措置：調査の結果、人権侵害又はそのおそれがあると認める事件であり、措置の内容としては、警告（意見を通告し、適切な対応を強く求める）、勧告（適切な対応を求める）、要望（適切な対応を要望）、司法的措置（告発、付審判請求等）、助言・協力、意見の表明がある。

② 人権救済申立事件の分類別件数

　以下は、2006年度から2022年度までの間に日弁連に申し立てられた人権救済申立事件を、申立ての趣旨によって分類したものである。

| 資料3-3-1-2 | 人権救済申立事件の分類別件数の推移 |

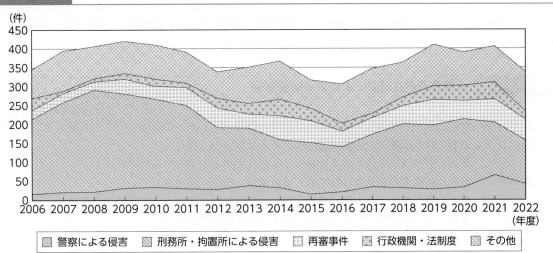

凡例：　■ 警察による侵害　☒ 刑務所・拘置所による侵害　■ 再審事件　☒ 行政機関・法制度　☒ その他

| 資料3-3-1-3 | 人権救済申立事件の分類別件数の内訳 |

(単位：件)

分類 ＼ 年度	2006	2007	2008	2009	2010	2011	2012	2013	2014	2015	2016	2017	2018	2019	2020	2021	2022
警察による侵害	16	21	22	32	34	30	28	38	32	15	21	34	31	28	33	65	42
刑務所・拘置所による侵害	197	237	269	249	233	220	163	152	127	136	119	139	169	169	180	139	115
再審事件	24	24	22	39	34	48	52	37	63	58	41	44	48	68	49	62	55
行政機関・法制度	32	6	8	15	19	11	26	28	44	33	21	11	23	36	40	45	21
その他	76	106	85	85	90	82	70	96	101	75	104	119	92	109	88	95	105
合　計	345	394	406	420	410	391	339	351	367	317	306	347	363	410	390	406	338

【注】「その他」には、「医療機関による侵害」「報道機関による侵害」「教育機関による侵害」「企業による侵害」「裁判所による侵害」「その他公務員による侵害」などが含まれる。

③ 人権救済申立事件の処理状況

　次の表は、2018年度以降、当該年度中に受付をした人権救済の申立てについての各年度中における処理結果の分類件数である。

| 資料3-3-1-4 | 人権救済申立事件の処理内訳 |

(単位：件)

年度	新件受付	予備審査不開始	移送	予備審査		本調査			併合	中止	求補正中・審議待ち	当該年度措置件数（過年度申立て含む）
				予備審査中	調査不開始	本調査中	不措置	措置（警告勧告要望等）				
2018	363	174	134 (29)	15	19	3	0	0	0	0	16	3
2019	410	203	160 (44)	16	26	4	0	0	2	0	34	8
2020	390	186	138 (40)	20	8	3	0	0	0	0	31	4
2021	406	217	101 (33)	38	7	0	0	1	1	0	36	7
2022	338	169	92 (33)	17	15	3	0	0	0	0	29	4

【注】新件受付：新受件数。（　）内の数字は、職権調査開始（申立てによらず、人権擁護委員会の判断により人権侵害の有無等の調査を開始すること）の件数。
　　移送：（　）内の数字は、弁護士会への移送についての求意見中及び個人情報の第三者提供の同意確認中の件数。
　　措置：（　）内の数字は、職権により本調査を行った事件について措置を行った件数。
　　併合：関連事件の調査を併合して行うこと。
　　求補正中：人権救済の申立てを受けた後、委員会での検討を行う前に、申立人に対し、申立ての趣旨の確認など補正を求めているもの（2022年度は7件）。
　　当該年度措置件数（過年度申立て含む）：当該年度中に措置を行った件数（当該年度以前に申立てを受けた事件も含む）。

❹ 人権救済申立制度による救済措置（警告・勧告・要望等）一覧

　人権擁護委員会による調査の結果、人権侵害があると判断した場合、日弁連は、申立人の人権を救済するため、人権侵害を行った者に対し、警告・勧告・要望等の救済措置を行うことになる。

　以下は、2020年から2023年9月30日までにおける人権救済申立制度による救済措置の一覧である。なお、事件の性質を考慮し、本一覧には掲載していない救済措置事例がある。

　また、2020年より前の事件及び概要については、『日弁連人権侵犯申立事件警告・勧告・要望例集1〜5』（日本弁護士連合会人権擁護委員会編　明石書店　2005年）、日弁連ウェブサイト（HOME＞公表資料＞人権救済申立事件「警告・勧告・要望等」）を参照されたい。

| 資料3-3-1-5 | 人権救済申立制度による救済措置事例 |

（2023年9月30日現在）

2020/01/24	勧告	黒羽刑務所における余暇時間帯の行為（ヨーガ）の制限に関する人権救済申立事件
2020/02/25	勧告	技能実習生の労働環境に関する人権救済申立事件
2020/03/02	勧告	昼夜居室処遇に対する審査の申請に関する人権救済申立事件
2020/03/18	意見	受刑者の選挙権に関する人権救済申立事件（意見書）
2020/08/24	勧告	閉居罰に伴う書籍（六法全書）の使用制限に関する人権救済申立事件
2020/09/15	要望	旭川刑務所における医療に関する人権救済申立事件
2021/01/05	勧告	刑務所内における身体検査に関する人権救済申立事件
2021/03/22	警告	東京拘置所における教誨への立会いに関する人権救済申立事件
2021/08/17	要望	職場における身体障害・軽度認知障害への理解を求める人権救済申立事件
2021/09/22	要望	未決勾留期間中の運転免許失効に関する人権救済申立事件
2021/09/22	要望	未決勾留期間中の運転免許更新に関する人権救済申立事件
2021/09/24	勧告	日台複数籍者の国籍選択に関する人権救済申立事件
2021/11/18	勧告	懲罰の再審査申請却下に関する人権救済申立事件
2022/01/21	勧告	青森刑務所における男性受刑者の丸刈り強制に関する人権救済申立事件
2022/03/28	警告	私企業ウェブサイトにおけるヘイトスピーチに関する人権救済申立事件
2022/10/13	勧告	少年事件の逮捕・裁判の実名報道に関する人権救済申立事件
2022/10/24	要望	名古屋城天守閣にエレベーターの設置を求める人権救済申立事件
2022/11/16	意見	国政選挙における選挙供託金制度に関する人権救済申立事件（意見書）
2023/02/27	勧告	指紋等のデータベースからの削除を求める人権救済申立事件
2023/03/09	勧告・要望	名古屋刑務所における精神障害者に対する処遇人権救済申立事件

第3編　日弁連・各弁護士会の活動状況

3-3-2　日弁連が支援している再審事件の現状

特集

第1編

第2編

第3編

第4編

1　日弁連が支援している再審事件

　いわゆるえん罪は、基本的人権を踏みにじる最たるものである。日弁連人権擁護委員会は、次の3点を総合的に考慮して、人権侵犯事件として取り扱うか否かの判断を行っている。
（1）有罪の言渡をした確定判決又は控訴若しくは上告を棄却した確定判決が誤判である可能性
（2）再審請求に必要とされる新証拠が発見される可能性
（3）当該刑事事件の内容、性質、社会的影響等に照らし、本会が当該刑事事件の再審支援を行う必要性の程度及び相当性
　上記に基づき、再審の支援が決定された場合、同委員会内に当該事件の再審事件委員会が設置され、弁護人を派遣したり必要な費用の援助を行ったりするなどして、再審弁護活動を支援していくこととなる。次の表は、現在日弁連が支援している再審事件をまとめたものである。

資料3-3-2-1　日弁連が支援している再審事件

（事件発生の年月日順。2023年9月30日現在）

事件名	事件発生年月日／支援決定日または事件委員会設置日	確定判決年月日／上訴棄却年月日	確定判決裁判所	確定判決	現状	再審請求に対する裁判の経過	
名張	1961(S36).3.28／1973(S48).10.27 委員会設置	1969(S44).9.10／1972(S47).6.15 上告棄却	名古屋高裁	死刑	第10次再審請求・特別抗告審	①2002(H14).4.8 第6次特別抗告棄却決定（最高裁）③2005(H17).4.5 再審開始決定（名古屋高裁）⑤2006(H18).12.26 原決定取消再審請求棄却決定（名古屋高裁）⑦2010(H22).4.5 原決定取消差戻決定（最高裁）⑨2012(H24).5.30 特別抗告（第2次）申立（最高裁）⑪2013(H25).11.5 第8次再審請求（名古屋高裁）⑬2014(H26).6.2 弁護団異議申立（名古屋高裁）⑮2015(H27).1.14 特別抗告申立（最高裁）⑰2015(H27).5.15 第9次再審請求（名古屋高裁）⑲2015(H27).11.6 第10次再審請求（死後再審）（名古屋高裁）㉑2017(H29).12.11 弁護団異議申立（名古屋高裁）㉓2022(R4).3.8 特別抗告申立（最高裁）	②2002(H14).4.10 第7次再審請求（名古屋高裁）④2005(H17).4.8 検察官異議申立（名古屋高裁）⑥2007(H19).1.4 特別抗告申立（最高裁）⑧2012(H24).5.25 原決定取消再審請求棄却決定（名古屋高裁）⑩2013(H25).10.16 第2次特別抗告棄却決定（最高裁）⑫2014(H26).5.28 再審請求棄却決定（名古屋高裁）⑭2015(H27).1.9 異議申立棄却決定（名古屋高裁）⑯2015(H27).5.15 特別抗告申立取下げ（最高裁）⑱2015(H27).10.15 再審請求審終了決定（名古屋高裁）⑳2017(H29).12.8 再審請求棄却決定（名古屋高裁）㉒2022(R4).3.3 異議申立棄却決定（名古屋高裁）
袴田	1966(S41).6.30／1981(S56).11.13 委員会設置	1968(S43).9.11／1980(S55).11.19 上告棄却	静岡地裁	死刑	再審公判準備中	①1994(H6).8.8 再審請求棄却決定（静岡地裁）③2004(H16).8.26 即時抗告棄却決定（東京高裁）⑤2008(H20).3.24 特別抗告棄却決定（最高裁）⑦2014(H26).3.27 再審開始決定、死刑及び拘置の執行停止（静岡地裁）⑨2018(H30).6.11 原決定取消再審請求棄却決定（東京高裁）⑪2020(R2).12.22 原決定取消差戻決定（最高裁）	②1994(H6).8.12 即時抗告申立（東京高裁）④2004(H16).9.1 特別抗告申立（最高裁）⑥2008(H20).4.25 第2次再審請求（静岡地裁）⑧2014(H26).3.31 検察官即時抗告（東京高裁）⑩2018(H30).6.18 特別抗告申立（最高裁）⑫2023(R5).3.13 再審開始決定（東京高裁）

事件名	事件発生年月日／支援決定日または事件委員会設置日	確定判決年月日／上訴棄却年月日	確定判決裁判所	確定判決	現状	再審請求に対する裁判の経過	
マルヨ無線	1966(S41).12.5 1975(S50).12.8 委員会設置	1968(S43).12.24 1970(S45).11.12 上告棄却	福岡地裁	死刑	第7次再審請求	①1988(S63).10.5 第5次再審請求棄却決定（福岡地裁） ③1998(H10).10.27 第5次特別抗告棄却決定（最高裁） ⑤2008(H20).3.26 第6次再審請求棄却決定（福岡地裁） ⑦2012(H24).3.29 第6次即時抗告棄却決定（福岡高裁） ⑨2013(H25).6.24 特別抗告棄却決定（最高裁）	②1995(H7).3.28 第5次即時抗告棄却決定（福岡高裁） ④1998(H10).10.30 第6次再審請求（福岡地裁） ⑥2008(H20).3.31 即時抗告申立（福岡高裁） ⑧2012(H24).4.5 特別抗告申立（最高裁） ⑩2013(H25).7.16 第7次再審請求（福岡地裁）
大崎	1979(S54).10.12 2013(H25).10.22 支援決定	1980(S55).3.31 1981(S56).1.30 上告棄却	鹿児島地裁	懲役10年	第4次再審請求・特別抗告審	①1995(H7).4.19 再審請求（鹿児島地裁） ③2002(H14).3.29 検察官即時抗告（福岡高裁宮崎支部） ⑤2006(H18).1.30 特別抗告棄却決定（最高裁） ⑦2013(H25).3.6 第2次再審請求棄却決定（鹿児島地裁） ⑨2014(H26).7.15 即時抗告棄却決定（福岡高裁宮崎支部） ⑪2015(H27).2.2 特別抗告棄却決定（最高裁） ⑬2017(H29).6.28 再審開始決定(2度目)（鹿児島地裁） ⑮2018(H30).3.12 即時抗告棄却決定（福岡高裁宮崎支部） ⑰2019(R1).6.25 特別抗告審再審請求棄却決定（最高裁） ⑲2022(R4).6.22 第4次再審請求棄却決定（鹿児島地裁） ㉑2023(R5).6.5 即時抗告棄却決定（福岡高裁宮崎支部）	②2002(H14).3.26 再審開始決定（鹿児島地裁） ④2004(H16).12.9 原決定取消再審請求棄却決定（福岡高裁宮崎支部） ⑥2010(H22).8.30 第2次再審請求（鹿児島地裁） ⑧2013(H25).3.11 即時抗告申立（福岡高裁宮崎支部） ⑩2014(H26).7.22 特別抗告申立（最高裁） ⑫2015(H27).7.8 第3次再審請求（鹿児島地裁） ⑭2017(H29).7.3 検察官即時抗告（福岡高裁宮崎支部） ⑯2018(H30).3.19 検察官特別抗告（最高裁） ⑱2020(R2).3.30 第4次再審請求（鹿児島地裁） ⑳2022(R4).6.27 即時抗告申立（福岡高裁宮崎支部） ㉒2023(R5).6.12 特別抗告申立（最高裁）
日野町	1984(S59).12.28 2002(H14).3.15 支援決定	1995(H7).6.30 2000(H12).9.27 上告棄却 2000(H12).10.13 異議申立棄却	大津地裁	無期懲役	第2次再審請求・特別抗告審	①2001(H13).11.14 再審請求（大津地裁） ③2006(H18).3.30 即時抗告中止（大阪高裁） ⑤2012(H24).3.30 第2次再審請求（大津地裁） ⑦2018(H30).7.17 検察官即時抗告（大阪高裁） ⑨2023(R5).3.6 検察官特別抗告（最高裁）	②2006(H18).3.27 再審請求棄却決定（大津地裁） ④2011(H23).3.30 即時抗告審終了決定（大阪高裁） ⑥2018(H30).7.11 再審開始決定（大津地裁） ⑧2023(R5).2.27 再審開始決定（大阪高裁）
松橋	1985(S60).1.6 2011(H23).8.18 支援決定	1986(S61).12.22 1990(H2).1.26 上告棄却	熊本地裁	懲役13年	無罪確定	①2012(H24).3.12 再審請求（熊本地裁） ③2016(H28).7.2 検察官即時抗告（福岡高裁） ⑤2017(H29).12.4 検察官特別抗告（最高裁） ⑦2019(H31).3.28 再審無罪判決（熊本地裁）	②2016(H28).6.30 再審開始決定（熊本地裁） ④2017(H29).11.29 即時抗告棄却決定（福岡高裁） ⑥2018(H30).10.10 特別抗告棄却決定（最高裁）
福井女子中学生殺人	1986(S61).3.19 2004(H16).3.19 支援決定	1995(H7).2.9 1997(H9).11.12 上告棄却 1997(H9).11.21 異議申立棄却	名古屋高裁金沢支部	懲役7年	第2次再審請求	①2004(H16).7.15 再審請求（名古屋高裁金沢支部） ③2011(H23).12.5 検察官異議申立（名古屋高裁） ⑤2013(H25).3.11 特別抗告申立（最高裁） ⑦2022(R4).10.14 第2次再審請求（名古屋高裁金沢支部）	②2011(H23).11.30 再審開始決定（名古屋高裁金沢支部） ④2013(H25).3.6 原決定取消再審請求棄却決定（名古屋高裁） ⑥2014(H26).12.10 特別抗告棄却決定（最高裁）
鶴見	1988(S63).6.20 2017(H29).8.25 支援決定	1995(H7).9.7 2006(H18).3.28 上告棄却	横浜地裁	死刑	第3次再審請求	①2006(H18).4.17 再審請求（横浜地裁） ③2012(H24).4.19 即時抗告申立（東京高裁） ⑤2017(H29).12.27 第2次再審請求（横浜地裁） ⑦2021(R3).12.24 第3次再審請求(死後再審)（横浜地裁）	②2012(H24).4.13 再審請求棄却決定（横浜地裁） ④2017(H29).12.27 即時抗告申立取下げ（東京高裁） ⑥2021(R3).11.11 再審請求審終了決定（横浜地裁）

第3編　日弁連・各弁護士会の活動状況

3-3-2　日弁連が支援している再審事件の現状

特集

第1編

第2編

第3編

第4編

事件名	事件発生年月日 支援決定日または事件委員会設置日	確定判決年月日 上訴棄却年月日	確定判決裁判所	確定判決	現状	再審請求に対する裁判の経過	
恵庭殺人	2000(H12).3.16 2017(H29).10.18 支援決定	2003(H15).3.26 2006(H18).9.25 上告棄却 2006(H18).10.10 異議申立棄却	札幌地裁	懲役16年	第3次再審請求準備中	①2012(H24).10.15 再審請求 (札幌地裁) ③2015(H27).7.17 即時抗告棄却決定 (札幌高裁) ⑤2017(H29).1.10 第2次再審請求申立 (札幌地裁) ⑦2018(H30).3.23 即時抗告申立 (札幌高裁) ⑨2018(H30).9.3 特別抗告申立 (最高裁)	②2014(H26).4.21 再審請求棄却決定 (札幌地裁) ④2016(H28).6.13 特別抗告棄却決定 (最高裁) ⑥2018(H30).3.20 再審請求棄却決定 (札幌地裁) ⑧2018(H30).8.27 即時抗告棄却決定 (札幌高裁) ⑩2021(R3).4.12 特別抗告棄却決定 (最高裁)
姫路郵便局強盗	2001(H13).6.19 2013(H25).4.19 支援決定	2004(H16).1.9 2006(H18).4.19 上告棄却	神戸地裁姫路支部	懲役6年	第2次再審請求準備中	①2012(H24).3.2 再審請求 (神戸地裁姫路支部) ③2014(H26).4.3 即時抗告申立 (大阪高裁) ⑤2016(H28).3.22 特別抗告申立 (最高裁) ⑦2020(R2).6.15 再審請求棄却決定 (神戸地裁) ⑨2021(R3).6.30 即時抗告棄却決定 (大阪高裁) ⑪2022(R4).3.30 特別抗告棄却決定 (最高裁)	②2014(H26).3.28 再審請求棄却決定 (神戸地裁姫路支部) ④2016(H28).3.15 原決定取消差戻決定 (大阪高裁) ⑥2017(H29).10.31 特別抗告棄却決定 (最高裁) ⑧2020(R2).6.19 即時抗告申立 (大阪高裁) ⑩2021(R3).7.5 特別抗告申立 (最高裁)
豊川	2002(H14).7.28 2016(H28).6.16 支援決定	2007(H19).7.6 2008(H20).9.30 上告棄却	名古屋高裁	懲役17年	再審請求・特別抗告審	①2016(H28).7.15 再審請求 (名古屋高裁) ③2019(H31).1.28 異議申立 (名古屋高裁) ⑤2023(R5).6.12 特別抗告申立 (最高裁)	②2019(H31).1.25 再審請求棄却決定 (名古屋高裁) ④2023(R5).6.7 異議申立棄却決定 (名古屋高裁)
小石川	2002(H14).8.1 2015(H27).5.8 支援決定	2004(H16).3.29 2005(H17).6.17 上告棄却	東京地裁	無期懲役	第2次再審請求準備中	①2015(H27).6.24 再審請求 (東京地裁) ③2020(R2).4.6 即時抗告申立 (東京高裁) ⑤2022(R4).4.12 特別抗告申立 (最高裁)	②2020(R2).3.31 再審請求棄却決定 (東京地裁) ④2022(R4).4.7 即時抗告棄却決定 (東京高裁) ⑥2022(R4).12.12 特別抗告棄却決定 (最高裁)
湖東	2003(H15).5.22 2018(H30).3.15 支援決定	2005(H17).11.29 2007(H19).5.21 上告棄却	大津地裁	懲役12年	無罪確定	①2010(H22).9.21 再審請求 (大津地裁) ③2011(H23).4.2 即時抗告申立 (大阪高裁) ⑤2011(H23).5.26 特別抗告申立 (最高裁) ⑦2012(H24).9.28 第2次再審請求 (大津地裁) ⑨2015(H27).10.5 即時抗告申立 (大阪高裁) ⑪2017(H29).12.25 検察官特別抗告 (最高裁) ⑬2020(R2).3.31 再審無罪判決 (大津地裁)	②2011(H23).3.30 再審請求棄却 (大津地裁) ④2011(H23).5.23 即時抗告棄却 (大阪高裁) ⑥2011(H23).8.24 特別抗告棄却 (最高裁) ⑧2015(H27).9.30 再審請求棄却 (大津地裁) ⑩2017(H29).12.20 再審開始決定 (大阪高裁) ⑫2019(H31).3.18 検察官特別抗告棄却 (最高裁)
難波ビデオ店放火殺人	2008(H20).10.1 2019(R1).6.20 支援決定	2009(H21).12.2 2014(H26).11.30 上告棄却	大阪地裁	死刑	第2次再審請求	①2014(H26).5.28 再審請求 (大阪地裁) ③2016(H28).4.4 即時抗告申立 (大阪高裁) ⑤2018(H30).10.13 特別抗告申立 (最高裁) ⑦2019(R1).11.5 第2次再審請求 (大阪地裁)	②2016(H28).3.30 再審請求棄却決定 (大阪地裁) ④2018(H30).10.9 即時抗告棄却決定 (大阪高裁) ⑥2019(R1).7.17 特別抗告棄却 (最高裁)

② 日弁連が支援した再審事件の成果

次の表は、これまでに日弁連が支援し、無罪が確定した事件をまとめたものである。

資料3-3-2-2　日弁連が支援した無罪確定事件

（無罪判決の年月日順。2023年9月30日現在）

事件名	事件発生年月日／支援決定または事件委員会設置日		確定判決年月日／上訴棄却年月日	確定判決裁判所	確定判決	再審開始決定年月日裁判所	無罪判決年月日裁判所
吉田	1913（T2）.8.13 1961（S36）.6.17	委員会設置	1914（T3）.7.31 1914（T3）.11.4	名古屋控訴院	無期懲役	1961（S36）.4.11 名古屋高裁	1963（S38）.2.28 名古屋高裁
弘前	1949（S24）.8.6 1971（S46）.9.17	委員会設置	1952（S27）.5.31 1953（S28）.2.19	仙台高裁	懲役15年	1976（S51）.7.13 仙台高裁異議審	1977（S52）.2.15 仙台高裁
加藤	1915（T4）.7.11 1969（S44）.6.17	委員会設置	1916（T5）.8.4 1916（T5）.11.7	広島控訴院	無期懲役	1976（S51）.9.18 広島高裁	1977（S52）.7.7 広島高裁
米谷	1952（S27）.2.25 1967（S42）.3.18	委員会設置	1952（S27）.12.5 1953（S28）.8.22	青森地裁	懲役10年	1976（S51）.10.30 仙台高裁抗告審	1978（S53）.7.31 青森地裁
滝	*1950（S25）.5.20 1964（S39）.1.31	委員会設置	1953（S28）.6.13 1953（S28）.9.10 控訴取下	東京地裁	*無期懲役 懲役5年 懲役5年	1980（S55）.10.16 東京高裁抗告審	1981（S56）.3.27 東京地裁
免田	1948（S23）.12.29 1961（S36）.9.23	委員会設置	1950（S25）.3.23 1951（S26）.12.25	熊本地裁八代支部	死刑	1979（S54）.9.27 福岡高裁抗告審	1983（S58）.7.15 熊本地裁八代支部
財田川	1950（S25）.2.28 1976（S51）.9.17	委員会設置	1952（S27）.2.20 1957（S32）.1.22	高松地裁丸亀支部	死刑	1979（S54）.6.7 高松地裁差戻審	1984（S59）.3.12 高松地裁
松山	1955（S30）.10.18 1962（S37）.11.20	委員会設置	1957（S32）.10.29 1960（S35）.11.1	仙台地裁古川支部	死刑	1979（S54）.12.6 仙台地裁差戻審	1984（S59）.7.11 仙台地裁
徳島	1953（S28）.11.5 1959（S34）	委員会設置	1956（S31）.4.18 1958（S33）.5.12 上告取下	徳島地裁	懲役13年	1980（S55）.12.13 徳島地裁	1985（S60）.7.9 徳島地裁
梅田	1950（S25）.10.10 1964（S39）.1.31	委員会設置	1954（S29）.7.7 1957（S32）.11.14	釧路地裁網走支部	無期懲役	1982（S57）.12.20 釧路地裁網走支部	1986（S61）.8.27 釧路地裁
島田	1954（S29）.3.10 1977（S52）.3.18	委員会設置	1958（S33）.5.23 1960（S35）.12.15	静岡地裁	死刑	1986（S61）.5.29 静岡地裁差戻審	1989（H1）.1.31 静岡地裁
榎井村 （えないむら）	*1946（S21）.8.21 1990（H2）.3.16	支援決定	1948（S23）.11.9 1949（S24）.4.28	高松高裁	*懲役15年	1993（H5）.11.1 高松高裁	1994（H6）.3.22 高松高裁
足利	1990（H2）.5.12 2002（H14）.12.20	支援決定	1993（H5）.7.7 2000（H12）.7.17	宇都宮地裁	無期懲役	2009（H21）.6.23 東京高裁抗告審	2010（H22）.3.26 宇都宮地裁
布川	*1967（S42）.8.28 1978（S53）.9.13	委員会設置	1970（S45）.10.6 1978（S53）.7.3	水戸地裁土浦支部	*無期懲役	2005（H17）.9.21 水戸地裁土浦支部	2011（H23）.5.24 水戸地裁土浦支部
東電OL殺人	1997（H9）.3.8 2006（H18）.10.17	支援決定	2000（H12）.12.22 2003（H15）.10.20	東京高裁	無期懲役	2012（H24）.6.7 東京高裁	2012（H24）.11.7 東京高裁
東住吉	1995（H7）.7.22		朴 龍晧氏 1999（H11）.3.30 2006（H18）.11.7	大阪地裁	無期懲役	2015（H27）.10.23 大阪高裁	2016（H28）.8.10 大阪地裁
	2012（H24）.7.12	支援決定	青木惠子氏 1999（H11）.5.18 2006（H18）.12.11	大阪地裁	無期懲役		2016（H28）.8.10 大阪地裁
松橋	*1985（S60）.1.6 2011（H23）.8.18	支援決定	1986（S61）.12.22 1990（H2）.1.26	熊本地裁	懲役13年	2016（H28）.6.30 熊本地裁	2019（H31）.3.28 熊本地裁
湖東	2003（H15）.5.22 2018（H30）.3.15	支援決定	2005（H17）.11.29 2007（H19）.5.21	大津地裁	懲役12年	2017（H29）.12.20 大阪高裁	2020（R2）.3.31 大津地裁

【注】　1．滝事件における事件発生年月日「*1950（S25）.5.20」は、再審により無罪となった事件の発生日であり、同事件の確定判決「*無期懲役」は、再審により確定判決のうち無期懲役の一部が無罪となった（その上で、改めて無期懲役の判決を言い渡した）。

　　　　2．榎井村事件における事件発生日「*1946（S21）.8.21」は、再審により無罪となった住居侵入、殺人事件の発生日であり、確定判決は余罪を併合して量刑し、再審により住居侵入、殺人事件については無罪となった（余罪については懲役2年（執行猶予3年）の有罪判決であった）。

　　　　3．布川事件における事件発生年月日「*1967（S42）.8.28」は、再審により無罪となった強盗殺人事件の発生日であり、確定判決は余罪を併合して量刑し、再審により強盗殺人事件については無罪となった（余罪については懲役2年（執行猶予3年）の有罪判決であった）。

　　　　4．東住吉事件は、再審請求人（被告人）が2人であり、確定審の審理、判決及び再審請求は、各別になされた。
　　　　　再審請求審では、2件の再審請求事件が併合されたが、再審開始確定後の再審公判は各別になされた。

　　　　5．松橋事件における事件発生年月日「*1985（S60）.1.6」は、再審により無罪となった殺人事件の発生日であり、確定判決は余罪を併合して量刑し、再審により殺人事件については無罪となった（余罪については懲役1年の有罪判決であった）。

第4章　日弁連の国際活動

国際社会において、日本の弁護士が果たす役割とその意義は、年々増大している。本章では、日弁連の国際活動について、国際人権活動、国際協力活動、国際交流活動、留学派遣制度、国際公務キャリアサポート活動、弁護士の国際業務推進に関する取組の6つに分けて、その現状と実績について紹介する。

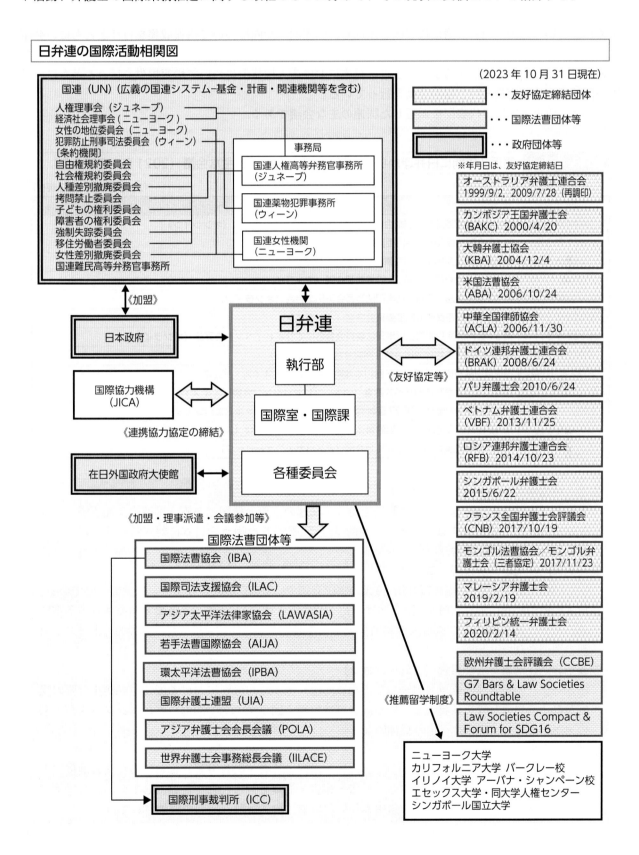

日弁連の国際活動相関図

（2023年10月31日現在）

国連（UN）（広義の国連システム－基金・計画・関連機関等を含む）
- 人権理事会（ジュネーブ）
- 経済社会理事会（ニューヨーク）
- 女性の地位委員会（ニューヨーク）
- 犯罪防止刑事司法委員会（ウィーン）
- 〔条約機関〕
  - 自由権規約委員会
  - 社会権規約委員会
  - 人種差別撤廃委員会
  - 拷問禁止委員会
  - 子どもの権利委員会
  - 障害者の権利委員会
  - 強制失踪委員会
  - 移住労働者委員会
  - 女性差別撤廃委員会
- 国連難民高等弁務官事務所

事務局
- 国連人権高等弁務官事務所（ジュネーブ）
- 国連薬物犯罪事務所（ウィーン）
- 国連女性機関（ニューヨーク）

- ▨ ・・・友好協定締結団体
- ▢ ・・・国際法曹団体等
- ▣ ・・・政府団体等

※年月日は、友好協定締結日

日本政府　《加盟》

日弁連
- 執行部
- 国際室・国際課
- 各種委員会

国際協力機構（JICA）《連携協力協定の締結》

在日外国政府大使館

《友好協定等》
- オーストラリア弁護士連合会 1999/9/2, 2009/7/28（再調印）
- カンボジア王国弁護士会（BAKC）2000/4/20
- 大韓弁護士協会（KBA）2004/12/4
- 米国法曹協会（ABA）2006/10/24
- 中華全国律師協会（ACLA）2006/11/30
- ドイツ連邦弁護士連合会（BRAK）2008/6/24
- パリ弁護士会 2010/6/24
- ベトナム弁護士連合会（VBF）2013/11/25
- ロシア連邦弁護士連合会（RFB）2014/10/23
- シンガポール弁護士会 2015/6/22
- フランス全国弁護士会評議会（CNB）2017/10/19
- モンゴル法曹協会／モンゴル弁護士会（三者協定）2017/11/23
- マレーシア弁護士会 2019/2/19
- フィリピン統一弁護士会 2020/2/14
- 欧州弁護士会評議会（CCBE）
- G7 Bars & Law Societies Roundtable
- Law Societies Compact & Forum for SDG16

《加盟・理事派遣・会議参加等》

国際法曹団体等
- 国際法曹協会（IBA）
- 国際司法支援協会（ILAC）
- アジア太平洋法律家協会（LAWASIA）
- 若手法曹国際協会（AIJA）
- 環太平洋法曹協会（IPBA）
- 国際弁護士連盟（UIA）
- アジア弁護士会会長会議（POLA）
- 世界弁護士会事務総長会議（IILACE）

国際刑事裁判所（ICC）

《推薦留学制度》
- ニューヨーク大学
- カリフォルニア大学 バークレー校
- イリノイ大学 アーバナ・シャンペーン校
- エセックス大学・同大学人権センター
- シンガポール国立大学

第 1 節　国際人権活動

1 国連・国際会議を舞台とする活動

　日弁連は、国連の経済社会理事会により承認された NGO 協議資格を有しており、国連人権理事会、国連犯罪防止刑事司法会議（コングレス）、国連犯罪防止刑事司法委員会（コミッション）、国連女性の地位委員会といった国連の諸会議に代表団を派遣し、国際的な動向について情報収集を行うとともに、会議においてスピーチを行うなどして意見を表明している。また、現地において、日弁連の取組を紹介するなどのサイドイベントを開催することにより、日本における人権状況について情報提供を行うとともに、各国の関係者と情報交換を行う等の活動を行っている。

　以下は、直近 3 年間に代表団を派遣した国連の主な会議である。

資料3-4-1-1	直近 3 年間に日弁連から代表団を派遣した国連の主な会議（2021 年～2023 年）

（2023 年 9 月 30 日現在）

開催年月	会議名（開催地）
2021 年 2 月	第 3 回国連腐敗防止特別総会の準備に関する締約国会期間会合（オンライン）
2021 年 3 月	第 65 会期国連女性の地位委員会会合（オンライン）
2021 年 5 月	国連腐敗防止条約締約国会議特別会合（オンライン）
2021 年 10 月	国連気候変動枠組条約第 26 回締約国会議（オンライン）
2021 年 12 月	第 30 会期国連犯罪防止刑事司法委員会再招集会合（オンライン）
2022 年 3 月	第 66 会期国連女性の地位委員会会合（オンライン）
2022 年 5 月	第 31 会期国連犯罪防止刑事司法委員会会合にてサイドイベントを実施（オンライン）
2022 年 9 月	国連腐敗防止条約締約国会議会期間会合（オンライン）
2022 年 10 月	国連自由権規約に基づく第 7 回日本政府報告書審査（スイス・ジュネーブ）
2022 年 11 月	国連人権理事会定期的普遍的審査（UPR）プレセッション会議（スイス・ジュネーブ）
2022 年 12 月	国連気候変動枠組条約第 27 回締約国会議（エジプト・シャルムエルシェイク）
2023 年 1 月	第 42 回国連人権理事会定期的普遍的審査（UPR）作業部会（スイス・ジュネーブ）
2023 年 3 月	第 67 会期国連女性の地位委員会会合（アメリカ・ニューヨーク）

国連人権理事会
　人権と基本的自由の促進と擁護に責任を持つ、国連の主要な機関である。国連の全加盟国の人権記録を 4 年ごとに審査する「普遍的定期的審査（UPR）」を担う。日本に対する第 4 回審査は、2023 年 1 月 31 日に行われた。

国連犯罪防止刑事司法会議（コングレス）
　犯罪防止・刑事司法の分野における最大の国際会議で、1955 年以来 5 年ごとに開催されている。日本政府の招聘により、第 14 回会議は当初 2020 年 4 月 20 日から 27 日まで開催される予定であったが、新型コロナウイルスの感染拡大のため延期され、2021 年 3 月 7 日から 12 日まで京都で開催された。

国連犯罪防止刑事司法委員会（コミッション）
　国連経済社会理事会の委員会の一つで、犯罪防止・刑事司法分野における国連犯罪防止計画の実施及びその見直し等を任務としている。会議は毎年 1 回ウィーンで開催され、コングレスが大綱の策定などを行うのに比べより具体的な取組について検討している。

国連女性の地位委員会
　国連経済社会理事会の委員会の一つで、政治・市民・社会・教育分野等における女性の地位向上に関し、国連経済社会理事会に対して勧告・報告・提案を行うことを任務としている。会議は、毎年 2 ～ 3 月頃にニューヨークの国連本部において、約 2 週間の期間で開催されている。

❷ 国際人権条約機関・UPR に関する活動

　国際人権条約の締結国である日本は、自国の人権状況について、条約機関に定期的に報告を行い、条約機関はそれに基づいて審査を行う。日弁連は、そうした政府の報告に対する「日本弁護士連合会報告書（以下「日弁連レポート」という。）」を作成し、各条約機関に提出している。また、日弁連は、2006 年の国連人権機構改革により新設された、国連人権理事会が担う普遍的定期的審査（UPR という。約 4 年ごとに全ての国連加盟国の人権状況が審査される）に関して、国連人権高等弁務官事務所を通じて国連人権理事会に文書による情報提供を行っている。詳細は、日弁連ウェブサイト（HOME ＞私たちの活動＞日弁連の国際活動＞国際人権ライブラリー）を参照されたい。

資料3-4-1-2　国際人権文書（条約及び規約）に関する日弁連レポート等

（2023 年 9 月 30 日現在）

市民的及び政治的権利に関する国際規約（自由権規約）（日本は 1979 年に批准）
1993 年 4 月（第 3 回）／1998 年 9 月（第 4 回）／2007 年 12 月（第 5 回）／2008 年 8 月（第 5 回アップデイト版）／2010 年 1 月（第 5 回総括所見に対する日本政府コメントに関する意見書）／2013 年 5 月（第 6 回会期前作業部会に対する報告書）／2014 年 3 月（第 6 回）／2017 年 7 月（第 7 回事前質問リスト（LOIPR）作成のための報告書）／2018 年 2 月（自由権規約第 6 条についての一般的意見№ 36 草案に対する日本政府コメントについての意見書）／2020 年 7 月（第 7 回）／2020 年 9 月（特別報告─新型コロナウイルス感染症に対し適切な対応を採ることについて）／2021 年 2 月（特別報告─外国籍者の公務就任権に関し適切な対応を採ることについて）／2022 年 6 月（特別報告─デジタル改革関連 6 法について）（特別報告─土地利用規制法について）（男女平等に関する問題に関連した追加情報提供）

経済的、社会的及び文化的権利に関する国際規約（社会権規約）（日本は 1979 年に批准）
2001 年 3 月（第 2 回）／2012 年 2 月（第 3 回会期前作業部会に対する報告書）／2013 年 1 月（第 3 回）／2023 年 3 月（第 4 回会期前作業部会に対する報告書）

女性に対するあらゆる形態の差別の撤廃に関する条約（女性差別撤廃条約）（日本は 1985 年に批准）
1993 年 12 月（第 3 回）／2001 年 11 月（第 4 回）／2003 年 5 月（第 5 回）／2008 年 9 月（第 6 回）／2009 年 5 月（第 6 回アップデイト報告）／2011 年 7 月（第 6 回最終見解のフォローアップに関する報告書）／2012 年 11 月（第 6 回最終見解の追加的報告に関する報告書）／2015 年 3 月（第 7・8 回会期前作業部会に対する報告書）／2015 年 12 月（第 7・8 回アップデイト報告）／2017 年 11 月（第 7・8 回総括所見のフォローアップに関する報告書）／2020 年 1 月（第 9 回会期前作業部会に対する報告書）

子どもの権利に関する条約（日本は 1994 年に批准）
1997 年 6 月（第 1 回）／2003 年 5 月（第 2 回）／2009 年 7 月（第 3 回）／2010 年 1 月（第 3 回追加報告書）／2017 年 9 月（第 4・5 回）／2018 年 9 月（第 4・5 回追加報告書）

あらゆる形態の人種差別の撤廃に関する国際条約（人種差別撤廃条約）（日本は 1995 年に加入）
2001 年 1 月（第 1・2 回）／2009 年 6 月（第 3・4・5・6 回）／2010 年 2 月（第 3・4・5・6 回追加報告書）／2014 年 3 月（第 7・8・9 回）／2018 年 3 月（第 10・11 回）／2020 年 3 月（第 10・11 回総括所見のフォローアップに関する報告書）

拷問及び他の残虐な、非人道的な又は品位を傷つける取扱い又は刑罰に関する条約（拷問等禁止条約）（日本は 1999 年に加入）
2007 年 1 月（第 1 回）／2008 年 9 月（拷問禁止委員会の最終見解に対する日本政府コメントに対する報告書）／2013 年 2 月（第 2 回）／2015 年 7 月（拷問禁止委員会の第 2 回総括所見に対する日本政府コメントに対する報告書）

強制失踪からのすべての者の保護に関する国際条約（日本は 2009 年に批准）
2018 年 7 月（第 1 回）／2019 年 10 月（第 1 回総括所見において 1 年以内の情報提供を求められている勧告事項のうち基本的な法的保護手段についての意見書）

障害者の権利に関する条約（日本は 2014 年に批准）
2019 年 1 月（第 1 回会期前作業部会に対する報告書）／2020 年 7 月（総括所見に盛り込まれるべき勧告事項とその背景事情についての報告書〜その 2〜）／2022 年 5 月（総括所見に盛り込まれるべき勧告事項とその背景事情についての報告書〜その 3‐その 2 の追補〜）

資料3-4-1-3　普遍的定期的審査（UPR）に関する活動

（2023 年 9 月 30 日現在）

2007 年 3 月	普遍的定期的審査についての日弁連意見書作成（第 4 回人権理事会へ提出）
2008 年 2 月	国連人権高等弁務官事務所が作成する「日本に関する人権状況要約書」のための日弁連レポート作成
2008 年 5 月	日本の普遍的定期的審査及び普遍的定期的審査の様式についての日弁連意見書作成（第 8 回人権理事会へ提出）
2011 年 1 月	人権理事会レビュー普遍的定期的審査に関する意見書作成（第 16 回国連人権理事会事務局へ提出）
2012 年 4 月	国連人権高等弁務官事務所が作成する「日本に関する人権状況要約書」のための日弁連レポート作成
2017 年 3 月	国連人権高等弁務官事務所が作成する「日本に関する人権状況要約書」のための日弁連レポート作成
2017 年 9 月	在外公館向け「UPR に関する日本弁護士連合会の意見についての説明会」開催
2017 年 11 月	「国連人権理事会における日本の第 3 回普遍的定期的審査に関する会長声明」公表
2018 年 2 月	「第 3 回国連人権理事会普遍的定期的審査（UPR）に関する院内学習会」開催
2018 年 2 月	第 37 回国連人権理事会における日本の第 3 回普遍的定期的審査の結論採択に向けた意見表明（当連合会としてのビデオメッセージ送付）
2022 年 1 月	国連人権高等弁務官事務所が作成する「日本に関する人権状況要約書」のための日弁連レポート作成
2022 年 9 月	在外公館向け「UPR に関する日本弁護士連合会意見についての説明会」開催
2023 年 2 月	「国連人権理事会における日本に対する第 4 回普遍的定期的審査の勧告に関する会長声明」公表
2023 年 5 月	「第 4 回国連人権理事会普遍的定期的審査（UPR）に関する院内学習会」開催
2023 年 7 月	「第 4 回普遍的定期的審査（UPR）における日本政府の態度表明に対する会長声明」公表

第2節 国際協力活動

❶ 途上国弁護士会等の支援プロジェクトの実績（国別）

| 資料3-4-2-1 | 途上国弁護士会等の支援プロジェクトの実績 |

（2023年9月30日現在）

カンボジア

日弁連の司法支援活動において、カンボジア王国に関係する活動が一番長い歴史を有している。具体的な活動は以下のとおり。

1996年～2000年	国際協力事業団（現：独立行政法人国際協力機構（JICA））主催第1回～第5回カンボジア司法支援研修への協力。
1999年～現在	カンボジア司法省に対し継続的に会員を派遣し（合計11人、うち10人は日弁連推薦）、民法及び民事訴訟法の起草を支援。また、民法・民事訴訟法の起草支援、裁判官・検察官養成校民事教育改善プロジェクトにおいて、会員が国内支援員会等の委員となっているほか、JICAや法務省法務総合研究所主催の研修が国内で行われた際には、講師を派遣している。
2000年10月	カンボジア人弁護士を対象としたセミナーを開催。
2001年～2002年	JICA小規模パートナー事業に、弁護士会司法支援プロジェクトを応募・実施（弁護士養成セミナーの開催・法律扶助制度の制度提案）。
2002年～2005年	JICA開発パートナー事業として弁護士会支援プロジェクトを受託・採用・実施（弁護士養成校の運営指導、弁護士の継続教育、ジェンダー・トレーニング等）。
2007年～2015年	JICAから弁護士会司法支援プロジェクトを受託・実施（弁護士養成校支援、弁護士の継続教育等）。2008年から2010年、会員1人がJICA長期専門家として赴任。
2012年～現在	おおむね年1回程度、会員が現地に渡航し、弁護士養成学校等で特別講義を実施している。また、2019年から2022年にかけて公益財団法人トヨタ財団からの助成を受け、カンボジア王国弁護士会と協働し、正義へのアクセスを実現するための諸活動を行った。

ベトナム

　JICAによるベトナムの法整備支援プロジェクトは、民法改正等の立法支援、法曹養成支援、弁護士会支援等が含まれており、日弁連は、1995年から、同プロジェクトに対し、国内支援委員会に委員を派遣し、またJICA長期専門家としてこれまで合計9人の会員を派遣している。さらに、同国でのJICA主催のセミナー及び本邦での研修に、多くの会員が講師として参加している。
　2009年5月には、日弁連の支援により、同国初の統一弁護士会が設立された。また、同年以降、JICAから業務委託を受けてベトナム弁護士連合会の会員等を日本に招き、弁護士会の組織運営や弁護士能力強化の研修プログラムを行っている。加えて、2019年から2022年にかけて公益財団法人トヨタ財団からの助成を受け、ベトナム弁護士連合会と協働し、正義へのアクセスを実現するための諸活動を行った。

ラオス

　2000年5月に同国に関する司法調査を実施した。その結果も踏まえて以下のような協力活動を実施している。
　JICAの同国に対する法整備支援プロジェクト及び法律人材育成強化プロジェクトに協力し、これまで短期の専門家として4人、長期の専門家として5人の会員が活動している。加えて、法務総合研究所等からの要請による国内での研修に講師を派遣してきたが、現地の弁護士数はいまだ200人程度である。2012年以降は、公益財団法人東芝国際交流財団の助成を受けつつ、ラオスの司法アクセス改善や弁護士養成のためのカンファレンス、ラオス現地での研修やラオス弁護士会会員を日本へ招聘しての本邦研修の実施などの支援活動を行っている。2018年には同国で初となる民法典が成立し、それを祝う式典に当連合会からも副会長が参加した。また、2019年から2022年にかけて公益財団法人トヨタ財団からの助成を受け、ラオス弁護士会と協働し、正義へのアクセスを実現するための諸活動を行った。

モンゴル

　JICAにより、2004年から2006年までアドバイザーの派遣、2006年から2008年には弁護士会強化計画プロジェクトが実施され、各1人の会員がJICA長期専門家として現地に赴任した。特に、モンゴル弁護士会の調停センターの支援では、日本での研修を含めてセンターの強化につき助言してきた。また、現地で行われたセミナーに、多くの会員が短期専門家として派遣された。
　2010年から2015年には、調停制度強化プロジェクト（フェーズ1・2）が実施され、会員1人が赴任し、モンゴル全国の一審裁判所に新たに調停制度を導入する支援を行った。この間、年に1回JICAから業務委託を受けて、モンゴルの司法関係者を日本に招き、調停制度に関する研修プログラムを行っている。また、2013年以降は、モンゴル弁護士会所属の弁護士が、毎年1回、約10人自費で来日し、国際交流委員会を中心に講義・見学と交流のプログラムを組んで、研修を受け入れている。また、2018年～2020年はモンゴル法曹協会所属会員も加わっての研修を実施するなど、ニーズと時機に応じた柔軟な研修を行った。

インドネシア

　2007年からJICAの和解・調停制度強化支援プロジェクトに会員1人が赴任し、現地の最高裁判所などと和解調停規則の作成及び調停人の育成を行った。なお、2003年から2004年には、JICAインドネシア事務所の企画調査員として会員1人が赴任した。
　なお、2015年から開始された、JICAによる、ビジネス環境改善のための知的財産権保護・法的整合性向上プロジェクトにおいても、会員が国内支援委員会委員となっている。

中　国

　これまで JICA 長期専門家として会員2人が赴任した。2004 年から 2009 年の期間に実施された経済法・企業法整備プロジェクトでは、多数の会員が JICA 短期専門家として赴任した。また、2007 年から 2010 年の期間に実施された中国の民事訴訟法・仲裁法改善プロジェクトに会員を派遣し、JICA 国別研修「民事訴訟法及び民事関連法」に関わる中国民事訴訟法研究会の委員として活動を行った。

ネパール

　JICA の民法及び関連法セミナーに協力し、2010 年7月から、JICA 法整備支援アドバイザーとして、これまでに6人の会員が現地に派遣された。2013 年9月からは、ネパール最高裁判所に対しても、裁判所能力強化プロジェクトの JICA 長期専門家として会員が赴任してきた。

ウズベキスタン

　会員1人が JICA 長期専門家として派遣され、倒産事件を扱う経済裁判所の裁判官が統一的な解釈・運用をできるよう、倒産法の注釈書作成に協力した。

ミャンマー

　2014 年から会員が JICA 長期専門家として赴任し、同国の連邦法務長官府及び最高裁判所において、時代に適合した法整備及び運用を行うため、法案起草・審査能力の向上、人材育成などの支援活動を行った。

コートジボワール

　2014 年から 2017 年まで会員1人が JICA 長期専門家として赴任（日弁連の推薦による派遣ではない。）し、仏語圏アフリカ8か国における刑事司法人材の能力改善や、国民の司法へのアクセス改善のための活動を行った。

❷ JICA（国際協力機構）長期専門家派遣の実績

　日弁連は、1994 年から国際協力活動を開始し、国内諸機関が各国から研修員を招聘して行う本邦研修への講師派遣、カンボジア、ベトナム、ラオス、インドネシア、モンゴル、中国、ネパール等への長期専門家派遣等の協力を行っている。JICA 長期専門家派遣の実績については資料 3-4-2-2 及び資料 3-4-2-3 を参照されたい。

資料3-4-2-2　JICA 長期専門家派遣状況（2010 年度～2023 年7月1日現在）

派遣期間	派遣国	活動内容	修習期
2010 年3月～2012 年3月	カンボジア	附属法令起草支援	60 期
2010 年5月～2015 年 12 月	モンゴル	調停制度	60 期
2010 年7月～2017 年5月	ラオス	民事法／法司法改革	57 期
2010 年7月～2013 年9月	ネパール	法整備支援アドバイザー	57 期
2011 年1月～2013 年 10 月	中国	中国民事訴訟法及び民事関連法	47 期
2011 年3月～2012 年3月	ベトナム	弁護士能力強化／起草支援	58 期
2011 年3月～2013 年3月	カンボジア	人材育成／附属法令起草支援／民事法実務	54 期
2012 年 11 月～2014 年3月	ベトナム	弁護士能力強化／起草支援	58 期
2013 年3月～2016 年3月	カンボジア	人材養成（民事法実務）	58 期
2013 年4月～2014 年3月	カンボジア※	人材養成（民事法実務）	52 期
2013 年9月～2015 年9月	ネパール	裁判所能力強化（事件管理／調停）	53 期
2013 年9月～2015 年9月	ネパール	法整備アドバイザー	61 期
2014 年1月～2016 年 11 月	ミャンマー※	法案作成／法案審査／法的助言／人材育成	59 期
2014 年3月～2018 年3月	ベトナム	起草支援／弁護士能力強化	60 期
2014 年6月～2018 年3月	中国	法整備アドバイザー	47 期
2014 年 10 月～2017 年6月	ラオス	民事・経済関連法／法司法改革	62 期

派遣期間	派遣国	活動内容	修習期
2014年12月～2016年12月	コートジボワール※	司法アドバイザー	42期
2015年9月～2017年3月	ネパール	裁判所能力強化（チーフアドバイザー）	57期
2015年9月～2017年8月	ネパール	法整備支援アドバイザー	60期
2016年3月～2017年3月	カンボジア	人材養成（民事法実務）	63期
2016年10月～2018年7月	ラオス	民事・経済関連法／司法改革	64期
2017年5月～2018年5月	ミャンマー	法整備支援プロジェクト長期派遣専門家	65期
2017年8月～2019年8月	ネパール	法整備支援アドバイザー	64期
2018年4月～2020年3月	カンボジア	民法・民事訴訟法運用改善	63期
2018年4月～2020年3月	ベトナム※	起草支援／弁護士能力強化	61期
2018年4月～2021年3月	中国	法整備アドバイザー	47期
2020年10月～2022年10月	カンボジア	民法・民事訴訟法運用改善	63期
2020年11月～2022年11月	ラオス	民事関連法・人材育成	63期
2021年7月～2025年7月	ラオス	民法・民事法／法律人材養成	60期

【注】※は日弁連の推薦による派遣ではない。

資料3-4-2-3 JICA長期専門家派遣の実績（国別派遣人数・累計）

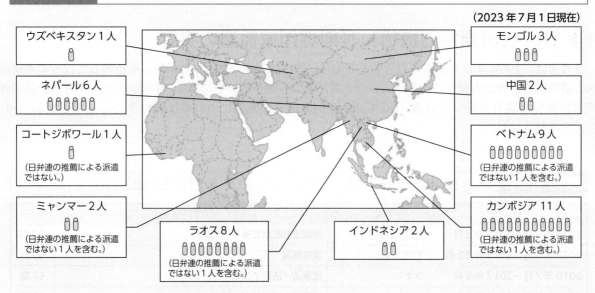

（2023年7月1日現在）

ウズベキスタン1人

ネパール6人

コートジボワール1人
（日弁連の推薦による派遣ではない。）

ミャンマー2人
（日弁連の推薦による派遣ではない1人を含む。）

ラオス8人
（日弁連の推薦による派遣ではない1人を含む。）

インドネシア2人

モンゴル3人

中国2人

ベトナム9人
（日弁連の推薦による派遣ではない1人を含む。）

カンボジア11人
（日弁連の推薦による派遣ではない1人を含む。）

第3節 国際交流活動

日弁連が加盟している国際団体

日弁連は、IBA（国際法曹協会）、LAWASIA（アジア太平洋法律家協会）、ILAC（国際司法支援協会）、AIJA（若手法曹国際協会）、IPBA（環太平洋法曹協会）、UIA（国際弁護士連盟）の６つの国際団体に加盟し、POLA（アジア弁護士会会長会議）の構成団体への情報提供のための情報センターも務めている。また、事務総長がIILACE（世界弁護士会事務総長会議）に個人資格で加盟している。

日弁連と諸外国弁護士会との友好協定状況

資料3-4-3-1　日弁連と諸外国弁護士会との友好協定状況

（2023年8月31日現在）

友好協定締結先の弁護士会	締結日
オーストラリア弁護士連合会（Law Council of Australia）	1999/09/02、2009/07/28（再調印）
カンボジア王国弁護士会（Bar Association of the Kingdom of Cambodia）	2000/04/20
大韓弁護士協会（Korean Bar Association）	2004/12/04
米国法曹協会（American Bar Association）	2006/10/24
中華全国律師協会（All China Lawyers Association）	2006/11/30
ドイツ連邦弁護士連合会（German Federal Bar）	2008/06/24
パリ弁護士会（Paris Bar）	2010/06/24
ベトナム弁護士連合会（Vietnam Bar Federation）	2013/11/25
ロシア連邦弁護士連合会（The Russian Federal Bar Association）	2014/10/23
シンガポール弁護士会（Law Society of Singapore）	2015/06/22
フランス全国弁護士会評議会（Conseil National des Barreaux）	2017/10/19
モンゴル法曹協会（Mongolian Bar Association） モンゴル弁護士会（Association of Mongolian Advocates）	2017/11/23
マレーシア弁護士会（Malaysian Bar）	2019/02/19
フィリピン統一弁護士会（Integrated Bar of the Philippines）	2020/02/14

❸ 各弁護士会と諸外国弁護士会との友好協定状況

資料3-4-3-2　各弁護士会と諸外国弁護士会との友好協定状況

（2023年8月31日現在）

弁護士会・連合会	友好協定締結先の弁護士会	締結日
北海道弁護士会連合会	サハリン州弁護士会（ロシア）	2008/11/07
札幌弁護士会	京畿北部地方弁護士会（韓国）	2008/12/08
仙台弁護士会	桃園律師公会（台湾）	2016/11/18
東京弁護士会	シカゴ弁護士会（米国）	2007/03/26
	パリ弁護士会（フランス）	2010/06/24
	香港大律師公会（中国）	2012/02/20
	香港律師会（中国）	2012/02/20
	ローマ弁護士会（イタリア）	2017/09/27
	バルセロナ弁護士会（スペイン）	2017/09/28
	ベトナム弁護士連合会（ベトナム）	2018/01/24
第一東京弁護士会	英国法曹協会（英国）	2003/10/03
	ハワイ州法曹協会（米国）	2005/10/20
	上海市律師協会（中国）	2006/01/23
	米国法曹協会国際セクション（米国）	2008/07/09
	フランクフルト弁護士会（ドイツ）	2009/07/10
	タイ弁護士会（タイ）	2015/06/16
	大連市律師協会（中国）	2017/10/13
	カリフォルニア州法律家協会（米国）	2019/05/13
	ニューヨーク州法曹協会（米国）	2020/01/30
	高雄律師公会（台湾）	2020/09/04
第二東京弁護士会	ソウル地方弁護士会（韓国）	1989/08/11
	台北律師公会（台湾）	2010/03/31
	トゥールーズ弁護士会（フランス）	2012/06/05
	シンガポール弁護士会（シンガポール）	2015/03/25
	パリ弁護士会（フランス）	2015/12/10
	ホーチミン弁護士会（ベトナム）	2015/12/15
	モンゴル弁護士会（モンゴル）	2016/01/25
	深圳市律師協会（中国）	2016/02/29
	香港律師会（中国）	2021/03/10
	ニューヨーク州法曹協会（米国）	2023/03/31
神奈川県弁護士会	京畿中央地方弁護士会（韓国）	2003/12/26
	上海市律師協会（中国）	2009/04/28
	カリフォルニア州法律家協会（米国）	2022/01/01
埼玉弁護士会	仁川地方弁護士会（韓国）	2005/05/21
静岡県弁護士会	浙江省律師協会（中国）	2012/04/01
	フエ弁護士会（ベトナム）	2014/11/22
	ハノイ弁護士会（ベトナム）	2014/11/24
愛知県弁護士会	モンゴル弁護士会（モンゴル）	2008/09/19
	光州地方弁護士会（韓国）	2017/11/04
大阪弁護士会	ソウル地方弁護士会（韓国）	1993/10/04
	カリフォルニア州法律家協会（米国）	2018/09/14
	バルセロナ弁護士会（スペイン）	2014/02/08
	香港律師会（中国）	2014/10/22
	台北律師公会（台湾）	2016/01/09
	深圳市律師協会（中国）	2016/01/10
	シンガポール弁護士会（シンガポール）	2016/10/18
	ニューヨーク州法曹協会国際セクション（米国）	2021/06/05
兵庫県弁護士会	香港律師会（中国）	2019/11/07
	釜山地方弁護士会（韓国）	2021/06/03
奈良弁護士会	キャンベラ弁護士会（豪州）	1995/06/29
広島弁護士会	大邱地方弁護士会（韓国）	1998/05/08
岡山弁護士会	新竹律師公会（台湾）	2014/09/04
福岡県弁護士会	釜山地方弁護士会（韓国）	1990/03/03
	大連市律師協会（中国）	2010/02/27
佐賀県弁護士会	蔚山地方弁護士会（韓国）	2006/04/21
長崎県弁護士会	台南律師公会（台湾）	2003/03/25
	大田地方弁護士会（韓国）	2012/11/24
大分県弁護士会	済州地方弁護士会（韓国）	2010/02/27
熊本県弁護士会	慶南地方弁護士会（韓国）	2004/03/26
鹿児島県弁護士会	台中律師公会（台湾）	2006/03/11
	全羅北道地方弁護士会（韓国）	2012/02/22
宮崎県弁護士会	忠北地方弁護士会（韓国）	2009/06/12
沖縄弁護士会	台北律師公会（台湾）	1994/02/25
	香港律師会（中国）	2015/05/06

第4節 留学派遣制度

❶ 日弁連海外ロースクール推薦留学制度

　日弁連は、1997年にニューヨーク大学（NYU・米）、1999年にカリフォルニア大学バークレー校（UCB・米）、2007年にイリノイ大学アーバナ・シャンペーン校（UIUC・米）、2011年にエセックス大学（英）、2014年にシンガポール国立大学（NUS）との間で協定を結び、法の支配、司法アクセス、人権擁護、国際協力及び国際貢献といった公益的な活動に取り組んでいる弁護士を、客員研究員又は法学修士（LL.M.）コースの学生として各大学に推薦し、派遣している（客員研究員はシンガポール国立大学を除く各大学、法学修士（LL.M.）コースはイリノイ大学アーバナ・シャンペーン校、エセックス大学及びシンガポール国立大学。）。

❷ これまでの実績

　本留学制度でこれまで派遣された会員は、2023年度までで、累計86人となっている。

　それぞれ、客員研究員又は法学修士（LL.M.）コースの学生という立場から、各校の教授・学生と交流し、日本の法的諸課題や弁護士の役割を紹介し、さらに自分の研究テーマについて発表する留学生活を送るとともに、帰国後は、委員会活動等を通じて、その成果を日弁連に還元している。

　次の表は、2021年度、2022年度及び2023年度に派遣された会員の一覧である。

　なお、2020年以前の近年の派遣実績、その他募集要項等は日弁連ウェブサイト（HOME＞私たちの活動＞日弁連の国際活動＞【会員向け】支援プログラム＞【会員向け】あなたも行ける海外ロースクール留学）を参照されたい。

資料3-4-4　海外ロースクール推薦留学制度による派遣実績

派遣年度	派遣先	所属弁護士会 （派遣当時）	修習期	研究テーマ
2021	NYU	東京	62期	法の支配の促進のため世界的な「法と開発」の潮流と実務について
	UCB	兵庫県	62期	気候変動訴訟とその展開（米国における気候変動訴訟と関連する米国の気候変動政策）
	UIUC （客員）	釧路	68期	アメリカにおける先住民の先住権の生成過程―主に鮭捕獲権について―
	UIUC （客員）	神奈川県	59期	アメリカにおける人種差別・女性差別に基づくサイバーハラスメントの被害と実態―日米におけるサイバーハラスメントについての法整備と被害救済のための実務上の手段の比較―
2022	UCB	第一東京	67期	サプライチェーンにおける人権侵害防止を目的とした報告規制による企業行動の変化及びその変化を促進するために弁護士が果たすべき役割
	UIUC （客員）	大阪	68期	投資先・取引先の人権侵害行為に対する企業の責任―Supply Chain Liabilityと人権DDを中心として―
	エセックス （LL.M.）	東京	63期	日本における弁護士会人権救済制度の強化と新たな国内人権機関の実現に向けたイギリス平等人権委員会との比較検討
	NUS	第一東京	68期	シンガポールがアジア地域における国際的紛争解決の中心としての地位を築きつつあることの成功要因の検討
2023	UCB	大阪	70期	国際取引契約における当事者間の合意の効力と限界（絶対的強行規定を中心として契約当事者が想定すべきリスクについて）
	UIUC （客員）	第二東京	64期	国際刑事裁判所における証拠法の研究―判例の分析を通じて―
	エセックス （LL.M.）	兵庫県	68期	英国における離別後の家族のあり方とその最新の動向について

【注】記載内容は、2023年7月時点のもの。

第5節　国際公務キャリアサポート活動

　近年、若手会員を中心にキャリア形成の一つとして国際公務（国際機関を含むがそれに限らず官公庁やNGO等のために職員・専門家として行う国際的業務を含む）分野でのキャリア構築に関心を持つ会員が増えつつある。日弁連では、これらのキャリア構築支援の取組を法律サービス展開本部国際業務推進センター国際公務キャリアサポート部会及び国際室が担っている。

❶　各種セミナー・イベントの実施

資料3-4-5-1　国際公務キャリアサポートに関するセミナー・イベント

実施年	名称	対象	協力機関	内容
2004年～	「国際機関人事セミナー」（現在は「国際機関キャリア情報セミナー」）	弁護士、法科大学院生等	外務省国際機関人事センター	国際機関職員に求められる資質、職務内容、そして外務省のJPO派遣制度といった国際機関職員になるための具体的方法についての情報提供。
2010年～	「国際分野で活躍するための法律家キャリアセミナー」	弁護士、司法修習生、法科大学院修了生、法科大学院生等	法務省、外務省、文部科学省、法科大学院協会、一般財団法人国際法学会	「国際機関」セッションにて、国際機関の現役職員や職務経験のある弁護士が講師となり、職務内容や勤務の経緯等を自分の経験に基づいて紹介。
2016年～	「国際公法の実務研修連続講座」	弁護士	外務省、一般財団法人国際法学会	国際公法に特化し、実務家及び学者のそれぞれの立場から国際裁判等の実務・理論について、全10回の研修会を開催（隔年開催）。
2018年	「国際公務キャリアサポート講演会」	弁護士、法科大学院生等		国際公務分野における弁護士の養成・任用促進のため、関心を持つ弁護士、法科大学院生等を対象とした国際機関職員等の講演会を開催。

❷　国際公務キャリアサポート体制

資料3-4-5-2　国際公務キャリアサポートに関する制度（2023年9月現在）

名称	概要
国際公務相談窓口	国際公務分野でのキャリアを志望する弁護士からの相談に対して、各人の実情に即した個別具体的なアドバイスを行うことでキャリアパスの支援を行う。
国際公務志望者メーリングリスト	日弁連からの情報提供のほか、国際公務志望者間での双方向の情報交換やネットワーク構築への活用を目的としたメーリングリスト。
国際機関勤務希望者向け弁護士ロスター登録制度	国際機関への就職を希望する弁護士があらかじめ外務省国際機関人事センターに経歴等を登録しておく制度。外務省の協力の下、運営している。
国際関連情報提供メールマガジン『JFBA国際メルマガ』	国際活動・分野に関心のある会員に対して、国際関係のイベント、支援プログラム、就職関連情報・求人情報等の情報を配信する。

❸　国際機関駐日事務所等での司法修習・インターンの実施

　新62期の司法修習から、国連難民高等弁務官事務所（UNHCR）東京事務所、国際移住機関（IOM）駐日事務所、独立行政法人国際協力機構（JICA）、外務省経済局での選択型実務修習（全国プログラム）が導入された。日弁連は同プログラムの立ち上げに尽力し、国際公務分野に進む法曹の養成をサポートしている。

　さらに、会員を対象とするインターン制度が、2012年度から赤十字国際委員会（ICRC）駐日事務所で導入され、2016年度から国連難民高等弁務官事務所（UNHCR）駐日事務所、2019年度から国際移住機関（IOM）駐日事務所、日本ユニセフ協会でも開始された。

第6節 弁護士の国際業務推進

 日弁連における弁護士の国際業務推進に関する取組

資料3-4-6-1	日弁連法律サービス展開本部国際業務推進センターのこれまでの取組
2016年2月27日	弁護士の国際業務シンポジウム～世界を舞台に（新潟県）
2016年3月25日	国際仲裁セミナー「国際取引紛争の解決と仲裁の利用～国際仲裁を身近なものに～」（札幌）
2016年8月29日	LNF主催・日弁連共催セミナー「フィリピン家族法の基礎知識」
2016年10月17日	シンガポール弁護士会との共同セミナー「Singapore Experience in International Mediation and Family Law」
2017年1月27日	国際仲裁セミナー「国際取引紛争の解決と仲裁の利用～国際仲裁を身近なものに～」（愛知県）
2017年3月18日	弁護士の国際業務シンポジウム in 福岡～九州・福岡から世界へ（福岡県）
2017年7月10日	日本とフィリピンの家族や居住等の問題に取り組もう！～日比法律案件サポートプロジェクト調査報告会～
2017年11月17日	日比法律会議2017～日比案件における家族法問題～Philippines-Japan Law Conference 2017: Family Law Issues in Filipino-Japanese Cases（フィリピン・マニラ）
2017年12月12日	JAA・日弁連・東京三会主催「国際仲裁シンポジウム―わが国における国際仲裁の活性化に向けた基盤整備のために―」（大阪）
2018年1月13日	中小企業の海外事業展開支援に関する研修会（同時開催：国際仲裁セミナー）（福岡県）
2018年2月6日	国際機関キャリア情報セミナー「国際刑事裁判所（ICC）における法律家のキャリア」
2018年7月24日	日本とフィリピンの家族や居住等の問題に取り組もう！in 愛知（愛知県）
2018年11月12日	フィリピン統一弁護士会との共同セミナー「日比家族法の最新動向を語る」
2018年12月14日	セミナー「国際経済紛争解決に向けたWTOの戦略的活用」
2019年2月23日	弁護士の国際業務シンポジウム～自分の強みを持とう（神奈川県）
2019年4月8日	日比法律会議2019～JFC、離婚承認手続など家族法問題～Philippines-Japan Law Conference 2019: Family Law Issues in Filipino-Japanese Cases（フィリピン・ダバオ）
2019年10月18日	セミナー「弁護士が知っておきたい経済条約～業務に活きる知識と我が国がリードする国際経済分野でのルールメイキング～」
2020年2月14日	フィリピン統一弁護士会との共同セミナー「友好協定締結記念セミナー～フィリピンの投資法について～」
2020年9月30日	セミナー「日本をとりまく国際通商情勢と法曹の役割」（オンライン）
2020年11月5日、同年11月6日、同年12月2日	「コロナ新時代の弁護士の国際業務～外国人事件と企業の国際業務支援に対する今後の取組について」（全3回・オンライン）
2021年1月28日、同年2月10日	プロボノ・シンポジウム「プロボノとは何か、海外の現状を知り、日本で何ができるかを考える」（全2回・オンライン）
2021年2月22日、同年3月22日	セミナー「フィリピンに関連する渉外家事実務の現状」（全2回・オンライン）
2021年9月27日	日比法律会議2021～「日比家族法及び国籍法の比較」（オンライン）
2021年10月26日	弁護士の国際業務シンポジウム～国際業務支援の新しい形～（オンライン）
2021年11月17日、同年11月24日	プロボノ・シンポジウム～日本におけるプロボノを解き明かす～（全2回・オンライン）
2022年11月～2023年3月	国際公法の実務研修連続講座（全10回・ハイブリッド又はオンライン）
2023年2月24日	弁護士の国際業務シンポジウム～企業人材の国際化と弁護士業務～（オンライン）

② 中小企業国際業務支援弁護士紹介制度

　本制度は、各連携団体から紹介を受けた中小企業に対して、日弁連から、国際的な企業法務・取引法務の豊富な経験を有する弁護士を紹介する仕組みをとっている。弁護士報酬は、初回30分は無料、それ以降については10時間まで30分ごとに一律10,000円（税抜／2023年7月1日時点）としている。2012年5月の制度開始から2023年7月1日までの相談申込件数は約530件であり、相談内容の内訳は以下のとおりである。

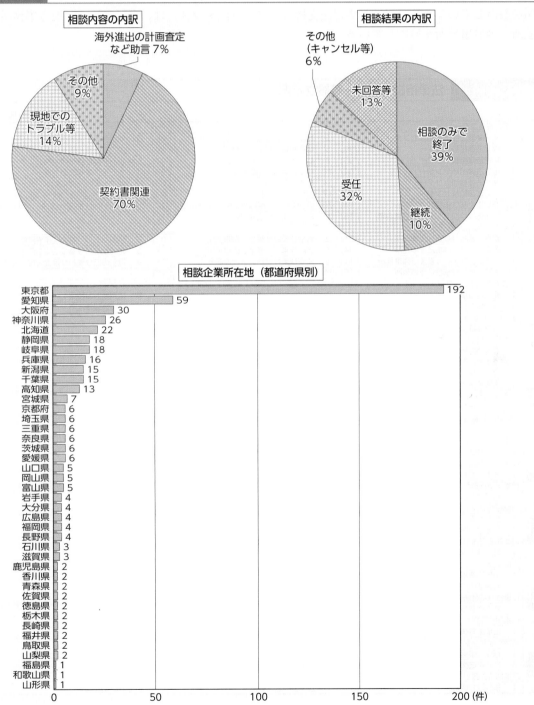

資料3-4-6-2　中小企業国際業務支援弁護士紹介制度の運用状況（2023年7月1日現在）

相談内容の内訳

- 海外進出の計画査定など助言 7%
- その他 9%
- 現地でのトラブル等 14%
- 契約書関連 70%

相談結果の内訳

- その他（キャンセル等）6%
- 未回答等 13%
- 相談のみで終了 39%
- 継続 10%
- 受任 32%

相談企業所在地（都道府県別）

都道府県	件数
東京都	192
愛知県	59
大阪府	30
神奈川県	26
北海道	22
静岡県	18
岐阜県	18
兵庫県	16
新潟県	15
千葉県	15
高知県	13
宮城県	7
京都府	6
埼玉県	6
三重県	6
奈良県	6
茨城県	6
愛媛県	6
山口県	5
岡山県	5
富山県	5
岩手県	4
大分県	4
広島県	4
福岡県	4
長野県	4
石川県	3
滋賀県	3
鹿児島県	2
香川県	2
青森県	2
佐賀県	2
徳島県	2
栃木県	2
長崎県	2
福井県	2
鳥取県	2
山梨県	2
福島県	1
和歌山県	1
山形県	1

（件）

※相談企業に対するアンケート結果に基づく

第5章 法律相談等の活動

第1節 弁護士会等による法律相談活動

1 法律相談センター等設立状況

　現在、あまねく市民の司法アクセスを改善するために、以下の３つの取組がなされている。第１に、弁護士会等は、全国各地に法律相談センターを設置している。第２に、日弁連は、弁護士過疎地域に公設事務所を設置している。第３に、日本司法支援センター（法テラス）は、全国各地に、地方事務所、支部・出張所、地域事務所を設置している。

資料3-5-1-1 法律相談センター等設立状況

（2023年10月1日現在）

北海道

法律相談センター

1	札幌弁護士会法律相談センター	['74]	2	旭川弁護士会法律相談センター	['97]	3	釧路弁護士会法律相談センター	['99]
4	根室法律相談センター	['99]	5	中空知法律相談センター	['99]	6	南空知法律相談センター	['99]
7	網走法律相談センター	['99]	8	しりべし弁護士相談センター	['01]	9	函館弁護士会法律相談センター	['01]
10	帯広法律相談センター	['02]	11	ひだか弁護士相談センター	['02]	12	おたる法律相談センター	['03]
13	北見法律相談センター	['03]	14	むろらん法律相談センター	['03]	15	新さっぽろ法律相談センター	['03]
16	八雲法律相談センター	['03]	17	苫小牧法律相談センター	['04]	18	松前法律相談センター（松前会場）	['12]
19	ひやま北法律相談センター	['14]	20	南しりべし法律相談センター（寿都会場）	['14]	21	南しりべし法律相談センター（黒松内会場）	['16]
22	松前法律相談センター（福島会場）	['16]	23	ななえ駒ヶ岳法律相談センター	['17]			

ひまわり基金法律事務所

1	紋別ひまわり基金法律事務所	['01]	2	根室ひまわり基金法律事務所	['03]	3	留萌ひまわり基金法律事務所	['04]
4	名寄ひまわり基金法律事務所	['04]	5	岩内ひまわり基金法律事務所	['07]	6	稚内ひまわり基金法律事務所	['08]
7	オロロンひまわり基金法律事務所	['11]	8	浦河ひまわり基金法律事務所	['11]	9	流氷の町ひまわり基金法律事務所	['11]
10	本別ひまわり基金法律事務所	['15]	11	オホーツク枝幸ひまわり基金法律事務所	['19]			

日本司法支援センター

1	札幌地方事務所		2	函館地方事務所		3	旭川地方事務所
4	釧路地方事務所		5	八雲地域事務所		6	江差地域事務所

青森県

ひまわり基金法律事務所

1	つがるひまわり基金法律事務所	['07]

日本司法支援センター

1	青森地方事務所		2	むつ地域事務所		3	鰺ヶ沢地域事務所

岩手県

法律相談センター

1	盛岡法律相談センター	['96]	2	北上・花巻法律相談センター	['00]	3	山田町法律相談センター	['11]
4	大槌町法律相談センター	['21]						

ひまわり基金法律事務所

1	遠野ひまわり基金法律事務所	['01]	2	釜石ひまわり基金法律事務所	['06]

日本司法支援センター

1	岩手地方事務所		2	宮古地域事務所		3	気仙出張所

秋田県

法律相談センター

1	秋田弁護士会法律相談センター	['89]	2	湯沢法律相談センター	['98]	3	大仙法律相談センター	['00]

ひまわり基金法律事務所

1	横手ひまわり基金法律事務所	['23]

日本司法支援センター

1	秋田地方事務所		2	鹿角地域事務所

宮城県

法律相談センター

1	仙台弁護士会法律相談センター	['88]	2	登米法律相談センター	['96]	3	県南法律相談センター	['98]
4	気仙沼法律相談センター	['01]	5	古川法律相談センター	['01]	6	石巻法律相談センター	['02]

日本司法支援センター

1	宮城地方事務所

山形県

法律相談センター

1	山形法律相談センター	['89]	2	鶴岡法律相談センター	['97]	3	新庄法律相談センター	['98]
4	酒田法律相談センター	['99]	5	米沢法律相談センター	['99]			

ひまわり基金法律事務所

1	新庄ひまわり基金法律事務所	['05]

日本司法支援センター

1	山形地方事務所

福島県

法律相談センター

1	福島法律相談センター	['98]	2	郡山法律相談センター	['98]	3	会津若松法律相談センター	['98]
4	いわき法律相談センター	['98]	5	相馬法律相談センター	['99]	6	白河法律相談センター	['05]

日本司法支援センター

1	福島地方事務所		2	会津若松地域事務所		3	ふたば出張所

東京都	法律相談センター					
	1　東京三弁護士会霞が関法律相談センター	['65]	2　東京三弁護士会八王子法律相談センター	['89]	3　第二東京弁護士会デパート法律相談（池袋東武）	['96]
	4　第二東京弁護士会デパート法律相談（池袋西武）	['96]	5　第二東京弁護士会四谷法律相談センター	['01]	6　東京弁護士会池袋法律相談センター	['02]
	7　第一東京弁護士会渋谷法律相談センター	['03]	8　東京三弁護士会小笠原法律相談センター	['03]	9　東京三弁護士会錦糸町法律相談センター	['03]
	10　東京三弁護士会立川法律相談センター	['04]	11　東京三弁護士会大島法律相談センター	['04]	12　東京弁護士会北千住法律相談センター	['04]
	13　東京三弁護士会蒲田法律相談センター	['12]	14　東京三弁護士会新宿総合法律相談センター	['14]	15　東京三弁護士会町田法律相談センター	['16]
	16　東京三弁護士会三宅島法律相談センター	['21]				
	日本司法支援センター					
	1　東京地方事務所		2　上野出張所		3　多摩支部	
	4　多摩支部八王子出張所		5　霞が関分室			
埼玉県	法律相談センター					
	1　川越支部法律相談センター	['86]	2　埼玉弁護士会法律相談センター	['88]	3　熊谷支部法律相談センター（熊谷地区）	['91]
	4　越谷支部法律相談センター	['92]	5　秩父法律相談センター	['02]		
	日本司法支援センター					
	1　埼玉地方事務所		2　川越支部		3　熊谷地域事務所	
	4　秩父地域事務所					
千葉県	法律相談センター					
	1　千葉法律相談センター	['95]	2　茂原法律相談センター	['97]	3　船橋法律相談センター	['98]
	4　銚子法律相談センター	['99]	5　松戸法律相談センター	['00]	6　鴨川法律相談センター	['00]
	7　成田法律相談センター	['01]	8　佐原法律相談センター	['01]	9　袖ヶ浦法律相談センター	['02]
	10　東金法律相談センター	['02]	11　館山法律相談センター	['05]	12　八日市場法律相談センター	['05]
	13　市川浦安法律相談センター	['06]	14　野田法律相談センター	['13]		
	日本司法支援センター					
	1　千葉地方事務所		2　松戸支部			
神奈川県	法律相談センター					
	1　関内法律相談センター	['86]	2　相模原法律相談センター	['90]	3　小田原法律相談センター	['92]
	4　横須賀法律相談センター	['95]	5　川崎法律相談センター	['96]	6　横浜駅東口家庭の法律相談センター	['97]
	7　海老名法律相談センター	['99]	8　横浜駅西口法律相談センター	['13]		
	日本司法支援センター					
	1　神奈川地方事務所		2　川崎支部		3　小田原支部	
新潟県	法律相談センター					
	1　新潟相談所	['82]	2　三条相談所	['82]	3　長岡相談所	['82]
	4　上越相談所	['82]	5　村上相談所	['97]	6　佐渡相談所（両津）	['99]
	7　佐渡相談所（佐和田）	['99]	8　五泉相談所	['14]	9　阿賀相談所（鹿瀬）	['15]
	10　阿賀相談所（三川）	['16]	11　阿賀相談所（上川）	['16]		
	ひまわり基金法律事務所					
	1　糸魚川ひまわり基金法律事務所	['18]	2　村上ひまわり基金法律事務所	['20]		
	日本司法支援センター					
	1　新潟地方事務所		2　佐渡地域事務所			
茨城県	法律相談センター					
	1　水戸相談センター	['92]	2　土浦相談センター	['96]	3　鹿嶋相談センター	['98]
	4　下妻相談センター	['98]				
	日本司法支援センター					
	1　茨城地方事務所		2　下妻地域事務所		3　牛久地域事務所	
群馬県	法律相談センター					
	1　群馬弁護士会総合法律相談センター	['87]	2　太田支部	['97]	3　高崎支部	['98]
	4　桐生支部	['99]	5　吾妻支部（吾妻会場）	['00]	6　利根・沼田支部	['01]
	7　伊勢崎支部	['04]	8　館林支部	['05]		
	日本司法支援センター					
	1　群馬地方事務所					
栃木県	法律相談センター					
	1　栃木県弁護士会法律相談センター	['75]	2　法律相談センター足利支部	['92]	3　法律相談センター大田原支部	['03]
	4　法律相談センター栃木支部（栃木市）	['05]	5　法律相談センター栃木支部（小山市）	['05]		
	日本司法支援センター					
	1　栃木地方事務所					
長野県	法律相談センター					
	1　長野法律相談センター	['98]	2　松本法律相談センター	['98]	3　大町法律相談センター	['98]
	4　佐久法律相談センター	['01]	5　上田法律相談センター	['01]	6　飯田法律相談センター	['03]
	7　伊那法律相談センター	['03]				
	日本司法支援センター					
	1　長野地方事務所					
山梨県	法律相談センター					
	1　山梨県弁護士会法律相談センター	['95]	2　東部法律相談センター	['97]	3　富士五湖法律相談センター	['12]
	日本司法支援センター					
	1　山梨地方事務所					
静岡県	法律相談センター					
	1　静岡法律相談センター	['83]	2　沼津法律相談センター	['83]	3　浜松法律相談センター	['83]
	ひまわり基金法律事務所					
	1　下田ひまわり基金法律事務所	['05]				
	日本司法支援センター					
	1　静岡地方事務所		2　下田地域事務所		3　沼津支部	
	4　浜松支部					
富山県	法律相談センター					
	1　富山県弁護士会総合法律センター	['88]	2　魚津法律相談センター	['00]	3　高岡法律相談センター	['13]
	日本司法支援センター					
	1　富山地方事務所		2　魚津地域事務所			
石川県	法律相談センター					
	1　金沢弁護士会法律相談センター	['98]	2　能登法律相談センター	['00]	3　小松法律相談センター	['01]
	4　七尾法律相談センター	['02]				
	日本司法支援センター					
	1　石川地方事務所					

福井県

法律相談センター

1	福井弁護士会法律相談センター	['98]	2	嶺南法律相談センター	['00]	3	丹南法律相談センター	['01]

ひまわり基金法律事務所

1	小浜ひまわり基金法律事務所	['05]

日本司法支援センター

1	福井地方事務所

岐阜県

法律相談センター

1	岐阜県弁護士会法律相談センター	['93]	2	みのかも法律相談センター	['98]	3	八幡法律相談センター	['99]
4	中津川法律相談センター	['00]	5	大垣法律相談センター	['02]	6	高山法律相談センター	['02]
7	多治見法律相談センター	['03]	8	岐阜駅前法律相談センター	['09]			

日本司法支援センター

1	岐阜地方事務所	2	中津川地域事務所	3	可児地域事務所

愛知県

法律相談センター

1	名古屋法律相談センター	['93]	2	岡崎法律相談センター	['98]	3	半田法律相談センター	['98]
4	豊橋法律相談センター	['99]	5	犬山法律相談センター	['99]	6	一宮法律相談センター	['99]
7	津島・海部法律相談センター	['00]	8	三の丸法律相談センター	['01]	9	豊田法律相談センター	['03]
10	新城法律相談センター	['05]	11	西尾・幡豆法律相談センター	['10]			

日本司法支援センター

1	愛知地方事務所	2	三河支部

三重県

法律相談センター

1	三重弁護士会津法律相談センター	['87]	2	四日市法律相談センター	['87]	3	名張法律相談センター	['98]
4	熊野法律相談センター	['00]	5	松阪法律相談センター	['03]	6	伊勢法律相談センター	['03]

ひまわり基金法律事務所

1	熊野ひまわり基金法律事務所	['02]

日本司法支援センター

1	三重地方事務所

滋賀県

法律相談センター

1	滋賀弁護士会法律相談センター	['99]

日本司法支援センター

1	滋賀地方事務所

京都府

法律相談センター

1	京都弁護士会法律相談センター	['81]	2	丹後法律相談センター（大宮相談所）	['99]	3	丹後法律相談センター（宮津相談所）	['99]
4	京都駅前法律相談センター	['99]	5	園部法律相談センター	['00]	6	南部法律相談センター（京田辺相談所）	['01]
7	南部法律相談センター（木津相談所）	['01]	8	福知山法律相談センター	['09]	9	舞鶴法律相談センター	['09]
10	綾部法律相談センター	['12]						

日本司法支援センター

1	京都地方事務所	2	福知山地域事務所

兵庫県

法律相談センター

1	総合法律センター神戸相談所	['88]	2	総合法律センター北播磨相談所	['99]	3	総合法律センター西播磨相談所	['00]
4	総合法律センター山崎相談所	['02]	5	総合法律センター阪神相談所	['02]	6	総合法律センター南たじま相談所	['03]
7	総合法律センター明石相談所	['04]						

ひまわり基金法律事務所

1	ひまわり基金あわじ法律事務所	['11]

日本司法支援センター

1	兵庫地方事務所	2	阪神支部	3	姫路支部

大阪府

法律相談センター

1	大阪弁護士会総合法律相談センター	['85]	2	岸和田法律相談センター	['00]	3	なんば法律相談センター	['01]
4	堺法律相談センター	['03]	5	谷町法律相談センター	['05]	6	南河内法律相談所	['09]

日本司法支援センター

1	大阪地方事務所	2	堺出張所

奈良県

法律相談センター

1	中南和法律相談センター	['07]

日本司法支援センター

1	奈良地方事務所	2	南和地域事務所

和歌山県

法律相談センター

1	和歌山弁護士会法律相談センター	['91]	2	御坊・日高常設法律相談所	['99]	3	紀南法律相談センター	['02]
4	紀北法律相談センター	['03]	5	夜間無料法律相談センター	['08]	6	串本法律相談センター	['12]

ひまわり基金法律事務所

1	紀中ひまわり基金法律事務所	['17]

日本司法支援センター

1	和歌山地方事務所

鳥取県

法律相談センター

1	法律相談センター鳥取	['99]	2	法律相談センター米子	['99]	3	法律相談センター倉吉	['02]

日本司法支援センター

1	鳥取地方事務所	2	倉吉地域事務所

島根県

法律相談センター

1	石見法律相談センター（浜田会場）	['95]	2	石見法律相談センター（益田会場）	['95]	3	出雲法律相談センター	['98]
4	石見法律相談センター（大田会場）	['99]	5	松江法律相談センター	['00]	6	島前法律相談センター	['17]

ひまわり基金法律事務所

1	隠岐ひまわり基金法律事務所	['15]

日本司法支援センター

1	島根地方事務所	2	浜田地域事務所	3	西郷地域事務所

岡山県

法律相談センター

1	岡山弁護士会法律相談センター	['81]	2	井笠法律相談センター	['95]	3	東備法律相談センター	['96]
4	新見法律相談センター	['97]	5	高梁法律相談センター	['98]	6	勝英法律相談センター	['99]
7	津山法律相談センター	['00]	8	倉敷法律相談センター	['02]	9	真庭法律相談センター	['03]
10	夜間・土日法律相談センター	['04]						

ひまわり基金法律事務所

1	高梁ひまわり基金法律事務所	['16]

日本司法支援センター

1	岡山地方事務所

県	区分							
広島県	**法律相談センター**							
	1　法律相談センター福山	['00]	2　ひがし広島法律相談センター	['02]	3　呉法律相談センター	['05]
	4　法律相談センターひろしま	['23]				
	日本司法支援センター							
	1　広島地方事務所						
山口県	**法律相談センター**							
	1　山口法律相談センター	['96]	2　岩国法律相談センター	['97]	3　萩法律相談センター	['98]
	4　周南地区法律相談センター	['98]	5　下関法律相談センター	['98]	6　宇部法律相談センター	['98]
	7　長門法律相談センター	['99]				
	日本司法支援センター							
	1　山口地方事務所						
香川県	**法律相談センター**							
	1　香川県弁護士会法律相談センター	['88]	2　小豆島法律相談センター	['17]		
	日本司法支援センター							
	1　香川地方事務所						
徳島県	**法律相談センター**							
	1　徳島弁護士会法律相談センター	['93]	2　三好法律相談センター	['98]	3　海部郡法律相談センター	['98]
	日本司法支援センター							
	1　徳島地方事務所						
愛媛県	**法律相談センター**							
	1　愛媛弁護士会法律相談センター	['90]				
	日本司法支援センター							
	1　愛媛地方事務所						
高知県	**法律相談センター**							
	1　法律相談センター幡多相談所	['98]	2　高知弁護士会法律相談センター	['01]	3　法律相談センター室戸相談所	['01]
	4　法律相談センター佐川相談所	['02]				
	ひまわり基金法律事務所							
	1　安芸ひまわり基金法律事務所	['04]	2　中村ひまわり基金法律事務所	['07]	3　須崎ひまわり基金法律事務所	['08]
	日本司法支援センター							
	1　高知地方事務所		2　安芸地域事務所		3　須崎地域事務所	
	4　中村地域事務所					
福岡県	**法律相談センター**							
	1　天神弁護士センター	['85]	2　北九州法律相談センター	['85]	3　久留米法律相談センター	['92]
	4　飯塚法律相談センター	['93]	5　八女法律相談センター	['98]	6　豊前法律相談センター	['99]
	7　直方法律相談センター	['00]	8　田川弁護士センター	['00]	9　いとしま弁護士センター	['00]
	10　行橋法律相談センター	['02]	11　大牟田法律相談センター	['02]	12　柳川法律相談センター	['02]
	13　折尾法律相談センター	['04]	14　二日市法律相談センター	['04]	15　古賀弁護士相談センター	['06]
	16　六本松法律相談センター	['19]				
	日本司法支援センター							
	1　福岡地方事務所		2　北九州支部			
大分県	**法律相談センター**							
	1　大分県弁護士会法律相談センター	['92]	2　杵築・国東・速見法律相談センター	['00]	3　竹田・豊後大野法律相談センター	['01]
	4　佐伯法律相談センター	['02]	5　中津法律相談センター	['04]	6　日田法律相談センター	['04]
	7　豊後高田法律相談センター	['06]	8　津久見法律相談センター	['12]	9　由布法律相談センター	['18]
	10　玖珠法律相談センター	['23]				
	日本司法支援センター							
	1　大分地方事務所						
佐賀県	**法律相談センター**							
	1　佐賀法律相談センター	['97]	2　唐津法律相談センター	['97]		
	日本司法支援センター							
	1　佐賀地方事務所						
長崎県	**法律相談センター**							
	1　長崎法律相談センター	['89]	2　佐世保法律相談センター	['90]		
	ひまわり基金法律事務所							
	1　対馬ひまわり基金法律事務所	['05]	2　壱岐ひまわり基金法律事務所	['10]	3　飛鸞ひまわり基金法律事務所	['20]
	日本司法支援センター							
	1　長崎地方事務所		2　佐世保地域事務所		3　雲仙地域事務所	
	4　対馬地域事務所		5　五島地域事務所		6　平戸地域事務所	
	7　壱岐地域事務所					
熊本県	**法律相談センター**							
	1　熊本法律相談センター	['96]	2　天草法律相談センター	['96]	3　県南・八代法律相談センター	['99]
	4　阿蘇法律相談センター	['00]	5　人吉・球磨法律相談センター	['00]	6　山鹿・菊池地区法律相談センター	['01]
	7　荒尾・玉名地区法律相談センター	['01]	8　益城法律相談センター	['17]		
	日本司法支援センター							
	1　熊本地方事務所		2　高森地域事務所			
宮崎県	**法律相談センター**							
	1　宮崎県弁護士会法律相談センター	['91]	2　日南地区法律相談センター	['99]	3　小林えびの西諸地区法律相談センター	['05]
	4　日向入郷地区法律相談センター	['06]				
	日本司法支援センター							
	1　宮崎地方事務所		2　延岡地域事務所			
鹿児島県	**法律相談センター**							
	1　鹿児島法律相談センター	['98]	2　奄美法律相談センター	['99]	3　霧島法律相談センター	['00]
	4　薩摩川内法律相談センター	['00]				
	日本司法支援センター							
	1　鹿児島地方事務所		2　鹿屋地域事務所		3　指宿地域事務所	
	4　奄美地域事務所		5　徳之島地域事務所			
沖縄県	**法律相談センター**							
	1　沖縄弁護士会法律相談センター	['91]	2　法律相談センター沖縄支部	['96]	3　名護有料法律相談センター	['02]
	日本司法支援センター							
	1　沖縄地方事務所		2　宮古島地域事務所			

【注】　1．ひまわり基金法律事務所における「定着」及び「終了」は除く。「定着」については、p. 205 参照。
　　　　2．［　］内は、開設年。

特集　第1編　第2編　第3編　第4編

❷ 弁護士会等による法律相談

（1）弁護士会別法律相談件数

　次の表は、弁護士会等が行っている 2021 年度及び 2022 年度の法律相談件数をまとめたものである。無料法律相談には、地方公共団体に弁護士会が弁護士を派遣して行う無料法律相談等も含まれている。

資料3-5-1-2　弁護士会別法律相談件数（2021 年度・2022 年度）

		2021年度（単位：件）						2022年度（単位：件）					
		有料法律相談件数	無料法律相談件数	法テラス	交通事故センター	弁護士会・その他	法律相談総件数	有料法律相談件数	無料法律相談件数	法テラス	交通事故センター	弁護士会・その他	法律相談総件数
北海道弁連	札　幌	0	20,471	9,773	1,426	9,272	20,471	0	20,698	9,678	1,609	9,411	20,698
	函　館	113	3,379	2,419	62	898	3,492	111	3,113	2,139	46	928	3,224
	旭　川	60	3,421	2,136	40	1,245	3,481	195	3,058	2,008	36	1,014	3,253
	釧　路	196	3,147	2,888	22	237	3,343	206	2,975	2,713	24	238	3,181
東北弁連	仙　台	1,322	10,818	9,579	718	521	12,140	1,421	11,037	9,676	881	480	12,458
	福島県	298	7,084	5,315	210	1,559	7,382	311	7,286	5,405	284	1,597	7,597
	山形県	306	4,070	3,779	227	64	4,376	341	3,715	3,155	272	288	4,056
	岩　手	255	7,061	4,457	107	2,497	7,316	295	5,506	4,494	79	933	5,801
	秋　田	618	3,369	2,997	99	273	3,987	601	3,393	3,070	48	275	3,994
	青森県	617	5,049	4,266	62	721	5,666	618	5,559	4,430	56	1,073	6,177
関弁連	東　京	3,783				1,771		3,456				1,840	
	第一東京	272	54,006	38,297	8,315	170	64,125	347	54,716	38,209	9,059	213	66,963
	第二東京	1,431				334		1,371				411	
	東京三会	4,633				5,119		7,073				4,984	
	神奈川県	6,767	45,517	18,902	1,042	25,573	52,284	7,097	44,501	18,814	1,012	24,675	51,598
	埼　玉	2,580	18,425	12,980	1,303	4,142	21,005	2,527	19,140	12,410	1,397	5,333	21,667
	千葉県	4,947	13,323	12,786	441	96	18,270	5,005	13,379	12,795	492	92	18,384
	茨城県	148	7,187	5,954	204	1,029	7,335	264	7,068	6,133	197	738	7,332
	栃木県	739	4,561	3,511	684	366	5,300	840	4,550	3,483	694	373	5,390
	群　馬	126	4,524	3,073	211	1,240	4,650	480	3,915	3,372	162	381	4,395
	静岡県	637	9,187	6,775	817	1,595	9,824	903	9,946	7,177	908	1,861	10,849
	山梨県	512	4,152	2,520	74	1,558	4,664	488	3,887	2,331	64	1,492	4,375
	長野県	285	5,978	3,529	81	2,368	6,263	298	6,133	3,609	64	2,460	6,431
	新潟県	680	6,407	5,148	652	607	7,087	665	6,422	5,077	672	673	7,087
中部弁連	愛知県	3,167	14,569	11,145	692	2,732	17,736	2,755	14,162	10,793	617	2,752	16,917
	三　重	529	3,230	2,796	230	204	3,759	666	3,179	2,685	285	209	3,845
	岐阜県	404	3,761	3,496	174	91	4,165	452	3,592	3,376	125	91	4,044
	福　井	227	2,885	1,579	472	834	3,112	278	2,772	1,638	552	582	3,050
	金　沢	151	5,176	2,221	689	2,266	5,327	247	5,376	2,211	914	2,251	5,623
	富山県	348	2,262	1,662	98	502	2,610	282	2,238	1,619	91	528	2,520
近弁連	大　阪	2,041	61,659	22,788	2,724	36,147	63,700	2,047	68,646	24,502	3,507	40,637	70,693
	京　都	1,549	20,883	6,132	1,359	13,392	22,432	1,577	22,845	6,253	1,430	15,162	24,422
	兵庫県	1,768	31,046	12,606	999	17,441	32,814	1,578	31,870	12,121	1,185	18,564	33,448
	奈　良	359	10,033	4,013	827	5,193	10,392	372	10,067	3,790	1,098	5,179	10,439
	滋　賀	365	5,185	3,176	451	1,558	5,550	365	5,023	2,996	550	1,477	5,388
	和歌山	309	4,228	2,234	264	1,730	4,537	230	4,282	2,266	318	1,698	4,512
中国地方弁連	広　島	1,062	19,955	8,157	866	10,932	21,017	1,074	19,593	7,805	1,058	10,730	20,667
	山口県	231	6,874	2,727	565	3,582	7,105	233	6,655	2,517	691	3,447	6,888
	岡　山	897	10,186	4,705	1,495	3,986	11,083	994	10,577	4,498	1,969	4,110	11,571
	鳥取県	165	2,352	2,112	46	194	2,517	202	2,474	2,171	30	273	2,676
	島根県	146	3,112	2,072	15	1,025	3,258	149	3,388	1,911	13	1,464	3,537
四国弁連	香川県	333	2,740	2,357	230	153	3,073	187	2,715	2,285	262	168	2,902
	徳　島	340	3,232	2,327	68	837	3,572	277	2,514	2,151	71	292	2,791
	高　知	279	3,459	2,297	142	1,020	3,738	291	3,479	2,365	108	1,006	3,770
	愛　媛	263	3,346	2,901	88	357	3,609	221	3,025	2,613	78	334	3,246
九弁連	福岡県	2,015	29,616	15,171	1,227	13,218	31,631	1,957	29,183	15,034	1,267	12,882	31,140
	佐賀県	293	3,856	3,342	223	291	4,149	379	3,800	3,378	294	128	4,179
	長崎県	102	5,043	4,118	78	847	5,145	141	4,782	4,209	49	524	4,923
	大分県	469	4,523	3,902	418	203	4,992	432	4,502	3,768	505	229	4,934
	熊本県	295	9,279	6,070	398	2,811	9,574	308	8,175	5,052	568	2,555	8,483
	鹿児島県	585	6,648	5,296	366	986	7,233	281	6,559	5,069	515	975	6,840
	宮崎県	205	5,423	3,919	186	1,318	5,628	166	5,485	3,923	237	1,325	5,651
	沖　縄	513	6,915	6,365	351	199	7,428	495	6,922	6,585	315	22	7,417
合　計		50,735	532,612	312,770	32,538	187,304	583,347	53,549	537,877	309,762	36,758	191,357	591,426

【注】　1．日本司法支援センター（法テラス）及び日弁連交通事故相談センター（交通事故センター）の法律相談件数は、各センターの実績件数、それ以外の法律相談件数は、日弁連が弁護士会に対して実施したアンケートによるもの。
　　　　2．無料法律相談の「弁護士会・その他」には、弁護士会主催・自治体提携・社会福祉協議会等が含まれるが、弁護士会によってこれらの件数を把握していない場合もある。

（2）弁護士会等の法律相談件数の推移

次のグラフは、弁護士会等における法律相談件数の推移をみたものである。

資料3-5-1-3　弁護士会等における法律相談件数の推移（全弁護士会）

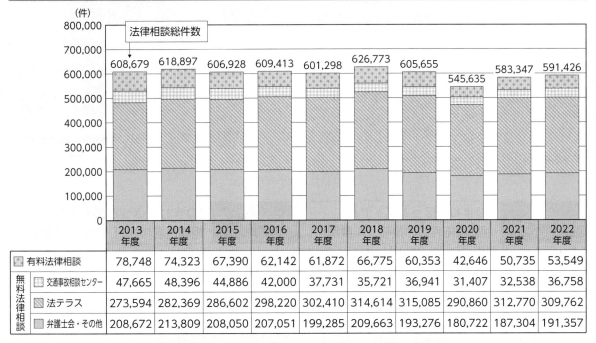

		2013年度	2014年度	2015年度	2016年度	2017年度	2018年度	2019年度	2020年度	2021年度	2022年度
	法律相談総件数	608,679	618,897	606,928	609,413	601,298	626,773	605,655	545,635	583,347	591,426
	有料法律相談	78,748	74,323	67,390	62,142	61,872	66,775	60,353	42,646	50,735	53,549
無料法律相談	交通事故相談センター	47,665	48,396	44,886	42,000	37,731	35,721	36,941	31,407	32,538	36,758
	法テラス	273,594	282,369	286,602	298,220	302,410	314,614	315,085	290,860	312,770	309,762
	弁護士会・その他	208,672	213,809	208,050	207,051	199,285	209,663	193,276	180,722	187,304	191,357

【注】 1. 日本司法支援センター（法テラス）及び日弁連交通事故相談センター（交通事故相談センター）以外の法律相談件数は、日弁連が弁護士会に対して実施したアンケートによるもの。
　　 2. 無料法律相談の「弁護士会・その他」には、弁護士会主催・自治体提携・社会福祉協議会等が含まれるが、弁護士会によってこれらの件数を把握していない場合もある。

（3）東京三弁護士会の法律相談の内容別割合（2022年度）

次のグラフは、東京三弁護士会の法律相談結果について、有料相談・無料相談別に相談内容の割合をみたものである。

資料3-5-1-4　東京三弁護士会における法律相談の内容別割合（2022年度）

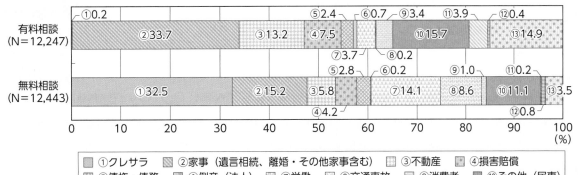

【注】 1. グラフの数値は、日弁連が弁護士会に対して実施したアンケート結果によるもので、そのうち、東京三弁護士会における相談件数を合算し算出したものである。
　　 2. 無料法律相談件数計（N）には、法テラスの指定相談場所での法律相談等の件数が含まれているため、資料3-5-1-2の東京三弁護士会無料法律相談の「弁護士会・その他」の合計数とは差異がある。

（4）弁護士会等における専門法律相談

①　「ひまわりほっとダイヤル」の状況

日弁連及び全国52の弁護士会では、中小企業経営者・個人事業主向けの弁護士との面談予約サービス「ひまわりほっとダイヤル」を開設している。「ひまわりほっとダイヤル」の全国共通電話番号「0570-001-240」に電話をすると、地域の弁護士会の専用窓口を通じ、弁護士との面談予約ができる。詳しくは、日弁連ウェブサイト（HOME＞企業・個人事業者の方＞ひまわりほっとダイヤル）を参照されたい。

以下は、「ひまわりほっとダイヤル」の実施状況をまとめたものである。

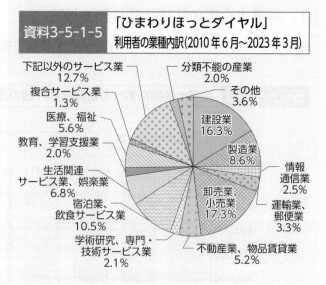

資料3-5-1-5　「ひまわりほっとダイヤル」利用者の業種内訳（2010年6月〜2023年3月）

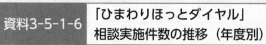
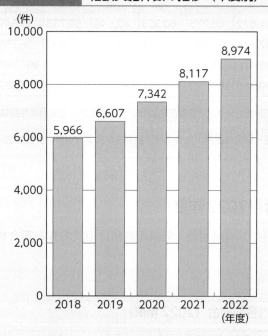

資料3-5-1-6　「ひまわりほっとダイヤル」相談実施件数の推移（年度別）

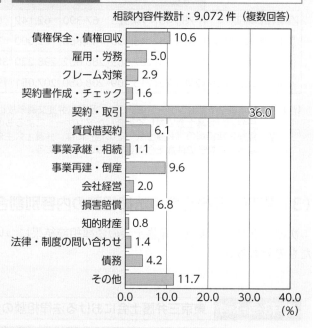

資料3-5-1-7　「ひまわりほっとダイヤル」相談内容の内訳（2022年度）

相談内容件数計：9,072件（複数回答）

【注】1. 資料3-5-1-5のその他には、「農業・林業」「漁業」「鉱業・採石業・砂利採取業」「電気・ガス・熱供給・水道業」「金融業・保険業」が含まれる。
2. 資料3-5-1-6の相談実施件数とは、「電話のみ」「面談相談」「区分不明」「オンライン」「その他」全てを合算した件数である。
3. 資料3-5-1-7の相談内容件数計は、相談者が複数の事案を相談した場合、それぞれカウントしているため、資料3-5-1-6の相談実施件数とは異なる。
4. 資料3-5-1-7のその他には、「海外取引・海外進出」「個人情報・情報管理」「セクハラなど社内問題」「コンプライアンス体制構築」「創業・起業」などが含まれる。

②　その他の専門相談

弁護士会では、相談者のニーズに対応するため、高齢者・障がい者のための法律相談、クレ・サラ相談、子どもの権利に関する相談、外国人法律相談など、様々な専門相談窓口を設置している。

第2節　日弁連・弁護士会等による弁護士過疎・偏在解消のための取組

1　経過と現状

　日弁連は、弁護士過疎・偏在解消のため、1996年に「弁護士過疎地域における法律相談体制の確立に関する宣言」（名古屋宣言）を採択し、ゼロワン地域を中心として緊急に対策を講ずべき弁護士過疎地域に法律相談センターを設置するなど、市民が容易に弁護士に相談し、依頼できる体制の確立のため活動を行っている。

　次のグラフは、ゼロワンマップ（次頁参照）が発表された1993年から2023年までの弁護士のゼロワン地裁支部数の変遷と、日弁連ひまわり基金による公設事務所「ひまわり基金法律事務所」（203頁参照）及び「法テラスの地域事務所（司法過疎地域事務所）」の設置数の推移を示したものである。両法律事務所の設置数の増加に比例して、弁護士のゼロワン地域が減少している。

　1993年当時50か所存在した弁護士ゼロ地域は、2023年10月1日現在0か所、ワン地域は2か所となった。

資料3-5-2-1　弁護士ゼロワン地裁支部数の変遷

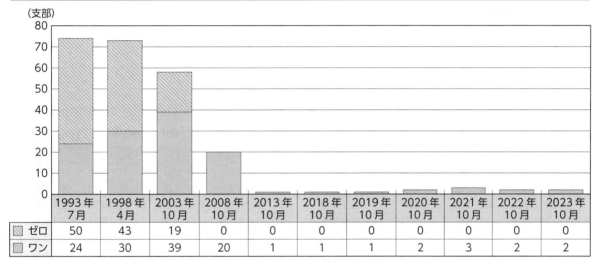

	1993年7月	1998年4月	2003年10月	2008年10月	2013年10月	2018年10月	2019年10月	2020年10月	2021年10月	2022年10月	2023年10月
ゼロ	50	43	19	0	0	0	0	0	0	0	0
ワン	24	30	39	20	1	1	1	2	3	2	2

資料3-5-2-2　ひまわり基金法律事務所（累計）・法テラス司法過疎地域事務所の設置数の推移

【注】1．2023年10月1日現在のひまわり基金法律事務所数（累計）123のうち、87事務所は定着により個人事務所として同一地域内に開業している。詳しくはp.203～205参照。
　　　2．司法過疎対策業務については、本書第4編第1章「日本司法支援センター（法テラス）」p.241を参照。

資料3-5-2-3　弁護士ゼロワンマップ

「弁護士ゼロ」「弁護士ワン」とは、地方・家庭裁判所支部管轄区域を単位として、登録弁護士が全くいないか、1人しかいない地域をいう。

1993年7月1日当時のゼロワンマップ	2023年10月1日現在のゼロワンマップ
● 弁護士ゼロ支部 50か所　◎ 弁護士ワン支部 24か所	● 弁護士ゼロ支部なし　◎ 弁護士ワン支部 2か所

● 弁護士ゼロ支部（50か所）（1993年7月1日現在）

	地方裁判所	支部		地方裁判所	支部
1	旭川地裁	稚内支部	26	京都地裁	園部支部
2	旭川地裁	名寄支部	27	京都地裁	宮津支部
3	旭川地裁	紋別支部	28	神戸地裁	柏原支部
4	旭川地裁	留萌支部	29	岡山地裁	新見支部
5	釧路地裁	網走支部	30	松江地裁	西郷支部
6	釧路地裁	根室支部	31	松江地裁	浜田支部
7	札幌地裁	滝川支部	32	山口地裁	萩支部
8	札幌地裁	岩内支部	33	徳島地裁	阿南支部
9	札幌地裁	浦河支部	34	徳島地裁	美馬支部
10	函館地裁	江差支部	35	高知地裁	安芸支部
11	青森地裁	五所川原支部	36	高知地裁	須崎支部
12	青森地裁	十和田支部	37	大分地裁	杵築支部
13	秋田地裁	能代支部	38	大分地裁	佐伯支部
14	秋田地裁	横手支部	39	福岡地裁	柳川支部
15	盛岡地裁	二戸支部	40	佐賀地裁	武雄支部
16	盛岡地裁	宮古支部	41	長崎地裁	厳原支部
17	水戸地裁	麻生支部	42	長崎地裁	壱岐支部
18	千葉地裁	一宮支部	43	長崎地裁	平戸支部
19	前橋地裁	沼田支部	44	長崎地裁	五島支部
20	金沢地裁	輪島支部	45	熊本地裁	阿蘇支部
21	岐阜地裁	御嵩支部	46	熊本地裁	天草支部
22	福井地裁	武生支部	47	熊本地裁	人吉支部
23	大津地裁	長浜支部	48	宮崎地裁	日南支部
24	奈良地裁	五條支部	49	鹿児島地裁	知覧支部
25	和歌山地裁	御坊支部	50	那覇地裁	名護支部

◎ 弁護士ワン支部（24か所）（1993年7月1日現在）

	地方裁判所	支部		地方裁判所	支部
1	盛岡地裁	遠野支部	13	神戸地裁	社支部
2	盛岡地裁	水沢支部	14	神戸地裁	洲本支部
3	仙台地裁	登米支部	15	広島地裁	三次支部
4	仙台地裁	大河原支部	16	松江地裁	益田支部
5	宇都宮地裁	大田原支部	17	高知地裁	中村支部
6	千葉地裁	佐原支部	18	大分地裁	竹田支部
7	静岡地裁	下田支部	19	福岡地裁	八女支部
8	新潟地裁	新発田支部	20	長崎地裁	島原支部
9	福井地裁	敦賀支部	21	熊本地裁	山鹿支部
10	津地裁	伊賀支部	22	鹿児島地裁	加治木支部
11	津地裁	熊野支部	23	鹿児島地裁	川内支部
12	和歌山地裁	新宮支部	24	那覇地裁	平良支部

● 弁護士ゼロ支部なし（2023年10月1日現在）
◎ 弁護士ワン支部（2か所）（2023年10月1日現在）

	地方裁判所	支部
1	千葉地裁	佐原支部
2	岡山地裁	新見支部

② 日弁連ひまわり基金による公設事務所（過疎地型公設事務所）の設置状況

　1999 年、弁護士過疎・偏在対策の活動資金に充てるため、「日弁連ひまわり基金」が設立され、2000年6月に第1号の公設事務所として、「石見ひまわり基金法律事務所」が開設された。ひまわり基金法律事務所に対しては、日弁連ひまわり基金から開設費や運営費の援助等がなされる他、支援委員会によって、運営が支援されている。

　次の表は、「ひまわり基金法律事務所」が初めて設置された 2000 年からの設立状況をまとめたものである。このうち、87 事務所の所長弁護士が退任後に定着し、5事務所が目的終了に伴い廃止されているため、2023 年 10 月 1 日現在の稼働数は 31 事務所となっている。

資料3-5-2-4　ひまわり基金法律事務所（過疎地型公設事務所）の設置状況

（2023 年 10 月 1 日現在）

	開設地域（支部名）	開 設 場 所	名　　　称	開設年月日	開設順
1	札幌地裁・室蘭支部	北海道・室蘭市	室蘭ひまわり基金法律事務所（定着）	2005.01.17	37
2	札幌地裁・室蘭支部（伊達簡裁）	北海道・伊達市	伊達ひまわり基金法律事務所（定着）	2008.11.05	93
3	札幌地裁・浦河支部	北海道・新ひだか町	ひだかひまわり基金法律事務所（定着）	2005.04.01	41
4	札幌地裁・浦河支部	北海道・浦河町	浦河ひまわり基金法律事務所	2011.10.18	108
5	札幌地裁・岩内支部	北海道・岩内町	岩内ひまわり基金法律事務所	2007.11.16	81
6	札幌地裁・岩内支部	北海道・倶知安町	倶知安ひまわり基金法律事務所（定着）	2005.01.07	35
7	旭川地裁・名寄支部	北海道・名寄市	名寄ひまわり基金法律事務所	2004.05.06	27
8	旭川地裁・名寄支部（中頓別簡裁）	北海道・枝幸町	オホーツク枝幸ひまわり基金法律事務所	2019.04.01	120
9	旭川地裁・紋別支部	北海道・紋別市	紋別ひまわり基金法律事務所	2001.04.01	3
10	旭川地裁・紋別支部	北海道・紋別市	流氷の町ひまわり基金法律事務所	2011.12.18	109
11	旭川地裁・留萌支部	北海道・留萌市	留萌ひまわり基金法律事務所	2004.02.02	21
12	旭川地裁・留萌支部	北海道・留萌市	オロロンひまわり基金法律事務所	2011.05.16	107
13	旭川地裁・稚内支部	北海道・稚内市	稚内ひまわり基金法律事務所	2008.03.01	86
14	旭川地裁・稚内支部	北海道・稚内市	宗谷ひまわり基金法律事務所（定着）	2009.09.01	95
15	釧路地裁・網走支部	北海道・網走市	網走ひまわり基金法律事務所（定着）	2002.02.01	6
16	釧路地裁・網走支部	北海道・網走市	オホーツク北斗ひまわり基金法律事務所(定着)	2006.05.29	63
17	釧路地裁・北見支部	北海道・北見市	北見ひまわり基金法律事務所（定着）	2006.07.03	66
18	釧路地裁・根室支部	北海道・中標津町	中標津ひまわり基金法律事務所（定着）	2006.07.03	65
19	釧路地裁・根室支部	北海道・根室市	根室ひまわり基金法律事務所	2003.03.07	14
20	釧路地裁・帯広支部（本別簡裁）	北海道・本別町	本別ひまわり基金法律事務所	2015.05.16	114
21	仙台地裁・大河原支部	宮城県・角田市	角田ひまわり基金法律事務所（定着）	2008.10.01	91
22	仙台地裁・登米支部	宮城県・登米市	登米ひまわり基金法律事務所（定着）	2006.07.01	67
23	仙台地裁・気仙沼支部	宮城県・気仙沼市	気仙沼ひまわり基金法律事務所（定着）	2007.04.02	78
24	仙台地裁・古川支部（築館簡裁）	宮城県・栗原市	栗原ひまわり基金法律事務所（定着）	2008.08.25	88
25	福島地裁・相馬支部	福島県・相馬市	相馬ひまわり基金法律事務所（終了）	2005.04.23 2023.09.30（終了）	44
26	福島地裁・相馬支部	福島県・南相馬市	原町ひまわり基金法律事務所（終了）	2013.04.01 2022.03.31（終了）	113
27	山形地裁・新庄支部	山形県・新庄市	新庄ひまわり基金法律事務所	2005.01.04	34
28	山形地裁・米沢支部	山形県・米沢市	米沢ひまわり基金法律事務所（定着）	2005.07.04	50
29	盛岡地裁・花巻支部	岩手県・北上市	北上ひまわり基金法律事務所（定着）	2001.09.13	5
30	盛岡地裁・花巻支部	岩手県・北上市	北上ひまわり基金法律事務所（定着）	2009.09.30	97
31	盛岡地裁・花巻支部	岩手県・花巻市	花北ひまわり基金法律事務所（定着）	2005.01.16	36
32	盛岡地裁・二戸支部	岩手県・二戸市	二戸ひまわり基金法律事務所（定着）	2005.10.26	53
33	盛岡地裁・二戸支部（久慈簡裁）	岩手県・久慈市	久慈ひまわり基金法律事務所（定着）	2009.04.01	94
34	盛岡地裁・遠野支部	岩手県・遠野市	遠野ひまわり基金法律事務所	2001.08.29	4
35	盛岡地裁・遠野支部（釜石簡裁）	岩手県・釜石市	釜石ひまわり基金法律事務所	2006.11.29	75
36	盛岡地裁・宮古支部	岩手県・宮古市	宮古ひまわり基金法律事務所（定着）	2004.03.01	22
37	盛岡地裁・一関支部（大船渡簡裁）	岩手県・陸前高田市	いわて三陸ひまわり基金法律事務所（定着）	2012.03.05	111
38	秋田地裁・能代支部	秋田県・能代市	能代ひまわり基金法律事務所（定着）	2005.04.22	43
39	秋田地裁・能代支部	秋田県・能代市	白神ひまわり基金法律事務所（定着）	2012.03.01	110
40	秋田地裁・大館支部	秋田県・大館市	大館ひまわり基金法律事務所（定着）	2006.07.24	68
41	秋田地裁・横手支部	秋田県・横手市	横手ひまわり基金法律事務所（定着）	2003.09.24	19

	開設地域（支部名）	開 設 場 所	名　　　　称	開設年月日	開設順
42	秋田地裁・横手支部	秋田県・横手市	横手ひまわり基金法律事務所	2023.10.01	123
43	青森地裁・五所川原支部	青森県・五所川原市	五所川原ひまわり基金法律事務所（定着）	2002.02.12	7
44	青森地裁・五所川原支部	青森県・五所川原市	つがるひまわり基金法律事務所	2007.11.19	82
45	青森地裁・十和田支部	青森県・三沢市	三沢ひまわり基金法律事務所（定着）	2008.02.01	84
46	青森地裁・十和田支部	青森県・十和田市	十和田ひまわり基金法律事務所（定着）	2002.12.13	12
47	青森地裁・青森本庁支部（むつ簡裁）	青森県・むつ市	むつひまわり基金法律事務所（定着）	2006.12.04	76
48	千葉地裁・佐原支部	千葉県・香取市	佐原ひまわり基金法律事務所（定着）	2009.09.10	96
49	千葉地裁・館山支部	千葉県・鴨川市	鴨川ひまわり基金法律事務所（定着）	2011.03.01	105
50	千葉地裁・八日市場支部（銚子簡裁）	千葉県・銚子市	銚子ひまわり基金法律事務所（定着）	2006.03.01	57
51	水戸地裁・麻生支部	茨城県・鹿嶋市	鹿嶋ひまわり基金法律事務所（定着）	2005.11.21	54
52	水戸地裁・麻生支部	茨城県・神栖市	神栖ひまわり基金法律事務所（定着）	2006.10.01	70
53	静岡地裁・沼津支部	静岡県・伊東市	伊東ひまわり基金法律事務所（定着）	2012.09.25	112
54	静岡地裁・下田支部	静岡県・下田市	下田ひまわり基金法律事務所	2005.05.23	48
55	甲府地裁・都留支部	山梨県・都留市	都留ひまわり基金法律事務所（定着）	2008.09.01	89
56	新潟地裁・新発田支部	新潟県・新発田市	新発田ひまわり基金法律事務所（定着）	2006.03.25	58
57	新潟地裁・新発田支部	新潟県・村上市	村上ひまわり基金法律事務所	2020.10.01	122
58	新潟地裁・長岡支部	新潟県・長岡市	震災復興をめざす 中越ひまわり基金法律事務所（終了）	2005.05.02 2008.03.31 （終了）	45
59	新潟地裁・高田支部	新潟県・上越市	上越ひまわり基金法律事務所（定着）	2005.09.01	51
60	新潟地裁・高田支部（糸魚川簡裁）	新潟県・糸魚川市	糸魚川ひまわり基金法律事務所	2018.11.01	119
61	新潟地裁・佐渡支部	新潟県・佐渡市	佐渡ひまわり基金法律事務所（定着）	2008.06.07	87
62	津地裁・熊野支部	三重県・熊野市	熊野ひまわり基金法律事務所	2002.06.10	9
63	福井地裁・敦賀支部（小浜簡裁）	福井県・小浜市	小浜ひまわり基金法律事務所	2005.04.12	42
64	金沢地裁・輪島支部	石川県・輪島市	輪島ひまわり基金法律事務所（定着）	2004.03.10	23
65	京都地裁・園部支部	京都府・南丹市	園部ひまわり基金法律事務所（定着）	2004.10.01	29
66	京都地裁・園部支部	京都府・亀岡市	亀岡ひまわり基金法律事務所（定着）	2005.05.16	47
67	京都地裁・宮津支部	京都府・宮津市	宮津ひまわり基金法律事務所（定着）	2002.10.01	11
68	京都地裁・宮津支部（京丹後簡裁）	京都府・京丹後市	京丹後ひまわり基金法律事務所（定着）	2006.03.29	59
69	京都地裁・京都本庁（木津簡裁）	京都府・京田辺市	山城ひまわり基金法律事務所（定着）	2006.03.31	60
70	神戸地裁・柏原支部	兵庫県・丹波市	丹波ひまわり基金法律事務所 弁護士法人ひょうごパブリック法律事務所 丹波ひまわり基金事務所（定着）	2004.03.17 2010.05.01	24
71	神戸地裁・龍野支部	兵庫県・たつの市	たつのひまわり基金法律事務所（定着）	2006.11.30	74
72	神戸地裁・洲本支部	兵庫県・洲本市	淡路島ひまわり基金法律事務所（定着）	2007.01.25	77
73	神戸地裁・洲本支部	兵庫県・淡路市	ひまわり基金あわじ法律事務所	2011.02.01	104
74	和歌山地裁・御坊支部	和歌山県・御坊市	御坊ひまわり基金法律事務所（定着）	2006.04.10	61
75	和歌山地裁・御坊支部	和歌山県・御坊市	紀中ひまわり基金法律事務所	2017.11.01	118
76	和歌山地裁・新宮支部	和歌山県・新宮市	新宮ひまわり基金法律事務所（定着）	2006.06.12	64
77	広島地裁・三次支部	広島県・三次市	備北ひまわり基金法律事務所（定着）	2007.07.02	79
78	山口地裁・萩支部	山口県・萩市	萩ひまわり基金法律事務所（定着）	2008.02.01	85
79	岡山地裁・新見支部	岡山県・新見市	新見ひまわり基金法律事務所（定着）	2005.03.26	40
80	岡山地裁・津山支部（勝山簡裁）	岡山県・真庭市	弁護士法人さいわい真庭ひまわり基金法律事務所（定着）	2011.03.30	106
81	岡山地裁・岡山本庁（高梁簡裁）	岡山県・高梁市	高梁ひまわり基金法律事務所	2016.03.29	116
82	鳥取地裁・鳥取本庁支部	鳥取県・鳥取市	鳥取ひまわり基金法律事務所（定着）	2004.10.01	30
83	鳥取地裁・倉吉支部	鳥取県・倉吉市	倉吉ひまわり基金法律事務所（定着）	2003.03.20	15
84	松江地裁・浜田支部	島根県・浜田市	石見ひまわり基金法律事務所（定着）	2000.06.12	1
85	松江地裁・浜田支部	島根県・浜田市	浜田ひまわり基金法律事務所（定着）	2005.01.24	38
86	松江地裁・益田支部	島根県・益田市	益田ひまわり基金法律事務所（定着）	2004.04.01	25
87	松江地裁・益田支部	島根県・益田市	石西ひまわり基金法律事務所（終了）	2008.01.15 2019.12.31 （終了）	83
88	松江地裁・西郷支部	島根県・隠岐の島町	隠岐ひまわり基金法律事務所	2015.07.05	115
89	徳島地裁・阿南支部	徳島県・阿南市	阿南ひまわり基金法律事務所（定着）	2006.10.01	71
90	徳島地裁・美馬支部	徳島県・美馬市	美馬ひまわり基金法律事務所（定着）	2006.11.30	72
91	高知地裁・須崎支部	高知県・須崎市	須崎ひまわり基金法律事務所	2008.11.01	92
92	高知地裁・安芸支部	高知県・安芸市	安芸ひまわり基金法律事務所	2004.11.01	33
93	高知地裁・中村支部	高知県・四万十市	中村ひまわり基金法律事務所	2007.07.17	80
94	松山地裁・大洲支部	愛媛県・大洲市	ひまわり基金法律事務所大洲（定着）	2006.05.22	62
95	福岡地裁・行橋支部	福岡県・豊前市	豊前ひまわり基金法律事務所（定着）	2016.10.01	117
96	長崎地裁・島原支部	長崎県・島原市	島原ひまわり基金法律事務所（定着）	2003.02.03	13

3-5-2　日弁連・弁護士会等による弁護士過疎・偏在解消のための取組

	開設地域（支部名）	開　設　場　所	名　　　称	開設年月日	開設順
97	長崎地裁・島原支部	長崎県・島原市	有明ひまわり基金法律事務所（定着）	2006.11.28	73
98	長崎地裁・島原支部	長崎県・島原市	島原中央ひまわり基金法律事務所（定着）	2011.02.01	103
99	長崎地裁・五島支部	長崎県・五島市	五島ひまわり基金法律事務所（定着）	2004.04.01	26
100	長崎地裁・厳原支部	長崎県・対馬市	対馬ひまわり基金法律事務所	2005.09.05	52
101	長崎地裁・平戸支部	長崎県・平戸市	平戸ひまわり基金法律事務所（定着）	2003.04.01	16
102	長崎地裁・平戸支部	長崎県・平戸市	飛鸞ひまわり基金法律事務所	2020.07.01	121
103	長崎地裁・壱岐支部	長崎県・壱岐市	壱岐ひまわり基金法律事務所	2010.01.29	99
104	熊本地裁・阿蘇支部	熊本県・阿蘇市	阿蘇ひまわり基金法律事務所（定着）	2005.06.08	49
105	熊本地裁・玉名支部	熊本県・玉名市	玉名ひまわり基金法律事務所（定着）	2004.09.21	28
106	熊本地裁・玉名支部（荒尾簡裁）	熊本県・荒尾市	荒尾ひまわり基金法律事務所（定着）	2010.05.10	101
107	熊本地裁・山鹿支部	熊本県・山鹿市	山鹿ひまわり基金法律事務所（定着）	2004.10.05	31
108	熊本地裁・八代支部	熊本県・八代市	八代ひまわり基金法律事務所（定着）	2005.05.10	46
109	熊本地裁・人吉支部	熊本県・人吉市	人吉・球磨ひまわり基金法律事務所（定着）	2002.04.01	8
110	熊本地裁・人吉支部	熊本県・人吉市	くま川ひまわり基金法律事務所（定着）	2006.02.10	56
111	熊本地裁・天草支部	熊本県・天草市	天草ひまわり基金法律事務所（定着）	2004.10.09	32
112	鹿児島地裁・知覧支部	鹿児島県・知覧町	知覧ひまわり基金法律事務所（定着）	2003.08.01	18
113	鹿児島地裁・鹿屋支部	鹿児島県・鹿屋市	鹿屋ひまわり基金法律事務所（定着）	2003.11.15	20
114	鹿児島地裁・名瀬支部	鹿児島県・奄美市	奄美ひまわり基金法律事務所（終了）	2005.03.03 2009.10.31 （終了）	39
115	鹿児島地裁・名瀬支部	鹿児島県・奄美市	末広町法律事務所（定着）	2009.11.01	98
116	鹿児島地裁・名瀬支部	鹿児島県・奄美市	あまみ法律事務所（定着）	2010.04.01	100
117	宮崎地裁・宮崎本庁（西都簡裁）	宮崎県・西都市	西都ひまわり基金法律事務所（定着）	2010.06.01	102
118	宮崎地裁・日南支部	宮崎県・日南市	日南ひまわり基金法律事務所（定着）	2002.08.01	10
119	宮崎地裁・都城支部（小林簡裁）	宮崎県・小林市	小林えびの西諸地区ひまわり基金法律事務所	2008.10.01	90
			小林ひまわり基金法律事務所（定着）	2012.04.01	
120	宮崎地裁・延岡支部（日向簡裁）	宮崎県・日向市	日向入郷地区ひまわり基金法律事務所（定着）	2006.08.01	69
121	那覇地裁・平良支部	沖縄県・宮古島市	平良ひまわり基金法律事務所	2003.05.06	17
			宮古島ひまわり基金法律事務所（定着）	2006.05.12	
122	那覇地裁・石垣支部	沖縄県・石垣市	石垣ひまわり基金法律事務所（定着）	2001.04.01	2
123	那覇地裁・石垣支部	沖縄県・石垣市	八重山ひまわり基金法律事務所（定着）	2006.01.16	55

【注】1．「○○ひまわり基金法律事務所」の後に、（定着）とあるのは、所長退任後、同地域で引き続き個人事務所として開業している事務所を意味する。ただし、事務所名は、「○○ひまわり基金法律事務所」ではない。
　　　2．名称が重複している事務所（北上ひまわり基金法律事務所）は、定着のためいったん終了したが、その後同一支部管内の異なる場所に2か所目の公設事務所が開設され、2013年に定着した。

特集

第1編

第2編

第3編

第4編

❸ 弁護士会等の支援による公設事務所（都市型公設事務所）の設置状況

　現在、全国10の都市型公設事務所が、弁護士会ないし弁護士会連合会の支援により設置、運営され、以下のような公益活動を中心にそれぞれ特色ある活動を行っている。

> ① **過疎地型公設事務所・日本司法支援センター（法テラス）の常勤弁護士の育成と派遣**
> 　弁護士過疎・偏在解消のための人材供給源として、ひまわり基金法律事務所赴任弁護士や法テラス常勤弁護士等を志す新人・若手弁護士を養成している。2023年10月1日時点でひまわり基金法律事務所へ169名を派遣し、その他、法テラスのスタッフ弁護士として赴任し、又は弁護士が不足する偏在解消対策地区に独立する弁護士を多数、養成・輩出している。
>
> ② **刑事弁護の態勢整備と専門性・組織性の向上**
> 　刑事対応型として設置された北千住パブリック法律事務所を中心に、裁判員裁判対象事件等に専門的に取り組んでいる。
>
> ③ **弁護士任官や判事補等の弁護士職務経験の支援**
> 　2023年10月1日時点で都市型公設事務所経験者の任官者は4人、また、同年4月1日時点で弁護士職務経験者受入人数は延べ16人となっており、さらなる推進が課題となっている。
> 　なお、都市型公設事務所を活用した弁護士任官推進事業の試行に関する規則は2022年3月31日に失効しており、同規則に定める弁護士任官推進事業の施行は終了している。
>
> ④ **社会的・経済的な理由その他により弁護士へのアクセスが困難な地域住民のための法的支援**
> 　各事務所は設立初期から、都市部における市民の「法的駆け込み寺」としての役割を担ってきた。現在でも、高齢、障がいその他の事由のために、自ら支援を求めることが難しい市民は多い。そのため、事務所ごとに地域の実情に応じた柔軟かつ迅速な対応が可能な特徴を生かし、地域の行政機関や他職種と連携し、法的アクセス困難の解消に努めている。その一環として、2012年10月に開設された東京パブリック法律事務所三田支所（2017年3月31日付けで支所は閉鎖したが外国人・国際部門は本所へ移動）は、言語や文化の問題で法的アクセスが困難な外国人の権利擁護のため、外国人事件を専門的に取り扱っている。

　今後、専門的活動が可能な人材確保、財政基盤の安定が課題であり、新たな法的ニーズの発掘に取り組み、存在意義を発揮することが求められている。

資料3-5-2-5 都市型公設事務所の設置状況

（2023年10月1日現在）

開設年月日	支援弁護士会	開設場所	名称
2001.09.03	第二東京弁護士会	東京都新宿区	弁護士法人東京フロンティア基金法律事務所
2002.06.24	東京弁護士会	東京都豊島区	弁護士法人東京パブリック法律事務所
2003.05.16	第一東京弁護士会	東京都渋谷区	弁護士法人渋谷シビック法律事務所
2004.04.01	東京弁護士会	東京都足立区	弁護士法人北千住パブリック法律事務所
2004.08.23	岡山弁護士会	岡山県岡山市	弁護士法人岡山パブリック法律事務所
2005.03.19	北海道弁護士会連合会	北海道札幌市中央区	弁護士法人すずらん基金法律事務所
2006.10.03	広島弁護士会	広島県広島市中区	弁護士法人広島みらい法律事務所
2008.03.05	東京弁護士会	東京都立川市	弁護士法人多摩パブリック法律事務所
2008.09.22	九州弁護士会連合会 福岡県弁護士会	福岡県福岡市中央区	弁護士法人あさかぜ基金法律事務所
2009.09.01	関東弁護士会連合会 神奈川県弁護士会	神奈川県横浜市中区	弁護士法人かながわパブリック法律事務所

【注】　1．町田シビック法律事務所（2009年4月1日開設／第一東京弁護士会／東京都町田市）は2016年3月31日付けで閉鎖。
　　　　2．弁護士法人やまびこ基金法律事務所（2008年4月1日開設／東北弁護士会連合会、仙台弁護士会／宮城県仙台市）は2016年9月30日付けで閉鎖。
　　　　3．弁護士法人東京パブリック法律事務所三田支所（2012年10月15日開設／東京弁護士会／東京都港区）は2017年3月31日付けで閉鎖。
　　　　4．弁護士法人渋谷パブリック法律事務所（2004年7月1日開設／東京弁護士会／東京都渋谷区）は2018年3月31日付けで閉鎖。同事務所の三田支所が弁護士法人三田パブリック法律事務所に名称を変更。
　　　　5．弁護士法人大阪パブリック法律事務所（2007年4月1日開設／大阪弁護士会／大阪府大阪市北区）は2019年5月31日付けで閉鎖。
　　　　6．弁護士法人三田パブリック法律事務所（2018年4月1日開設／東京弁護士会／東京都港区）は2020年11月25日付けで閉鎖。
　　　　7．弁護士法人ひょうごパブリック法律事務所（2008年10月1日開設／兵庫県弁護士会／兵庫県神戸市中央区）は2022年12月31日付けで閉鎖。

❹ 偏在対応弁護士等経済的支援事業、新人弁護士等準備・養成等援助事業

　日弁連では、2008年から弁護士過疎・偏在問題の解決に向けて、経済的支援を実施し、2007年のパイロット事業を含めて2023年10月1日までに426件の利用があった。なお、2013年4月から、「弁護士過疎・偏在対策事業」として従来のひまわり基金と偏在解消のための経済的支援制度を一本化し、従来の弁護士偏在解消のための経済的支援制度は、偏在対応弁護士等経済的支援事業と新人弁護士等準備・養成等援助事業として制定された。

資料3-5-2-6　偏在対応弁護士等経済的支援事業、新人弁護士等準備・養成等援助事業の概要

（2023年10月1日現在）

支援メニュー	支援対象	給付（貸付）金額	備考
偏在対応弁護士独立開業支援	弁護士司法修習生	上限350万円（貸付 注1）	偏在解消対策地区（注3）に独立開業する弁護士の事務所開設・運営資金貸付
偏在対応常駐従事務所開設支援	弁護士法人共同法人	上限350万円（貸付 注1）	偏在解消対策地区に弁護士常駐従事務所を開設する弁護士法人の事務所開設・運営資金貸付
偏在対応特別独立開業等支援	弁護士司法修習生弁護士法人共同法人	上限650万円（貸付 注2）	特別独立開業等支援対象地区（注4）に法律事務所又は従たる法律事務所を開設する弁護士・弁護士法人の事務所開設・運営資金貸付
新人弁護士等準備支援	弁護士司法修習生	上限100万円（貸付）	おおむね2年以内に公設事務所弁護士又は偏在対応弁護士（注5）となることを予定する新人弁護士等の準備費用貸付（新人弁護士等に通常金額の給与等が支払われていない場合のみ）
新人弁護士等養成事務所養成支援	弁護士弁護士法人共同法人	上限100万円（給付）	公設事務所弁護士又は偏在対応弁護士となることを条件として新人弁護士等を養成する場合の養成費用支援（新人弁護士等に通常金額の給与等が支払われている場合のみ）
新人弁護士等養成事務所養成支援（特則）（注6）	弁護士弁護士法人共同法人	（養成区分：公設）1年目・月額40万円2年目・月額20万円（上限計720万円）（養成区分：偏在）月額25万円（上限300万円）	公設事務所弁護士又は偏在対応弁護士となることを条件として新人弁護士等を養成する場合の養成費用支援（新人弁護士等に通常金額の給与等が支払われている場合のみ）※ただし、注7の条件を満たす場合のみ
新人弁護士等養成事務所拡張支援	弁護士弁護士法人共同法人	上限200万円（給付）	公設事務所弁護士又は偏在対応弁護士となることを予定する新人弁護士等を養成する事務所の拡張（移転、備品購入、改装を含む）費用支援
偏在対策拠点事務所開設支援	弁護士会弁護士会連合会	上限1,500万円（給付）	公設事務所弁護士又は偏在対応弁護士となることを目指す弁護士を採用し、一定期間養成することを主たる目的の1つとして会または弁連の支援により設置される事務所の開設・運営資金支援
偏在対応弁護士等移転支援（注8）	弁護士弁護士法人共同法人	上限350万円（貸付 注1）	大規模災害（注9）により被災した偏在解消対策地区・特別独立開業等支援対象地区に法律事務所等を設置している弁護士・弁護士法人が、当該被災を原因として、当該対象地域内・他の対象地域内に移転するための貸付
偏在対応復旧費用支援（注8）	弁護士弁護士法人共同法人	上限100万円（給付）	大規模災害（注9）により被災した偏在解消対策地区・特別独立開業等支援対象地区に法律事務所等を設置している弁護士・弁護士法人が、当該被災を原因として、当該法律事務所について損害を受けた場合の復旧費用支援

【注】 1. 返済期限は貸付から7年以内。貸付金返済に足りる相当な収入が得られなかったことや公益的活動を積極的に受任していること等、一定の要件を満たす場合は、返済を免除。
　　　 2. 1と基本的には同様だが、業務状況（公益的事件受任）を勘案し、財務状況にかかわらず、300万円の範囲内で返済を免除できる。
　　　 3. 以下のいずれかの要件を満たす地区。
　　　　　①弁護士1人あたりの人口が3万人を超える地区（地方裁判所支部管轄区域単位）
　　　　　②当該地域に法律事務所が2か所以上存在しない地区（簡易裁判所管轄区域単位）
　　　　　③当該市町村に法律事務所が存在しない地区（市町村単位）
　　　　　④上記①②③に準ずる地域その他弁護士偏在解消のために特別な対策が必要と認められる地域
　　　 4. 以下のいずれかの要件を満たす地区。
　　　　　①第一種弁護士過疎地域（地裁支部管内の法律事務所が3以下の地域等）で国選弁護事件、当番弁護事件、及び民事法律扶助事件のいずれかについてこれを受任する弁護士が1人以下である地区
　　　　　②①に準ずる地域その他弁護士偏在解消のために特別な対策が必要と認められる地域であって、弁護士会又は弁護士会連合会が対象として指定し、日弁連が指定を承認した地区
　　　 5. 公設事務所弁護士、偏在解消対策地区において独立開業する弁護士又は偏在対応常駐従事務所若しくは偏在対応特別常駐従事務所の常駐社員等となる弁護士の総称。
　　　 6. 2020年12月1日から2030年11月30日まで適用。
　　　 7. 以下の要件をすべて満たす場合、特則により養成費用が増額される。
　　　　　都市型公設事務所の場合
　　　　　①弁護士会又は弁護士会連合会からの貸付、給付その他の経済的支援を受けて、公設事務所弁護士又は偏在対応弁護士となることを目指す弁護士を採用し、一定期間養成することを目的の1つとする法律事務所を設立したこと
　　　　　②新人弁護士等の養成に関して、弁護士会又は弁護士会連合会において支援委員会等が設置され、対象弁護士に対する指導又は支援が行われていること
　　　　　③公設事務所弁護士若しくは偏在対応弁護士又は日本司法支援センターの常勤スタッフ弁護士（従来スキーム・新スキームいずれでも可）の赴任実績が新人弁護士等の雇用日より前に2年間に1人以上又は5年間に2人以上いること
　　　　　一般事務所の場合（養成費用が増額される対象は、「公設事務所弁護士」の養成のみ）
　　　　　①公設事務所弁護士若しくは偏在対応弁護士又は日本司法支援センターの常勤スタッフ弁護士（新スキーム・従来スキームのいずれでも可）の赴任実績が新人弁護士等の雇用日より前に5年間に2人以上いること（もしくは養成担当弁護士に公設事務所弁護士の経験がある場合は5年間に1人以上いること）
　　　　　②新人弁護士等養成弁護士のほか、指導担当弁護士が2人以上いること（指導担当弁護士は他の事務所の弁護士でも可）
　　　　　③新人弁護士等養成弁護士及び指導担当弁護士が、公益的活動を積極的に受任していること
　　　　　④新人弁護士等が公設事務所弁護士として赴任するまで又は3年間雇用を継続できること
　　　　　⑤新人弁護士等が公設事務所に赴任した後も、指導や助言を継続できること
　　　　　⑥養成担当弁護士に不適当事由がないこと
　　　 8. 2023年10月1日施行。なお、2020年10月1日以降に発生した大規模災害による被災に係る申請から適用する。
　　　 9. 災害救助法（昭和22年法律第118号）第2条第1項及び第2項の救助の対象とされた災害及び弁護士会が指定し本会が承認した災害。

資料3-5-2-7　偏在対応弁護士等経済的支援事業、新人弁護士等準備・養成等援助事業の利用状況

（2023年10月1日現在）

支援内容	件数（件）	支援内容	件数（件）
特別独立開業支援	21	拠点事務所開設支援	6
新人弁護士等準備支援	3	養成事務所拡張費用支援	6
独立開業支援	169	養成事務所養成支援	140
常駐従事務所開設支援	10	養成事務所養成支援（特則）	71
		合　計	426

【注】 1. 新人弁護士等準備支援は、従来の弁護士偏在解消のための経済的支援制度による定着（独立開業）等準備支援を含む。
　　　 2. 拠点事務所開設支援6件の内1件は理事会決議による災害等による特別援助によるもの。
　　　 3. 養成事務所養成支援の内4件は常勤スタッフ弁護士養成援助金返還に伴う振替によるもの。

第3節　あっせん・調停・仲裁活動

　ADR（Alternative Dispute Resolution＝裁判外紛争解決手続）において、弁護士は、代理人として関与するほか、中立の第三者たる仲裁人・調停人・あっせん人として関与する。

　ADRには、①裁判所で行う民事・家事調停等の司法型ADR、②行政で行う行政型ADR（建設工事紛争審査会、労働委員会等）、③民間で行う民間ADR（各弁護士会紛争解決センター、日本知的財産仲裁センター、住宅紛争審査会、日弁連交通事故相談センター、交通事故紛争処理センター、日本商事仲裁協会等）がある。これらのほとんどにおいて弁護士が仲裁人・調停人・あっせん人として活躍している。

　本項は、弁護士会が関係する各ADR機関の実情について各機関の統計資料をもとにまとめたものである。

 弁護士会紛争解決センター

　弁護士会紛争解決センター（「示談あっせんセンター」、「あっせん仲裁センター」、「仲裁センター」などと呼ばれている）は、民事上のトラブルを簡単な手続で、早く、安く、しかも公正に解決することを目的として、弁護士会が設置・運営している民間の紛争解決機関である。仲裁人が、申立人と相手方の双方の言い分を聞いた上で、話し合いで紛争を解決できるよう和解のあっせんをしたり、双方の合意に基づき公平・中立な立場から仲裁判断をして、紛争を解決している。なお、弁護士会によって、医療紛争、金融商品、国際家事、災害に関する紛争について、専門のADRが開設されている。

（1）紛争類型別受理事件数

| 資料3-5-3-1 | 紛争類型別受理件数の推移（紛争解決センター） |

（単位：件）

		2017年度	2018年度	2019年度	2020年度	2021年度	2022年度
1	**不動産売買を巡る紛争**	**32**	**26**	**35**	**29**	**25**	**28**
	手付金返還等	2	2	5	3	0	2
	契約解除	2	5	8	3	3	1
	買戻し	1	1	2	0	1	3
	その他	27	18	20	23	21	22
2	**不動産賃貸借を巡る紛争**	**82**	**96**	**105**	**90**	**79**	**80**
	明渡し	13	28	32	12	14	14
	賃料増額	2	6	1	4	4	8
	賃料減額	3	2	3	7	4	3
	敷金・保証金返還	9	7	5	5	1	1
	賃料配分・管理費用分担	1	0	0	4	0	3
	滞納賃料	5	3	2	5	8	4
	原状回復費用	11	13	14	17	11	19
	更新料	0	0	0	1	3	2
	借地権買取り	0	1	1	0	2	0
	修理・修繕費用	10	6	13	12	8	7
	その他	28	30	34	23	24	19
3	**請負契約を巡る紛争**	**92**	**121**	**122**	**99**	**105**	**87**
	建築工事代金	28	34	24	25	17	25
	契約の解除	9	9	12	19	8	7
	建築工事の損害	33	51	57	35	24	27
	デザイン料	2	1	3	1	1	0
	その他	20	26	26	19	55	28

		2017年度	2018年度	2019年度	2020年度	2021年度	2022年度
4	貸金を巡る紛争	22	20	17	16	15	3
	債権額、過払金等を巡る紛争	7	5	7	1	1	1
	債務弁済協定	5	3	0	8	4	1
	その他	10	12	10	7	10	1
5	その他の契約紛争	110	155	114	183	200	290
	リース契約	4	1	3	0	6	3
	商品委託取引	0	0	7	3	0	1
	預り金返還	1	0	1	0	2	2
	動産売買	15	4	6	6	4	7
	銀行関係	29	36	34	31	19	21
	手数料返還	1	1	0	3	1	3
	契約不履行	12	15	16	28	80	176
	立替金	1	1	2	1	0	0
	サービスの提供を巡る紛争	6	10	5	49	25	17
	先物取引を巡る紛争	0	0	2	1	0	0
	介護契約を巡る紛争	1	9	3	14	6	6
	その他	40	78	35	47	57	54
6	債務不存在確認	2	6	8	11	8	6
7	不法行為を巡る紛争	391	355	353	329	293	310
	けんか	11	6	4	3	2	7
	動物事故	1	5	4	2	4	2
	交通事故（ ）内は自転車事故	37 (6)	26 (2)	25 (10)	25 (8)	15 (0)	20 (3)
	医療紛争	197	174	179	166	167	162
	名誉毀損	8	6	4	5	2	8
	近隣紛争	17	39	21	25	11	19
	婚姻外男女関係	18	22	26	19	16	12
	賠償額確定	14	14	40	11	12	10
	スポーツ事故	3	1	2	3	4	2
	故意による加害	17	3	8	14	8	9
	その他	68	59	40	56	52	59
8	知的財産権がらみの紛争	0	3	4	1	4	2
9	家族間の紛争	72	76	76	75	88	80
	離婚・夫婦関係調整	13	24	20	23	16	15
	婚約破棄	5	4	3	1	6	2
	養育費・親権	3	5	8	4	10	5
	相続	19	18	10	12	29	21
	親子関係	11	8	16	11	11	19
	その他	21	17	19	24	16	18
10	職場の紛争	64	48	61	48	44	42
	解雇・退職	16	12	21	17	14	16
	労働災害	12	2	3	5	3	5
	賃金	5	7	6	6	9	9
	その他	31	27	31	20	18	12
11	会社関係の紛争	26	14	12	27	12	13
12	相隣関係	40	86	74	50	25	32
13	マンション（区分所有）関係	13	8	8	17	6	4
	管理費滞納等	1	0	0	1	0	0
	その他	12	8	8	16	6	4
14	その他	44	45	44	48	59	35
	合計	990	1,059	1,033	1,023	963	1,012

【注】本件数には、専門ADRの件数も含まれている。

特集

第1編

第2編

第3編

第4編

（2）専門 ADR（医療・金融・国際家事・災害）における受理件数及び解決件数の状況

資料3-5-3-2　専門 ADR の受理件数・解決件数（紛争解決センター）

			2021 年度		2022 年度	
			受理件数	解決件数	受理件数	解決件数
1	医療 ADR	小　計	173	58	158	64
	一般医療（産科含む）		115	40	104	38
	歯科		36	12	23	12
	美容整形		3	3	18	9
	柔道整復		0	0	1	0
	介護事故		7	3	9	3
	その他		12	0	3	2
2	金融 ADR	小　計	42	17	37	11
	デリバティブ損失を巡る紛争		1	0	0	0
	その他の金融商品による損失を巡る紛争		5	3	5	0
	説明・顧客対応を巡る紛争		21	9	14	4
	仮想通貨を巡る紛争		7	2	7	5
	その他		8	3	11	2
3	国際家事 ADR（外務省委託事業のみ）	小　計	8	3	4	4
	子の返還		3	1	2	0
	面会交流		5	2	2	4
4	災害 ADR	小　計	28	18	19	6
	震災		5	3	10	0
	新型コロナウイルス感染症		18	9	3	5
	その他		5	6	6	1
		合　計	251	96	218	85

【注】 1. 数値は、『仲裁 ADR 統計年報（全国版）2022 年度版』（日本弁護士連合会・ADR（裁判外紛争解決機関）センター）によるもの。
　　　 2. 専門 ADR を実施しているセンターの実績によるもの。
　　　 3. デリバティブ：株式・債券・金利・外国為替などの金融商品（原資産）から派生して生まれた金融商品。

（3）2022 年度活動実績の状況

資料3-5-3-3　申立事件の終了状況・解決事件の審理期間等状況─全センターの平均─（紛争解決センター）

申立事件	全国平均		解決事件	全国平均
応諾率	63.6%		平均審理期間	128.4 日
受理事件対比解決率	28.4%		平均審理回数	2.7 回
応諾事件対比解決率	52.8%		紛争の価額	292 万 8,000 円

【注】 1. 応　　　諾　　　率：受理事件の中で、話合いのテーブルについた事件の割合。ただし、受理件数の中から回答待ちの件数を差し引いている。
　　　　　　　　　　　　　　計算式　応諾件数÷（受理件数－回答待ち件数）×100%
　　　　受理事件対比解決率：受理事件の中で当該年度に解決したケースの割合。
　　　　　　　　　　　　　　計算式　解決（新受）件数÷（受理件数－（回答待ち件数＋進行中件数））×100%
　　　　応諾事件対比解決率：当事者が話合いのテーブルについたもののうち、解決（新受）した事件の比率。
　　　　　　　　　　　　　　計算式　解決（新受）件数÷（応諾件数－進行中の件数）×100%
　　　 2. 解決事件の審理期間等状況の全国平均は、各センターの数値を合計し、解決事件のあるセンターの数で除したもの。

資料3-5-3-4　紛争解決センター別申立事件・解決事件数

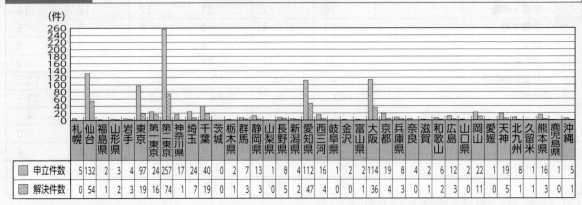

	札幌	仙台	福島県	山形県	岩手	東京	第一東京	第二東京	神奈川県	埼玉	千葉	茨城	栃木県	群馬	静岡県	山梨県	長野県	新潟県	愛知県	西三河	岐阜県	金沢	富山県	大阪	京都	兵庫県	奈良	滋賀	和歌山	広島	山口県	岡山	愛媛	天神	北九州	久留米	熊本県	鹿児島県	沖縄
申立件数	5	132	2	3	4	97	24	257	17	24	40	0	2	7	13	1	8	4	112	16	1	2	2	114	19	8	4	2	6	12	3	22	1	19	8	1	16	1	5
解決件数	0	54	1	2	3	19	16	74	1	7	19	0	1	3	5	2	47	0	36	4	3	0	1	36	4	3	0	11	0	5	1	3	0	1					

【注】『仲裁 ADR 統計年報（全国版）2022 年度版』（日本弁護士連合会・ADR（裁判外紛争解決機関）センター）によるもの。

② 住宅紛争審査会

　各弁護士会には住宅紛争審査会が設けられており、建設住宅性能評価書が交付されている住宅（評価住宅）及び住宅瑕疵担保責任保険が付されている新築住宅（保険付き住宅）に係る紛争処理（あっせん・調停・仲裁）を行っている。また、2010年から、評価住宅・保険付き住宅・住宅リフォームに係る専門家相談を実施しており、申込者と弁護士、建築士各１人による対面での無料相談を行っている（公益財団法人住宅リフォーム・紛争処理支援センターから各弁護士会に業務委託）。

　法改正により、2022年10月から、リフォーム瑕疵保険、既存住宅売買瑕疵保険などのいわゆる２号保険が付された住宅も保険付き住宅として紛争処理の対象となり、またこれに合わせて専門家相談も制度が拡充され、２号保険が付された住宅と２号保険が付されていない既存住宅（中古住宅）が相談の対象に加えられた。

　次の表は、住宅紛争審査会（指定住宅紛争処理機関）における紛争処理と専門家相談の状況である。

資料3-5-3-5　評価住宅の紛争処理状況（住宅紛争処理・住宅紛争審査会）

（2023年3月31日現在）

区分　　　　　　年度	評価住宅の紛争処理（住宅紛争処理）				
	申請	成立	打切り	取下げ	係属中
2000～2020	485	256	197	30	2
2021	25	10	8	2	5
2022	20	2	2	1	15
累　計	530	268	207	33	22

【注】 評価住宅とは、住宅の品質確保の促進等に関する法律（2000年４月１日施行）に基づく建設住宅性能評価書が交付された住宅のことをいう。

資料3-5-3-6　保険付き住宅の紛争処理状況（特別住宅紛争処理・住宅紛争審査会）

（2023年3月31日現在）

区分　　　　　　年度	保険付き住宅の紛争処理（特別住宅紛争処理）				
	申請	成立	打切り	取下げ	係属中
2008～2020	1,320(57)	737(36)	460(18)	117(3)	6
2021	151(5)	66(2)	55(1)	11	19(2)
2022	149(11)	31(1)	27(2)	7(1)	84(7)
累　計	1,620(73)	834(39)	542(21)	135(4)	109(9)

【注】 1. 保険付き住宅とは、特定住宅瑕疵担保責任の履行の確保等に関する法律（2008年４月１日施行）に基づく瑕疵保険が付された住宅のことをいう。
　　　 2. 評価住宅であり、かつ、保険付き住宅でもある場合（保険付き評価住宅）は、本表保険付き住宅の紛争処理（特別住宅紛争処理）に含めて統計処理をしている。（　　）内の数字は、うち保険付き評価住宅の件数である。
　　　 3. 2022年度は、２号保険が付された住宅（３件）を含む件数である。

資料3-5-3-7　専門家相談実施状況（2022年度・住宅紛争審査会）

2022年度合計（件）	評価住宅	保険付き住宅	住宅リフォーム	既存住宅
1,578	167	677	679	55

【注】 1. 「専門家相談実施状況」は、2022年度に実施された全弁護士会の合計件数である。
　　　 2. 本頁の数値は、公益財団法人住宅リフォーム・紛争処理支援センターにおいて集計された結果によるもの。
　　　 3. 保険付き住宅は、２号保険が付された住宅（20件）を含む件数である。

日本知的財産仲裁センター

　日本知的財産仲裁センターは、日弁連と日本弁理士会が1998年3月26日に共同で設立し、同年4月1日より運営している。同センターは、弁護士、弁理士、学識経験者がそれぞれの知識と経験を持ち寄り、調停・仲裁などによって知的財産権に関するさまざまな紛争を解決する。過去5年間の申立事件は以下のとおりである。

（1）調停・仲裁申立事件の概況

資料3-5-3-8　調停・仲裁申立事件数と処理内訳（日本知的財産仲裁センター）

（2022年12月31日現在）

年	手続（件）		紛争の対象となる権利（件）					最終結果（件）							
	調停	仲裁	商標権	意匠権	特許権	著作権	その他	和解成立	不成立	係属中	移管	相手方不応諾	取下げ	仲裁判断	和解解決
2018	2	0	0	0	1	0	1	0	0	0	0	2	0	0	0
2019	6	0	1	0	3	2	0	2	0	1	0	2	1	0	0
2020	0	0	0	0	0	0	0	0	0	0	0	0	0	0	0
2021	1	0	0	0	1	0	0	0	0	0	0	0	1	0	0
2022	1	0	0	0	1	0	0	1	0	0	0	0	0	0	0

【注】1．調停：当事者が選任した弁護士・弁理士各1人による調停人が当事者間の紛争解決に協力し、和解の成立に向けて努力する制度。調停人の意見や判断をもとに当事者間が合意して和解契約を結ぶことで事件は終了する。
　　　2．仲裁：当事者の仲裁合意に基づいて、紛争の解決を、少なくとも弁護士及び弁理士を含む3人の仲裁人にゆだねて、仲裁人の判断に裁判所の判決と同等の強制力を持たせることができる紛争解決手段である。
　　　3．特許権には、実用新案権も含まれている。
　　　4．暦年（各年の1月1日〜12月31日）を基準とする。

（2）JPドメイン名に関する紛争処理申立事件の概況

　日本知的財産仲裁センターは、一般社団法人日本ネットワークインフォメーションセンター（以下「JPNIC」という。）との協定により、JPNICが登録管理しているJPドメイン名登録に係わる紛争を解決するための「JPドメイン名に関する認定紛争処理機関」となった。JPNICが2000年7月19日に採択した「JPドメイン名紛争処理方針」、「JPドメイン名紛争処理方針のための手続規則」及び同センターが定める「補則」と「JPドメイン名紛争処理手数料規則」に従い、「不正の目的によるJPドメイン名の登録・使用」に起因する紛争を迅速に解決している。また、2002年4月1日以降は、㈱日本レジストリーサービス（以下「JPRS」という。）がJPNICの管理のもとに、JPドメイン名登録管理業務を行っている。これに伴い、前記協定も同センターとJPNIC及びJPRSの三者協定に改訂された。

資料3-5-3-9　JPドメイン名に関する紛争処理申立事件数と処理内訳（日本知的財産仲裁センター）

（2022年12月31日現在）

手続開始年	申立事件数（件）	申立ての結果（件）						
		移転	取消し	棄却	取下げ	取下見做	係属中	その他
2018	7	5	1	1	0	0	0	0
2019	9	7	0	1	1	0	0	0
2020	10	8	1	0	1	0	0	0
2021	15	11	3	0	0	1	0	0
2022	14	12	1	0	0	0	1	0

【注】1．移転：移転の対象となるJPドメイン名の登録者が第三者に変更されること。
　　　2．取消し：JPドメイン名を登録原簿から抹消すること。
　　　3．取下見做：以下の場合、その申立ては取り下げられたものと見做され、その手続は終了する。
　　　　（1）紛争処理機関が申立書に不備があることを発見し、その不備内容を申立人に速やかに通知したが、申立人から通知受領後5日（営業日）以内に何らかの補正もなされなかった場合（JPドメイン名紛争処理方針のための手続規則第4条（b））。
　　　　（2）紛争処理機関が申立書を受領した後10日（営業日）以内に紛争処理機関に対して料金の支払いがない場合（JPドメイン名紛争処理方針のための手続規則第19条（c））。
　　　4．暦年（各年1月1日〜12月31日）を基準とする。

❹ 公益財団法人日弁連交通事故相談センター

　公益財団法人日弁連交通事故相談センターは、1950年代後半以降顕著になった交通事故の増大に伴う損害賠償問題に対処するため、日弁連が設立母体となり、1967年に設立され、2012年4月1日付で公益財団法人に移行した。同センターでは、相談・示談あっせん事業などを行っている。設立年当時全国51か所であった相談所は、2023年9月現在で155か所となっている。

　次の表は2018年度から2022年度の取扱状況をまとめたものである。

（1）事業実績件数

資料3-5-3-10　事業実績件数と取扱状況（日弁連交通事故相談センター）

(単位：件)

項　目	内　訳	2018年度	2019年度	2020年度	2021年度	2022年度
相談事業	相談数	35,721	36,941	31,407	32,538	36,758
	面接	(17,316)	(17,445)	(12,653)	(13,652)	(13,004)
	電話	(18,405)	(19,496)	(18,754)	(18,886)	(23,754)
示談あっせん事業	新規受理数	1,043	1,051	846	866	742
	前年度繰越数	149	161	153	118	115
	次年度繰越数	161	153	118	115	112
	成立数	854	882	695	724	645
	成立率	82.8%	83.3%	78.9%	83.3%	86.6%
夜間電話相談事業	相談数	1,139	1,019	1,018	966	778
高次脳機能障害相談事業	相談数	50	47	38	28	32
審査事業	新規受理数	23	25	41	20	14
	前年度繰越数	7	10	8	13	5
	次年度繰越数	10	8	13	5	4
	成立数	14	24	33	21	13

【注】示談あっせん：損害賠償の金額面で相手方と話し合いがつかない時に、当センターの弁護士が間に入り、「交通事故損害額算定基準」、判例、その他を参考に、公平・中立な立場で、示談が成立するようお互いの主張を調整する、調停の民間版とも言うべき制度である。

　　　高次脳機能障害相談：交通事故で脳に損傷を受けて意識障害が続いた場合、画像上脳損傷が明白でなく、その後回復したようにみえても、記憶力・集中力・判断力等が低下し、人格変化が生じることがある。当センターでは、このような高次脳機能障害についても相談に応じるべく、2001年4月から高次脳機能障害に関する相談所を設けた。

　　　夜間電話相談：2022年度から月1回の「一斉電話相談」が毎週の「夜間電話相談」に事業変更した。

　　　審　　　査：当センターと協定を結んでいる9共済が加害者側の代行をしている案件については、示談あっせんが不成立に終わった時に、審査の申出をすることができる。9共済とは以下のとおりである。
　　　　　①こくみん共済coop（全国労働者共済生活協同組合連合会）
　　　　　②教職員共済（教職員共済生活協同組合）
　　　　　③JA共済連（全国共済農業協同組合連合会）
　　　　　④自治協会・町村生協（一般財団法人全国自治協会・全国町村職員生活協同組合）
　　　　　⑤都市生協（生活協同組合全国都市職員災害共済会）
　　　　　⑥市有物件共済会（公益社団法人全国市有物件災害共済会）
　　　　　⑦自治労共済生協（全日本自治体労働者共済生活協同組合）
　　　　　⑧交協連（全国トラック交通共済協同組合連合会）
　　　　　⑨全自共・日火連（全国自動車共済協同組合連合会・全日本火災共済協同組合連合会）

（2）新受来訪者の相談内容

資料3-5-3-11 新受来訪者の相談内容（日弁連交通事故相談センター）

（単位：件）

項目	2018 年度	2019 年度	2020 年度	2021 年度	2022 年度
賠償責任者の認定	941	993	844	907	961
請求金額	12,357	12,400	10,148	10,350	11,490
賠償責任（過失）の度合い	5,275	5,457	4,642	5,043	5,324
請求方法	5,892	6,275	5,000	4,942	5,543
自賠責保険関係	1,091	1,038	953	992	999
その他	10,165	10,778	9,820	10,304	12,441
合　計	35,721	36,941	31,407	32,538	36,758

（3）示談あっせん事案の終結状況

資料3-5-3-12 示談あっせん事案の終結状況（日弁連交通事故相談センター）

（単位：件）

項目	2018 年度	2019 年度	2020 年度	2021 年度	2022 年度
示談成立	854	882	695	724	645
打切り	117	116	127	96	61
取下げ	60	61	59	49	39
合　計	1,031	1,059	881	869	745

❺ 公益財団法人交通事故紛争処理センター

　公益財団法人交通事故紛争処理センター（東京・名古屋・札幌・福岡・広島・大阪・高松・仙台・さいたま・金沢・静岡）は、日弁連の協力を得て、1974年に「交通事故裁定委員会」として発足した。その後、組織を拡充し、1978年には交通事故に関する紛争を適正に処理することを目的に、「財団法人交通事故紛争処理センター」へと発展した（2012年4月1日付で公益財団法人に移行）。同センターでは、交通事故に関する、弁護士による無償の和解のあっせんが行われる。

　以下は、同センターにおける取扱事案について年度別にまとめたものである。

（1）相談件数の推移

| 資料3-5-3-13 | 新規相談件数の推移（交通事故紛争処理センター） |

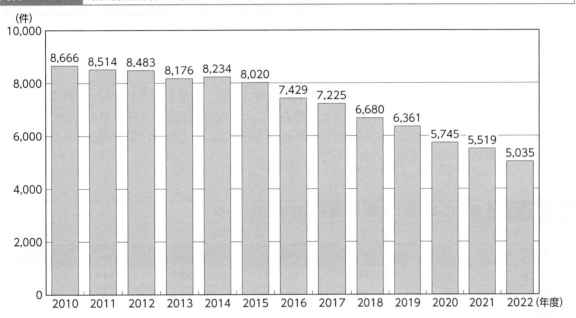

（2）新受来訪者の相談内容

| 資料3-5-3-14 | 新受来訪者の相談内容（交通事故紛争処理センター） |

（単位：件）

項　　目		2018年度	2019年度	2020年度	2021年度	2022年度
（対人）和解あっせん依頼		5,136	4,901	4,466	4,220	3,800
	うち賠償請求額	(4,985)	(4,736)	(4,310)	(4,035)	(3,586)
	うち後遺障害	(113)	(120)	(129)	(152)	(170)
	うち過失割合	(38)	(45)	(27)	(33)	(44)
	一般的相談等	13	6	2	2	1
	小　　計	5,149	4,907	4,468	4,222	3,801
（対物）和解あっせん依頼		1,526	1,451	1,277	1,296	1,234
	うち賠償請求額	(510)	(516)	(520)	(547)	(506)
	うち過失割合	(1,016)	(935)	(757)	(749)	(728)
	一般的相談等	5	3	0	1	0
	小　　計	1,531	1,454	1,277	1,297	1,234
合　　計		6,680	6,361	5,745	5,519	5,035

【注】和解あっせん：センターの嘱託弁護士が、申立人（損害賠償請求権者）および相手方（保険会社、共済となる場合が多い）の出席を求め、当事者双方の主張、提出された資料を検討し、中立・公正の立場で裁判例等を参考にあっせん案を双方に提示し、紛争解決にあたる手続である。

（3）あっせんによる終了件数

資料3-5-3-15 **あっせんによる終了件数（交通事故紛争処理センター）**

（単位：件）

項　　目	2018年度	2019年度	2020年度	2021年度	2022年度
和解成立	5,269	5,154	4,394	4,453	4,087
司法手続指導、解決手続教示	5	4	3	6	2
損害額、解決手続教示	54	38	20	11	16
あっせん不調・取り下げ	658	626	498	487	475
その他	148	95	117	95	102
合　　計	6,134	5,917	5,032	5,052	4,682

（4）審査による終了件数

　あっせんで和解成立に至らなかった場合、当事者の希望により、法律を専門とする大学教授、元裁判官及び経験豊富な弁護士の審査員3人で構成される審査会による紛争解決手続に移行することができる。審査が終わると裁定が行われ、申立人の同意が得られれば和解することとなる。相手方となった保険会社等は、審査会の審査結果を尊重することとなっている。

資料3-5-3-16 **審査による終了件数（交通事故紛争処理センター）**

（単位：件）

項　　目	2018年度	2019年度	2020年度	2021年度	2022年度
和解成立	568	509	462	511	471
不同意・取り下げ	43	37	37	43	30
その他	1	5	1	1	0
合　　計	612	551	500	555	501

（5）和解成立に至るまでの来訪回数

　次の表は、あっせん、または審査によって和解成立に至った事案について和解成立までの来訪回数をまとめたものである。約7割の案件が3回以内で和解成立に至っている。2022年度の和解成立件数（あっせん＋審査）は4,558件であった。

資料3-5-3-17 **和解成立に至るまでの来訪回数（2022年度・交通事故紛争処理センター）**

回数	件数（件）	割合	回数	件数（件）	割合
1回	406	8.9%	5回	330	7.2%
2回	1,432	31.4%	6回	260	5.7%
3回	1,178	25.8%	7回	143	3.1%
4回	662	14.5%	8回以上	147	3.2%

【注】表示未満を四捨五入しているため、百分率の合計は100%にならない。

第6章　日弁連・弁護士会連合会による対外的声明・宣言・決議等

第1節　日弁連による意見・提言・声明・要望・談話等

　日弁連は、法律制度の改善に努力すべき義務（弁護士法第1条第2項）を負う弁護士の団体として、また司法の一翼を担う公的団体としての立場から、法律や司法制度等に関する意見を公表するなどして社会正義の実現に向けて積極的な働きかけを行っている。

　以下に掲げた2022年4月から2023年3月における意見・提言・声明（会長声明）・要望・談話等を見ても、幅広い分野にわたって日弁連の考え方が外部に発信されていることがわかる。

　なお、これらの意見・提言等の全文の入手については、日弁連ウェブサイト（HOME＞公表資料）を参照されたい。

| 資料3-6-1 | 日弁連による意見・提言・声明・要望・談話等 |

■■　人　権　■■

2022/04/12	声明	「小石川事件」再審請求即時抗告申立棄却決定に対する会長声明
2022/04/13	声明	低賃金労働者の生活を支え地域経済を活性化させるために、最低賃金額の引上げと全国一律最低賃金制度の実施を求める会長声明
2022/04/13	声明	「姫路郵便局強盗事件」差戻し審・特別抗告棄却決定に対する会長声明
2022/04/15	意見	技能実習制度の廃止と特定技能制度の改革に関する意見書
2022/05/03	談話	憲法記念日を迎えるに当たっての会長談話
2022/05/09	声明	こども施策の新たな推進体制等に関する会長声明
2022/05/10	意見	医療事故調査制度の改善を求める意見書
2022/05/26	声明	被疑者に対する社会内処遇制度案に関する会長声明
2022/05/26	声明	核兵器禁止条約第1回締約国会議開催に当たり、日本政府に対し、核兵器禁止条約に早期に署名・批准することを求める会長声明
2022/06/01	声明	ウクライナ退避者保護を名目とする政府による入管法改正案の再提出に反対する会長声明
2022/06/01	声明	在外日本国民の国民審査に関する最高裁判決についての会長声明
2022/06/15	声明	改めて恣意的な生活保護基準引下げの見直しを求める会長声明
2022/06/17	意見	精神障害者を含む障害者の移動と社会参加への支援としての交通料金等の割引制度に関する意見書
2022/06/22	声明	「大崎事件」再審請求棄却決定に関する会長声明
2022/06/29	声明	こども基本法及びこども家庭庁設置法の成立に関する会長声明
2022/07/06	声明	東京地方裁判所判決を受け、改めて恣意的な生活保護基準引下げの見直しを求める会長声明
2022/07/14	声明	核兵器の不拡散に関する条約（NPT）再検討会議において、核兵器のない世界に向けて、締約国に具体的かつ効果的な提案を行うことを求める会長声明
2022/07/26	声明	死刑執行に対し強く抗議し、直ちに全ての死刑執行を停止して、死刑制度を廃止する立法措置を早急に講じることを求める会長声明
2022/08/18	声明	旅館業法上の宿泊拒否制限の緩和に反対する会長声明
2022/08/25	声明	破産者情報を拡散するウェブサイトによる個人の権利利益の侵害を防ぐため、抜本的な対策をとることを国に求める会長声明
2022/08/29	声明	霊感商法及びその他反社会的な宗教的活動による被害実態の把握と被害者救済についての会長声明
2022/09/15	提言	出入国在留・難民法分野における喫緊の課題解決のための制度改正提言〜あるべき難民、非正規滞在者の正規化、送還・収容に係る法制度〜
2022/10/06	声明	特例貸付の償還免除範囲の抜本的拡大と支援体制の整備を求める会長声明

2022/10/17	談話	霊感商法等の被害の救済及び防止に向けての会長談話
2022/10/18	声明	生活保護世帯の子どもの大学等進学を認めることを求める会長声明
2022/10/19	意見	厚生労働省「地域で安心して暮らせる精神保健医療福祉体制の実現に向けた検討会」報告書の身体的拘束要件の見直しに対する意見書
2022/11/09	声明	精神保健福祉法改正案の見直しを求める会長声明
2022/11/09	声明	国際人権（自由権）規約委員会の総括所見に対する会長声明
2022/11/15	提言	死刑制度の廃止に伴う代替刑の制度設計に関する提言
2022/11/16	意見	高齢者及び障害者虐待に係る通報をした者の保護の徹底を求める意見書
2022/11/24	声明	横浜地方裁判所判決を踏まえ、恣意的な生活保護基準引下げの見直しを求める会長声明
2022/12/02	声明	霊感商法等の被害の救済及び防止についての実効性ある法整備を求める会長声明
2022/12/08	声明	住居確保給付金の支給要件を抜本的に緩和し、より普遍的な住宅手当制度に発展させることを求める会長声明
2022/12/14	声明	法人等による寄附の不当な勧誘の防止等に関する法律等の成立に関する会長談話
2022/12/21	声明	名古屋刑務所刑務官による受刑者暴行事件に関する会長声明
2022/12/26	声明	国籍法第3条第3項の新設に当たり、子の人権に最大限配慮した運用及び国籍制度全体の見直しを求める会長声明
2023/01/11	要望	死刑制度の廃止を求める要請書
2023/01/12	意見	障害を理由とする差別の解消の推進に関する基本方針（改定案）に対する意見
2023/01/20	意見	「包括的性教育」の実施とセクシュアル・リプロダクティブ・ヘルス＆ライツを保障する包括的な法律の制定及び制度の創設を求める意見書
2023/01/30	声明	「小石川事件」再審請求特別抗告申立棄却決定に対する会長声明
2023/02/09	声明	新たな生活保護基準の検証手法の開発等と特異な物価上昇率を考慮した生活保護基準の改定を求める会長声明
2023/02/09	声明	国連人権理事会における日本に対する第4回普遍的定期的審査の勧告に関する会長声明
2023/02/16	声明	性的少数者に対する差別発言に抗議し、速やかな同性婚法制化を求める会長声明
2023/02/16	意見	雇用保険の抜本的な拡充を求める意見書
2023/02/16	意見	精神保健福祉制度の抜本的改革を求める意見書〜強制入院廃止に向けた短期工程の提言〜
2023/02/16	基本計画	第四次日本弁護士連合会男女共同参画推進基本計画
2023/02/27	声明	「日野町事件」即時抗告棄却・再審開始維持決定についての会長声明
2023/03/09	声明	出入国管理及び難民認定法改正案に反対する会長声明
2023/03/13	声明	「袴田事件」再審開始支持決定を評価し、検察官特別抗告の断念を求める会長声明
2023/03/16	意見	犯罪被害者等補償法制定を求める意見書
2023/03/20	談話	「袴田事件」再審開始決定についての会長談話

━━━━━━━━ ■■ 刑　事・少　年 ■■ ━━━━━━━━

2022/05/10	意見	特殊詐欺を典型とする組織犯罪の被害回復に資するために刑事事件記録の閲覧・謄写制度を拡充することを求める意見書
2022/05/26	声明	拘禁刑等に関する刑法等改正案に対する会長声明
2022/06/08	談話	「改正刑訴法に関する刑事手続の在り方協議会」の立上げに関する会長談話
2022/06/15	談話	侮辱罪の法定刑の引上げに関する会長談話
2022/06/17	意見	裁判員が主体的、実質的に参加できる裁判員制度にするための意見書
2022/11/07	談話	裁判員年齢引下げに当たっての会長談話
2022/12/23	声明	留置施設とりわけ保護室内での死亡事案についての会長声明
2023/02/17	意見	刑事再審に関する刑事訴訟法等改正意見書
2023/02/24	要望	拘置支所の廃止等に関する要望書
2023/03/16	意見	司法面接的手法による記録媒体の証拠能力に関する刑事訴訟法改正案についての意見書

■■　消 費 者・金 融　■■

2022/04/01	声明	成年年齢引下げに伴う若年者の消費者被害防止のための実効性ある施策を緊急に実現することを求める会長声明
2022/04/05	意見	「消費者基本計画工程表改定素案」についての意見書
2022/06/16	意見	アフィリエイト広告に関する景品表示法及び特定商取引法における対策を求める意見書
2022/07/14	意見	宅地造成及び特定盛土等規制法についての意見書
2022/07/14	意見	特定商取引法平成28年改正における5年後見直し規定に基づく同法の抜本的改正を求める意見書
2022/08/25	声明	特定複合観光施設区域整備計画認定手続において公正かつ厳格な審査を求めるとともに改めてカジノ解禁に反対する会長声明
2022/11/02	声明	労働基準法施行規則の一部を改正する省令案（資金移動業者の口座への賃金の支払の解禁）についての会長声明
2022/12/15	意見	不当景品類及び不当表示防止法の更なる改正等を求める意見書
2023/01/12	意見	「消費者教育の推進に関する基本的な方針」の変更案に対する意見書
2023/03/16	意見	SNSを利用した詐欺行為等に関する調査・対策等を求める意見書
2023/03/16	意見	「金融審議会市場制度ワーキング・グループ顧客本位タスクフォース中間報告」に関する意見書

■■　環 境・公 害　■■

2023/03/03	声明	脱炭素社会の実現に向けた電気供給体制の確立を図るための電気事業法等の一部を改正する法律案についての会長声明
2023/03/03	声明	GX実現に向けた基本方針及び脱炭素成長型経済構造への円滑な移行の推進に関する法律案についての会長声明

■■　知 財　■■

2022/04/22	意見	産業構造審議会　知的財産分科会　不正競争防止小委員会「デジタル社会における不正競争防止法の将来課題に関する中間整理報告（案）」、「限定提供データに関する指針（改訂案）」及び「秘密情報の保護ハンドブック（改訂案）」に対する意見募集に対する意見書
2023/01/18	意見	産業構造審議会知的財産分科会不正競争防止小委員会「デジタル化に伴うビジネスの多様化を踏まえた不正競争防止法の在り方（案）」に対する意見書
2023/01/18	意見	産業構造審議会知的財産分科会商標制度小委員会報告書「商標を活用したブランド戦略展開に向けた商標制度の見直しについて（案）」に対する意見書
2023/01/20	意見	文化審議会著作権分科会法制度小委員会報告書（案）に対する意見書

■■　労 働　■■

2022/10/19	意見	裁量労働制実態調査の結果を踏まえ、規制強化も含む裁量労働制の見直しを求める意見書

■■　災 害・原 発　■■

2022/06/08	声明	泊原発運転差止訴訟札幌地裁判決に対する会長声明
2022/07/14	談話	福島原発事故損害賠償請求訴訟における最高裁判所の裁判を受け、国及び原子力損害賠償紛争審査会に対し、原子力損害の実態に関する十分な調査、評価及び迅速な結果の公表並びにそれらを踏まえた中間指針等の改定を行い、被害回復に向けた具体的対応に取り組むことを改めて求める会長談話

2022/09/08	声明	自然災害による被災者の債務整理に関するガイドライン及び同ガイドラインを新型コロナウイルス感染症に適用する場合の特則の利用のために、直ちに母子及び父子並びに寡婦福祉法の改正を求める会長声明
2022/11/16	意見	メガソーラー及び大規模風力発電所の建設に伴う、災害の発生、自然環境と景観破壊及び生活環境への被害を防止するために、法改正等と条例による対応を求める意見書
2023/03/11	談話	東日本大震災及び東京電力福島第一原子力発電所事故から12年を迎え、「人間の復興」の実践と被災者支援を継続する会長談話

■■ そ の 他 ■■

2022/05/02	声明	憲法改正による緊急事態条項の創設及び衆議院議員の任期延長に反対する会長声明
2022/05/09	意見	特定商取引法等の書面交付義務の電子化に関する政省令の在り方についての意見書
2022/05/15	談話	沖縄の本土復帰50年に当たっての会長談話
2022/05/20	声明	民事訴訟法等の一部を改正する法律の成立についての会長声明
2022/05/20	意見	定款認証制度に関する意見書
2022/06/08	談話	経済財政運営と改革の基本方針2022の閣議決定を受け、民事法律扶助の一層の充実・強化を求める会長談話
2022/06/16	意見	「戸籍法等の改正に関する中間試案」に対する意見書
2022/07/08	声明	安倍元内閣総理大臣に対する銃撃事件に関する会長声明
2022/07/15	提案	早期開示命令制度新設の立法提案
2022/07/25	談話	経済安全保障法について政府に対して、法の実施過程において説明責任を尽くし慎重な運用を求める会長談話
2022/08/03	談話	法律事務所への捜索についての判決に関する会長談話
2022/08/18	意見	日米地位協定の改定とこれを運用する制度の改善を求める意見書
2022/09/06	談話	令和4年司法試験最終合格発表に関する会長談話
2022/09/16	提言	慰謝料額算定の適正化を求める立法提言
2022/09/16	提言	違法収益移転制度の創設を求める立法提言
2022/09/27	声明	「マイナ保険証」取得の事実上の強制に反対する会長声明
2022/10/18	声明	独立公文書管理監報告書に関する会長声明
2022/10/18	意見	「民事執行・民事保全・倒産及び家事事件等に関する手続（IT化関係）の見直しに関する中間試案」に対する意見書
2022/11/02	声明	少年事件記録の適正な保存を求める会長声明
2022/11/02	意見	会社法施行規則等の一部を改正する省令案に対する意見書
2022/11/15	意見	「新たな事業再構築のための法制度の方向性（案）」に対する意見書
2022/11/16	意見	国政選挙における選挙供託金制度について、供託金額の大幅減額又は制度の廃止を含めた抜本的見直しを求める意見書
2022/12/16	意見	「敵基地攻撃能力」ないし「反撃能力」の保有に反対する意見書
2022/12/23	意見	特定商取引法等の書面交付義務の電子化等に関する政省令案についての意見募集に対する意見書
2023/01/27	声明	衆議院選挙定数配分に関する最高裁判所大法廷判決についての会長声明
2023/01/27	意見	令和4年資金決済法等改正に係る政令・内閣府令案等に関する意見書
2023/02/16	意見	「家族法制の見直しに関する中間試案」に対する意見書
2023/02/28	声明	政府の「日本学術会議の在り方についての方針」に反対する会長声明
2023/03/16	意見	持続可能な都市を実現するための高経年マンション再生に関する意見書
2023/03/16	意見	担保法制の見直しに関する中間試案に対する意見書
2023/03/27	談話	特定秘密の漏えいによる秘密保護法違反に関する会長談話
2023/03/29	声明	マイナンバー（個人番号）利用促進の法改正の再検討を求める会長声明
2023/03/31	声明	いわゆる谷間世代への一律給付実現を求める会長声明

第2節　日弁連・弁護士会連合会主催の大会における宣言・決議

❶ 日弁連主催の総会・大会における宣言・決議

日弁連では、毎年1回、定期総会及び人権擁護大会を開催している。以下は、2023年に行われた大会の宣言・決議をまとめたものである。

なお、これらの宣言・決議の全文の入手については、日弁連ウェブサイトを参照されたい。

■ 2023年6月16日　日本弁護士連合会第74回定期総会《大阪市》
【決議】えん罪被害者の迅速な救済を可能とするため、再審法の速やかな改正を求める決議
【宣言】地域の多様性を支える中小企業・小規模事業者の伴走支援に積極的に取り組む宣言

■ 2023年10月6日　第65回人権擁護大会《長野市》
【決議】人権としての「医療へのアクセス」が保障される社会の実現を目指す決議
【決議】子ども・高齢者・障害者を含む住民の人権保障のために、地域の家庭裁判所の改善と充実を求める決議

❷ 弁護士会連合会主催の大会における宣言・決議

高等裁判所が置かれている8つの地域（北海道、東北、関東、中部、近畿、中国、四国、九州）には、弁護士会連合会が設けられており（弁護士法第44条）、同じ高等裁判所管内にある弁護士会ごとに、組織されている（第1編第1章　資料1-1-7「弁護士会別弁護士数とその内訳」（29頁）参照）。各弁護士会連合会は、毎年1回、大会を開催し、重要なテーマについて宣言・決議を行っている。以下は、2022年に行われた宣言・決議をまとめたものである。

なお、これらの宣言・決議の全文の入手については、各主催地の弁護士会または日弁連広報課まで問い合わせられたい。

■ 2022年7月1日　令和4年度東北弁護士会連合会定期弁護士大会決議《山形市》
【決議】改めて、国に対し、犯罪加害者家族に対する支援を求める決議
【決議】地方裁判所支部における民事裁判手続IT化の運用開始にあたり改めて地域の司法基盤の充実を求める決議

■ 2022年8月26日　令和4年度北海道弁護士会連合会定期大会宣言・決議《札幌市》
【決議】北海道内のすべての地方公共団体及び地方議会に対し、犯罪被害者等支援に特化した条例の制定及びその実効的運用を求める決議
【決議】消費者教育に関する施策の拡充を求めるとともに、地域社会における消費者教育の充実を目指す決議
【宣言】新型コロナウイルス感染症に起因してもたらされる法的課題や人権問題に今後も積極的に取り組む宣言

■ 2022年10月7日　第76回中国地方弁護士大会宣言・決議《広島市》
【決議】罪に問われた人の社会復帰等の支援活動に関する宣言及び決議
【宣言】知的障害のある方に対して、どこで誰と生活するかの選択の機会を保障するとともに地域共生社会の実現を目指す宣言
【決議】国立ハンセン病療養所を一体的に保存して「永続化」させ、同療養所内にある歴史的な建造物・史跡及び公文書の保存・活用のための適切かつ迅速な施策を求める決議
【決議】ひとり親家庭の貧困を防止するため、地方自治体に対して養育費債務名義化促進事業の推進を求める決議

【決議】犯罪被害者等支援に特化した条例の制定、改正及び実効的運用を求める決議

■ **2022年10月14日　第69回（2022年度）関東弁護士会連合会定期弁護士大会宣言・決議《東京都》**
【宣言】地球環境と未来のための持続可能で地域に根ざした再生可能エネルギーの導入と発展のための宣言
【決議】改めて日本国憲法の恒久平和主義及び国是である非核三原則を堅持することを求める決議

■ **2022年10月21日　中部弁護士会連合会第70回定期弁護士大会宣言・決議《金沢市》**
【宣言】罪に問われた人たちの社会復帰支援のために、弁護士の積極的な協力・関与を目指す宣言
【決議】司法修習「谷間世代」への一律給付を求めるとともに、修習給付金の増額を求める決議

■ **2022年10月28日　第75回九州弁護士会連合会定期大会宣言・決議《北九州市》**
【宣言】学校における子どもの意見表明権を確立するための取組を推進する宣言
【決議】2021年法案と同種の入管法改正に反対するとともに、憲法、国際人権条約に適合する入管法改正・運用改善を求める決議
【決議】本土復帰50年を経てもなお沖縄県民を苦しめる米軍基地問題の解決のために、日本で暮らす全ての人々に対して主体的な取組みを呼びかけるとともに、政府に対して辺野古新基地建設工事を直ちに中止することを求める決議

■ **2022年11月11日　第68回四国弁護士会連合会定期大会宣言・決議《高松市》**
【宣言】性的マイノリティが抱える人権課題の解決を推進するとともに、同性婚の実現と同性カップルの共同生活の法的保護に向けた取組みを求める宣言
【決議】成年年齢引下げに伴う若年者の消費者被害防止のための実効性ある施策を早急に実現することを求める決議

■ **2022年11月25日　第32回近畿弁護士会連合会人権擁護大会決議《滋賀県大津市》**
【決議】日本学術会議会員任命拒否の違法状態の即時是正を求める決議
【決議】死刑制度について広範な議論を発展させるため、死刑に関する情報の公開を求める決議
【決議】今こそ「えん罪被害者の尊厳回復を」、真の「無辜の救済」のための刑事司法改革をめざし、刑事再審法の速やかな改正を求める決議
【決議】改正刑訴法3年後見直しにあたって、全件・全過程の取調べ録音・録画制度と弁護人立会制度の実現を求める決議
【決議】こども基本法等を踏まえた条例の制定を求める決議
【決議】旧優生保護法下における優生手術等に対する早期全面的な被害回復措置を求める決議
【決議】国際人権（自由権・社会権）規約、女性差別撤廃条約、子どもの権利条約、人種差別撤廃条約、拷問等禁止条約、強制失踪条約及び障害者権利条約に附帯する個人通報制度実現を求める決議

第7章 その他の活動

第1節　弁護士会照会制度

　弁護士法第23条の2は、弁護士は受任している事件について、所属弁護士会を通じて、公務所又は公私の団体に照会して必要な事項の報告を求めることができる旨を定める。弁護士は、これに基づき事実調査をし、資料を収集することなどができる。

　2022年に全国の弁護士会が行った総件数は、19万3,591件であった（次頁参照）。次のグラフは、照会先ごとの件数を年別にまとめたものである。照会先としては、金融関係、警察、検察庁への照会件数が多い。

資料3-7-1-1　照会先別の弁護士会照会制度利用件数の推移

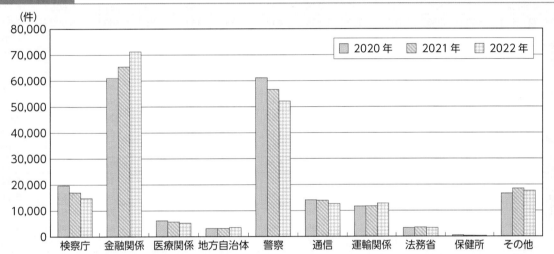

資料3-7-1-2　照会先の内訳（2022年）

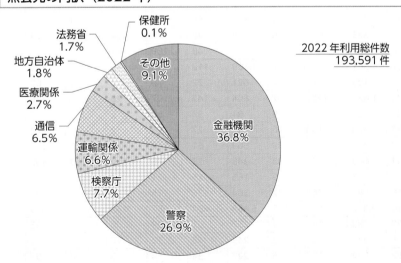

【注】 1．「通信」とは、郵便局、電話会社、プロバイダなどである。
　　　 2．「金融関係」には、「保険会社」「証券会社」「共済」を含む（次頁も同じ）。
　　　 3．「その他」には、「裁判所」「消防庁・消防署」「厚労省・労働基準監督署・職業安定所・年金機構・年金基金等」「電力・ガス・水道」「外務省・総務省その他官公庁」などが含まれる（次頁も同じ）。
　　　 4．暦年（各年の1月1日〜12月31日）を基準とする。

| 資料3-7-1-3 | 弁護士会照会制度利用件数—弁護士会別・照会先別—（2022年1月～12月） |

（単位：件）

		検察庁	金融関係	医療関係	地方自治体	警察	通信	運輸関係	法務省	保健所	その他	2022年合計	2020～2022年合計
北海道弁連	札幌	439	5,682	189	230	1,476	1,371	342	51	11	3,703	13,494	40,392
	函館	20	136	0	8	13	4	15	4	1	25	226	769
	旭川	43	140	7	7	108	14	25	2	0	45	391	1,218
	釧路	32	101	25	9	50	12	27	9	0	36	301	1,002
東北弁連	仙台	228	1,683	81	61	667	221	178	37	22	405	3,583	10,862
	福島県	151	584	29	70	541	83	115	17	0	137	1,727	5,639
	山形県	67	326	47	18	86	41	46	15	1	46	693	2,279
	岩手	32	212	22	10	95	16	36	1	1	18	443	1,414
	秋田	43	91	9	10	32	8	18	9	0	32	252	788
	青森県	100	367	20	17	140	23	29	12	2	35	745	2,345
関弁連	東京	2,057	9,057	703	527	4,035	2,212	2,437	565	61	2,121	23,775	70,562
	第一東京	418	7,198	233	114	1,463	1,309	518	282	41	736	12,312	27,372
	第二東京	995	4,301	308	227	2,183	970	848	284	5	1,140	11,261	36,636
	神奈川県	822	1,539	286	152	945	533	602	162	4	561	5,606	16,759
	埼玉	550	2,038	200	203	1,334	447	393	111	36	380	5,692	17,378
	千葉県	436	1,351	154	66	1,750	231	341	67	4	289	4,689	14,361
	茨城県	206	479	48	37	741	59	131	38	0	143	1,882	6,083
	栃木県	230	1,267	120	52	608	123	176	29	2	193	2,800	7,994
	群馬	232	949	34	54	675	115	211	26	1	130	2,427	7,599
	静岡県	668	693	97	71	176	149	210	54	4	296	2,418	7,583
	山梨県	51	938	24	7	54	53	52	8	0	24	1,211	2,657
	長野県	98	469	16	22	91	110	97	14	14	87	1,018	3,587
	新潟県	76	398	24	47	142	86	65	19	1	99	957	3,177
中部弁連	愛知県	1,172	4,876	635	212	6,240	874	1,349	211	12	1,394	16,975	52,337
	三重	106	974	78	28	455	82	191	28	0	115	2,057	6,627
	岐阜県	104	904	52	19	478	56	83	9	0	116	1,821	5,518
	福井	45	201	23	11	95	47	34	17	0	73	546	1,650
	金沢	98	503	21	18	565	62	61	10	1	88	1,427	4,431
	富山県	57	532	56	28	225	29	82	12	0	148	1,169	3,298
近弁連	大阪	2,198	7,337	331	350	9,978	1,316	1,474	636	9	1,709	25,338	77,745
	京都	161	1,486	229	73	1,322	246	288	95	1	387	4,288	13,152
	兵庫県	175	1,465	108	80	2,856	255	337	115	2	371	5,764	18,860
	奈良	41	222	25	24	153	59	71	13	0	77	685	2,154
	滋賀	11	343	62	46	218	48	71	24	0	124	947	2,976
	和歌山	18	478	71	30	453	48	109	11	1	96	1,315	3,828
中国地方弁連	広島	337	1,361	76	42	1,169	110	188	40	1	205	3,529	11,668
	山口県	187	199	11	24	621	22	75	15	0	63	1,217	4,273
	岡山	275	1,479	245	57	804	142	197	20	1	245	3,465	10,770
	鳥取県	25	129	25	9	91	33	50	5	1	54	422	1,462
	島根県	17	324	19	10	87	27	16	2	2	70	574	1,498
四国弁連	香川県	227	736	103	39	569	61	116	11	1	152	2,015	6,713
	徳島	81	643	23	33	348	23	75	5	0	102	1,333	3,954
	高知	56	218	22	9	165	15	21	4	1	29	540	1,962
	愛媛	215	381	36	27	304	26	116	9	1	93	1,208	3,950
九弁連	福岡県	526	2,312	69	117	5,488	484	487	133	12	589	10,217	31,936
	佐賀県	127	253	16	13	357	21	29	5	1	55	877	2,983
	長崎県	35	473	10	23	249	48	22	10	1	44	915	2,720
	大分県	87	574	87	16	227	34	54	3	0	93	1,175	4,000
	熊本県	125	1,160	36	42	521	103	117	21	0	140	2,265	6,982
	鹿児島県	88	716	50	46	310	107	73	19	6	136	1,551	4,881
	宮崎県	226	420	15	21	327	35	56	7	0	75	1,182	3,463
	沖縄	5	549	6	24	84	57	41	11	2	92	871	2,665
合　計		14,819	71,247	5,216	3,490	52,164	12,660	12,795	3,317	267	17,616	193,591	586,912

第2節　政府の審議会等委員

　日弁連では、法令に基づき、又は官公署・公的団体等の依頼により、各種審議会等の委員候補者を推薦している。次の表は、2022年度に、日弁連宛てに弁護士の推薦依頼のあった官公署・公的団体等及び推薦依頼数の内訳をまとめたものである。

資料3-7-2　官公署・公的団体等から弁護士の推薦依頼のあった人数

（単位：人）

所管官庁・団体等	役職	2022年度人数
最高裁判所	司法研修所弁護教官	21
	医事関係訴訟委員会委員	1
	司法修習生考試委員会委員	1
	刑事規則制定諮問委員会委員	6
	刑事規則制定諮問委員会幹事	6
	民事規則制定諮問委員会委員	2
	下級裁判所裁判官指名諮問委員会地域委員会地域委員（札幌）	1
	裁判の迅速化に係る検証に関する検討会委員	1
	簡易裁判所判事選考委員会委員	1
	建築関係訴訟委員会委員	1
法務省	検察官適格審査会委員	1
	検察官適格審査会予備委員	2
	改正刑訴法に関する刑事手続の在り方協議会構成員	2
	法制審議会刑事法（情報通信技術関係）部会臨時委員	2
	法制審議会刑事法（犯罪収益等の没収関係）部会臨時委員	1
	法制審議会刑事法（犯罪収益等の没収関係）部会幹事	1
	司法試験考査委員・司法試験予備試験考査委員（問題作成・採点）	58
	司法試験予備試験考査委員	18
	法制審議会区分所有法制部会臨時委員	1
	法制審議会区分所有法制部会幹事	1
	民事判決情報データベース化検討会委員	2
	認証審査参与員	1
	学校で「もぎさい」プロジェクト企画検討部会委員	1
	簡裁訴訟代理等能力認定考査委員	3
総務省	電波監理審議会審理官	1
文部科学省	高等教育局専門教育課専門職大学院室技術参与	1
	いじめ防止対策協議会委員	1
厚生労働省	自殺総合対策の推進に関する有識者会議委員	1
	成年後見制度利用促進専門家会議委員	1
国土交通省	国土交通大学校主催研修講師	1
農林水産省	入札等監視委員会委員	17

所管官庁・団体等	役　職	2022年度人数
消費者庁	霊感商法等の悪質商法への対策検討会委員	1
出入国在留管理庁	技能実習制度及び特定技能制度の在り方に関する有識者会議委員	1
	入国者収容所等視察委員会委員	4
	難民審査参与員	9
警察庁	犯罪被害者等施策推進会議委員	1
	暴力団員による不当な行為の防止等に関する法律第38条第1項に規定する審査専門委員	1
特許庁	審判実務者研究会メンバー	5
	工業所有権審議会臨時委員	1
	産業構造審議会弁理士制度小委員会委員	1
	工業所有権審議会試験委員	4
日本司法支援センター	委託業務本部審査委員	2
	本部法律扶助審査委員及び本部DV等被害者法律相談援助審査委員	16
大学改革支援・学位授与機構	法科大学院認証評価委員会専門委員	2
国際協力機構	ラオス・法の支配発展促進プロジェクト フェーズ2（民法・民事法／法律人材育成）長期派遣専門家	1
酒田市	酒田市いじめ重大事態再調査委員会委員	2
日本公認会計士協会	倫理委員会委員	1
	綱紀委員会委員	1
	綱紀委員会予備委員	1
	品質管理委員会委員	1
	監査・規律審査会委員	1
	適正手続等審査会委員	2
	適正手続等審査会予備委員	1
日本司法書士会連合会	登録審査会委員	1
	第22回司法書士特別研修講師	30
	教材委員会客員委員	3
	情報開示審査会委員	1
日本弁理士会	綱紀委員会顧問	1
	審査委員会顧問	1
	不服審議委員会委員	2
	審査委員会委員	2
	審査委員会予備委員	1
	特定侵害訴訟代理業務研修講師	32
日本行政書士会連合会	特定行政書士法定研修に係る講師・研修委員会作業部会員	8
全国社会保険労務士会連合会	紛争解決手続代理業務試験試験委員	9
	綱紀委員会委員	1

所管官庁・団体等	役　職	2022 年度 人数
全国社会福祉協議会	任意後見・補助・保佐等に関する相談体制強化事業にかかるアドバイザー	2
日本社会福祉士会	市町村・都道府県における高齢者虐待対応への対応と養護者支援について（高齢者虐待対応マニュアル）改訂に係る調査研究事業委員	2
住宅保証支援機構	故意・重過失審査会委員	3
一般社団法人信託協会	あっせん委員	3
共通到達度確認試験管理委員会	共通到達度確認試験点検委員	3
	フィードバック会議委員	1
広済堂ネクスト	成年後見制度利用促進　任意後見・補助・保佐等の相談体制強化・広報啓発事業の制作物における企画委員会企画委員	1
横浜博萌会	子どもの虹情報研修センター運営委員	1
地域共生政策自治体連携機構	市民後見人の養成研修カリキュラム及び活躍促進に関する研究会（仮称）委員	1
日本総合研究所	厚生労働省委託事業　介護施設等におけるカメラタイプの見守り機器の効果的な活用に向けた実態調査に関する研究事業検討委員会委員	1
	厚生労働省委託事業「モデル事業研修プログラム等作成及びプレ研修実施業務」検討委員会委員	1
商事法務研究会	成年後見制度の在り方に関する研究会（仮称）委員	1
東北福祉会認知症介護研究・研修仙台センター	調査研究委員会委員（兼各作業部会委員）	2
全国労働基準関係団体連合会	個別労働紛争解決研修運営委員会委員	1
不動産適正取引推進機構	紛争処理委員	6
日本クレジットカウンセリング協会	弁護士カウンセラー	5
損害保険料率算出機構	特別提供事案審査会審査員	2
家電製品協会家電製品 PL センター	紛争審査会委員	3
日本生態系協会	森林管理状況評価指標整備に関する検討委員会委員	1
住宅瑕疵担保責任保険協会	住宅瑕疵担保責任保険協会審査会委員	5

※本表は、弁護士推薦委員会での審議を経て推薦回答することになった案件のみ掲載している。

特集

第1編

第2編

第3編

第4編

第3節　弁護士費用保険（権利保護保険）制度

　市民がトラブルに遭遇し、弁護士に相談をしたり、交渉や訴訟を依頼したりする場合に、費用について不安があるために、気軽に弁護士に頼ることを躊躇する場合も少なくない。そのようなことを解決するため、日弁連は1980年頃から諸外国の制度を調査・研究し、保険会社数社と協力して、2000年に法律相談費用や弁護士費用等が保険金として支払われる弁護士費用保険を発足させ、同時に日弁連リーガル・アクセス・センター（LAC）を設置した。

　弁護士費用保険は、現在、自動車保険などの特約（一部、単体保険を含む。）として、各損害保険会社等から販売されており、事故等の被害に遭った際の損害賠償請求にかかる弁護士費用が補償される。2014年度以降、保険の適用対象となる範囲が被害事故のみならず、一般民事事件、中小企業・個人事業主の事業活動における事件、事業者への業務妨害行為に関する事件、インターネット上のトラブルに関する事件に拡大された商品も販売されている。日弁連と協定を締結している損害保険会社等の弁護士費用保険にかかる特約及び単体保険の加入者は、日弁連LACから各地の弁護士会を通じて弁護士の紹介を受けることができる。

　2023年10月現在の協定保険会社等は20社となっており、費用面を含めた市民の弁護士へのアクセス障害の改善に貢献している。

| 資料3-7-3-1 | 弁護士費用保険販売件数・LAC取扱件数の推移 |

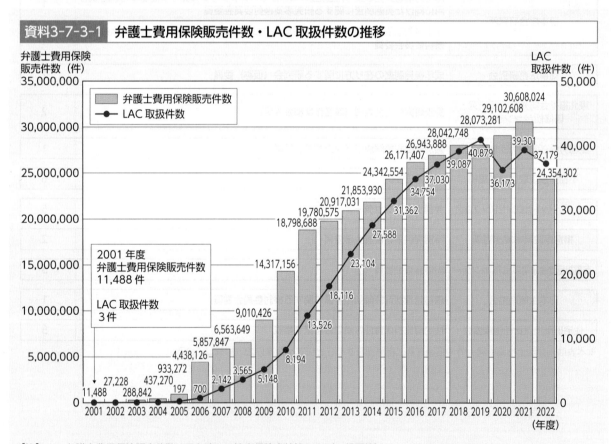

【注】　1．弁護士費用保険販売件数は日弁連との協定保険会社等のみ（一部概算）。
　　　　2．LAC取扱件数には、全ての弁護士紹介依頼案件及び弁護士選任報告案件（＊）の登録件数が含まれている。
　　　　　（＊）日弁連LACは、弁護士費用保険制度の運営と発展のため、依頼者が自身で弁護士を選任した案件についても、日弁連LACへの報告を求めており、「弁護士選任報告案件」として弁護士紹介依頼案件と区別している。

資料3-7-3-2	2023 年 10 月 31 日現在の協定保険会社等

	保 険 会 社 等
1	あいおいニッセイ同和損害保険株式会社
2	AIG 損害保険株式会社
3	au 損害保険株式会社
4	キャピタル損害保険株式会社
5	共栄火災海上保険株式会社
6	ジェイコム少額短期保険株式会社
7	セゾン自動車火災保険株式会社
8	全国共済農業協同組合連合会（JA 共済連）
9	全国自動車共済協同組合連合会
10	全国労働者共済生活協同組合連合会（こくみん共済 coop〈全労済〉）
11	ソニー損害保険株式会社
12	損害保険ジャパン株式会社
13	大同火災海上保険株式会社
14	Chubb 損害保険株式会社（チャブ保険）
15	中小企業福祉共済協同組合連合会
16	チューリッヒ保険会社
17	ミカタ少額短期保険株式会社
18	三井住友海上火災保険株式会社
19	三井ダイレクト損害保険株式会社
20	楽天損害保険株式会社

50 音順

第4節　日弁連市民会議

　日弁連には 1979 年以来「日本弁護士連合会懇話会」があり、有識者の方々からの意見をいただいていたが、2003 年、弁護士制度改革の一環としてこれを発展的に解消し、役割を強化した「日本弁護士連合会市民会議」として発足した。

　以下は、2022 年 10 月から 2023 年 9 月末までに行われた市民会議の議題についてまとめたものである。なお、過去の議題及び議事録については、日弁連ウェブサイト（HOME ＞私たちの活動＞弁護士業務の改革と制度改善＞市民の意見を反映（市民会議））を参照されたい。

資料3-7-4　日弁連市民会議議題（第 74 回〜第 77 回）

第 74 回（2022 年 12 月 19 日）
　1．再審法改正に向けた取組について
　2．霊感商法等の被害の救済・防止に関する取組について

第 75 回（2023 年 3 月 14 日）
　1．罪に問われた障がい者等の刑事弁護等の費用に関する制度について
　2．法律扶助制度に関する改善提案について

第 76 回（2023 年 6 月 2 日）
　1．濫訴的懲戒請求への対応について
　2．IT 化時代におけるえん罪防止〜オンライン接見の権利化に向けて〜

第 77 回（2023 年 9 月 19 日）
　1．ダイバーシティ＆インクルージョン（D ＆ I）の推進に向けた取組について

（2023 年 9 月 30 日現在）

◆現在の委員◆
井田 香奈子	（朝日新聞論説委員）
太田 昌克	（共同通信編集委員、早稲田大学客員教授、長崎大学客員教授、博士（政策研究））
北川 正恭〔議　長〕	（早稲田大学名誉教授）
吉柳 さおり	（株式会社プラチナム代表取締役、株式会社ベクトル取締役副社長）
河野 康子	（一般財団法人日本消費者協会理事、NPO 法人消費者スマイル基金理事長）
清水 秀行	（日本労働組合総連合会事務局長）
浜野 京	（信州大学理事（ダイバーシティ推進担当）、元日本貿易振興機構（JETRO）理事）
村木 厚子〔副議長〕	（元厚生労働事務次官）
湯浅 誠	（社会活動家、東京大学先端科学技術研究センター特任教授）

（敬称略・50 音順）

第4編

総合法律支援・司法関連予算

第1章　日本司法支援センター(法テラス)

第1節　日本司法支援センター（法テラス）の概要

1　法テラス

　日本司法支援センター（法テラス）は、民事、刑事を問わず、あまねく全国において、裁判その他の法による紛争の解決のための制度の利用をより容易にし、弁護士等の法的なサービスをより身近に受けられるようにするため、総合法律支援法に基づいて、2006年4月10日に独立行政法人の枠組みに準じて設立された法人である。

　法テラスは2006年10月2日から業務を開始した。本部は東京都に置かれ、各都道府県の県庁所在地（北海道は札幌のほか、函館、釧路、旭川）に地方事務所が置かれているほか、弁護士過疎地域などに地域事務所を設けて、市民へ向け様々なサービスを提供している（総事務所数103事務所。2023年9月1日現在）。

　なお、法テラスの業務を利用しようとする市民が、高齢者や障がい者など、法による紛争の解決に必要な情報やサービスの提供を求めることに困難がある者である場合には、法テラスの業務が利用しやすいものとなるように特別の配慮がなされるべきものとされている。

　以下、法テラスから提供を受けた資料によりまとめている。

2　法テラスの主な業務

　法テラスは、主として以下の業務を行っている。

資料4-1-1	法テラスの業務内容
①情報提供	紛争解決に役立つ法制度の紹介や、相談機関・団体などに関する情報の提供。
②民事法律扶助	経済的に余裕のない方に対し、無料法律相談や民事裁判手続等に係る弁護士・司法書士費用等の立替えを行う業務。
③国選弁護等関連	（a）刑事裁判で、貧困等の理由で自分では弁護士を依頼できない被疑者・被告人のため、裁判所等からの求めに応じて国選弁護人になろうとする弁護士との契約、国選弁護人候補の指名及び裁判所等への通知等を行う業務、（b）重大な事件で裁判所が必要と認めた場合の犯罪少年等について、各地の家庭裁判所の求めに応じて国選付添人になろうとする弁護士との契約、国選付添人候補の指名及び裁判所等への通知等を行う業務、（c）被害者参加人からの請求に応じて国選被害者参加弁護士の候補たる弁護士を裁判所に通知し、国選被害者参加弁護士を確保するなどの業務、（d）被害者参加制度を利用した刑事裁判出席者の旅費の算定、送金などを行う業務。
④司法過疎対策	法テラスでは、司法過疎地域に地域事務所を設置して、そこに常勤弁護士を常駐させ、法律相談や裁判代理等の法律事務を幅広く取り扱わせている。また、地域事務所を設置していない司法過疎地域では、巡回相談等を実施している。
⑤犯罪被害者支援	犯罪の被害にあわれた方やその家族に対し、損害の回復や苦痛の軽減を図るための情報や支援を受けられる窓口の案内、犯罪被害者支援の経験や理解のある弁護士の紹介及び法律相談の実施等。
⑥委託援助	国選弁護の対象からはずれる刑事被疑者弁護や少年付添人への援助、また民事法律扶助でカバーされない人々を対象とする人権関連の援助など、日弁連から委託されている業務。

第2節　法テラスの業務内容

 ### 情報提供業務

　法テラスの情報提供業務は、利用者からの問合せ内容に応じて、解決に役立つ法制度に関する情報や、相談機関・団体等（弁護士会、司法書士会、地方公共団体の相談窓口等）に関する情報を提供している（総合法律支援法第30条第1項第1号）。

　全国の利用者からの電話・メールによる問合せ窓口として設けられた「法テラス・サポートダイヤル」の問合せ件数は、以下のとおりである。また、全国の地方事務所においても、電話と面談による情報提供を行っている。地方事務所全体の問合せ件数は、以下のとおりとなっている。

　なお、情報提供そのものは無料であるが、法テラス・サポートダイヤルや地方事務所への通話料は利用者負担であるところ、東日本大震災の被災者支援に関しては、被災者を対象にしたフリーダイヤルの情報提供窓口「震災法テラスダイヤル」を2011年11月1日にコールセンター内に設けていた。現在は「法テラス災害ダイヤル」として、災害に関する法制度の紹介や被災者の問題解決に役立つ相談窓口等の情報提供を行っている。

資料4-1-2-1　法テラス・サポートダイヤル及び地方事務所への問合せ件数の推移

(単位：件)

年度	2016	2017	2018	2019	2020	2021	2022
サポートダイヤル（電話・メール）	349,599	339,344	362,709	395,100	349,533	377,753	399,812
地方事務所（全国）	204,837	196,135	206,269	200,333	202,211	216,639	226,110

資料4-1-2-2　サポートダイヤルにおける問合せ分野別内訳

2022年度　サポートダイヤル　計399,812件

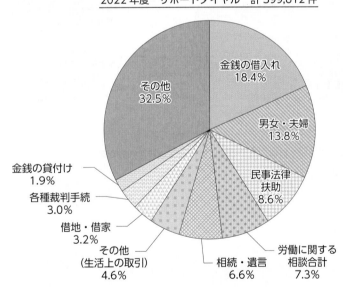

【注】　1.　2022年度にサポートダイヤルに寄せられた問合せ内容によるもの。
　　　　2.　労働に関する相談合計には、「定年・退職・解雇」「賃金・退職金」の他、「職場」「福祉」「保険」といった相談分野の中で労働に関連した件数も含む。

民事法律扶助業務

（1）民事法律扶助援助実績件数

　民事法律扶助業務は、経済的に余裕のない方に対し、無料法律相談（法律相談援助）、民事裁判等手続の準備及び遂行のための弁護士・司法書士費用等の立替え（代理援助）、及び民事裁判等手続に必要な書類の作成のための弁護士・司法書士費用の立替え（書類作成援助）を行う業務である。

　以下は、2016年度から2022年度における民事法律扶助援助実績についてまとめたものである。

資料4-1-2-3　民事法律扶助援助実績件数

(単位：件)

業務＼年度	2016	2017	2018	2019	2020	2021	2022
法律相談援助	298,220	302,410	314,614	315,085	290,860	312,770	309,762
代理援助	108,583	114,770	115,830	112,237	105,630	103,478	101,594
書類作成援助	3,877	4,278	3,522	3,309	3,476	3,393	3,258

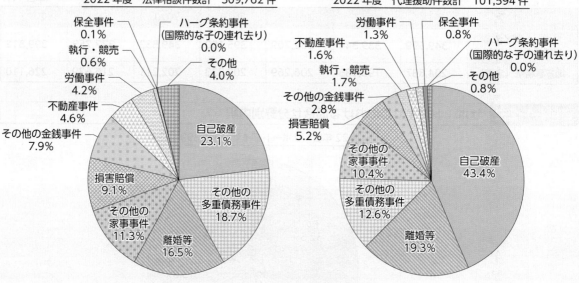

資料4-1-2-4　法律相談援助の事件別内訳

2022年度　法律相談件数計　309,762件

保全事件 0.1%／ハーグ条約事件（国際的な子の連れ去り）0.0%／執行・競売 0.6%／その他 4.0%／労働事件 4.2%／不動産事件 4.6%／その他の金銭事件 7.9%／損害賠償 9.1%／その他の家事事件 11.3%／離婚等 16.5%／その他の多重債務事件 18.7%／自己破産 23.1%

資料4-1-2-5　代理援助の事件別内訳

2022年度　代理援助件数計　101,594件

労働事件 1.3%／保全事件 0.8%／不動産事件 1.6%／ハーグ条約事件（国際的な子の連れ去り）0.0%／執行・競売 1.7%／その他 0.8%／その他の金銭事件 2.8%／損害賠償 5.2%／その他の家事事件 10.4%／その他の多重債務事件 12.6%／離婚等 19.3%／自己破産 43.4%

【注】代理援助件数及び書類作成援助件数は、法テラスにおける開始決定件数である。

（2）民事法律扶助契約弁護士数

　法テラスと民事法律扶助業務に係る事務の取扱いに関する契約を締結している弁護士（民事法律扶助契約弁護士）の数及び契約弁護士法人数は、2023年3月31日現在で、以下のとおりである。

| 資料4-1-2-6 | 民事法律扶助契約弁護士数及び契約弁護士法人数 |

地方事務所	契約弁護士数（人）	弁護士会会員数（人）	契約率	契約弁護士法人数（法人）
札　　　幌	700	861	81.3%	35
函　　　館	47	54	87.0%	2
旭　　　川	73	78	93.6%	5
釧　　　路	75	84	89.3%	11
青　　　森	92	112	82.1%	6
岩　　　手	93	104	89.4%	3
宮　　　城	430	493	87.2%	16
秋　　　田	68	77	88.3%	2
山　　　形	92	104	88.5%	3
福　　　島	178	197	90.4%	13
茨　　　城	250	300	83.3%	12
栃　　　木	164	232	70.7%	7
群　　　馬	256	326	78.5%	9
埼　　　玉	693	953	72.7%	21
千　　　葉	647	863	75.0%	16
東　　　京	6,859	22,102	31.0%	151
神　奈　川	1,363	1,774	76.8%	27
新　　　潟	261	287	90.9%	11
富　　　山	109	131	83.2%	5
石　　　川	169	189	89.4%	8
福　　　井	111	119	93.3%	6
山　　　梨	110	128	85.9%	2
長　　　野	228	265	86.0%	5
岐　　　阜	166	217	76.5%	15
静　　　岡	444	532	83.5%	18
愛　　　知	1,387	2,096	66.2%	55
三　　　重	156	193	80.8%	2
滋　　　賀	142	167	85.0%	1
京　　　都	671	850	78.9%	22
大　　　阪	3,590	4,923	72.9%	103
兵　　　庫	813	1,027	79.2%	27
奈　　　良	166	190	87.4%	2
和　歌　山	129	149	86.6%	3
鳥　　　取	67	70	95.7%	5
島　　　根	70	81	86.4%	3
岡　　　山	325	412	78.9%	14
広　　　島	484	628	77.1%	19
山　　　口	140	179	78.2%	9
徳　　　島	70	87	80.5%	6
香　　　川	118	196	60.2%	3
愛　　　媛	110	161	68.3%	5
高　　　知	81	97	83.5%	1
福　　　岡	1,000	1,458	68.6%	37
佐　　　賀	97	106	91.5%	5
長　　　崎	133	157	84.7%	10
熊　　　本	223	284	78.5%	12
大　　　分	142	165	86.1%	19
宮　　　崎	117	144	81.3%	20
鹿　児　島	171	228	75.0%	21
沖　　　縄	213	286	74.5%	12
全　国　合　計	24,293	44,916	54.1%	825

❸ 国選弁護等関連業務

法テラスは、国選弁護人になろうとする弁護士との契約、国選弁護人候補の指名及び裁判所への通知、国選弁護人に対する報酬・費用の算定及び支払等の業務を行っている（総合法律支援法第30条第1項第6号）。また、2007年11月から、少年法等の一部改正法の施行に伴い、少年審判事件における国選付添人の選任等に関する業務として、国選付添人になろうとする弁護士との契約、国選付添人候補者の指名及び裁判所への通知、国選付添人に対する報酬・費用の算定及び支払等の業務を行っている。

さらに、2008年12月から、犯罪被害者等の権利利益の保護を図るための刑事訴訟法等の一部を改正する法律の施行に伴い、被害者参加事件における国選被害者参加弁護士の選定等に関する業務として、国選被害者参加弁護士になろうとする弁護士との契約、国選被害者参加弁護士候補の指名及び裁判所への通知、国選被害者参加弁護士に対する報酬・費用の支払等の業務を行っている（242頁参照）。

次の表は、法テラスと国選弁護人及び国選付添人の事務取扱いに関する契約を締結した弁護士数である。

資料4-1-2-7　国選弁護人及び国選付添人契約弁護士数・契約率

（2023年4月1日現在）

地方事務所	国選弁護人		国選付添人		弁護士会会員数（人）
	契約弁護士数（人）	契約率	契約弁護士数（人）	契約率	
札　　幌	656	76.4%	619	72.1%	859
函　　館	51	92.7%	49	89.1%	55
旭　　川	72	91.1%	67	84.8%	79
釧　　路	78	92.9%	71	84.5%	84
青　　森	101	90.2%	86	76.8%	112
岩　　手	98	94.2%	79	76.0%	104
宮　　城	433	87.7%	358	72.5%	494
秋　　田	64	84.2%	56	73.7%	76
山　　形	95	91.3%	88	84.6%	104
福　　島	178	89.9%	152	76.8%	198
茨　　城	262	87.6%	217	72.6%	299
栃　　木	192	82.8%	144	62.1%	232
群　　馬	287	88.3%	229	70.5%	325
埼　　玉	786	82.1%	557	58.2%	957
千　　葉	760	87.7%	568	65.5%	867
東　　京	13,936	63.0%	3,218	14.5%	22,119
神 奈 川	1,579	88.8%	1,102	61.9%	1,779
新　　潟	258	89.9%	185	64.5%	287
富　　山	115	88.5%	92	70.8%	130
石　　川	175	92.6%	134	70.9%	189
福　　井	109	91.6%	101	84.9%	119
山　　梨	121	93.8%	98	76.0%	129
長　　野	243	91.7%	193	72.8%	265
岐　　阜	176	81.1%	140	64.5%	217
静　　岡	456	85.7%	371	69.7%	532
愛　　知	1,743	83.0%	1,072	51.1%	2,099
三　　重	163	84.5%	112	58.0%	193
滋　　賀	113	68.1%	111	66.9%	166
京　　都	672	78.9%	431	50.6%	852
大　　阪	3,091	62.7%	1,712	34.7%	4,928
兵　　庫	800	77.8%	654	63.6%	1,028
奈　　良	170	89.0%	142	74.3%	191
和 歌 山	128	85.3%	97	64.7%	150

地方事務所	国選弁護人		国選付添人		弁護士会会員数（人）
	契約弁護士数（人）	契約率	契約弁護士数（人）	契約率	
鳥　　取	69	95.8%	62	86.1%	72
島　　根	72	90.0%	63	78.8%	80
岡　　山	345	83.7%	281	68.2%	412
広　　島	436	69.3%	353	56.1%	629
山　　口	151	84.4%	133	74.3%	179
徳　　島	75	85.2%	75	85.2%	88
香　　川	140	71.8%	110	56.4%	195
愛　　媛	116	72.0%	89	55.3%	161
高　　知	90	92.8%	77	79.4%	97
福　　岡	1,132	77.6%	846	58.0%	1,459
佐　　賀	97	92.4%	90	85.7%	105
長　　崎	149	94.9%	141	89.8%	157
熊　　本	231	81.6%	185	65.4%	283
大　　分	147	89.1%	114	69.1%	165
宮　　崎	120	83.3%	110	76.4%	144
鹿　児　島	210	91.7%	152	66.4%	229
沖　　縄	217	75.3%	167	58.0%	288
全　国　合　計	31,958	71.1%	16,353	36.4%	44,961

地方事務所ごと（支部別）の国選弁護事件（被疑者・被告人別）及び国選付添事件の受理件数は、次のとおりである。

国選弁護事件受理件数―被疑者・被告人別―

地方事務所	2021年度（2022年5月9日集計）		2022年度（2023年5月8日集計）	
	被疑者（件）	被告人（件）	被疑者（件）	被告人（件）
札　幌	1,365	996	1,565	971
函　館	256	163	187	102
旭　川	268	173	271	138
釧　路	382	193	342	181
青　森	461	297	419	279
岩　手	430	258	406	241
宮　城	1,313	826	1,400	816
秋　田	210	216	238	172
山　形	303	211	255	175
福　島	719	509	807	501
茨　城	1,690	1,011	1,770	959
栃　木	1,221	971	1,196	925
群　馬	1,444	569	1,552	605
埼　玉	4,077	1,754	4,049	1,554
川　越	872	285	824	319
千　葉	2,946	1,928	3,186	1,743
松　戸	825	478	855	421
東　京	9,005	7,198	9,196	6,876
多　摩	2,394	974	2,509	990
神　奈　川	2,488	1,426	2,579	1,507
川　崎	632	402	572	285
小　田　原	515	325	489	298
新　潟	864	625	933	578
富　山	429	284	448	259
石　川	585	373	525	309
福　井	417	225	367	203
山　梨	535	412	470	362
長　野	584	451	590	431
岐　阜	979	643	1,032	512
静　岡	682	347	706	301
浜　松	810	291	743	252
沼　津	769	377	770	345
愛　知	4,117	2,186	4,247	2,050
三　河	1,442	707	1,467	692
三　重	905	726	808	643
滋　賀	762	483	859	550
京　都	1,371	987	1,364	828
大　阪	4,902	4,242	5,225	4,213
兵　庫	1,882	1,033	2,024	982
姫　路	926	537	1,048	535
阪　神	968	520	1,057	484
奈　良	676	488	737	447
和　歌　山	493	362	551	390
鳥　取	309	203	291	154
島　根	359	284	367	292
岡　山	1,105	838	1,162	817
広　島	1,781	874	1,663	917
山　口	588	447	580	410
徳　島	231	196	203	162
香　川	580	578	580	584
愛　媛	419	476	383	381
高　知	482	341	484	328
福　岡	2,425	1,648	2,212	1,493
北　九　州	961	601	933	522
佐　賀	361	233	309	206
長　崎	459	329	409	299
熊　本	647	492	697	483
大　分	420	263	407	264
宮　崎	521	364	531	354
鹿　児　島	476	312	517	327
沖　縄	1,270	653	1,409	629
合　計	72,308	46,594	73,775	44,046

【注】「国選弁護事件受理件数」の「被告人」の件数は、裁判所から被告人国選の指名通知依頼を「受理」した件数だけでなく、被疑者国選を受任した弁護士が被告人国選まで継続受任した件数も含んでいる。なお、被疑者から継続受任の場合は、被告人国選事件終了後に当該弁護士から報告を得て、遡ってデータを登録する場合があるため、後日、件数が増加することとなる。したがって、上記は集計日時点の件数であり、後日修正される可能性がある。

第1編

資料4-1-2-9 国選付添事件受理件数

地方事務所	2021年度 (2022年5月9日集計)(件)	2022年度 (2023年5月8日集計)(件)
札　　幌	45	59
函　　館	10	14
旭　　川	3	11
釧　　路	8	6
青　　森	10	14
岩　　手	8	7
宮　　城	35	31
秋　　田	3	5
山　　形	13	9
福　　島	17	17
茨　　城	58	49
栃　　木	25	32
群　　馬	31	68
埼　　玉	93	137
川　　越	43	35
千　　葉	101	155
松　　戸	26	41
東　　京	219	181
多　　摩	116	102
神　奈　川	158	169
川　　崎	35	50
小　田　原	48	49
新　　潟	10	21
富　　山	11	9
石　　川	12	16
福　　井	11	15
山　　梨	19	24
長　　野	17	23
岐　　阜	26	35
静　　岡	12	18
浜　　松	21	38
沼　　津	26	21
愛　　知	124	178
三　　河	58	57
三　　重	29	23
滋　　賀	33	52
京　　都	58	65
大　　阪	298	390
兵　　庫	72	78
姫　　路	55	40
阪　　神	46	44
奈　　良	11	28
和　歌　山	32	34
鳥　　取	13	13
島　　根	4	7
岡　　山	44	53
広　　島	54	50
山　　口	21	15
徳　　島	7	7
香　　川	26	29
愛　　媛	19	26
高　　知	22	19
福　　岡	79	103
北　九　州	63	29
佐　　賀	8	13
長　　崎	24	9
熊　　本	24	39
大　　分	4	8
宮　　崎	14	32
鹿　児　島	22	15
沖　　縄	70	79
合　　計	2,604	2,996

❹ 司法過疎対策業務及びスタッフ弁護士の配置

（1）司法過疎対策業務

　法テラスは、身近に弁護士などの法律家がいないなど、法律サービスの提供を受けることが困難な地域（司法過疎地域）において、事務所を設けて常勤弁護士（スタッフ弁護士）を常駐させ、法的サービスの提供を行っている。また、そのような事務所が未設置の地域においても、出張相談や巡回相談などを行い、必要な法的サービスが受けられるように取組を行っている。

（2）スタッフ弁護士の配置

　スタッフ弁護士は、法テラスの業務である民事法律扶助、国選弁護制度を利用した事件等を扱うほか、司法過疎地域に設置される事務所においては、一般に開業している弁護士と同様に、有償による法律サービスを提供している。スタッフ弁護士の人数は、2023年3月31日現在で計170人（内女性弁護士数60人）となっており、以下の地域に赴任している（養成中のスタッフ弁護士は除く。）。

資料4-1-2-10　スタッフ弁護士配置地域①（地方事務所40か所・支部7か所及び本部）

（2023年3月31日現在）

	事務所名	弁護士数（人）		事務所名	弁護士数（人）
1	函館地方事務所	2	26	京都地方事務所	2
2	旭川地方事務所	1	27	兵庫地方事務所	1
3	釧路地方事務所	2	28	兵庫地方事務所阪神支部	2
4	福島地方事務所	1	29	奈良地方事務所	1
5	岩手地方事務所	1	30	滋賀地方事務所	2
6	秋田地方事務所	2	31	和歌山地方事務所	2
7	青森地方事務所	1	32	広島地方事務所	1
8	東京地方事務所	12	33	山口地方事務所	1
9	東京地方事務所多摩支部	6	34	鳥取地方事務所	1
10	埼玉地方事務所	4	35	島根地方事務所	1
11	埼玉地方事務所川越支部	2	36	香川地方事務所	3
12	千葉地方事務所	5	37	徳島地方事務所	1
13	茨城地方事務所	2	38	高知地方事務所	2
14	栃木地方事務所	1	39	愛媛地方事務所	2
15	群馬地方事務所	2	40	福岡地方事務所	3
16	静岡地方事務所	3	41	福岡地方事務所北九州支部	2
17	静岡地方事務所沼津支部	2	42	佐賀地方事務所	1
18	静岡地方事務所浜松支部	2	43	長崎地方事務所	2
19	長野地方事務所	1	44	熊本地方事務所	2
20	愛知地方事務所	2	45	鹿児島地方事務所	1
21	愛知地方事務所三河支部	4	46	宮崎地方事務所	2
22	三重地方事務所	2	47	沖縄地方事務所	3
23	岐阜地方事務所	1	48	法テラス本部	10
24	福井地方事務所	1		合　計	113
25	大阪地方事務所	3			

【注】上記以外に養成中のスタッフ弁護士がいる。

資料4-1-2-11 **スタッフ弁護士配置地域②（地域事務所：扶助・国選対応3か所・司法過疎対策対応34か所）**

（2023年3月31日現在）

	事務所名	弁護士数（人）		事務所名	弁護士数（人）
1	江差地域事務所〔函館〕	2	20	浜田地域事務所〔島根〕	2
2	八雲地域事務所〔函館〕	2	21	西郷地域事務所〔島根〕	2
3	会津若松地域事務所〔福島〕	1	22	須崎地域事務所〔高知〕	2
4	宮古地域事務所〔岩手〕	1	23	安芸地域事務所〔高知〕	2
5	鹿角地域事務所〔秋田〕	1	24	中村地域事務所〔高知〕	1
6	むつ地域事務所〔青森〕	2	25	壱岐地域事務所〔長崎〕	1
7	鰺ヶ沢地域事務所〔青森〕	1	26	五島地域事務所〔長崎〕	1
8	秩父地域事務所〔埼玉〕	3	27	対馬地域事務所〔長崎〕	1
9	熊谷地域事務所〔埼玉〕扶助・国選対応	3	28	平戸地域事務所〔長崎〕	1
10	牛久地域事務所〔茨城〕	2	29	雲仙地域事務所〔長崎〕	2
11	下妻地域事務所〔茨城〕扶助・国選対応	2	30	佐世保地域事務所〔長崎〕扶助・国選対応	2
12	下田地域事務所〔静岡〕	2	31	高森地域事務所〔熊本〕	1
13	佐渡地域事務所〔新潟〕	2	32	指宿地域事務所〔鹿児島〕	1
14	可児地域事務所〔岐阜〕	1	33	鹿屋地域事務所〔鹿児島〕	1
15	中津川地域事務所〔岐阜〕	1	34	奄美地域事務所〔鹿児島〕	1
16	魚津地域事務所〔富山〕	2	35	徳之島地域事務所〔鹿児島〕	1
17	福知山地域事務所〔京都〕	1	36	延岡地域事務所〔宮崎〕	1
18	南和地域事務所〔奈良〕	2	37	宮古島地域事務所〔沖縄〕	2
19	倉吉地域事務所〔鳥取〕	1		合　計	57

【注】　1．上記表の〔　〕内は、所在地。
　　　　2．司法過疎対策業務とは、総合法律支援法（平成16年6月2日 法律第74号）第30条第1項第7号に基づく業務。
　　　　　〔第30条第1項第7号〕
　　　　　弁護士、弁護士法人、弁護士・外国法事務弁護士共同法人又は隣接法律専門職者がその地域にいないことその他の事情
　　　　　によりこれらの者に対して法律事務の取扱いを依頼することに困難がある地域において、その依頼に応じ、相当の対価
　　　　　を得て、適当な契約弁護士等に法律事務を取り扱わせること。
　　　　3．司法過疎地域事務所の設置数の推移については、本書第3編第5章第2節「日弁連・弁護士会等による弁護士過疎・偏
　　　　　在解消のための取組」p. 201参照。

特集

第1編

第2編

第3編

第4編

犯罪被害者支援業務

（1）犯罪被害者支援ダイヤル

　法テラスでは、犯罪被害者のための専用電話窓口（犯罪被害者支援ダイヤル）及び各地の地方事務所において、犯罪の被害者やその家族等に対し、刑事手続への適切な関与や、損害・苦痛の回復・軽減を図るための制度に関する情報を提供しているほか、民間支援団体を含む関係機関・団体との連携の下、犯罪被害者支援を行っている団体等の活動内容についての紹介も行っている。

資料4-1-2-12　犯罪被害者支援ダイヤル・地方事務所における問合せ件数の推移

（単位：件）

年　　度	2017	2018	2019	2020	2021	2022
犯罪被害者支援ダイヤル	13,461	15,145	15,343	14,309	15,908	20,889
地方事務所（全国）	12,717	14,035	11,262	10,768	12,108	14,644

（2）犯罪被害者支援の経験や理解のある弁護士の紹介業務

　法テラスでは、弁護士会から推薦を受けて犯罪被害者やその家族等に対する支援に精通した弁護士（以下「精通弁護士」という。）の名簿を用意し、全国の地方事務所において、犯罪被害者やその家族等の求めに応じた紹介も行っている（総合法律支援法第30条第1項第5号）。精通弁護士登録数の推移は、資料4-1-2-13のとおりである。なお、2022年度の精通弁護士紹介件数は1,529件であった（2021年度は1,181件）。

　さらに、2008年12月からは、一定の犯罪の被害者等が刑事裁判に参加できる「被害者参加制度」とともに、「国選被害者参加弁護士制度（一定の要件の下で、被害者参加について援助を行う弁護士の報酬及び費用を国が負担する制度）」が導入されたことに伴い、経済的に余裕のない被害者参加人からの請求に基づき、国選被害者参加弁護士候補を指名し、裁判所に通知するなどの業務を行っている。

　被害者参加弁護士として契約している弁護士の推移については、以下のとおりである。制度施行から2023年3月までに被害者参加人から国選被害者参加弁護士の選定が請求された件数は累計6,748件となった。選定請求事件の詳細については、本書第2編第2章第5節「犯罪被害者支援に関する活動」120頁を参照されたい。

資料4-1-2-13　精通弁護士数・被害者参加弁護士契約弁護士数の推移

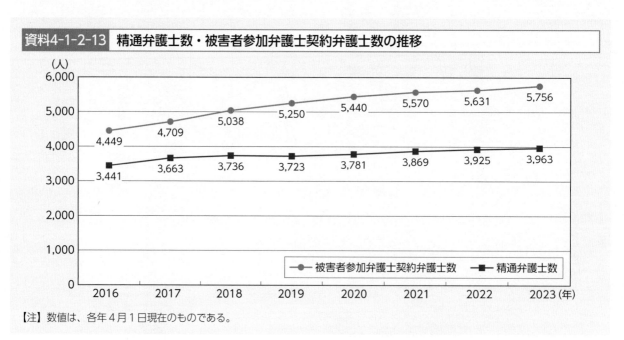

【注】数値は、各年4月1日現在のものである。

⑥ 委託援助業務

法テラスでは、本来業務の遂行に支障のない範囲で、国、地方自治体、非営利法人等から委託を受けて業務を行うことができる（総合法律支援法第30条第2項）。

（1）日弁連委託援助業務

2007年10月1日から、日弁連からの委託による、日弁連委託援助業務を行っている。この業務は、財団法人法律扶助協会が自主事業（国からの補助金を用いない事業）として行っていたもので、総合法律支援法が規定する法テラスによる民事法律扶助制度や国選弁護制度等でカバーされていない対象者に、人権救済の観点から弁護士費用等の援助を行う業務である。援助内容及び援助件数の推移は、以下のとおりである。

資料4-1-2-14　日弁連委託援助業務の概要

	対 象 者	援 助 内 容
①	身体を拘束された刑事被疑者（被疑者国選の対象事件であって勾留状が発せられた被疑者を除く）	被疑者との接見とアドバイス、警察官等との折衝、被害者との示談交渉その他被疑者段階の刑事弁護活動全般
②	家庭裁判所に送致された少年	少年との面会とアドバイス、家庭裁判所との折衝、環境調整、被害者との示談交渉その他付添人活動全般
③	犯罪被害者	被害届の提出、告訴・告発、検察審査会申立、法廷傍聴付添、少年審判状況説明聴取、修復的司法の一環としての加害者側との対話、刑事手続における和解交渉、犯罪被害者等給付金申請及び報道機関への積極的な対応・折衝その他犯罪被害者支援のために必要な活動
④	難民	難民認定申請、申請却下に対する異議申立、難民不認定処分等の取消訴訟等の活動
⑤	人道的見地から弁護士による緊急の援助を必要とする外国人	（1）在留資格等の入管関係、就籍・帰化等の戸籍・国籍関係、社会保障関係の行政手続の代理等 （2）在留資格がないために、民事法律扶助が利用できない外国人の訴訟代理
⑥	人権救済を必要としている子ども	（1）児童相談所等との交渉、虐待を行う親との関係調整、離縁訴訟等の支援 （2）触法少年の警察官調査に関する付添人活動 （3）子どもの手続代理人の活動（国選、私選を問わない）
⑦	精神障害者	退院請求、処遇改善等の行政手続の代理
⑧	医療観察法対象の心神喪失者	退院許可申立・処遇改善等の行政手続の代理、国選付添人の医師に対する協力費用
⑨	人道的見地から弁護士による緊急の援助を必要とする高齢者・障害者・ホームレス等	生活保護申請、生活保護法に基づく審査請求の代理

資料4-1-2-15　日弁連委託援助業務の申込受理件数の推移

（単位：件）

業　務	2017年度	2018年度	2019年度	2020年度	2021年度	2022年度
①刑事被疑者弁護援助	13,407	6,789	4,781	4,062	3,926	4,354
②少年保護事件付添援助	2,267	1,860	1,556	1,302	1,168	1,213
③犯罪被害者法律援助	1,470	1,625	1,645	1,687	1,824	1,856
④難民法律援助	872	599	492	293	312	325
⑤外国人法律援助	1,700	1,514	1,167	911	735	930
⑥子ども法律援助	334	408	406	405	490	415
⑦精神障害者⑧心神喪失者法律援助	1,028	1,098	1,099	994	1,025	1,001
⑨高齢者等法律援助	1,128	1,265	1,228	1,034	884	804
合　計	22,206	15,158	12,374	10,688	10,364	10,898

【注】数値は、法テラスにおける申込受理件数である。

日弁連委託援助業務のうち、刑事被疑者弁護援助及び少年保護事件付添援助事業以外の援助事業の財源は、主に贖罪寄付及び会員からの会費により成り立っている。

資料4-1-2-16　贖罪寄付実績の推移

(単位：千円)

年　度	2017	2018	2019	2020	2021	2022
贖罪寄付実績	166,616	143,637	120,148	153,836	165,927	207,958

【注】日弁連では寄付金取扱規則を制定し、日弁連で受理した寄付金（贖罪寄付及び法律援助目的の寄付）については、日弁連の法律援助事業基金と、申出を代理した弁護人の所属弁護士会で50％ずつ受け入れることとしている。

第2章　司法関連予算

　日弁連が裁判所、検察庁とともに、我が国の司法の一翼を担う存在であることは言うまでもない。そして、司法全体の発展が国家予算の中の司法関連予算に大きく左右されるものであることもまた明らかである。

　以下は、国家予算全体の中で、裁判所関連の予算の占める割合についてまとめたものである。これを見ると、もともと１％以下という低い割合にとどまっていたものであるが、さらに減少傾向にあることがわかる。近時は0.4%を下回る状況が続いている。

　現在、裁判所における審理期間の短縮等が重要課題として議論されているが、そのためには裁判官等の大幅増員が必要不可欠であり、裁判所関連予算の大幅拡充が求められるところである。

資料4-2-1　裁判所所管歳出予算の国家予算に占める割合の推移

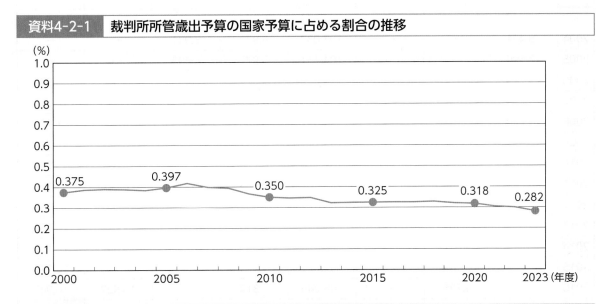

資料4-2-2　裁判所所管歳出予算と国家予算に占める裁判所予算の割合

年　度	裁判所所管歳出予算（百万円）	国家予算に占める裁判所予算の割合	国家予算歳出総計（百万円）
2000	318,666	0.375%	84,987,053
2005	325,949	0.397%	82,182,918
2010	323,178	0.350%	92,299,194
2011	320,022	0.346%	92,411,613
2012	314,665	0.348%	90,333,932
2013	298,878	0.323%	92,611,539
2014	311,058	0.324%	95,882,303
2015	313,097	0.325%	96,341,951
2016	315,300	0.326%	96,721,841
2017	317,703	0.326%	97,454,709
2018	321,211	0.329%	97,712,769
2019	325,574	0.321%	101,457,094
2020	326,624	0.318%	102,657,971
2021	325,368	0.305%	106,609,708
2022	322,814	0.300%	107,596,425
2023	322,217	0.282%	114,381,236

【注】2010年度までは５年おきで表示。

次の表は、司法関連予算のうち、司法修習生手当、修習資金貸与金及び修習給付金（裁判所予算の内訳の一つ）、検察庁、検察審査費、法律扶助事業費補助金、日本司法支援センター運営費、国選弁護人確保業務等委託費をまとめたものである。

資料4-2-3　司法関連予算の推移

（単位：百万円）

年　度	司法修習生手当（※注1）	修習資金貸与金（※注1）	修習給付金（※注1）	検察庁（計）	検察審査費（※注2）	法律扶助事業費補助金（※注3）	日本司法支援センター運営費	国選弁護人確保業務等委託費（※注4）
2001	5,763	—	—	104,500	6,092	2,822	—	—
2002	5,790	—	—	105,645	6,181	2,983	—	—
2003	6,387	—	—	104,524	6,094	3,489	—	—
2004	6,421	—	—	103,037	5,972	3,991	—	—
2005	7,596	—	—	104,151	5,977	4,493	—	—
2006	9,149	—	—	104,041	5,872	2,435	5,980	3,942
2007	10,030	—	—	104,884	5,807	—	10,213	10,093
2008	10,408	—	—	104,872	5,958	—	10,395	9,083
2009	10,895	—	—	109,141	341	—	10,407	15,796
2010	6,905	—	—	107,110	378	—	15,542	15,548
2011	6,545	2,406	—	105,881	359	—	16,554	14,793
2012	252	6,024	—	106,377	367	—	14,351	15,445
2013	—	6,402	—	99,270	338	—	12,628	15,686
2014	—	5,657	—	106,610	333	—	14,607	16,429
2015	—	5,149	—	107,771	325	—	14,770	16,110
2016	—	4,725	—	108,044	319	—	14,522	16,067
2017	—	2,873	1,152	109,266	319	—	14,807	15,478
2018	—	1,016	3,362	110,629	314	—	14,780	16,490
2019	—	1,015	3,363	112,443	298	—	14,902	16,613
2020	—	1,005	3,315	114,577	303	—	15,139	17,042
2021	—	1,091	3,288	112,648	293	—	15,160	16,945
2022	—	1,014	3,116	111,637	286	—	17,666	16,792
2023	—	804	2,394	113,502	281	—	16,623	16,391

【注】 1. 司法修習生手当、修習資金貸与金について、従前、司法修習生に対し、国が給与を支給する制度（給費制）が採られていたが、裁判所法の一部を改正する法律（平成16年法律第163号）により、2010年11月1日から修習資金を貸与する制度（貸与制）への移行が決定した。なお、前記法律の施行後に国会で成立した裁判所法の一部を改正する法律（平成22年法律第64号）により、2011年10月31日までの間は貸与制の実施が停止されたため、同日までに採用された司法修習生については従前どおり給与が支給され、2011年11月1日以降に採用された司法修習生については、修習資金が貸与されている。従って、司法修習生手当は2012年度限りとなっている。なお、裁判所法の一部を改正する法律（平成29年法律第23号）により、2017年11月1日から司法修習生に対して修習給付金が支給されることとなった（修習資金の貸与も併存となっている）。
　　　 2. 検察審査費について、従前、「検察審査会」として計上されていたが、予算構成が見直されたため、2009年度以降、職員の人件費等を除く検察審査業務に必要な経費を「検察審査費」として計上することとなった。
　　　 3. 法律扶助事業費補助金について、2006年度は上半期（4月～9月）分の予算額であり、下半期（10月～3月）分については、日本司法支援センターの運営費交付金から拠出されている。なお、法律扶助事業費補助金は2006年度限りの経費である。
　　　 4. 国選弁護人確保業務等委託費は、日本司法支援センターが、国からの委託に基づき、国選弁護人、国選付添人及び国選被害者参加弁護士になろうとする弁護士との契約、国選弁護人候補等の指名及び裁判所への通知など、国選弁護人及び国選付添人の選任並びに国選被害者参加弁護士の選定に関する事務のほか、国選弁護人、国選付添人及び国選被害者参加弁護士に対する報酬等の支払いを行うための費用。

付 録

全国弁護士会一覧

■ 全国弁護士会一覧 ■

2023 年9月現在（9月末までに報告があり、10月以降更新される情報を一部含む）。
記載情報は変更になる場合があります。

弁　護　士　会		郵便番号	住　　　　所	電話番号
日 本 弁 護 士 連 合 会		100-0013	東京都千代田区霞が関 1-1-3　弁護士会館	03-3580-9841
北海道	札幌弁護士会	060-0001	北海道札幌市中央区北 1 条西 10 丁目　札幌弁護士会館	011-281-2428
	函館弁護士会	040-0031	北海道函館市上新川町 1-3	0138-41-0232
	旭川弁護士会	070-0901	北海道旭川市花咲町 4	0166-51-9527
	釧路弁護士会	085-0824	北海道釧路市柏木町 4-3	0154-41-0214
東北	仙台弁護士会	980-0811	宮城県仙台市青葉区一番町 2-9-18	022-223-1001
	福島県弁護士会	960-8115	福島県福島市山下町 4-24	024-534-2334
	山形県弁護士会	990-0042	山形県山形市七日町 2-7-10　NANA BEANS 8 階	023-622-2234
	岩手弁護士会	020-0022	岩手県盛岡市大通 1-2-1　岩手県産業会館本館 2 階	019-651-5095
	秋田弁護士会	010-0951	秋田県秋田市山王 6-2-7	018-862-3770
	青森県弁護士会	030-0861	青森県青森市長島 1-3-1　日赤ビル 5 階	017-777-7285
関東	東京弁護士会	100-0013	東京都千代田区霞が関 1-1-3　弁護士会館	03-3581-2201
	第一東京弁護士会	100-0013	東京都千代田区霞が関 1-1-3　弁護士会館	03-3595-8585
	第二東京弁護士会	100-0013	東京都千代田区霞が関 1-1-3　弁護士会館	03-3581-2255
	神奈川県弁護士会	231-0021	神奈川県横浜市中区日本大通 9	045-201-1881
	埼玉弁護士会	330-0063	埼玉県さいたま市浦和区高砂 4-7-20	048-863-5255
	千葉県弁護士会	260-0013	千葉県千葉市中央区中央 4-13-9	043-227-8431
	茨城県弁護士会	310-0062	茨城県水戸市大町 2-2-75	029-221-3501
	栃木県弁護士会	320-0845	栃木県宇都宮市明保野町 1-6	028-689-9000
	群馬弁護士会	371-0026	群馬県前橋市大手町 3-6-6	027-233-4804
	静岡県弁護士会	420-0853	静岡県静岡市葵区追手町 10-80	054-252-0008
	山梨県弁護士会	400-0032	山梨県甲府市中央 1-8-7	055-235-7202
	長野県弁護士会	380-0872	長野県長野市妻科 432	026-232-2104
	新潟県弁護士会	951-8126	新潟県新潟市中央区学校町通一番町 1	025-222-5533
中部	愛知県弁護士会	460-0001	愛知県名古屋市中区三の丸 1-4-2	052-203-1651
	三重弁護士会	514-0036	三重県津市丸之内養正町 1-1	059-228-2232
	岐阜県弁護士会	500-8811	岐阜県岐阜市端詰町 22	058-265-0020
	福井弁護士会	910-0004	福井県福井市宝永 4-3-1　サクラ N ビル 7 階	0776-23-5255
	金沢弁護士会	920-0937	石川県金沢市丸の内 7-36	076-221-0242
	富山県弁護士会	930-0076	富山県富山市長柄町 3-4-1	076-421-4811
近畿	大阪弁護士会	530-0047	大阪府大阪市北区西天満 1-12-5	0570-783-748
	京都弁護士会	604-0971	京都府京都市中京区富小路通丸太町下ル	075-231-2378
	兵庫県弁護士会	650-0016	兵庫県神戸市中央区橘通 1-4-3	078-341-7061
	奈良弁護士会	630-8237	奈良県奈良市中筋町 22-1	0742-22-2035
	滋賀弁護士会	520-0051	滋賀県大津市梅林 1-3-3	077-522-2013
	和歌山弁護士会	640-8144	和歌山県和歌山市四番丁 5	073-422-4580
中国地方	広島弁護士会	730-0012	広島県広島市中区上八丁堀 2-73	082-228-0230
	山口県弁護士会	753-0045	山口県山口市黄金町 2-15	083-922-0087
	岡山弁護士会	700-0807	岡山県岡山市北区南方 1-8-29	086-223-4401
	鳥取県弁護士会	680-0011	鳥取県鳥取市東町 2-221	0857-22-3912
	島根県弁護士会	690-0886	島根県松江市母衣町 55-4　松江商工会議所ビル 7 階	0852-21-3225
四国	香川県弁護士会	760-0033	香川県高松市丸の内 2-22	087-822-3693
	徳島弁護士会	770-0855	徳島県徳島市新蔵町 1-31	088-652-5768
	高知弁護士会	780-0928	高知県高知市越前町 1-5-7	088-872-0324
	愛媛弁護士会	790-0003	愛媛県松山市三番町四丁目 8-8	089-941-6279
九州	福岡県弁護士会	810-0044	福岡県福岡市中央区六本松 4 丁目 2-5	092-741-6416
	佐賀県弁護士会	840-0833	佐賀県佐賀市中の小路 7-19	0952-24-3411
	長崎県弁護士会	850-0875	長崎県長崎市栄町 1-25　長崎 MS ビル 4 階	095-824-3903
	大分県弁護士会	870-0047	大分県大分市中島西 1-3-14	097-536-1458
	熊本県弁護士会	860-0844	熊本県熊本市中央区水道町 9 番 8 号	096-325-0913
	鹿児島県弁護士会	892-0815	鹿児島県鹿児島市易居町 2-3	099-226-3765
	宮崎県弁護士会	880-0803	宮崎県宮崎市旭 1-8-45	0985-22-2466
	沖縄弁護士会	900-0014	沖縄県那覇市松尾 2-2-26-6	098-865-3737